深圳统计年鉴

SHENZHEN STATISTICAL YEARBOOK

总第19期

深　圳　市　统　计　局
Shenzhen Statistics Bureau
国家统计局深圳调查队
NBS Survey Office in Shenzhen
编

《深圳统计年鉴—2009》编委会名单

EDITORIAL BOARD AND STAFF

编 辑 说 明

1. 为方便国外读者查阅，本年鉴在目录、统计图表及指标解释等内容上按中英文对照编辑。

2. 本年鉴全面系统地介绍了深圳市国民经济和社会发展情况，主要指标着重反映了2008年深圳市经济和社会各方面所取得的成就，也反映了深圳建市以来历年统计数据。统计资料内容分为19个部分，即：(1) 综合；(2) 国民经济核算；(3) 人口和劳动力；(4) 工业；(5) 运输、邮电；(6) 农业；(7) 固定资产投资；(8) 房地产；(9) 商业、物价；(10) 财政收支；(11) 金融业；(12) 对外经济贸易和旅游；(13) 劳动工资；(14) 科学技术；(15) 文化、教育；(16) 卫生、社会保障和社会福利业；(17) 城市建设和环境保护；(18) 人民生活；(19) 企业景气状况。为了便于读者正确使用资料，还附上了主要统计指标解释。

3. 由于2008年为"经济普查年，为确保年鉴编辑出版的时效性，故本年鉴所编用的2008年年度数据为年度快报数，并对部分表式作调整。

4. 本年鉴中的"全市"包括经济特区和宝安区、龙岗区，"特区" 只包括罗湖区、福田区、南山区和盐田区。

5. 根据最新掌握到的统计资料以及国家新的统计制度之规定，本期年鉴对过去发表的一些重要统计资料重新予以核实，对部分历史数据进行了调整。因此，读者在使用历史资料时，凡与本年鉴有出入的，均以本年鉴为准。

6. 本年鉴中的部分数据由于单位取舍不同产生的计算误差均未作机械调整。

7. 为便于读者使用，本年鉴特编制了主要指标的定基指数、环比指数和年平均增长速度。本年鉴中所列指数和年平均增长速度均按可比口径计算。

8. 本年鉴使用的符号说明："空白"表示该项统计指标无数据或数据不详；"#"表示其中项；"*"表示另有注解。

9. 限于我们的水平，本年鉴仍存在不足乃至错漏，希望读者不吝批评指正，帮助我们改进编辑工作，以期更好地为广大读者服务。

EDITOR´ S NOTE

Ⅰ. The contents, pictures and lists of this book are translated into Chinese and English in order for the foreigners.

Ⅱ.Shenzhen Statistical Yearbook 2009 contains comprehensive statistics of Shenzhen´ s social and economic development in 2008 and selected data of some important years and of the period after the establishment of the city. This book is composed of 19 parts. They include: 1.General Survey; 2.National Economic Accounting; 3.Population and Labor Force; 4.Industry and energy; 5.Transportation, Posts and Information; 6.Agriculture; 7.Investment in Fixed Assets; 8. Real Estate; 9.Domestic Trade and Price; 10.Fiscal Revenue and Expenditure; 11. Finance and Banking; 12.Foreign Trade and Tourism; 13.Labor Force and Wage; 14. Science and Technology; 15.Culture and Education; 16.Health, Social Security and Public Welfare; 17.Urban construction and Environment; 18.People´ s Livelihood; 19. Enterprises Prosperities. Interpretation of major statistical indicators attached is a useful tool for readers of this book.

Ⅲ.The data of this book are adopted from fast report form because of economic census in this year,some tables have done adjustment.

Ⅳ.Total of the city in this book refer to Luohu, Futian, Nanshan, Yantian, Baoan and Longgang. The District just refer to Luohu, Futian, Nanshan and Yantian.

Ⅴ.We adjust some important historical data based on the nearest data and state new statistical system. So in any case the data of this book shall be deemed as the authoritative ones.

Ⅵ.Statistical discrepancies in this book due to rounding are not adjusted.

Ⅶ.This book specially edit the fixed-base index, chain base index and average annual growth rate in order for the convinces by reader´ s usage. The indices and the average annual growth rates in this book are calculated from comparable price.

Ⅷ.Marks in this book: blank space means data are not available; # indicates major item in a category, and ★ means there a particular note for indicate.

Ⅸ.There are a lot of shortages and faults in the yearbook because of our limited level. In order to excel, we welcome all candid comments and criticism from our readers.

目　　录
CONTENTS

特　载
SPECIAL ARTICLES

五、运输、邮电
TRANSPORTATION AND POSTAL TELECOMMUNICATION SERVICES

六、农业

AGRICULTURE

七、固定资产投资

INVESTMENT OF FIXED ASSETS

八、房地产

REAL ESTATE

九、商业、物价

DOMESTIC TRADE AND PRICE

十三、劳动工资

LABOR FORCE AND WAGE

指标解释
EXPLANATORY NOTES OF INDICATORS

特　　载

政 府 工 作 报 告

——2009年2月23日在深圳市第四届人民代表大会第六次会议上

各位代表：

现在，我代表深圳市人民政府向大会报告工作，请予审议，并请各位政协委员和其他列席人员提出意见。

一、2008年工作回顾

2008年是极不寻常、极不平凡的一年。全市人民在党中央、国务院、广东省委、省政府和市委的正确领导下，坚持以邓小平理论和“三个代表”重要思想为指导，以科学发展观统领经济社会发展全局，以解放思想增强发展动力，努力克服国际金融危机和国内特大自然灾害的不利影响，加快经济发展，促进社会和谐，圆满完成了市四届人大五次会议确定的各项目标任务。

（一）科学发展水平稳步提高。全年实现本市生产总值7806.5亿元，增长12.1%。人均GDP达到13153美元，提前两年完成“十一五”规划目标，继续居内地大中城市首位。规模以上工业增加值3527.8亿元，增长12.5%。全社会固定资产投资1467.6亿元，增长9.1%。社会消费品零售总额2251.8亿元，增长17.6%。进出口总额2999.7亿美元，增长4.3%。其中，出口总额1797.4亿美元，增长6.6%，实现十六连冠。全口径财政收入2830亿元，其中属中央收入2029亿元，地方财政一般预算收入800.4亿元，增长21.6%。居民消费价格上涨5.9%，高出预期目标1.9个点，但12月价格涨幅已回落至2.5%。2008年，全市每平方公里GDP产出达到4亿元，比上年提高0.52亿元。万元GDP能耗继续下降，万元GDP水耗下降10.5%；二氧化硫和化学需氧量排放量分别下降9.3%和6.8%。

（二）经济调控能力显著增强。在全国较早准确预见到我市面临比1997年亚洲金融危机更严峻的挑战，全面加强了对经济工作的领导，政府主要领导主持了59次经济工作调研、调度和会议，力度之大、频度之密、规格之高，在深圳经济发展史上是罕见的。开展了“工业贸易百人调研服务”活动，及时出台一系列扶持企业和产业发展的政策措施。财政年度投入20.7亿元，设立创投引导资金和企业互保金贷款代偿资金，建立再担保体系，降低中小企业上市融资成本。在全国首发中小企业短期融资券，推动中小企业集合发债。加快城市空间二次开发，完善产业用地出让政策，将工业和产业用地出让时间大幅压缩40天。解决了19家上市公司的用地问题，启动创新产业用房建设，扩大产业发展空间。政府垫付20亿元电价调节金，确保电力供应，降低用电成本。将企业堤围防护费最高征收标准降低80%，财政出资2.2亿元支持外贸出口企业开拓国际市场，降低企业部分社会保险费缴交标准一年，有效减轻企业负担近20亿元以上。对拥有自主知识产权的品牌企业和骨干企业实行“服务直通车”，对重点企业配备由政府领导担任组长的服务小组，着力解决企业创新发展中遇到的各种问题。认真落实国家房地产有关政策，依法引导房地产市场健康发展。这些措施有效改善了企业的生产经营环境，在极其困难的条件下成功遏制了经济下滑，推动经济运行逐步好转，成为全国抗击金融危机的一个亮点，得到了温家宝总理等中央领导的高度评价。

（三）综合竞争力全面提升。经国家发改委批复，我市成为首个国家创新型城市建设试点城市。

推出了加快建设国家创新型城市的意见和总体规划，出台33条鼓励政策，优化创新环境，推动高新技术产业新一轮大发展。制定实施了加强高层次专业人才队伍建设的系列政策，成功举办了2008中国国际人才交流大会，组团赴海外大规模招聘人才。中科院深圳先进技术研究院、华大基因研究院等科研机构加快发展，创新基础进一步夯实。全社会研发投入占GDP比重达到3.3%左右，获得8项国家科学技术进步奖，其中一等奖一项。全市发明专利授权量达5404件，增长1.39倍；PCT国际专利申请2709件，占全国44.5%，连续五年稳居全国首位。华为技术有限公司名列全球专利申请排名榜首位。

产业结构进一步优化。三次产业结构为0.1：48.9:51.0，第三产业比重近6年来首次超过第二产业。高新技术产业成为深圳抵御世界性经济危机的重要力量，全年实现高新技术产品产值8711亿元，增长14.6%，其中拥有自主知识产权的产品占59.1%。金融业稳步发展，年末金融机构本外币存贷款余额分别为1.43万亿元和1.12万亿元，分别比年初增长12%和11%。物流业继续发展，深圳港集装箱吞吐量2141.6万标准箱，连续6年位居全球第四；深圳机场旅客吞吐量2140万人次，连续7年位居内地第四。前海湾保税港区获国务院批准设立。文化产业园区建设稳步推进，一批文化科技型企业加快发展。旅游、服务外包等高端服务业保持较快增长，成功举办第十届“高交会”、第四届“文博会”和首届深圳文化产权交易会等一批品牌展会。

产业发展后劲进一步增强。制定出台加快建设现代产业体系暨推进双转移工作的系列政策和支持总部经济发展的措施，加快构建现代产业体系。以高端制造业和高端服务业为重点，实施重大产业项目招商引资计划和招商引资责任制。中芯国际集成电路芯片、杜邦薄膜太阳能电池、大族激光全球制造基地等一批重大产业项目开工建设，航天集团南方总部、赛诺菲巴斯德流感疫苗等项目正式奠基，世纪晶源芯片、日东电工偏光片、深超光电第5代TFT-LCD等项目正式投产，比亚迪双模电动车实现量产，弥补和完善了产业链的关键缺失环节。高新区、光明高新园区、大工业区、软件产业基地、生态精细化工园等重大产业基地规划建设发展顺利，传统产业集聚基地建设步伐加快。

（四）改革开放有序推进。积极配合和参与《珠江三角洲地区改革发展规划纲要》的调研起草工作，通过《纲要》正式明确了我市作为国家综合配套改革试验区、全国经济中心城市、国家创新型城市、中国特色社会主义示范市和国际化城市的新使命、新定位，为我市深化改革开放、推动科学发展赢得了新契机。我们正在认真制定和完善我市综合配套改革总体方案，力争在一些重点领域和关键环节先行先试，取得新突破。认真开展解放思想学习讨论活动，成立了市委市政府改革领导小组，调整了改革部门，以世界先进城市为标杆，创新思路、推进改革、扩大开放。市属国有企业三项制度改革阶段性任务基本完成，国有独资公司董事会建设试点工作取得成效，国有资产监管体系不断完善。行政审批制度改革继续深化，积极探索相对集中行政许可，加强并联审批和协同办理，完成全部非行政许可审批和登记事项的清理工作。以全新体制建立的光明新区实现正常运作和健康发展。积极探索公务员分类管理改革，聘任制公务员试点工作稳步开展，公安系统公务员专业化改革深入推进。事业单位改革继续深化，法定机构试点工作、事业单位法人治理结构改革等取得阶段性成果。积极推动和规范社会组织发展，创新社会组织登记管理体制，被列为全国全省社会组织“改革创新综合观察点”。创新人口管理模式，全面推行居住证制度，年内居住证办证量突破700万张。

开放水平不断提升。中国-越南（深圳-海防）经贸合作区项目正式启动，与国家发改委、韩国SK电讯株式会社签署了加强信息技术创新合作谅解备忘录。积极落实国家鼓励出口的各项政策，研究出台支持外贸企业发展的具体措施，加强各类贸易摩擦应对工作，组织实施一系列境内外经贸推介活动，积极帮助企业拓展市场。深港、深澳合作会议首次在深圳举行，开启了深港、深澳合作新的一页。“深港创新圈”加快发展，深港河套地区综合开发研究取得新突破，两地联手应对金融危机取得共识，深港更紧密合作关系进一步巩固。对口支援和区域合作向纵深推进，深汕鹅埠产业转移园进入实质合作阶段，省外各深圳工业园建设加快推进，对内地的辐射带动能力进一步增强。圆满完成抗击雨雪冰冻、暴雨洪灾和千里驰援汶川地震灾区等重大抗灾救灾任务，率先提前建成援助四川灾区的活动板房，强力推进甘肃陇南甘南地震灾区恢复重建工作，受到中央领导的充分肯定和灾区人民的高度赞扬，被誉为全国对口支援工作的一面旗帜。

（五）城市环境更加完善。城市规划建设管理不断加强。光明新城建设全面启动，四大新城建设取得实质性进展，特区外基础设施和公共设施持续改善，特区内外一体化进程不断加快。城市总体规划和土地利用总体规划完成上报程序，法定图则覆盖面继续扩大。积极创新土地管理模式,加大城市更新改造力度,福田岗厦城中村、南山永新工业区等改造试点项目稳步推进,违法用地和违法建筑受到控制,城中村和社区环境综合整治取得成效,海滨15公里休闲带正式开工建设,道路修缮和二线关环境综合整治基本完成,城市总体形象进一步改善。完善综合执法工作,初步调整了综合执法范围,街道综合执法工作得到进一步加强。公交特许经营改革取得阶段性成果,规划建设三层次公交体系,开通特区外首批5条快速公交线路。特区内500米公交站点基本实现全覆盖,特区外覆盖率达到70%。落实公交燃油价格补贴、公益性补贴13亿元,进一步减轻了市民出行负担。严厉打击非法营运、套牌车等违法行为,出租车管理得到加强。

适应经济形势变化,着力加大固定资产投资协调推进力度,全年基本建设投资达到827.8亿元,增长15.9%,创历史新高。广深港客运专线、厦深铁路建设进展顺利,穗莞深城际轨道干线正式开工,城市轨道交通建设按计划稳步推进,地铁设备国产化水平领先全国。深盐二通道主线、盐坝高速C段、南光高速、华为立交一期等建成通车,南坪快速路二期、西部疏港路、丹平路一期等建设加快。盐田港集装箱码头扩建、大铲湾港一期、蛇口港三期工程和国际客运候机楼等项目建成投入使用,深圳机场扩建陆域基本形成。

资源能源保障体系不断完善。水库扩容改造全面推进,铁岗水库主体工程基本完工,公明、清林径、东江下矶角等供水工程稳步推进,北线引水、东江水源二期工程加快建设。电网建设投入力度不断加大,东部电厂、LNG天然气发电厂和一批电厂综合配套工程建设加快。国家成品油储备深圳油库项目取得积极进展,西气东输二线工程正式开工,城市天然气输配管网项目建设有序推进,管道天然气转换提前完成,油气及其他危险品仓储搬迁整治工作进展顺利,成品油、天然气供应情况良好。

环境保护力度加大。在全国率先出台生态文明建设行动纲领等系列政策文件,成为国家生态文明建设示范地区,荣获首届“中国十佳绿色城市”称号。循环经济和节能减排工作深入推进。“蓝天行动”成效显著,按国家标准测定的全年环境空气质量优良天数达到364天。污水、污泥和垃圾处理等治污保洁工程加快推进,饮用水源和主要河流水质持续改善。基本生态控制线保护继续加强,生态风景林建设任务全面完成。大力发展绿色建筑,建筑节能水平进一步提高。

(六)民生福利水平持续提升。全市居民人均可支配收入达到26729元,增长10%。促进失业人员就业3.4万人,登记失业率控制在2.3%。劳动关系总体和谐稳定,欠薪保障制度不断完善,劳动用工关系进一步规范,劳动合同签订率达到98.1%。最低工资和最低生活保障标准大幅提高。社会保障覆盖面继续扩大,劳务工医疗保险参保人数达610.2万,少儿医保和统筹医疗参保人数达51.7万,农民工养老、工伤和医疗保险参保数量均名列内地大中城市之首,初步实现全民医保。我市关爱农民工工作受到国务院表彰。企业退休人员基本养老待遇人均每月增加511元。全年为低收入家庭新提供2726套保障性住房。

全面推行义务教育双免,在国家标准基础上增加免费项目,扩大覆盖范围,受益学生达到77.2万人次,累计免费3.22亿元。继续推进义务教育均衡化发展,加快寄宿制高中建设,促进学前教育规范健康发展,积极调研解决“午托班”、临聘教师问题,特区外96所原村办小学校舍改扩建工程进展顺利。加快发展高等教育,南方科技大学动工建设,深圳大学等市属高校办学水平不断提高,大学城功能进一步发挥。民办教育和职业教育规范发展,终身教育体系进一步完善。国际学校建设取得突破性进展。深入实施卫生事业“一大一小”发展战略,市眼科医院新院、急救中心指挥调度系统等投入使用,市第三人民医院、疾病预防控制中心主体结构工程完工,滨海医院动工建设,宝荷医院、新安医院正式奠基。新建30家社区健康服务中心,社区健康服务网络基本实现全覆盖。公共文化服务体系进一步完善,博物馆新馆、少儿图书馆建成开馆,24小时街区自助图书馆系统投入使用。纪念改革开放30周年理论研究和文学工程硕果累累,沙头角鱼灯舞、平乐郭氏正骨医术列入国家级非物质文化遗产名录,“深圳读书月”、“关爱行动”、“市民文化大讲堂”、“科技大讲堂”、“公园文化节”等品牌文化活动蓬勃开展,蝉联全国文明城市称号,正式加入全球创意城市网络,被联合国教科文组织评为“设计之都”。大运会场馆建设顺利推进,筹备团队运作高效,宣传活动广泛开展,市场开发有所突破,大运会进入全面筹备阶段。出色完成北京奥运会和残奥会火炬传递活动,我市运动员在奥运会和残奥会上夺得一金两铜的历史最好成绩。

深入推进社会治安综合治理,社会治安形势总体向好。全面加大矛盾纠纷排查化解力度,不断完善“大调解”体系,信访维稳工作有序推进,市政府12345公开电话15秒内接通率达到97%,为群众解决了一大批实际问题。大力加强城市应急管理和灾害防治，完善应急平台，强化安保和反恐工作，妥善处置各类突发公共事件。深刻吸取“2·27”、“9·20”火灾事故教训，扎实开展安全隐患大排查、大整治等行动，全面加强安全生产管理制度建设，弥补了38个方面的制度缺失。安全生产各类事故数和死亡人数分别比上年下降24.9%和8.7%。食品安全“五大工程、四大体系”建设稳步推进，基本完成人大关于加强食品安全监督管理议案确定的各项目标任务，药品安全抽样合格率首次超过97%。妥善处理了三聚氰胺奶粉事件。率先建立起比较完善的人口计生公共服务体系，户籍人口和流动人口政策生育率分别达到98.9%和92.2%，六区均被评为全国计划生育优质服务先进区。第五届居委会选举圆满完成，直选率达92.8%。社会福利、慈善、老年人和残疾人事业继续发展。国防建设、民兵预备役和军民共建工作扎实推进，第六次荣获广东省“双拥模范城”称号，六区首次全部评为广东“双拥模范区”。档案、外事、侨务、港澳、台务、民族宗教、统计、气象、民防等各项事业都取得新进步。

一年来，我们努力推进政府自身建设，依法行政水平进一步提高。认真执行市人大及其常委会决议，坚持向人大常委会报告工作，及时向市政协常委会通报政务，自觉接受市人大的法律监督、工作监督和市政协的民主监督。办理市人大重点建议2件，人大代表建议617件；政协建议案3件，政协提案669件，代表和委员满意和基本满意率达到99.5%以上。法治政府建设取得重大突破，制订法治政府建设指标体系，与国务院法制办签订了加快法治政府建设合作协议，出台加快法治政府建设的2009年市政府1号文件，提交市人大常委会审议的地方法规和特区法规草案12项，颁布规章21项。行政执行力进一步提高，根据《政府工作报告》分解的159项主要工作经认真督查督办和强力协调，全部按计划完成。行政审批电子监察系统绩效测评保持全省第一，行政服务大厅业务量位居全国同类机构首位，业务按时办结率达100%。继续完善行政责任“白皮书”制度，积极推进行政问责，全年责任追究199人、13个单位。加快推进政务公开和电子政务建设，市政府门户网站在全国地市级（含副省级）城市政府网站绩效评估中名列第一。

各位代表，在过去一年异常困难的形势下，我们取得这些成绩，实属来之不易！这要归功于党中央、国务院和省委、省政府的坚强领导和亲切关怀，归功于历届市委市政府团结带领全市人民奋力拼搏打下的坚实基础，归功于全市人民特别是广大企业和员工毫无畏惧、迎难而上、同舟共济、共克时艰的精神和勇气。在此，我代表深圳市人民政府，向全市广大干部群众和外地来深建设者表示最崇高的敬意！向人大代表、政协委员，向各民主党派、社会团体和各界人士，向中央和各省区市驻深单位，驻深解放军、武警官兵，向所有关心支持深圳建设的港澳同胞、台湾同胞、海外侨胞和国际友人，表示最衷心的感谢！

我们也清醒地看到，我市经济社会发展还存在一些亟待解决的困难和问题：在新的形势下，科学平衡经济稳定增长和产业转型升级之间的关系更加困难，资源短缺和环境约束的压力进一步加大；经济问题加速向社会领域渗透，多年来积累的体制机制性矛盾和深层次问题更加突出，社会维稳形势不容乐观；建立安全生产的长效管理机制任重道远，各种事故隐患尚未根本消除，重大安全事故时有发生，安全生产形势依然严峻；农村城市化遗留问题尚未根本解决，特区外基础设施历史欠账较多，特区内外一体化发展仍然需要付出巨大努力；政府公共服务水平有待进一步提高，一些群众关心的热点难点问题还没有得到有效解决，等等。对这些问题，我们将以高度的责任感和使命感，强力推进解决，绝不辜负人民的期望！

二、2009年主要工作

2009年，国际国内形势将更为复杂，国际金融危机正在加速演变成为一次全球性的经济危机，国内经济运行困难增加。深圳作为经济国际化程度高、出口依存度大的沿海开放城市，受影响和冲击比其他地区更大，今年是我市进入新世纪以来经济形势最为困难的一年。危机既是挑战和压力，更是落实科学发展观、加快转变发展模式的机遇和动力；危机可能会带来很多改变，但我国经济发展的基本面和长期趋势没有改变，深圳经济特区的精神和根基没有改变，市委市政府深化改革开放推动科学发展的目标和决心没有改变。特别是《珠江三角洲地区改革发展规划纲要》的出台，第一次将珠三角的改革发展整体纳入国家战略规划层面，进一步赋予了深圳新使命、新定位，为深圳的改革开放和现代化建设注入了强大动力。我们遇到的困难和问题是前进中的问题、转型中的阵痛。只要我们统一思想、振奋精神、坚定信心，将形势考虑得更严峻一些，把困难估计得更充分一些，把措施准备得更周密一些，以积极进取的精神迎接挑战，就一定能够攻坚克难、战胜危机，确保深圳的科学发展不因危机而停步，改革开放不因危机而放慢，产业转型不因危机而中断，社会稳定不因危机而动摇，就一定能够超越自我，勇度难关，在新一轮发展中抢占先机,在科学发展的道路上实现新的跨越!

2009年政府工作的总体思路是:高举中国特色社会主义伟大旗帜,以邓小平理论和"三个代表"重要思想为指导,以科学发展观统领经济社会发展全局,按照市委四届十一次全会的总体部署,深入实施《珠江三角洲地区改革发展规划纲要》,加快推进综合配套改革,在珠三角新一轮发展中发挥示范带动作用;深入实施"一保四抓",扩大内需外需,加强自主创新,推进产业升级,确保经济平稳较快发展;深入实施法治政府建设指标体系,以法治政府建设带动法治城市建设,促进社会和谐稳定;深入推进十项重点工作的突破和十件民生实事的落实,努力提升民生福利水平,全面完成本届政府承诺的各项工作,为强化深圳国家经济中心城市和国家创新型城市地位,加快建设中国特色社会主义示范市和现代化国际化城市作出新贡献。

2009年经济社会发展的主要预期目标和约束指标是:本市生产总值增长10%左右;人均GDP增长9%左右;城镇居民登记失业率控制在3%以内;居民消费价格指数控制在103%左右;万元GDP能耗、水耗分别下降2.75%和4%;二氧化硫、化学需氧量排放总量分别下降2%和6%。

围绕经济社会发展目标任务,今年将着重抓好八个方面的工作:

(一)千方百计扩大需求,确保经济平稳增长。以只争朝夕的精神,全面加快有利于提升城市竞争力、辐射力、影响力的重大基础设施项目,有利于城市经济可持续发展的重大产业项目,有利于解决市民关心的热点难点问题的重大民生项目的规划建设。全年政府投资计划安排项目842个,年度投资总规模596.6亿元,以高强度的政府投资引导带动全社会固定资产投资超常规增长。积极推进集成电路芯片、化合物半导体、TFT-LCD面板、流感疫苗、清洁能源汽车等在建产业项目加快建设;全面加快地铁1-5号线,盐田港区扩建、大铲湾港二期、机场扩建、南坪快速二期、丹平路一期、外环高速、沿江高速等交通设施建设;大力推进新安医院等市属医院、大运中心、中心公园、当代艺术馆、城市规划馆、档案中心等民生项目建设。紧紧抓住国家和省扩大投资的契机,加快推进广深港客运专线、厦深铁路、穗莞深城际线、岭澳核电、平安国际金融中心等项目建设,抓好深圳沿海防护林工程等九个中央国债项目的实施,争取更多的国家性、区域性重大投资项目落户深圳。加快投融资体制改革,创新项目建设管理模式。改革政府投资项目审批制度,实施并联审批,缩短项目投资管理链条。强化政府投资项目责任制和重大项目分级协调机制,严格落实项目动态管理制度,加快各项前期工作,切实推动项目建设进度。认真做好督促检查工作,强化对投资项目全方位、全过程的监督检查和跟踪审计,确保所有工程都经得起历史的检验和人民的评判。

积极扩大居民消费。研究制定鼓励消费的措施,努力消除一切不利于消费的政策壁垒,提升消费对深圳经济的贡献率。深化收入分配制度改革,建立完善全社会工资性收入正常增长机制,提高劳动报酬在初次分配中的比重。促进居民财产性收入的增加,提高居民收入预期。完善医疗、教育、养老等基本保障体系,增强居民消费信心。引导房地产市场规范、健康发展,促进住房、汽车等大宗商品消费。在政府采购、政府投资项目和工程建设中,加大对本地自主品牌企业的支持力度。以国家推行"国民休闲旅游计划"为契机,加快发展旅游经济,鼓励市民增加旅游、餐饮、娱乐、休闲等消费支出,努力扩大节假日消费规模。加快华强北、罗湖金三角等老商业区改造升级,积极培育市中心区、南山商业文化中心、特区外中心城区等新兴商业旺区。加快发展连锁商业、信贷消费等新型业态,大力发展电子商务,培育一批在全国有影响力的电子商务企业。进一步加强市场监管,坚决打击假冒伪劣等违法行为,加快建立统一的社会信用体系和信息公共平台,建立失信惩戒和守信激励机制,形成开放有序的市场经营和消费环境。

全力开拓国内外市场。积极落实国家出口退税和加工贸易台账实转空制度,研究制定进一步鼓励外贸出口的政策措施。加快转变外贸发展方式,优化产品出口结构,大力发展服务贸易,积极开拓国际市场特别是新兴市场,努力保持出口形势的稳定。高度重视经济危机中贸易摩擦加剧的趋势,完善应对工作机制,加强对应诉企业的指导和支持,发挥好反倾销和产业损害预警系统的作用,帮助企业用好用足我国对外谈判的成果。大力实施内贸战略,设立加工贸易扩大内销专项扶持资金,发挥好驻外办事处、深商服务中心和行业协会作用,积极搭建各种平台,鼓励企业建立健全国内市场营销渠道和网络,引导企业开拓国内市场。

(二)坚定不移地深化改革,着力扩大对外开放。高度重视、认真把握《珠江三角洲地区改革发展规划纲要》给深圳带来的重大发展机遇,加强学习、统一认识,逐条分解《纲要》内容,研究提出落实举措,抓紧制定配套政策,深入推进《纲要》落实。充分发挥深圳经济中心城市的辐射力和带动力,全面加强与珠三角其它城市的合作,推动建立深莞惠区域协调发展联动机制，努力形成优势互补、良性互动的区域经济发展新格局，以服务全省、服务全国创造深圳发展的新空间。

积极稳妥地推进行政体制改革。着力转变政府职能，按照职能有机统一的原则，优化政务流程，整合政府机构，完善大部门管理体制，理顺运行机制。积极探索精简行政层级改革试点，缩短管理链条，提高行政效率。进一步调整市、区、街道和职能部门之间的事权划分，减少事权的重叠和交叉。积极推进全市行政审批服务体系和“在线审批系统”建设，精简项目，简化程序，再造流程，全面提高审批效率。积极推进公务员分类改革试点和聘任制公务员制度试点，深入推进公安专业化改革，支持配合法官、检察官职业化改革方案的论证和研究。

继续深化经济体制改革。进一步优化调整国有经济战略布局，完善国有产权制度，创新国有资产运营和管理模式。加强国有独资企业董事会制度建设，健全法人治理结构。深化国有文化资产管理体制改革，按照“效益集团”的要求，完善考核体系，促进国有文化集团做大做强。以实现基本公共服务均等化为目标，进一步深化财政体制改革，加快建立公共财政体系，加大特区外社会民生投入，促进特区内外协调发展。继续推进投融资体制改革，建立完善社会投资项目核准备案制度，鼓励社会资本进入金融服务、公用事业和基础设施等领域，形成有序竞争的格局。积极探索环境权益交易，加快建立生态环境补偿机制。

积极推进公共服务和社会体制改革。加快公共服务市场化、社会化，大力发展社会组织，支持社会组织拓宽发展空间，加快建立和完善政府向社会组织购买服务的制度。继续深化事业单位管理体制和运行机制改革，创新公用事业监管模式，推动公用事业监管体制改革。创新人口管理方式和手段，全面推行居住证制度，推动户籍制度和流动人口管理改革。加快推进医疗卫生体制改革，实行政事分开、管办分开、医药分开、营利性和非营利性分开。开展公立医疗机构、医疗保险和药品流通体制改革试点，有效增加基本医疗服务供给，逐步形成由政府提供公益性基本医疗服务、市场提供个性化和高端医疗服务的格局。继续深化教育体制改革，扩大各级各类教育的开放和准入程度，创新高校内部管理体制和运行体制，争取成为“全国教育综合改革试验区”。

积极扩大对外开放。继续实施“走出去”战略，支持企业积极稳妥地开展收购兼并，完善全球布局，实现低成本扩张。进一步提升对外交流合作水平，积极推进中国–越南(深圳–海防)经贸合作区建设，努力打造全国境外合作区的样板项目。继续探索深港、深澳合作新机制、新模式，加快推进落马洲河套地区开发和莲塘/香园围口岸、东部跨境高速公路等重大跨境基础设施建设，推动与香港共同编制区域合作规划，促进深港融合发展，建设与香港共同发展的国际性城市。积极推进与汕尾共建省示范性产业转移工业园，认真做好甘肃“三县一区”的对口支援恢复重建工作，加强对贵州、西藏、重庆、广东河源等地的对口扶持。

(三)大力推进自主创新，加快构建现代产业体系。全面落实建设国家创新型城市的总体规划和各项政策，抓紧出台具体实施细则、配套措施和操作流程，加强政策解读和督查督办，切实推动政策落地、资金落地、项目落地。加大政府研发投入和重大专项投入，确保未来三年内科技研发资金每年增加3亿元，今年针对企业的科技计划资金上半年全部发放到位。加大国家重点实验室、国家工程实验室和公共技术平台建设力度，鼓励和支持大学、科研机构和企事业单位积极申报国家和省科技计划，积极参加国家重大科技专项，吸引科技重大基础设施落户深圳，深化与国家部委的创新联动机制，在更大范围和更深层次聚集国家创新和科技资源。着力培育和吸引创新的技术源、项目源和企业源，设立产业技术攻关计划，力争在一些制约重点产业发展的关键技术和共性技术上取得新突破，切实增强源头创新能力。抓紧开展高新技术企业认定工作，严格落实国家有关企业研发费用税前扣除优惠政策，加大科技创新企业上市力度，加快建设创新型产业用房，为创新企业提供更大的发展空间。大力实施知识产权战略、标准战略和品牌战略，深入推进国家知识产权示范城市建设，切实增强深圳企业和产业的标准话语权。培育一批知名品牌，规范引导品牌效应低的初级创新产品生产企业转型升级，提升品牌，自主研发。强化深圳“改革之城”、“创业之城”的形象，优化创新创业环境，增强城市对人才的吸引力。完善人才政策，推进人才载体建设，提高人才待遇，降低生活成本，加大高层次人才队伍建设和海外人才招聘力度，着力打造完整的创新人才链。积极推进“深港创新圈”建设，促进两地创新资源整合，加快形成更高水平的跨境区域创新体系及科技创新产业聚集区。努力推进科技成果转化，办好第十一届高交会。

加快四大支柱产业发展。今年财政安排产业发展资金90.8亿元，同比增长60%，着力打造“高端化、集群化、总部型、创新型”现代产业体系。加快建设综合性国家高技术产业基地,大力发展以自主创新为特征的高新技术产业,突出电子信息产业的龙头地位,最大限度地集聚资源,完善布局,优化环境,努力建设世界级电子信息产业城市。加快落实LED产业发展规划和产品示范工程,推动LED产业做强做大。积极发展下一代互联网、IC设计、机器人、航空航天、新能源、新材料、生物医药、邮轮游艇等新兴产业,加快发展汽车及汽车电子、机电一体化等装备制造业和精细化工业,培育新的产业增长点。加快金融中心区和金融产业基地建设,吸引更多海外金融机构及后台服务机构落户深圳。积极完善多层次资本市场,培育创业板上市资源,优化基金发展环境,促进风险投资和私募股权投资基金的集聚。加大金融创新力度,落实和推进与港澳货物贸易人民币结算试点工作,培育企业债券市场,加快推进保险创新发展,完善中小企业融资服务体系,发展小额贷款公司和创新型金融机构,努力建设全国金融改革创新综合实验区。积极发展现代物流业,打造全国最优物流服务城市。大力拓展内贸业务和国际中转业务。加强深港机场合作,不断拓展航空客货运市场。加快前海湾保税港区建设发展,促进盐田港区向综合保税区转型升级。加快物流园区发展,推进物流业向供应链转型升级,努力把深圳建设成为亚太地区重要的多式联运中心和供应链管理中心,强化全球物流枢纽城市地位。深入实施文化产业发展规划纲要,推动设立文化产业投资基金,打造一批文化领军企业。充分挖掘"设计之都"品牌资源,积极吸引创意资本和人才,开展全民创意行动,加快规划建设国家级创意产业园区,推动"两城一都一基地"建设。提高第五届文博会的国际化、专业化水平,积极申办2010年世界创意大会。大力实施科技促农兴农,发展现代都市农业。培育发展适合深圳特点的海洋经济和海洋产业,努力打造海洋强市。扎实推进国家循环经济示范城市建设,大力发展循环经济,建立健全资源节约标准体系,加快构建节能环保型产业体系。

抓紧优化产业结构和产业布局。积极推动高新技术产业与传统产业的融合渗透,以高新技术改造提升优势传统产业。加快构建加工贸易转型升级服务平台,探索完善加工贸易企业"不停产原地转型"模式。大力推动电镀、线路板等高污染行业转型升级。准确把握产业转型升级中的平衡,坚持先长后消、长大于消,积极稳妥地推动产业有序转移。以国际一流标准,加快推进前后海地区规划建设,全力推动高新园区、光明新区和大工业区的发展建设,并以此为带动,积极推进精细化工生态产业园、国家生物产业基地、航天科技产业基地以及九大传统产业集聚基地建设,全面提升产业的集群化水平。

(四)大力发展各项社会事业,努力提高民生福利水平。越是经济困难,越要高度重视民生,切实改善民生福利。加快推进义务教育均衡发展,合理配置义务教育办学资源,进一步做好义务教育"双免"工作。继续扩大优质教育资源,全面落实素质教育,不断提升办学质量。加快筹建南方科技大学,进一步提升市属高校教学科研水平,完善大学城办学机制,鼓励香港高等教育机构来深办学。开展学前教育综合改革试验,大力发展职业教育和民办教育,积极推进终身教育。加强国际教育交流与合作,加快国际学校和港人子弟学校建设。

努力培育城市文化,增强城市凝聚力,提升市民的家园意识,强化市民的责任感、光荣感、幸福感和归属感,共同维护城市荣誉。深化文化体制改革,建立覆盖全社会的公共文化服务体系,全面提升文化软实力。完善公益性文化事业扶持政策,鼓励社会力量参与公益性文化建设,加强公益广告宣传力度。大力实施文艺精品战略,围绕建国60周年等重大题材,推出一系列反映时代精神、具有深圳特色的文艺精品。加强文物保护,加大对客家围屋、南头古城等文物的保护开发。推进全市有线电视网络重组整合,加快实施特区外有线电视数字化改造。加强文化市场管理,加大"扫黄打非"力度。进一步巩固文明城市创建成果,开展文化、健康、公德、环保、服务和爱心素质提升六大人文工程,不断提高市民素质。全力做好大运会各项筹备工作,积极推进大运会"城市行动计划"的实施,广泛开展群众性体育活动,为迎接大运会营造良好的社会氛围。

继续实施卫生事业"一大一小"发展战略,探索设立区域卫生医疗中心,促进市级医院合理布局,让全市人民都能就近享受到高水平医疗服务。深化社区卫生服务改革,加快社康中心原有物业回购进程,增强社区健康服务的功能。充分发挥中医在预防保健中的独特优势,推动中医药事业发展。促进基本公共卫生服务均等化,完善卫生应急机制,提高突发公共卫生事件应对水平。

大力实施积极就业政策,完善就业促进机制,全力打造充分就业城市。推进以创业促进就业,加强劳动者技能素质培训,做好就业困难、"零就业家庭"人员就业援助工作。加强就业管理基础工作,全面推进就业登记制度。积极构建和谐劳动关系,全面落实劳动合同制度,依法保障劳资双方合法权益。不断完善社会保障体系,提高社会保障水平,扩大参保人数,做实个人账户,力争在全国率先实现

"全民社保"。逐步健全以扶老、助残、救孤、济困为重点，以家庭为基础、社区为依托、机构为补充的社会福利服务体系，积极稳妥推进社会福利向普惠型发展。以"人人享有基本生活保障"为目标，加快建立健全以最低生活保障制度为核心的综合性社会救助体系。设立第二保障线，对低保边缘群体实施分层分类专项救助。特别注重解决好困难群体和低收入群体的生活问题，建立困难群体生活补贴与物价水平联动机制，确保他们的生活水平不因物价上涨、经济下滑而明显降低。加快推进住房公积金制度改革，加快经济适用房建设，进一步健全多层次、多渠道的住房保障体系，逐步扩大住房保障覆盖面。

进一步完善社区管理体制，继续强化基层基础建设，不断提升基层自治水平。加强流动人口计划生育服务管理，巩固计生工作成果。完善优抚安置保障体系，巩固和加强军政军民团结。继续加强统计、外事、侨务、港澳、台务、民族宗教、防灾减灾、气象、民防、档案等工作。

（五）高度重视社会稳定，积极建设平安深圳。密切关注和防范经济形势变化可能引发的不安定因素，建立健全经济社会安全预测预警系统，提早做好风险监控及应对预案，确保经济安全运行。进一步加强金融监管，及时发布金融风险提示和预警，建立突发事件应急机制，严厉打击金融投机和恶意炒作等违法违规行为，有效防范和规避金融风险。严厉打击恶意欠薪和欠薪逃匿行为，进一步完善欠薪保障制度，促进劳资协商共度难关。妥善处理城市发展历史遗留问题，避免引发群体性事件。进一步健全和落实信访维稳工作责任制，加快构建"大排查"、"大调解"、"大信访"工作格局，加强对农民工法律援助工作，深入开展领导干部"大接访"和"直通车"、"民心桥"等活动，及时化解各类社会矛盾。加强法制宣传教育，坚决处置暴力维权和违法维权行为，引导群众依法、理性表达诉求，维护法律尊严。加强应急管理工作，构建群防群治突发事件管理机制，提高各级政府应对突发公共事件的能力。

加大社会治安综合治理力度。深入推进禁摩、视频监控等措施，不断提升社会治安综合治理水平。以城中村和老屋村为重点，对治安隐患进行逐个整治，实现治安总体形势继续好转。进一步强化打私、禁毒工作，保持对"黑恶势力"、严重暴力犯罪的严打高压态势，大力打击"两抢两盗"等影响恶劣的犯罪行为，提升群众安全感。进一步加强反恐工作，抓紧建立"情报、打击、防范、应急"四位一体的反恐实战机制，着力提高反恐实战能力。

切实加强安全生产和食品药品安全工作。认真吸取"2.27"、"9.20"火灾事故教训，扎实开展"安全生产年"活动，坚持做到安全生产警钟长鸣、常抓不懈、永不言胜。不断完善安全生产体制机制，加强对重点行业和领域的安全监管，做好安全隐患排查整治工作，防范重特大事故发生。创新食品药品安全监管体制，完善监管体系，加强安全风险评估，加大安全治理力度，不断提高老百姓的饮食、用药安全水平。建立安全宣教长效机制，不断增强广大市民的安全意识。

（六）努力提高城市品位内涵，不断完善城市功能。以筹办大运会为契机，以世界先进城市为标杆，着力提升城市规划建设管理水平。科学谋划城市发展布局，加大规划编制报批力度，力争城市总体规划和土地利用总体规划年内通过国家审批。加快制定总体规划实施纲要，完善实施机制，加大实施力度，抓紧将规划转化为具体的建设项目。以光明新城等四大新城建设为核心，以提高特区外基础设施水平为重点，全力促进特区内外一体化发展。突出城市风格特色要求，继续推进城市重点地段、重点区域城市设计和标志性建筑设计，高度关注小尺度空间和城市细部的设计，对城市街景、建筑物、公共空间及门户地区实行艺术化设计和人性化改造，集中打造一批建筑精品和城市亮点。全面完成深圳湾15公里滨海休闲带堤岸填筑工程，加快大鹏湾20公里海滨栈道建设，进一步增强现代化滨海城市特色。

着力强化和创新土地管理。继续完善以规划实施为导向的建设用地管理模式和土地计划调控机制，建立健全土地协同管理责任机制和土地执法长效机制。严格落实耕地保护责任，加快基本农田保护区的土地开发整理，确保我市基本农田在2010年前通过国家验收。逐步实行土地弹性年期制度，借鉴香港勾地模式，完善产业用地出让方式。进一步完善征地拆迁补偿的评估机制和补偿标准。建立健全建设用地集约利用评价考核指标体系，结合城市更新改造，加快存量土地的二次开发，继续加大闲置土地和土地历史遗留问题的处理力度，加大地下空间开发研究，持续提高土地资源的节约集约利用水平。

扎实推进生态文明建设。完善和强化环境与发展综合决策机制，积极推进规划环评、政策环评等战略环评。严格实施环保实绩考核，切实强化各区、各部门环保责任。积极实施大运会生态环境保障主体行动计划，认真做好国家环保模范城第三次复查迎检准备工作。在环保标准不降、要求不松的前提下加大管理和服务力度，注重技术引导和资金扶持，帮助企业清洁生产、合规经营。扎实推进污染减排工作，严格控制重点污染源，确保国控、省控和市控污染源达标排放。深入开展排水管网清源行动和水源保护行动，加快推进水环境综合治理，确保2010年前水环境质量有根本改善。持续推进"蓝天行动"，争取全市机动车和车用燃油全面实施国Ⅳ标准，积极推动电动汽车产业发展。继续推进南头半岛、清水河等重点区域环境综合整治。加强基本生态控制线监测管理，推动"四带六廊"生态安全网络体系建设。加强区域环境保护合作，协调解决跨境、跨界等区域污染问题。大力发展绿色建筑，积极落实建筑节能改造计划。持续推进绿色创建活动，积极引导绿色消费，大力提升全社会生态文明意识。

努力提高城市管理水平。积极借鉴国际先进城市管理经验，着力提高城市管理的精细化、规范化和信息化水平。继续推进城市环境综合整治，实现全市城中村和社区环境综合整治基本达标，特区内各区和特区外各街道各完成一条街的街景整治工作。加快大鹏半岛国家地质公园和儿童乐园、安托山等一批城市公园建设，新建20个社区公园。进一步加强环境卫生管理，规范垃圾转运站的运营管理。以道路修缮、路灯整治工作为重点，继续推进市政设施综合整治工作。深化公交特许经营改革，进一步优化公交经营机制。深入实施三层次公交线网规划，新开通一批快、干、支线路。稳步推进出租车运价调整及运力投放。加大非法营运、套牌车打击力度，加强泥头车管理，建立长效管理机制。

加大资源能源储备力度。积极利用全球资源价格下跌的机会，加大对水电油煤气等资源能源的储备。进一步增强水资源战略保障能力，继续推进公明、铁岗、清林径、下矶角等水库建设和清淤扩容。强力推进电网建设项目，今明两年力争完成250亿元电网建设投资，从根本上解决深圳用电瓶颈问题。加快深圳滨海电厂、抽水蓄能电站等项目建设，积极推进垃圾焚烧发电、风力发电、太阳能光伏系统等新兴能源项目的研究论证和规划建设。加快实施石油替代战略，拓展天然气资源供应渠道，积极推进西气东输二线、深圳LNG、城市天然气高压输配管网、国家成品油储备深圳油库等项目建设。加强粮食等重要物资的国家储备和商业储备。

（七）着力强化公共服务，积极建设法治政府。认真落实与国务院法制办签订的加快建设法治政府合作协议，抓紧实施法治政府建设指标体系，全力推进依法行政，力争用三年时间初步实现国务院规定的法治政府建设目标，树立法治政府、责任政府形象和权威，带动全社会法治观念的增强和法治水平的提高。创新政府立法工作机制，优化整合政府立法资源，逐步实行法规规章集中草拟，切实提高立法质量。深入推进行政综合执法，理顺街道综合执法机制，加强部门协作和执法保障，规范执法程序，提高执法水平。建立健全决策咨询机制，完善重大决策的社会参与、专家咨询、听证和公示制度，推进决策民主化、科学化。认真接受市人大及其常委会的法律监督和工作监督，坚持定期向市人大常委会报告重要工作。认真接受市政协的民主监督，加强与市政协的工作沟通和协商，主动听取各民主党派、人民团体和社会各界的意见和建议。切实执行市人大及其常委会通过的各项决议，认真办理人大建议和政协提案、建议案，提高办理工作的质量和实际效果。

不断优化政府服务。今年政府工作的首要任务是保增长，关键在于抓落实。要按照市委市政府的统一部署，确保今年各项指标任务的顺利完成。深入开展"服务年"活动，进一步强化政府服务理念，努力转变机关工作作风，下决心解决文山会海问题，力争做到全年会议、文件、评比表彰活动"三减少"，腾出更多的时间和精力投入到保增长、保民生、保稳定。创新政府服务手段，建立健全政府联系企业、服务企业的长效机制。进一步提高行政服务大厅服务水平和整合能力，打造一流的综合行政服务机构。积极推行政务公开，加强电子政务建设，发挥市政府12345公开电话的沟通平台作用，努力打造阳光政府。完善政府绩效评估指标体系，逐步扩大绩效评估范围，积极开展绩效审计。

扎实推进廉政建设工作。认真贯彻落实胡锦涛总书记在第十七届中纪委三次全会上的讲话精神，树立和坚持正确的事业观、工作观、政绩观。毫不动摇地加强廉政建设和反腐败斗争，坚持标本兼治、综合治理、惩防并举、注重预防的方针，以廉政建设和反腐败斗争的新成效取信于民。加强教育和监督，加大查办案件和行政问责力度，着力解决重点领域的腐败问题，严肃查处滥用职权、贪污贿赂、腐化堕落、失职渎职和重大责任事故背后的案件。深入开展纠风专项治理，建立纠风工作长效机制。全面清理各种行政事业性收费和服务性收费，取消一切不合理收费，降低过高收费。全市政府部门要发扬艰苦奋斗、勤俭办事的精神，带头过紧日子，严格财政预算编制执行，严控出国出访考察，严控会议、接待、差旅等公务支出，实行一般性行政经费零增长。

（八）实现十大工作突破，办好十件民生实事

今年是本届政府最后一个工作年度，全体政府工作人员必须增强责任感、紧迫感，切实转变工作作风，求真务实，真抓实干，不漂浮、不作秀、不忽悠，脚踏实地、扎扎实实地推进各项工作，完成好本届政府的使命和各项承诺，不留败笔、不留遗憾、不留骂名，向全市人民交上一份满意的答卷。在广泛调研的基础上，我们自加压力，确定了10个重点领域或关键环节，通过科学部署和狠抓落实，力争取得实质性突破，解决一批长期悬而未决的问题，以此带动全局的发展。

一是国家创新型城市建设要有新突破。加快组建电子信息产品标准化等一批国家重点工程实验室和国家高技术产业创新中心，新建国家华南超级计算中心，筹备产业创新研究院，加快建设深圳科技中心。

二是招商引资工作要有新突破。设立投资推广署，整合全市招商引资资源。抓住国际经济调整和服务业转移的机遇，全面落实重大产业项目招商引资计划和招商引资责任制，瞄准世界500强和国内大型企业集团，以产业链高端环节、缺失环节和新兴战略性产业为突破口，以资本密集型、技术密集型、基地型、旗舰型项目为重点，引进一批符合现代产业体系要求的重大产业项目，进一步夯实产业发展基础。

三是法定图则覆盖面要有新突破。力争年内取得突破性进展，两年内实现规划建设用地法定图则全覆盖。妥善解决基本生态控制线内的历史遗留问题。

四是城市更新改造要有新突破。出台城市更新政策和总体规划，加快推进旧工业区升级改造试点工作，力争第一批项目全面开工，第二批项目加快推进；加快岗厦、大冲等城中村改造步伐；启动华强北等8至10个城市更新试点项目；加快鹿丹村等旧住宅区改造。

五是农村城市化历史遗留违法建筑和土地历史遗留问题处理要有新突破。抓紧制定出台处理农村城市化历史遗留违法建筑的政策措施，切实将违法建筑纳入法制化管理，加快推进各类土地历史遗留问题处理。

六是污水处理设施建设要有新突破。加快污水处理厂、污水管网和污泥处理等58项重点治污项目的建设，年内新建和改扩建污水处理厂14座，建成投入使用5座，建成污水干管300公里，增加污水二级处理能力100万吨/日以上。建成南山污泥处理项目，开工建设老虎坑、上洋污泥处理中心。

七是轨道交通建设要有新突破。全年完成轨道交通建设投资190亿元，基本完成5条地铁线路土建主体工程，全面展开6个综合枢纽建设，推动完成广深港客运专线深圳北段土建工程，实现厦深铁路深圳段全面开工。

八是安全生产体制机制建设要有新突破。着力完善安全生产管理长效机制，加强安全生产基础建设，开发建设覆盖全市企业的安全监管信息化系统，完善安全生产网格化管理。加强安全宣传教育，年内投入使用现代安全实景模拟教育基地。

九是高等教育改革发展要有新突破。南方科技大学要力争通过教育部组织的考察评议；积极争取国家支持深圳大学探索有中国特色的现代大学制度；创新完善大学城办学管理的体制机制；推动香港高校在深独立办学取得实质性进展。

十是社区股份合作公司改革要有新突破。一区一试点，积极稳妥地启动社区股份合作公司改革，抓紧修订完善有关法规规章，进一步规范股份合作公司运作，逐步剥离社会职能，促进股份合作公司健康发展。

今年，要着眼于提高民生福利水平和解决群众关心的热点、难点问题，全力做好十件民生实事，让市民得到真正的实惠。

一是城镇登记失业率控制在3%以内，平均失业周期控制在6个月以下，当年新增失业人员、新成长劳动力和就业难人员就业率均达到80%以上。开发使用公益职业介绍网站，举办300场农民工免费职业介绍招聘会。

二是加快推进高中建设，增加5000个优质普高学位，全面完成特区外96所原村办小学改造，规范有序解决中小学生午餐午休问题，设立学前教育发展专项经费，积极稳妥推进公办中小学临聘教师问题的解决。

三是基本完成市第三人民医院、疾病预防控制中心工程建设，滨海医院、人民医院外科的主体结构实现封顶。每区规划建设1家以上市级医院。实行医疗机构药品零差价销售，降低药品价格。

四是建立完备的医疗保险体系，实施非从业居民社会医疗保险，确保全市常住人口医疗保险参保率达到100%。

五是落实新增保障性住房建设用地30万平方米，规划建设2.57万套保障性住房，加快53个保障性住房项目建设进度，着力解决低收入家庭住房难问题。

六是实现农产品生产基地主要农产品供应达到深圳市场的60%以上，市场豆制品全部从合法渠

道进货，蔬菜农药残留、生猪肉品“瘦肉精”污染和水产品药物残留检测年平均合格率分别保持在96%、98%和98%以上。

七是加快打通全市范围内的断头路，积极推进交通智能化工程，统一梳理全市交通标识，加快建设口岸公交枢纽工程，新投放一批公交运力，基本解除特区外公交线路承包经营关系，初步完成特区内外公交线路网络化布局，特区外公交站点500米覆盖率达到75%以上。

八是力争年内实现所有符合条件的户籍居民都可申请办理一年多次往返香港旅游签注，所有符合条件的持居住证的非户籍居民都可申请在深办理赴香港“个人游”签注。

九是全面启动社区、住宅区和城中村消防设施、市政管线等改造，年内完成40%以上。实现特区内住宅区物业管理全覆盖，特区外原农村社区物业管理覆盖率达到50%。

十是加大全民健身公共体育设施投入力度，每年在100家以上社区公园配置体育设施，力争尽早实现全覆盖。有步骤向社会开放学校体育场馆，大力开展有组织的群众体育竞赛和健身展演活动，确保全年不少于1600次，市民体质合格率高于全国平均水平。

各位代表！

今年是新中国成立60周年和深圳建市30周年，做好今年的工作，任务艰巨，使命光荣。面对困难，我们无所畏惧，面对未来，我们信心百倍！让我们高举中国特色社会主义伟大旗帜，以科学发展观统领全局，在市委的坚强领导下，团结带领全市人民，进一步解放思想、改革创新，振奋精神、顽强拼搏，推动经济社会又好又快发展，勇当落实科学发展观的排头兵，以优异的成绩向建国60周年和建市30周年献礼！

加强统计监测，为应对国际金融危机保持经济平稳较快发展提供优质服务

——在全市统计工作会议上的讲话

市统计局局长　　邓　平

（2009年3月19日）

同志们：

这次会议的主要任务是：深入贯彻全国、全省统计工作会议和市委四届十一次全会精神，认真总结过去一年的工作，准确把握统计工作面临的形势，动员全市统计工作者以科学发展观为统领，认真落实市政府最近发布的《关于进一步加强统计工作的意见》（以下简称《意见》），加强统计监测，为应对当前国际金融危机，保持经济平稳较快发展提供优质服务。会上，李锋常务副市长将发表重要讲话。我们要认真学习，深入领会，切实落实。现在，我就2008年全市统计工作做一简要回顾，并对2009年工作进行安排部署。

一、2008年统计工作的简要回顾

2008年是我国经济社会发展进程中不寻常的一年，也是促进统计服务科学发展、推动统计工作科学发展的重要一年。一年来，全市统计工作者紧紧围绕市委、市政府的工作重心，深入学习实践科学发展观，全力推进各项统计改革和建设，使统计工作取得新进展。

（一）国民经济各项统计年报和定期报表任务保质保量完成。实施统计年报和定期报表，对国民经济和社会发展进行全面统计调查，是国家法律赋予统计部门的一项重要职责，也是发挥统计整体功能的重要支撑，任务十分繁重。我市圆满完成了涉及到19个门类、94个大类、395个中类、912个小类的十几万家法人单位、近40万个工商户的月度、季度、年度统计核算任务。根据市政府要求，切实加强了能源、服务业特别是现代服务业统计，全面铺开民营经济统计。GDP核算水平进一步提高，客观反映了我市经济实力和全市人民的奋斗成果。具体组织中，严格依照统计法律和国家高度集中统一的统计制度方法，建立工作责任制，加大指导培训力度，加强信息技术支持，尤其是加强了数据增幅变化趋势的分析，确保了数据间的协调和衔接。

（二）第二次全国经济普查和专项调查进展顺利。认真抓好经济普查“三落实”，顺利完成了普查试点工作；认真制定《实施方案》、《单位清查实施办法》和《评比考核办法》等规范性文件，保证了普查的程序化和规范化；充分利用各类媒体向社会公众开展普查宣传；加强与各部门的协调，统筹利用各种资源，形成了经济普查的合力；顺利完成单位清查和个体经营户普查工作，组织开展了十几万人次的普查培训。目前，正在紧张地开展普查表填报、审核、录入工作。在搞好经济普查的同时，社会治安满意度、全国公路水路运输量、私营单位工资、香港人在深圳居住状况等专项调查任务也圆满完成。

（三）为深圳落实科学发展观、促进经济社会发展提供优质统计服务。全面加强落实科学发展观情况的统计监测，按照“效益深圳”、“民生净福利”指标体系要求，完成了统计指标的测算工作，客观反映了深圳在改善民生、执政为民方面取得的成效；启动了绿色国民经济核算工作，完成了绿色国民经济核算数据与第一次全国污染源普查数据的对比研究；加强了社会科技、能源消耗、生态环境等方面的统计监测，高质量完成了区域经济分析报告，强化了统计参谋服务职能；完成了《深圳统计手册》、《深圳统计年鉴》、《新起点新跨越》、《深圳市国民经济和社会发展报告》等综合统计资料的编辑出版工作，收到了良好的社会效果。针对工业数据和出口额方面出现的新情况，会同贸工、税务、海关等

部门赴重点企业调研，提出了增强政府扶持力度、促进企业发展的建议，得到市领导肯定；积极参与全市工业贸易服务工作小组的工作，客观分析有关区工业贸易企业发展情况并提出应对措施，为市委、市政府决策提供了依据；为“中国世界名牌”评比、“民营企业领军百强”、“质量竞争力指数”认定提供了相关统计数据和意见建议。为有关部门、企业和市民提供数据或统计咨询服务约5000人次。

（四）统计法制建设取得新进展。由市统计局起草的《深圳市统计代理管理办法》就统计代理机构的设立条件、业务范围、保密规定、市区主管部门的监管等方面均做了规定，本月初已由市政府发布，五月一日将正式实施。统计执法成效明显。特别是为期三个月私营企业统计执法检查，共查出各类统计违规、违法行为为588个，涉及单位928家，立案查处38家，占我市2008年立案查处案件数的25.5%，维护了统计法的尊严；针对光明新区的特殊性，本着实事求是的原则，委托光明新区管委会依法行使统计执法权，积极促进了光明新区统计工作的顺利开展。

（五）积极探索统计制度方法改革新路子。我市第二次全国经济普查方案设计注重了与年报统计制度的衔接，充分考虑了与普查数据的对比，坚持了满足国民经济核算、能源统计、服务业统计和基本单位统计基本需要的原则；积极研究非普查年份常住人口统计与核算方法，进一步完善劳动力调查制度和方法，积极研究调查失业率，增加反映农民工情况的指标问题；开展统计报表清查，针对国家、省、市现行统计报表中统计指标、调查频率、范围、方法进行了调研，提出具体意见和建议，同时也为下一步的报表制度改革奠定了基础。

（六）统计信息化建设继续推进。继续推进统计数据网上直报系统升级，进一步完善直报系统功能，大大减轻了企业负担；顺利完成了人口统计信息系统的建设工作，提升了统计数据平台的处理和管理能力；利用第二次经济普查的契机，整合政府各有关部门的统计信息资源，提高了工作效率。

（七）统计队伍素质有了新的提高。通过解放思想大讨论，效率意识进一步增强，工作质量进一步提高，统计执行力进一步提升；以政治坚定、业务精通、作风优良为目标，加大了领导班子建设的力度；建立了中层干部学习制度，开展了多层次、多内容、多形式的统计教育培训，提升了统计人员的综合素质；着力推进干部队伍建设，把敢于用人和善于用人结合起来，充分调动了各方面的积极性；坚持廉洁自律，推进廉政责任制，加强了对党员领导干部的监督管理。

（八）科学发展观学习实践活动成效显著。市统计局作为第一批开展学习实践活动单位，认真贯彻落实市委的部署，成立了领导机构，制定了活动方案，严格按照3个阶段、11个环节的各项要求，积极稳步推进，进展顺利，成效显著，不仅使全局党员干部加深了对科学发展观的认识，而且提高了深入推进统计工作科学发展的自觉性和坚定性，受到市委指导检查组和干部群众的肯定。

上述工作成绩的取得，是市委、市政府高度重视，各部门大力支持的结果；是全市广大统计人员辛勤劳动、开拓进取、扎实工作的结果。在此，我代表市统计局表示崇高的敬意和衷心的感谢！

二、准确把握统计工作面临的新形势

统计反映科学发展成果，服务科学发展决策，引导科学发展实践，监测科学发展进程。在新的时期，统计工作面临新的形势和任务。

（一）国家统计局提出了构建现代统计体系的新要求。党中央、国务院十分重视统计工作，温家宝总理2009年1月7日在国家统计局报送材料上批示：“努力做好统计工作，为应对国际金融危机，保持经济平稳较快发展，提供准确的信息、科学的判断和政策依据。这在今年具有特殊重要意义。”李克强副总理2009年1月4日视察国家统计局时强调，统计是经济社会管理和宏观调控的重要基础性工作，是加强和改进宏观调控的重要依据，对引导和促进科学发展有重要作用，还是体现政府公信力的重要方面。在全国统计工作会议上，马建堂局长明确指出，要以提升统计服务科学发展水平为目标，以提高统计数据质量为中心，以改革创新为动力，以信息化为支撑，积极构建组织体系完善、调查制度科学、技术手段先进、法制保障有力、队伍素质过硬的现代统计体系，努力为党中央、国务院和地方各级党委政府、社会公众以及各类经济体提供优质统计服务。深圳作为经济特区，要以改革创新的精神，做出新的探索，取得新的成绩。

（二）市委、市政府对全市统计工作更加重视和支持。去年以来，刘玉浦书记、李锋常务副市长多次就统计工作做出指示，提出要求。市政府为深入贯彻落实科学发展观，确保统计工作更好地适应我市科学发展，为我市率先基本实现现代化和建设国家创新型城市全面提供统计保障，于今年1月24日发出《关于进一步加强统计工作的意见》，要求区、街道、有关单位充分发挥统计工作在全市经济社会发展中的作用，进一步加强全市统计工作。《意见》从切实加强领导、健全政府统计机制、加强统计基层建设、深化统计方法制度改革、努力提高统计活动科技水平、坚持依法统计等方面对全市统计工作提出要求。这是当前和今后一个时期全市统计工作的行动指南。

（三）学习实践活动使统计工作科学发展的理念深入人心。在科学发展观学习实践活动中，我们在深化学习、深化认识、深化调研的基础上，进一步增强了贯彻落实科学发展观的自觉性和坚定性。通过活动使我们进一步认识到落实科学发展观对新时期统计工作的重大指导意义。坚持以科学发展观统领经济社会发展全局，关键要善于运用统计来破解经济健康发展与社会和谐稳定的各种难题，建立保障科学发展观贯彻落实的健全的统计体制和机制。把科学发展的理念贯穿到统计工作的各个领域是一项复杂而艰巨的任务，也是统计部门义不容辞、责无旁贷的任务。我们必须适应新形势、新任务的要求，重新审视统计、科学研究统计、大力改革统计。

通过对形势的客观分析，今年及今后一段时间全市统计工作的指导思想是：按照国家统计局和省统计局的统一部署，紧紧围绕市委、市政府的工作重心，站在建设中国特色社会主义示范市、学习追赶世界先进城市、加快建设国家创新型城市的高度，以科学发展观为统领，以实现数据客观、真实、准确、完整、及时为目标，以求实、为民、服务为宗旨，建立健全既符合深圳实际，又适应国际统计一般规则的现代统计体系，全面推进各项统计改革和建设，努力完成市政府《意见》提出的各项任务，不断推进深圳统计工作迈上新台阶。

三、进一步明确2009年的重点工作任务

2009年是市委、市政府确定的“服务年”，同时还是市政府《意见》的落实年。我们要按照国家和省的部署，围绕市委、市政府的工作中心，进一步明确2009年的重点工作任务。

（一）以改革创新的精神抓好国民经济和社会发展情况的全面统计调查工作。一是严格执行国家、省、市各项统计报表制度，结合深圳实际，科学组织，确保主要统计数据客观、真实、准确、完整。要本着“以经济普查为中心，保持总体稳定，提高制度效能”的原则，做好统计年报与经济普查数据的衔接。要及时了解、研究、解决年报和普查工作中出现的新情况和新问题。市、区统计部门要加大对统计从业人员的培训力度，及时掌握统计制度的修订变化情况。要把提高统计数据质量作为重中之重，对统计数据质量认真进行评估；二是做好GDP核算工作，提高GDP核算水平。各专业必须按照国家和省的部署，做好相互间的数据协调与衔接，提高分区数据的时效性和合理性，确保GDP下算一级工作顺利开展；三是要巩固反映民生和社会和谐的统计成果。继续做好“效益深圳”、“民生净福利”指标体系的数据汇总、统计评估、监测发布工作，注意总结实践经验，并在实践中逐步改进和完善。

（二）为保经济增长和科学决策当好参谋。为确保实现我市2009年本地生产总值增长10%左右的目标，市委、市政府决定，对全市2009年保经济增长的各项工作任务进行量化，分解到区、到单位。市委、市政府办公厅最近已将《责任分解方案》下发。全市统计部门要按照市委、市政府关于“坚持依法统计，加强统计监测”的要求，密切关注经济运行新特点，采取切实有效的措施，围绕宏观经济运行的热点、难点，准确把握经济运行的特点和走势，大力加强进度和专题分析，提出有价值的政策建议，为全市保经济增长提供优质的统计服务。

（三）继续抓好第二次全国经济普查工作，并为第六次全国人口普查作好相关准备。经济普查仍是今年的一项重要工作。一是要进一步做好经济普查报表的填报工作。加强对各区经济普查工作的指导和督促，保证普查表按时上报，把好数据质量关，并要通过这次普查进一步改进和完善基本单位名录库，衔接好专业字典库，使更新后的基本单位名录库真正成为统计调查的基础；二是要认真完成经济普查的资料开发工作。经济普查报表填报和数据处理完成后，按照国家和广东省的统一部署，着手研究经济普查数据发布、资料开发及普查的总结和评比表彰工作，确保经济普查的成果充分体现。

同时，我们还要为2010年第六次全国人口普查做好准备工作。最近，国家统计局决定在深圳市开展第六次全国人口普查港澳台和外国人口试点调查工作。本次试点主要在福田区进行。请市有关部门和福田区政府给予大力支持。市、区统计部门要精心组织，确保全国试点工作圆满完成。

（四）积极推进统计制度方法改革。要充分认识搞好统计制度方法改革的重要性、紧迫性和艰巨性，加快推进GDP核算制度改革等多项统计制度方法改革。要结合市委、市政府的中心工作，研究和解决高端服务业统计、总部经济统计、现代产业体系统计等问题。要配合组织部门认真做好落实科学发展观综合评价体系和干部政绩考核评价体系有关指标的统计工作。

（五）加快统计信息化建设的步伐。统计信息化建设必须加强领导、加大投入，争取在重点和关键环节上取得突破。今年，我们要以广东省统计业务处理系统和宏观数据库系统两个建设方案的规划建设为契机，加快推进这一工作，充分满足各级统计机构和各专业统计调查需要，逐步形成便于社会各界及时、方便、完整获取统计产品的网络平台；加快网络建设的同时，要高度重视网络安全和管理，尽快研究制定相关的制度和办法。

（六）扎实推进统计法制建设。要把法制手段作为开展统计工作最有力、最有效、最根本的手段，运用法制来引导、规范、保障和推动统计工作，依法治统。要按照统计“五五”普法规划的要求，做好普法宣传工作；要围绕经济普查等重点工作，加大统计执法检查力度，坚决查处统计违法违纪行为；要根据深发(2008)14号关于制定和实施〈深圳市法治政府建设指标体系（试行）〉的决定和深府(2009)1号关于加快法治政府建设的若干意见，认真研究《深圳市统计法制建设指标体系》，推进统计法制工作考核评价标准化。

（七）加大对基层和部门统计的管理力度。积极探索统计基础建设的有效办法，研究解决统计体制、机制和工作方式上存在的问题；在学习兄弟省市先进经验的基础上，结合深圳实际，研究提出部门统计管理办法，积极推进部门统计管理工作。加强对统计代理机构的培育和管理。做好《深圳市统计代理管理办法》发布实施后的宣传、培训和调研工作，认真研究制定相关的操作方法。

四、切实抓好各项工作任务的落实

要完成好当前的各项工作任务，实现统计工作的科学发展，必须把市政府《意见》精神与工作实际紧密结合起来，不断增强开拓创新的意识、提高开拓创新的本领、加快开拓创新的步伐，以强有力的措施推动工作落实，确保各项任务圆满完成。

（一）优化环境，为统计的科学发展营造良好氛围。市政府《意见》明确要求：各区人民政府、市直各部门、各单位必须高度重视统计工作。各单位要确定主管统计的领导，明确统计工作的机构，保障统计力量、统计经费和统计工作条件，切实解决统计工作发展中的重要问题和实际困难。这些规定，应该切实予以落实。统计部门要进一步解放思想，要善于调动各方面力量，要全方位、多渠道宣传统计工作对经济社会发展的作用，宣传统计业务的特点，宣传统计工作面临的困难和问题，争取党政领导和社会公众的了解、理解和支持。市统计局将研究制定《深圳市统计工作综合宣传提纲》，为深圳统计宣传提供一个蓝本。各区统计部门要和市统计局一道，积极创造条件，为落实市编委《关于实行在地统计后市、区、镇（街道）统计机构编制问题的通知》（深编〔2003〕20号）不懈努力，加强区和街道的统计机构，进一步充实基层统计力量。

（二）强化责任，认真履行统计部门职能。全市统计工作者要牢固树立使命感和责任感，使依法统计、坚持原则、严谨求实、保守秘密成为每一位统计工作者的自觉行动。要尽心尽力、尽职尽责，严格依法用好统计调查权、信息管理权、执法检查权，努力增强宗旨意识和责任意识，不断提高工作的自觉性、主动性和积极性，把心思用在干事业上，把精力投到攻坚克难上，主动研究新情况，解决新问题。根据国家开展统计巡查的有关规定，市统计局决定，从今年起，对各区和有关单位的统计工作开展巡查。市、区两级统计部门都要加强工作规范化管理，理顺内部工作关系，推行目标责任制，深化行政效能建设，严格执行行政过错责任追究制度。社区工作站要明确相关人员承担统计工作；各部门要根据工作需要配备相应的统计人员，切实担负起统计工作职责。

（三）提升素质，培养高素质的统计队伍。市、区两级统计部门都要通过加强政治理论、统计业务知识、计算机以及法律知识的学习，为统计改革和发展提供智力保障；要加强统计文化建设，提升软实力，树立统计工作者的良好形象，提升统计工作水平；要进一步落实党风廉政建设责任制，抓好经常性的反腐倡廉教育；要认真抓好学习实践科学发展观活动整改方案的落实，要建立严格的工作责任制，要充分发挥群众监督作用，确保整改措施落到实处。

同志们！全面落实科学发展观，不断提高统计服务水平，加强统计监测，为应对当前国际金融危机，保持经济平稳较快发展提供优质服务是我们的光荣责任。让我们在市委、市政府的坚强领导下，积极行动起来，以更加奋发有为的工作状态、更加扎实有效的工作作风，不断开创我市统计工作科学发展的新局面，为推动中国特色社会主义示范市建设作出新的贡献！

谢谢大家！

01 第一部分 综合

GENERAL SURVEY CHAPTER

深圳市2008年国民经济运行情况及2009年展望

2008年，在市委市政府的正确领导下，深圳市坚持以科学发展观统领经济社会发展全局，认真贯彻落实党中央、国务院和省委省政府各项宏观调控政策措施，率先积极应对国际国内经济环境变化的冲击和挑战，加大对各类企业扶持力度，有力促进了经济平稳发展，较好实现了年初预定的经济增长目标。

一、经济运行基本情况

初步核算，2008年全市生产总值7806.54亿元，比上年增长12.1%，第一次产业增加值6.66亿元，下降13.4%；第二次产业增加值3815.78亿元，增长11.9%；第三次产业增加值3984.10亿元，增长12.5%。三次产业结构由上年的0.1:50.1:49.8发展为0.1:48.9:51.0，第三次产业所占比重提高了1.2个百分点。

（一）工业平稳增长

2008年全市规模以上(下同)工业企业实现增加值3527.77亿元，比上年(下同)增长12.5%。从发展趋势看，工业增速逐月回升，增速由年初的9.1%上升到12月份的最高点，累计上升了3.4个百分点。

从行业看，电子信息行业快速增长，高于全市平均水平。全年通信设备、计算机及其他电子设备制造业增加值1607.14亿元，增长18.4%，比全市平均增速高5.9个百分点；从经济类型看，外商及港澳台投资企业生产增速明显回落，外商及港澳台投资企业增加值2260.21亿元，增长8.7%，占工业增加值比重64.1%。

（二）固定资产投资增幅上升

全年全社会固定资产投资1467.60亿元，增长9.1%，是2005年以来全社会固定资产投资增幅最高的一年。其中，基本建设投资827.83亿元，增长15.9%；房地产开发投资440.49亿元，下降4.5%;更新改造投资155.84亿元，增长8.1%；其他投资43.45亿元，增长68.3%。全社会固定资产投资主要特点是：

1.基建投资加快，成为全市固定资产投资重要支撑

全年基本建设投资增速加快，基建投资增速4月份扭转了1季度的负增长，增长4.3%，下半年投资进度保持较快势头，全年基建投资增长15.9%，基建投资占全社会固定资产投资比重由上年的53.1%上升到56.4%，提高了3.3个百分点。

2.工业投资所占比重下降

从产业划分来看，第一次产业投资0.1亿元；第二次产业完成投资386.00亿元，增长3.9%；第三次产业完成投资1081.50亿元，增长11.4%。第二次产业中工业完成投资386.00亿元，增长3.9%，占全社会固定资产投资比重由上年的27.6%下降到26.3%。

（三）交通运输业保持增长

全年全市货运量14893.97万吨，增长8.9%，完成货物运输周转量745.85亿吨公里，下降6.1%；完成客运量和旅客周转量分别增长5.6%和增长16.6%。

全年深圳港港口货物吞吐量21125.47万吨，增长6.1%。其中，集装箱吞吐量2141.65万标箱，增长1.5%，机场货邮吞吐量59.79万吨，下降2.9%，机场旅客吞吐量2140.04万人次，增长3.8%。

全年邮电业务量完成611.75亿元，增长19.1%。

（四）消费市场增长较快，外贸出口放缓

全年全市实现社会消费品零售总额2251.82亿元，增长17.6%。其中，批发零售业零售额1972.12亿元，增长16.7%；住宿餐饮业零售279.69亿元，增

长 24.0%。

据海关统计，全年全市外贸进出口总额 2999.75 亿美元，增长 4.3%。其中进口总额 1202.31 亿美元，增长 1.0%；出口总额 1797.44 亿美元，增长 6.6%。

全年实际吸收外商直接投资 40.30 亿美元，增长 10.1%。

（五）财政收入保持较快增长

全年全市地方财政一般预算收入 800.36 亿元，增长 21.6%；全市地方财政一般预算支出 889.86 亿元，增长 22.2%。12 月末，国内金融机构人民币存款余额为 13011.24 亿元，比年初增长 13.2%，其中，居民储蓄存款余额 4905.93 亿元，比年初增长 29.4%。国内金融机构人民币贷款余额为 9058.46 亿元，按可比口径比年初增长 14.3%。

（六）市场消费物价涨势回落

12 月份居民消费价格比 11 月份下降 0.5%，全年居民消费价格总水平上涨 5.9%。其中，全年八大类消费品价格情况分别为食品类上涨 13.5%；烟酒及用品类上涨 3.4%；衣着类上涨 3.7%；家庭设备用品及维修服务类上涨 4.4%；医疗保健和用品类上涨 3.8%；交通及通讯类上涨 1.2%；娱乐教育文化用品类上涨 0.2%；居住类上涨 4.5%。

二、经济运行的基本特点

（一）整体经济保持平稳较快增长

2008 年，深圳经济发展遭遇了极其复杂及严峻的国内外经济环境。

从国际来看，经济全球化的发展，极大地改变了世界经济环境和经济运行。美国次贷危机是在经济金融全球化深化的背景下产生的，一年内，全球经历了金融市场动荡和经济调整，并逐渐演变为一场席卷全球的金融风暴，对世界经济的影响不断扩大和加深。深圳经济外向型程度高，与世界经济联系紧密，从一开始，经济发展就经历了美元大幅贬值，国外市场需求下降，原材料、粮食、能源等价格大幅攀升等国际经济环境变化的影响。

从国内来看，经济形势也发生迅速变化，全国各季度 GDP 增幅分别为 10.6%、10.1%、9.0%和 6.8%。全年经济增长 9.0%，比 2007 年回落 4.0 百分点，结束了连续 5 年的两位数增长。工业生产、固定资产投资、外贸出口等主要经济指标增幅均出现不同程度的回落，尤其是进入第三季度，经济增长下滑趋势加快，企业经营困难增多。2008 年全国工业增加值增速 12.9%，比上年回落 5.6 个百分点；外贸出口增长 17.2%，回落 8.5 个百分点。正是对急剧变化的国内经济形势的及时反映，国家宏观调控措施也从年初的“双防”，到年中的“一保一控”，再到第四季度的“保增长”。

在国内外多种因素综合影响下，国内很多地区特别是经济较发达地区如长三角、珠三角区域，经济增长都出现放缓或下降趋势。

2008 年广东、上海、浙江、江苏按季度累计 GDP 增速（%）

	1 季度	1－2 季度	1－3 季度	1－4 季度
广东	10.5	10.7	10.4	10.1
上海	11.5	10.3	10.1	9.7
浙江	11.8	11.4	10.6	10.1
江苏	13.7	13.6	13.1	12.5 左右

2008 年珠三角主要城市按季度累计 GDP 增速（%）

	1 季度	1－2 季度	1－3 季度	1－4 季度
广州	11.1	11.9	12.1	12.3
深圳	10.2	10.5	11.5	12.1
珠海	13.1	12.0	7.1	9.0
佛山	17.1	17.0	16.8	15.2
惠州	10.6	12.0	11.1	11.5
肇庆	12.8	13.9	13.9	14.2
江门	11.6	10.1	10.4	10.8
东莞	16.2	16.0	15.1	14.0
中山	13.7	12.0	11.3	10.5

在这样的大背景下，深圳经济保持了平稳较快增长，从运行轨迹看，各季度 GDP 累计增幅分别为 10.2%、10.5%、11.5%和 12.1%，全年经济增长从低到高逐渐加快。这是十分难得的，也是很不平常的。这表明深圳经过二十八年的发展，经济基础牢固，经济发展稳健，国际竞争力和抗风险能力较强。

（二）经济结构得到调整优化

从三次产业看，第三次产业发展加快，2008 年第 1 至第 4 季度第三次产业增加值累计增速分别为 11.9%、11.5%、12.4%和 12.5%，呈逐渐加快趋势，使第三次产业所占比重超过 50%，占经济总量半壁江山，是自 2003 年以来第三次产业占 GDP 比重再度超过第二次产业，成为推动经济增长的第一动力。

高新技术、物流、金融和文化四大支柱产业继续发展。以电子信息产业为主体的全市高新技术产业在复杂严峻的国际经济环境中，仍保持快速增长势头。华为、中兴通讯等大批拥有自主知识产权的电子信息企业成为抵御外部风险，推动全市工业增长的中坚力量。1–11 月，全市高新技术产品产值

7811.50 亿元，增长 16.3%；高新技术产品出口额 729.01 亿美元，增长 12.0%。比全市出口增长高 4.3 个百分点，有力拉动了全市整体出口水平。1-3 季度全市高新技术产品增加值占 GDP 比重 31.6%，比上年同期提高 0.4 个百分点。金融业虽增幅回落，但仍保持快速增长，1-3 季度金融业增加值 683.04 亿元，增长 20.3%，占 GDP 比重 12.2%，比上年同期提高 1.4 个百分点。物流业、文化产业平稳发展。物流业增加值占 GDP 比重 8.8%，下降 0.3 个百分点；文化产业增加值占 GDP 比重 6.7%，与上年同期水平持平。1-3 季度四大支柱产业增加值合计占 GDP 比重 59.3%，提高了 3.2 个百分点。

（三）经济效益保持增长

经济效益是经济运行质量的综合反映，也是决定经济发展水平的一个重要方面。在现有经济数据中，由于经济增长速度和经济效益的高低直接决定财政收入增量，因而，从全市财政收入运行状况，大致反映了整体经济增长效益情况。全年全市一般预算财政收入突破 800 亿元，增长 22.9%。

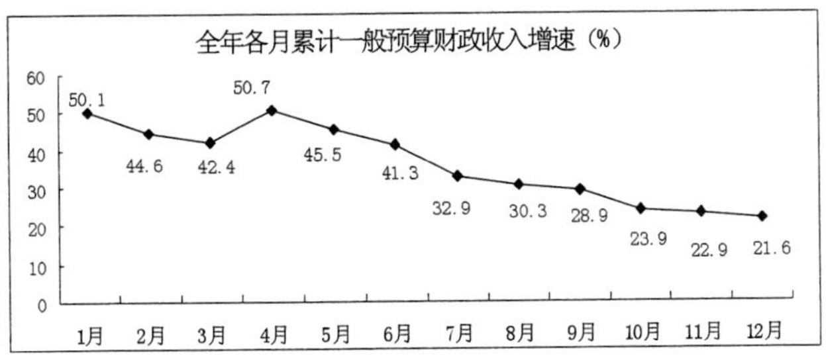

从运行轨迹看，全年一般预算财政收入以 4 月份为分界，4 月份前高位增长，之后逐级回落。年初税收这种超高状况主要是 2007 年经济快速增长在税收上的翘尾影响。2007 年资本市场、房地产市场超常规性增长，其滞后效应在相关行业得到反映。如金融业受益于 2007 年及 2008 年 1 季度银行利息收入和中间业务收入、保险公司保费收入、基金及证券公司投行自营业务收入的显著增加。1-4 月金融业营业税成倍增长，拉动全市营业税高速增长。1-4 月全市营业税增长 62.3%，为全年最高。企业所得税、个人所得税也存在类似情况，从税款属期结构看，主要来自 2007 年属期的税款，对企业所得税增收的贡献占首位。随着推动前期税收收入快速增长的不可比因素逐渐消失，以及国内外经济下行压力加大，税收收入增速也逐渐回落。但从全年一般预算收入看，其增幅虽比 2007 年回落，仍高于经济增长 10.8 个百分点，表明整体经济增长效益仍保持平稳增长态势。

从税收构成看，各项税收收入 762.93 亿元，增长 22.5%，占一般预算财政收入 95.3%。其中四大主体税种增值税、营业税、企业所得税和个人所得税占一般预算财政收入 82.7%，均保持了快速增长。其中增值税增长 16.1%；营业税增长 24.9%；企业所得税增长 21.7%；个人所得税增长 35.5%。

从企业经济效益看，企业所得税是第二大税种，占全部税收收入近 20%，企业所得税对应的税基是企业的利润，按照企业所得税保持较快增长情况看，其对应的企业利润也实现相应增长。从行业看，高新技术产业、金融业、批发零售业、住宿餐饮、交通运输及仓储邮政业税收保持快速增长，由于房地产市场销售持续低迷，房地业税收收入下降。

2008 年在深圳发展史上是极不平常的一年。这一年，世界经济金融形势复杂多变，不稳定不确定因素明显增多。次贷危机引发的金融危机愈演愈烈，特别是下半年以来，国际经济环境急转直下，波及范围不断扩大，并从金融领域扩散到实体经济领域。对国内经济影响日益显现，经济下行压力加大。深圳经济具有高度外向型特征，所经历的困难与影响不言而喻。面对来自国际国内严重困难和严峻挑战，市委、市政府与全市人民一道，全面贯彻落实科学发展观，发现问题早，形势判断准确，应对措施有力。市委市政府主要领导亲率各部门百人调查服务队伍深入企业调查研究，在服务企业、促进企业稳定发展方面，出台一系列促进产业发展的措施，从资金、土地、产销、税收、政策等多方面，及时解决企业面临的困难，努力克服国内外不利因素的影响，千方百计促进经济平稳快速增长。

三、经济运行中面临的困难

深圳在近 30 年的发展中，凭借改革开放的先行优势和创新优势，国民经济获得持续快速增长，1980-2008 年 GDP 年平均 增长 26.4%。但是，受经济发展阶段和经济增长方式影响，经济高速增长的代价是日益面临土地、资源、人口和环境压力，加上复杂的国内外经济环境，保持经济快速发展的困难越来越大。从自身来看，深圳经济正处于转型期，二十多年持续快速发展所积聚的矛盾和问题日益显现，表现为经济增长仍处于最近一个经济周期的下降通道。另一方面，世界经济增长放缓对深圳经济产生重要影响，进一步加大经济下行压力。目前，金融危机不仅本身尚未见底，而且对实体经济的影响正进一步加深，其严重后果还会进一步显现。这主要表现在以下方面。

（一）外贸出口

2008 年出口形势严峻，一方面是外需减弱，出口市场面临萎缩风险；另一方面，受人民币升值加快、原材料涨价、利率上调和去年外贸政策调整等多种因素叠加影响。全市出口增速大幅回落，而且回落幅度逐渐加深，从6月份开始出口总额累计增幅已从两位数跌至1位数，11、12月回落幅度进一步扩大。全年出口总额增速比上年回落17.2个百分点。

2007年-2008年全市出口总额分月累计增幅

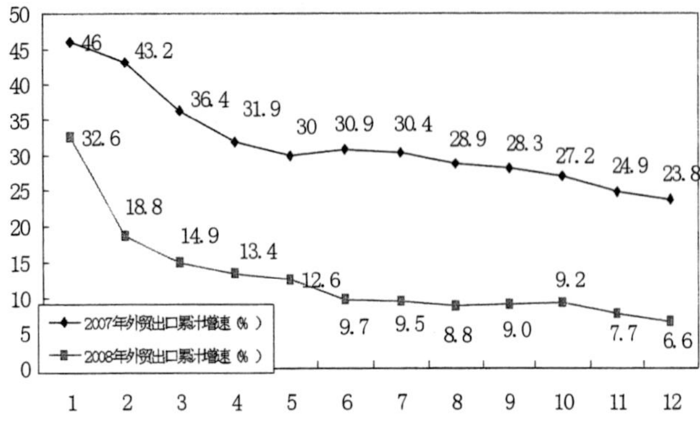

从出口企业性质看，国有企业出口288.90亿美元，增长12.7%；民营、集体企业出口397.42亿美元，增长0.9%；"三资"企业出口1111.12亿美元，增长7.3%。民营集体企业出口占全市出口22.1%，其出口增幅从2007年的高速增长(增47.1%)跌至接近零增长，由此拉低了整体出口水平；占61.8%的"三资"企业出口增幅也明显回落。

由于民营集体企业很大部分是中小企业，属于传统产业，主要生产劳动密集型产品。因此受外部环境影响最深的首先是这类企业。前11个月工业出口交货值下降幅度最大的行业见下表。

1-11月工业出口交货值降幅最大的行业

行　　业	比上年同期增减%
工艺品及其他制造业	-27.4
皮革、毛皮、羽毛及其制品业	-18.8
有色金属冶炼及压延加工业	-18.9
文教体育用品制造业	-16.2
纺织业	-15.6
家具制造业	-13.6
饮料制造业	-12.6

从海关统计的主要出口商品看，受冲击最大的也是服装类、玩具、塑料制品、电视收音机零附件等。

从出口市场分布看，1-11月深圳出口市场中，香港市场占39.3%，出口增长1.5%，比上年同期回落18.0个百分点；美国市场占17.1%，增长5.3%，回落4.4个百分点；日本市场占3.4%，增长9.6%，回落0.5个百分点；欧盟25国占13.8%，增长19.4%，回落20.3个百分点。这四个地区出口额占全市出口总额73.6%，其出口增幅全部回落。

上述出口地区中香港份额最大，但出口香港产品大部分复出口美国等地，这表明2008年由于世界经济明显放缓，相应国家外部需求减弱使从香港转口的深圳产品也减少。从贸易伙伴看，美国、日本及欧盟地区对深圳出口影响较大。2008年美国经济增长疲软，日本经济濒临衰退边缘，欧盟是深圳出口市场中增幅保持较高的地区，这很大程度是由于上半年人民币对欧元的相对贬值，从而促进其出口增长。

（二）工业生产

出口需求是深圳工业增长的主要动力，2008年影响深圳出口的因素也同时影响着深圳工业。受国内外经济、政策环境变化影响，2008年深圳工业增加值增速陡降，并回落至近二十年的低位。从汇率看，2008年上半年，工业出口企业由于人民币对美元升值，影响全市工业增加值速度约7个百分点左右，第三季度人民币兑美元升值步伐有所放缓，但其影响并未消除。

从工业出口看，全年工业销售产值15268.22亿元，增长9.7%，其中出口交货值9171.75亿元，增长3.4%，低于销售产值的增速6.3个百分点，出口交货值所占比重由上年的63.8%下降到60.1%，表明出口产品所占份额减少，出口拉动减弱。全市33个出口行业有14个行业出口负增长，其余行业出口增幅也不同程度回落。

工业利润下降也逐渐显现。1-11月工业企业实现利润增幅呈回落趋势，1-11月工业企业实现利润增长4.5%，比上半年回落15.6个百分点，比上年同期回落5.7个百分点。

从行业看，实现利润居前十位的分别是石油和天然气开采业、通信设备计算机及其他电子设备制造业、电力热力的生产和供应业、电气机械及器材制造业、专用设备制造业、工艺品及其他制造业、塑料制造业、仪器仪表及文化办公用机械制造业、水的生产和供应业、金属制品业。这十大行业实现利润合计占全部利润的87.8%，十大赢利行业实现利润均超过十亿元，其中前两位的石油天然气开采和电子信息业实现利润超过百亿元，两者实现利润合计占全部利润的62.0%。

可见，石油和天然气开采业是拉动工业利润增加的主要力量，石油和天然气开采业实现利润增长17.5%，其利润总额占全部工业利润35.6%，石油和天然气开采业实现利润不但保持较高增长，而且弥补了其他行业利润下降的影响，可以说全部工业企业利润增长4.5%是这一个行业支撑的。如果仅从制造业来看，实现利润前十位的行业，其中有6个行业利润下降。见下表。

1-11 月实现利润前十位的制造业利润增长情况

行业	利润总额增长(%)
通信设备、计算机及其他电子设备制造业	-3.8
电气机械及器材制造业	-23.2
专用设备业	-11.9
工艺品及其他制造业	44.2
塑料制品业	-22.1
仪器仪表及文化、办公用机械制造业	4.5
金属制品业	-0.8
医药制品业	30.1
化学原料及化学制品制造业	-22.2
通用设备制造业	23.4

企业利润大幅下降意味着企业支付能力减弱，企业投资、进行扩大再生产受影响，并进一步影响企业发展后劲及生产活力。

（三）第三次产业

第三次产业中交通运输、仓储和邮政业，批发和零售业，住宿和餐饮业，金融业以及房地产业的发展对经济增长有重要影响，这五个行业增加值占第三次产业增加值 72.8%。

由于外贸出口、工业生产放缓，使全市货物、港口运输业明显回落。2008 年全市货物运输量增幅比上年回落 11.4 个百分点，货物周转量回落 22.7 个百分点。全市港口集装箱吞吐量回落了 12.7 个百分点。其中出口集装箱下降 1.3%，回落 15.9 个百分点。由此使交通运输、仓储和邮政业增加值仅增长 6.0%，增幅比上年回落 5.4 个百分点。

金融业是深圳第三产业中最大的行业，2007 年占 GDP 的比重达 11.4%。2008 年以来，证券市场回调，特别是受国际资本市场动荡影响，股价进一步下挫，使金融业难以保持 2007 年的发展水平。全年金融业增加值增幅比上年回落了 28.7 个百分点。

房地产业作为宏观经济中的重要组成部分，其发展变化与宏观经济总的发展态势密切相关，2008 年以来国内经济受全球金融风暴影响放缓，国内主要城市房地产价格大幅下降，深圳房地产市场价格经历了 2007 年的大幅上涨后，2008 年明显回落。全年深圳房地产开发投资下降 4.5%。商品房销售面积继续负增长，使房地产业增加值由 2007 年 6.4%的升幅跌至下降 1.6%。

批发和零售业占第三次产业比重 18.7%，占 GDP 比重 9.5%，全年批发和零售业增加值 743.82 亿元，增长 6.9%，比上年回落 3.7 个百分点。

住宿和餐饮业表现突出，保持了快速增长势头，全年住宿和餐饮业增加值 151.07 亿元，增长 15.0%，占 GDP 比重 1.9%，比上年提高 0.1 个百分点。但由于住宿餐饮业占 GDP 比重是上述第三次产业中占比最低的行业，难以对经济增长有更大推动。

四、2009 年经济发展展望

2008 年深圳经济放缓是各种因素综合作用的结果。2009 年，影响经济走势的不确定因素依然存在。

从国际看，多数国际机构预测全球经济将处于严重低迷状态。这意味着由国际金融危机引发的实体经济增长放缓，外部需求减弱仍是 2009 年的发展态势。从汇率上看，2009 年的人民币汇率走势将系于美元走势、国内宏观经济运行态势以及央行的政策意图。可见，2009 年深圳面临的外部环境仍存在很多变数，总体上 2009 年世界经济前景堪忧。

从国内环境看，扩大内需成为经济发展首要任务。从投资看，中央出台一系列扩大内需政策措施，以及宽松的货币政策，都将促进投资增长，但是房地产和企业投资是市场引导投资的主体。2008 年房地产投资增幅、企业利润呈回落趋势，2009 年，扩大企业投资需求、振兴民间投资成为决定扩大内需成效的重要因素。从消费看，中央经济工作会议提出，要“大力促进农民消费，稳定发展住房消费和汽车消费，着力发展服务消费和旅游消费，不断增强最终消费能力。”为此，提高城乡居民收入，落实和制定各项促消费政策措施，培育和巩固消费增长点成为重要着力点。但另一方面，城乡居民收入水平仍不高，社会保障体系建设还有待完善，居民消费意愿难有大幅提高。2009 年全国社会消费零售将保持 2008 年的增长水平。此外，外需减弱已成定数。总体上，2009 年全国经济仍表现为下行趋势，若外部经济环境发生更大变化，还将导致经济增长更大幅度回落。

从深圳自身看，深圳在致力转型升级阶段，遭遇了外部需求放缓和发展成本上升的压力，其面临的环境将更为复杂和困难。但另一方面，深圳经过近 30 年的发展，无论是经济总量、产业结构、基础设施、资金储备还是市场机制等都获得快速发展，特别是近年来，坚持推进科学发展，抓产业结构优化升级、抓自主创新，为应对当前的金融危机打下坚实的基础。2009 年，深圳将认真贯彻落实中央、省各项扩大内需、促进经济增长政策措施，进一步推动自主创新，着力提高企业竞争力和活力，加快现代产业体系建设。随着市委、市政府部署的各项工作任务的落实，2009 年深圳经济仍将保持平稳增长，但增速将继续回落。

（撰稿：麦绮玲）

1-1 行政区划

ADMINISTRATIVE DIVISION

单位：个 (2008) (unit)

地 区	Region	街道办事处 Urban Subdistrict Office	居民委员会 Neighbourhood Committees
全 市	**Total**	55	794
福田区	Futian	8	114
罗湖区	Luohu	10	115
南山区	Nanshan	8	116
盐田区	Yantian	4	22
宝安区	Baoan	12	262
龙岗区	Longgang	13	165

1-2 分区土地面积、人口及人口密度

TOTAL LAND AREA, POPULATION AND DENSITY OF POPULATION IN DISTRICTS

(2008)

地 区	Region	土地面积 (平方公里) Land Area (sq.km)	年末常住人口 (万人) Year-end population (10 000pesons)	户籍人口 Population with Residence Cards	非户籍人口 Population without Temporary Residence Cards	人口密度 (人/平方公里) Density Of Population (person/sq.km)
全 市	**Total**	1952.84	876.83	228.07	648.76	4 490
福田区	Futian	78.04	119.01	56.22	62.79	15 250
罗湖区	Luohu	78.90	87.89	41.08	46.80	11 139
南山区	Nanshan	167.05	97.22	44.58	52.64	5 820
盐田区	Yantian	71.83	22.52	3.96	18.56	3 135
宝安区	Baoan	712.95	351.44	44.53	306.90	4 929
龙岗区	Longgang	844.08	198.76	37.69	161.06	2 355

注：1、按照国家目前的人口统计制度以及市政府《深圳市人口统计监测办法》，自2006年起，深圳户籍人口指拥有深圳红印户口，在深圳居住半年以上的人。

Since 2006,According to the state statistical classfication,the data of population with residence cards are calculating from the people who have lived in Shenzhen over half an year and with red-residence cards.

2、经请示广东省统计局，原"暂住人口"更改为"非户籍人口"。深圳非户籍人口指没有深圳红印户口、在深圳居住半年以上的人。

The figure of population with temporary residence cards has changed to figure of population with non-residence cards,which have lived in Shenzhen over half an year and without red-residence cards.

3、2006年户籍人口、非户籍人口比2005年的增长幅度按可比口径计算。

The growth of population with residence cards and population with temporarg residence cards in 2006 are adopted from comparable scope.

1-3 深圳市各时期国民经济和社会发展统计指标总量及年均增长速度

ANNUAL AVERAGE GROWRH RATE OF MAIN NATIONAL ECONOMIC AND SOCIAL DEVELOPMENT INDICATORS OF EACH PERIOD

(10 000 person)

年份 Year		年末常住人口(万人) Year-end Resident Population	户籍人口 Population with Residence Cards	非户籍人口 Population with Temporary Residence Cards	年末从业人员(万人) Total Employed (year-end)	职工 Staff and Workers	私营个体劳动者 Urban Self-Employment	镇村劳动者 Laborers of Town and Village
1979		31.41	31.26	0.15	13.95	4.02	0.41	9.52
1980		33.29	32.09	1.20	14.89	4.86	0.38	9.65
"六五"时期	"Sixth Five-year" Period							
1981		36.69	33.39	3.30	15.36	5.31	0.13	9.92
1982		44.95	35.45	9.50	18.49	8.28	0.11	10.17
1983		59.52	40.52	19.00	22.37	12.57	0.22	9.58
1984		74.13	43.52	30.61	27.26	18.33	0.50	8.43
1985		88.15	47.86	40.29	32.61	22.66	0.64	9.31
年均增长速度(%)	**Annual Average Growth Rate(%)**	**21.5**	**8.3**	**101.9**	**17.0**	**36.1**	**11.0**	**-0.7**
"七五"时期	"Seventh Five-year" Period							
1986		93.56	51.45	42.11	36.04	25.88	0.93	9.23
1987		105.44	55.60	49.84	44.30	32.29	1.10	10.91
1988		120.14	60.14	60.00	54.53	41.74	1.69	11.10
1989		141.60	64.82	76.78	93.65	48.24	2.19	43.22
1990		167.78	68.65	99.13	109.22	55.41	3.36	50.45
年均增长速度(%)	**Annual Average Growth Rate(%)**	**13.7**	**7.5**	**19.7**	**27.3**	**19.6**	**39.3**	**40.2**
"八五"时期	"Eighth Five-year"Period							
1991		226.76	73.22	153.54	149.32	64.89	4.87	79.56
1992		268.02	80.22	187.80	175.97	71.10	12.33	92.54
1993		335.97	87.69	248.28	220.81	78.11	38.84	103.86
1994		412.71	93.97	318.74	273.00	82.29	54.63	135.73
1995		449.15	99.16	349.99	298.51	88.75	72.17	137.12
年均增长速度(%)	**Annual Average Growth Rate(%)**	**21.8**	**7.6**	**28.7**	**22.3**	**9.9**	**84.7**	**22.1**
"九五"时期	"Ninth Five-year"Period							
1996		482.89	103.38	379.51	322.12	89.13	87.14	145.42
1997		527.75	109.46	418.29	353.53	91.18	103.59	158.55
1998		580.33	114.60	465.73	390.33	91.93	114.79	183.32
1999		632.56	119.85	512.71	426.89	92.52	120.86	213.22
2000		701.24	124.92	576.32	474.97	93.36	139.88	240.91
年均增长速度(%)	**Annual Average Growth Rate(%)**	**9.3**	**4.7**	**10.5**	**9.7**	**1.3**	**14.2**	**11.9**
"十五"时期	"Tenth Five-year"Period							
2001		724.57	132.04	592.53	491.30	94.88	152.68	242.94
2002		746.62	139.45	607.17	509.74	101.76	166.88	240.22
2003		778.27	150.93	627.34	535.89	108.20	187.72	239.00
2004		800.80	165.13	635.67	562.17	135.88	204.16	220.97
2005		827.75	181.93	645.82	576.26	165.38	210.87	198.71
年均增长速度(%)	**Annual Average Growth Rate(%)**	**3.4**	**7.8**	**2.3**	**3.9**	**10.4**	**8.6**	**-3.8**
"十一五"时期	"Eleventh five-year"Period							
2006		846.43	196.83	649.60	647.52	184.25	267.40	193.91
2007		861.55	212.38	649.17	655.58	193.04	283.74	176.76
2008		876.83	228.07	648.76	670.42	198.35	296.35	173.67
以1979年为基期年平均增长速度(%)	**Annual Average Growth Rate from 1979(%)**	**12.2**	**7.2**	**33.4**	**14.3**	**14.1**	**25.5**	**10.5**

1-3 续表 1 continued

(10 000 yuan)

年份 Year		本市生产总值(万元) Gross Domestic Product	第一产业 Primary Industry	第二产业 Secondary Industry	第三产业 Tertiary Industry	人均 GDP (元/人) Gross Domestic Product Per Capita (yuan)	全社会固定资产投资额(万元) Investment in Fixed Assets	# 房地产开发投资 Investment in Real Estate Development
1979		19 638	7 273	4 017	8 348	606	5 938	
1980		27 012	7 803	7 036	12 173	835	13 801	
"六五"时期	**"Sixth Five-year" Period**							
1981		49 576	13 343	16 019	20 214	1 417	29 684	
1982		82 573	18 960	31 439	32 174	2 023	73 750	
1983		131 212	22 614	55 848	52 750	2 512	108 320	
1984		234 161	25 932	106 606	101 623	3 504	194 572	
1985		390 222	26 111	163 586	200 525	4 809	333 235	
年均增长速度(%)	**Average Annual Growth Rate(%)**	**50.3**	**13.8**	**86.9**	**49.2**	**25.1**	**89.0**	
"七五"时期	**"Seventh Five-year" Period**							
1986		416 451	32 907	163 185	220 359	4 584	248 551	
1987		559 015	46 519	220 463	292 033	5 349	285 193	
1988		869 807	57 005	359 230	453 572	6 477	436 191	
1989		1 156 565	68 615	505 361	582 589	6 710	499 919	
1990		1 716 665	70 220	769 319	877 126	8 724	623 380	112 000
年均增长速度(%)	**Average Annual Growth Rate(%)**	**22.4**	**8.7**	**33.1**	**16.2**	**2.6**	**13.3**	
"八五"时期	**"Eighth Five-year"Period**							
1991		2 366 630	808 36	1 126 084	1 159 710	11 997	912 324	255 600
1992		3 173 194	105 914	1 522 432	1 544 848	12 827	1 782 322	714 900
1993		4 531 445	108 615	2 420 214	2 002 616	15 005	2 477 875	1 027 700
1994		6 346 711	134 152	3 357 972	2 854 587	16 954	2 819 413	1 304 600
1995		8 424 833	124 122	4 221 435	4 079 276	19 550	2 758 243	1 030 368
年均增长速度(%)	**Average Annual Growth Rate(%)**	**30.9**	**−0.4**	**33.4**	**29.6**	**9.5**	**34.6**	**55.9**
"九五"时期	**"Ninth Five-year"Period**							
1996		10 484 421	148 796	5 065 924	5 269 701	22 498	3 275 270	1 248 251
1997		12 974 208	147 660	6 174 083	6 652 465	25 675	3 930 657	1 366 545
1998		15 347 272	151 764	7 434 976	7 760 532	27 701	4 803 901	1 674 854
1999		18 040 176	150 445	9 005 486	8 884 245	29 747	5 695 878	2 152 541
2000		21 874 515	155 656	10 860 852	10 858 007	32 800	6 196 993	2 609 694
年均增长速度(%)	**Average Annual Growth Rate(%)**	**15.9**	**2.9**	**16.5**	**15.4**	**6.2**	**17.6**	**20.4**
"十五"时期	**"Tenth Five-year"Period**							
2001		24 824 874	160 413	12 297 665	12 366 796	34 822	6 863 749	3 156 364
2002		29 695 184	166 587	14 647 171	14 881 426	40 369	7 881 459	3 884 445
2003		35 857 235	142 048	18 174 235	17 540 952	47 029	9 491 016	4 126 636
2004		42 821 428	123 264	22 112 353	20 585 811	54 236	10 925 571	4 342 432
2005		49 509 078	97 385	26 334 427	23 077 266	60 801	11 811 542	4 236 865
年均增长速度%	**Average Annual Growth Rate(%)**	**16.3**	**−8.6**	**19.0**	**13.6**	**11.8**	**13.8**	**10.2**
"十一五"时期	**"Eleventh five-year"Period**							
2006		58 135 624	69 675	30 495 319	27 570 630	69 450	12 736 693	4 620 940
2007		68 015 706	69 412	34 047 608	33 898 686	79 645	13 450 037	4 610 422
2008		78 065 387	66 558	38 157 846	39 840 983	89 814	14 676 043	4 404 897
以 1979 年为基期年平均增长速度(%)	**Annual Average Growth Rate from 1979(%)**	**26.4**	**0.6**	**34.5**	**25.4**	**12.4**	**30.9**	**22.6**

1-3 续表 2 continued

(10 000 yuan)

年 份	Year	地方财政一般预算收入(万元) Local Financial Revenue	地方财政一般预算支出(万元) Local Financial Expenditure	农业总产值(万元) Gross Output Value of Agriculture	工业总产值(万元) Gross Output Value of Industry	轻工业 Light Industry	重工业 Heavy Industry	社会消费品零售总额(万元) Retail Sales of Consumer Goods
1979		1 721	2 971	13 106	7 128	6 307	821	11 259
1980		3 043	4 003	16 938	10 632	9 265	1 367	19 615
"六五"时期	**"Sixth Five-year" Period**							
1981		8 787	8 411	24 181	26 692	25 172	1 520	34 229
1982		9 163	8 815	26 929	38 833	34 453	4 380	54 185
1983		15 605	15 025	29 083	75 993	61 513	14 480	123 794
1984		29 435	27 954	40 416	172 132	137 698	34 434	201 107
1985		62 894	58 651	45 821	246 662	194 108	52 554	265 642
年均增长速度(%)	**Annual Average Growth Rate(%)**	**83.3**	**71.1**	**9.1**	**91.3**	**89.0**	**104.5**	**68.4**
"七五"时期	**"Seventh Five-year" Period**							
1986		74 160	68 073	49 552	340 227	266 318	73 909	273 712
1987		87 521	69 688	73 772	558 311	433 738	124 573	324 364
1988		146 521	110 992	99 404	1 012 739	779 258	233 481	502 430
1989		228 668	173 007	108 015	1 477 470	1 080 785	396 685	545 741
1990		217 037	198 073	119 205	2 202 180	1 657 859	544 321	667 580
年均增长速度(%)	**Annual Average Growth Rate(%)**	**28.1**	**27.6**	**14.9**	**46.9**	**43.2**	**60.3**	**20.2**
"八五"时期	**"Eighth Five-year"Period**							
1991		273 291	243 012	143 063	3 153 966	2 233 705	920 261	828 341
1992		429 599	420 035	185 297	4 347 007	2 971 348	1 375 659	1 148 908
1993		672 507	593 327	192 880	6 896 969	4 655 394	2 241 575	2 641 333
1994		743 992	746 181	224 776	11 014 065	6 351 224	4 662 841	3 639 756
1995		880 174	934 041	232 653	12 922 075	7 008 231	5 913 844	4 269 434
年均增长速度(%)	**Annual Average Growth Rate(%)**	**32.3**	**36.4**	**-0.4**	**36.9**	**28.3**	**52.5**	**31.2**
"九五"时期	**"Ninth Five-year"Period**							
1996		1 317 490	1 380 376	273 246	15 305 964	8 580 027	6 725 937	4 888 502
1997		1 420 557	1 394 181	270 889	18 175 704	10 151 182	8 024 522	5 372 464
1998		1 643 884	1 767 714	298 174	21 573 817	11 141 650	10 432 167	5 732 419
1999		1 842 085	2 108 978	299 662	24 435 849	12 381 928	12 053 921	6 385 915
2000		2 219 184	2 250 441	311 359	30 715 227	13 731 333	16 983 894	7 350 188
年均增长速度(%)	**Annual Average Growth Rate(%)**	**20.3**	**19.2**	**6.0**	**20.8**	**17.1**	**24.3**	**11.5**
"十五"时期	**"Tenth Five-year"Period**							
2001		2 624 944	2 537 019	327 111	37 476 713	13 861 331	23 615 382	8 320 412
2002		2 659 287	3 077 761	340 757	46 823 584	15 832 485	30 991 099	9 419 443
2003		2 908 370	3 489 526	337 406	67 976 472	21 459 058	46 517 414	10 951 323
2004		3 214 680	3 775 720	299 939	85 888 321	24 175 842	61 712 479	12 506 411
2005		4 123 785	5 991 560	217 369	101 745 351	27 406 557	74 338 794	14 376 729
年均增长速度(%)	**Annual Average Growth Rate(%)**	**13.2**	**21.6**		**24.7**	**18.3**	**27.1**	**14.6**
"十一五"时期	**"Eleventh five-year"Period**							
2006		5 008 827	5 714 231	180 017	122 784 801	29 658 032	93 126 769	16 712 934
2007		6 580 555	7 279 677	171 380	143 628 918	35 687 625	107 941 293	19 150 277
2008		8 003 603	8 898 555	187 859	162 837 576	44 451 550	118 386 026	22 518 155
以 1979 年为基期年平均增长速度(%)	**Annual Average Growth Rate from 1979(%)**	**33.8**	**31.8**		**39.7**	**35.3**	**47.8**	**27.8**

注:国家统计局从 2005 年取消农业总产值 1990 年不变价,故不可比。

From 2005,the State Bureau Cancelled the index,Gross Qutput Value of Agriculture (at 1990 Constant Prices)

1-3 续表 3 continued

年 份 Year		全社会货运量(万吨) Freight Traffic Volume (10000tons)	全社会客运量(万人) Passenger Traffic (10000person)	港口货物吞吐量(万吨) Cargo Handled at Seaport (10000tons)	邮电业务总量(万元) Revenue from Postal and Communica-tions Services (10000yuan)	进出口总额(万美元) Total Imports and Exports (USD10000)	出口总额 Exports	进口总额 Imports
1979				10	138	1 676	930	746
1980				30	190	1 751	1 124	627
"六五"时期	**"Sixth Five-year" Period**							
1981				70	340	2 807	1 745	1 062
1982				91	520	2 534	1 597	937
1983				141	567	78 642	6 230	72 412
1984				210	923	107 247	26 539	80 708
1985				327	1 761	130 632	56 340	74 292
年均增长速度(%)	**Annual Average Growth Rate(%)**			**36.1**	**56.1**	**136.9**	**118.8**	**159.9**
"七五"时期	**"Seventh Five-year" Period**							
1986		1 521	3 973	302	2 633	184 696	72 552	112 144
1987		1 627	4 268	485	4 880	255 784	141 354	114 430
1988		1 704	5 858	734	14 826	344 277	184 949	159 328
1989		1 383	6 349	956	21 293	375 259	217 428	157 831
1990		1 349	8 833	1 292	55 356	1 570 136	815 165	754 971
年均增长速度(%)	**Annual Average Growth Rate(%)**			**31.6**	**78.9**	**33.2**	**39.7**	**27.2**
"八五"时期	**"Eighth Five-year"Period**							
1991		1 486	6 400	1 563	84 927	1 947 635	986 240	961 395
1992		1 801	8 135	1 956	114 492	2 357 562	1 200 019	1 157 543
1993		2 050	10 218	2 541	174 045	2 820 392	1 421 776	1 398 616
1994		2 604	8 531	3 002	259 432	3 498 281	1 830 921	1 667 360
1995		3 542	8 261	3 080	368 945	3 876 960	2 052 736	1 824 224
年均增长速度(%)	**Annual Average Growth Rate(%)**	**21.3**	**-1.3**	**19.0**	**46.1**	**19.8**	**20.3**	**19.3**
"九五"时期	**"Ninth Five-year"Period**							
1996		3 647	8 281	3 021	462 261	3 905 342	2 120 781	1 784 561
1997		3 853	8 515	3 357	610 111	4 500 921	2 561 844	1 939 077
1998		4 048	8 484	3 444	764 658	4 527 417	2 639 611	1 887 806
1999		4 274	8 754	4 663	982 686	5 042 750	2 820 811	2 221 939
2000		4 697	9 346	5 697	1 336 000	6 393 982	3 456 333	2 937 649
年均增长速度(%)	**Annual Average Growth Rate(%)**	**5.8**	**2.5**	**13.1**	**29.4**	**10.5**	**11.0**	**10.0**
"十五"时期	**"Tenth Five-year"Period**							
2001		5 147	9 869	6 643	1 419 000	6 861 055	3 747 955	3 113 100
2002		5 778	10 644	8 767	1 644 200	8 723 148	4 655 704	4 067 444
2003		6 761	10 453	11 220	1 980 300	11 739 941	6 296 201	5 443 733
2004		7 954	12 277	13 537	2 660 100	14 728 302	7 784 632	6 943 670
2005		9 807	12 901	15 351	3 208 000	18 281 689	10 151 829	8 129 860
年均增长速度(%)	**Annual Average Growth Rate(%)**	**15.9**	**6.7**	**21.9**	**26.3**	**23.4**	**24.0**	**22.6**
"十一五"时期	**"Eleventh five-year"Period**							
2006		11 320	13 957	17 598	3 795 000	23 738 573	13 609 556	10 129 017
2007		13 754	15 030	19 994	5 135 400	28 753 345	16 849 299	11 904 046
2008		14 894	15 876	21 125	6 117 500	29 995 499	17 971 995	12 023 504
以 1979 年为基期年平均增长速度(%)	**Annual Average Growth Rate from 1979(%)**	**10.9**	**6.5**	**30.2**	**42.9**	**35.2**	**35.8**	**34.4**

年 份 Year		金融机构各项存款(万元) Deposits of National Banking System (10000yuan)	#城乡居民储蓄 Saving Deposits	金融机构各项贷款(万元) Loans of National Banking System (10000yuan)	医院数(个) Hospital (unit)	医院病床(张) Hospital Beds (unit)	卫生技术人员(人) Medical Technical Personnel (person)	# 执业医师(人) Registered Doctors (person)
1979		10 125	3 713	7 523	25	597	988	364
1980		20 284	5 338	13 422	24	643	1 088	438
“六五”时期	**"Sixth Five-year" Period**							
1981		48 713	10 294	23 944	24	790	1 270	518
1982		63 707	15 149	63 013	26	717	1 609	708
1983		112 554	23 993	119 471	30	1 023	2 343	1 073
1984		349 763	54 176	451 034	29	1 634	3 064	1 484
1985		302 567	79 989	537 014	31	1 885	3 857	1 862
年均增长速度(%)	**Annual Average Growth Rate(%)**	**71.7**	**71.8**	**109.0**	**5.3**	**24.0**	**28.8**	**33.6**
“七五”时期	**"Seventh Five-year" Period**							
1986		551 112	121 122	730 855	32	2 028	4 657	2 217
1987		808 545	188 403	1 065 176	34	2 225	5 117	2 408
1988		1 317 381	300 003	1 536 202	35	2 496	5 715	2 754
1989		1 376 310	391 787	1 789 834	35	2 838	6 451	3 103
1990		1 946 923	574 474	2 386 157	38	3 108	6 996	3 426
年均增长速度(%)	**Annual Average Growth Rate(%)**	**45.1**	**48.3**	**34.8**	**4.2**	**10.5**	**12.6**	**13.0**
“八五”时期	**"Eighth Five-year"Period**							
1991		3 009 164	885 995	2 797 500	41	3 498	7 618	3 737
1992		5 504 616	1 539 518	3 707 067	45	4 466	8 571	4 247
1993		6 573 461	1 751 290	5 015 868	45	5 168	9 888	4 798
1994		9 333 699	2 903 733	6 421 390	48	6 040	11 034	5 347
1995		12 029 322	4 664 222	7 863 364	63	6 640	12 449	6 050
年均增长速度(%)	**Annual Average Growth Rate(%)**	**43.9**	**52.0**	**26.9**	**10.6**	**16.4**	**12.2**	**12.0**
“九五”时期	**"Ninth Five-year"Period**							
1996		15 334 600	5 822 300	9 652 000	65	7 105	14 652	7 266
1997		18 227 000	7 076 700	12 025 800	72	7 813	14 932	7 400
1998		22 383 700	8 618 800	15 503 700	72	8 353	14 975	7 191
1999		25 589 900	9 519 900	18 481 600	71	8 720	14 143	7 062
2000		31 690 000	10 826 400	22 921 800	72	9 616	15 720	7 418
年均增长速度(%)	**Annual Average Growth Rate(%)**	**21.4**	**18.3**	**23.9**	**2.7**	**7.7**	**4.8**	**4.2**
“十五”时期	**"Tenth Five-year"Period**							
2001		40 925 700	13 733 900	28 607 500	85	10 542	17 135	8 097
2002		49 527 300	17 564 900	35 142 800	77	11 808	18 615	8 260
2003		60 794 800	21 994 500	45 250 500	85	12 607	21 234	9 439
2004		71 007 500	26 253 900	52 427 700	87	14 186	22 895	10 367
2005		84 781 600	32 293 800	61 680 400	97	15 577	25 681	11 619
年均增长速度(%)	**Annual Average Growth Rate(%)**	**21.8**	**24.4**	**21.9**	**6.1**	**10.1**	**10.3**	**9.4**
“十一五”时期	**"Eleventh five-year"Period**							
2006		95 404 200	37 447 000	67 553 200	99	16 193	42 415	15 997
2007		114 957 900	37 925 900	79 654 500	101	16 766	46 877	17 450
2008		130 112 400	49 059 300	90 584 600	100	18 435	50 608	18 807
以1979年为基期年平均增长速度(%)	**Annual Average Growth Rate from 1979(%)**	**38.6**	**38.7**	**38.3**	**4.9**	**12.6**	**14.5**	**14.6**

1-3 续表 5 continued

年份 Year		在校学生数(人) (person) Students Enrollment			职工工资总额(万元) Total Wage of Staff and Workers (10000yuan)	在岗职工年平均工资(元) Average Yearly Wages (yuan)	城镇居民人均可支配收入(元/人) Per Capita Disposable Income of Urban Residents (yuan)
		普通高等学校 Institutions of Higher Education	普通中学 Regular Secondary Schools	小学 Primary Schools			
1979			13 686	47 022	2 952	769	
1980			12 296	49 168	4 366	979	
"六五"时期	**"Sixth Five-year" Period**						
1981			13 088	51 560	5 930	1 132	
1982			17 080	54 538	10 000	1 366	
1983		216	20 982	56 319	16 142	1 545	
1984		1 236	27 636	62 021	35 306	2 179	
1985		3 206	35 334	70 277	51 912	2 418	1 915
年均增长速度(%)	**Annual Average Growth Rate(%)**		**23.5**	**7.4**	**64.1**	**19.8**	
"七五"时期	**"Seventh Five-year" Period**						
1986		3 478	40 208	77 884	59 773	2 452	1 817
1987		4 330	44 910	84 601	80 013	2 677	2 091
1988		4 710	43 267	96 474	134 218	3 388	2 569
1989		4 419	45 056	104 041	179 042	3 858	3 657
1990		3 964	46 473	111 711	227 392	4 304	4 127
年均增长速度(%)	**Annual Average Growth Rate(%)**	**4.3**	**5.6**	**9.7**	**34.4**	**12.2**	**16.6**
"八五"时期	**"Eighth Five-year"Period**						
1991		3 779	50 625	118 460	307 950	5 016	4 564
1992		3 653	55 857	127 978	403 790	5 931	5 783
1993		3 680	60 337	139 272	619 647	8 145	7 737
1994		4 227	66 073	147 186	852 332	10 572	10 503
1995		5 291	71 540	157 210	1 076 083	12 276	12 771
年均增长速度(%)	**Annual Average Growth Rate(%)**	**5.9**	**9.0**	**7.1**	**36.5**	**23.3**	**25.3**
"九五"时期	**"Ninth Five-year"Period**						
1996		6 493	76 949	170 983	1 284 558	14 507	16 296
1997		7 601	82 155	190 192	1 479 515	16 531	18 579
1998		8 497	86 009	215 652	1 674 771	18 381	19 214
1999		10 568	91 260	256 060	1 890 338	20 714	19 520
2000		14 123	106 996	313 852	2 113 366	23 039	20 906
年均增长速度(%)	**Annual Average Growth Rate(%)**	**21.7**	**8.4**	**14.8**	**14.6**	**13.2**	**10.4**
"十五"时期	**"Tenth Five-year"Period**						
2001		18 556	126 190	363 657	2 441 713	25 941	22 760
2002		26 778	150 654	415 097	2 832 799	28 218	24 941
2003		32 106	179 628	469 684	3 259 896	30 611	25 936
2004		41 251	211 224	526 419	4 192 834	31 928	27 596
2005		45 314	240 508	566 278	5 167 453	32 476	21 494
年均增长速度(%)	**Annual Average Growth Rate(%)**	**26.3**	**17.6**	**12.5**	**18.1**	**7.4**	
"十一五"时期	**"Eleventh five-year"Period**						
2006		5 1220	256 630	564 891	6 296 568	35 107	22 567
2007		58 910	279 180	575 160	7 335 805	38 798	24 870
2008		64 675	298 939	585 852	8 674 142	43 454	26 729
以1979年为基期年平均增长速度(%)	**Annual Average Growth Rate from 1979(%)**	**25.6**	**11.2**	**9.1**	**31.4**	**14.9**	**13.8**

注:由于城市居民调查户由原200户增至600户,故2005年城镇人均可支配收入不可比。

From 2005,the number of sample households increased from 200 too 600, so the index per capita Disposable Income of Urban Residents of 2005 is non comparable to that in other years.

1-4 主要年份国民经济主要指标比例关系

PERCENTAGE OF MAIN NATIONAL ECONOMIC INDICATORS IN MAIN YEARS

单位:% (%)

年 份 Year	以从业人员为100 Employment=100			以本市生产总值为100 Gross Domestic Product=100			以工农业总产值为100 Gross Output Value of Industry and Agriculture=100		
	第一产业 Primary Industry	第二产业 Secondary Industry	第三产业 Tertiary Industry	第一产业 Primary Industry	第二产业 Secondary Industry	第三产业 Tertiary Industry	农 业 Agriculture	轻工业 Light Industry	重工业 Heavy Industry
1979				37.0	20.5	42.5	64.8	31.2	4.0
1980				28.9	26.0	45.1	61.4	33.6	5.0
1985				6.7	41.9	51.4	15.7	66.4	17.9
1990	6.1	69.8	24.1	4.1	44.8	51.1	5.1	71.4	23.5
1995	1.5	66.0	32.5	1.5	50.1	48.4	1.8	53.3	44.9
1996	1.3	64.6	34.1	1.4	48.3	50.3	1.8	55.0	43.2
1997	1.3	61.6	37.1	1.1	47.6	51.3	1.5	55.0	43.5
1998	1.2	59.8	39.1	1.0	48.4	50.6	1.4	50.9	47.7
1999	1.0	58.0	41.0	0.8	49.9	49.3	1.2	50.1	48.7
2000	0.8	57.0	42.2	0.7	49.7	49.6	1.1	44.2	54.7
2001	0.7	55.7	43.6	0.7	49.5	49.8	0.9	36.7	62.5
2002	0.8	55.8	43.5	0.6	49.3	50.1	0.7	33.6	65.7
2003	0.8	57.0	42.2	0.4	50.7	48.9	0.5	31.4	68.1
2004	0.5	57.6	41.9	0.3	51.6	48.1	0.3	28.1	71.6
2005	0.5	57.7	41.8	0.2	53.2	46.6	0.2	26.9	72.9
2006	0.3	57.4	42.3	0.1	52.5	47.4	0.1	24.1	75.8
2007	0.1	54.1	45.8	0.1	50.1	49.8	0.1	24.8	75.1
2008	0.1	54.1	45.8	0.1	48.9	51.0	0.1	27.3	72.6

1-4 续表 1 continued

年 份 Year	以工业总产值为100 Gross Output Value of Industry=100		以固定资产投资总额为100 Total Investment in Fixed Assets=100			以基本建设投资为100 Investment in Capital Construction=100	
	轻工业 Light Industry	重工业 Heavy Industry	#基本建设 Capital Construction	#更新改造 Technical Updates and Trans-formation	#房地产投资 Investment in Commodity Houses	工 业 Industry	交通运输、仓储和邮政业 Transportation, Storage and Post Services
1979	88.5	11.5	84.0	1.5		31.9	5.7
1980	87.1	12.9	90.5	2.8		43.1	12.0
1985	78.7	21.3	82.9	0.6		21.4	7.9
1990	75.3	24.7	73.7	4.3	11.7	56.0	17.6
1995	54.2	45.8	50.8	2.6	37.4	23.0	22.1
1996	56.1	43.9	47.9	3.5	38.1	26.3	23.1
1997	55.9	44.1	51.3	4.2	34.8	26.4	24.4
1998	51.6	48.4	49.9	4.2	34.9	17.1	21.4
1999	50.7	49.3	47.8	4.8	37.3	22.6	12.8
2000	44.7	55.3	44.9	5.1	42.1	27.1	16.3
2001	37.0	63.0	41.4	4.9	46.4	29.1	13.4
2002	33.8	66.2	41.5	5.6	56.4	36.9	11.3
2003	31.6	68.4	37.9	5.9	43.5	29.9	22.9
2004	28.1	71.9	45.8	8.1	39.7	38.7	14.7
2005	26.9	73.1	50.8	9.7	35.9	43.3	21.1
2006	24.2	75.8	50.2	10.9	36.3	45.1	26.2
2007	24.8	75.2	53.1	10.7	34.3	38.2	34.7
2008	27.3	72.7	56.4	10.6	30.0	31.9	33.6

年 份 Year	以货运量为 100 Freight Traffic=100				全社会固定资产投资总额相当于国内生产总值 Total Investment in Fixed Assets as Percentage of GDP
	铁路 Railway	公路 Highway	水运 Waterway	民航 Civil Aviation	
1979					30.2
1980					51.1
1985					85.4
1990	10.9	78.2	10.9		33.7
1995	6.2	76.8	16.9	0.1	32.7
1996	5.8	77.1	17.0	0.1	31.2
1997	7.0	76.8	16.1	0.1	30.3
1998	6.4	79.3	14.2	0.1	31.3
1999	6.0	81.5	12.3	0.1	31.6
2000	6.0	81.4	12.5	0.1	28.3
2001	5.7	82.9	11.3	0.1	27.6
2002	4.7	83.4	11.7	0.1	23.2
2003	4.7	80.4	14.8	0.1	26.5
2004	4.5	80.3	15.1	0.1	25.5
2005	4.0	75.4	20.4	0.2	24.0
2006	2.7	69.9	27.1	0.2	21.9
2007	2.4	67.4	30.0	0.2	19.8
2008	2.7	71.2	25.8	0.3	18.8

1-5 主要年份国民经济和社会发展主要指标平均每人水平

PER CAPITA MAIN NATIONAL ECONOMIC AND SOCIAL DEVELOPMENT INDICATORS IN MAIN YEARS

单位:元 (yuan)

年份 Year	本市生产总值 Gross Domestic Product	农业总产值 Gross Output Value of Agriculture	工业总产值 Gross Output Value of Industry	地方预算内财政收入 Local Financial Revenue	社会消费品零售总额 Retail Sales of Consumer Goods	职工年平均货币工资 Average Money Wage of Staff and Workers	城市居民可支配收入 Per Capita Disposable Income of Urban Residents	城乡居民储蓄存款 Saving Deposits of Urban and Rural Residents
1979	606	405	220	53	348	769		118
1980	835	524	329	94	606	979		160
1985	4 809	565	3 040	775	3 274	2 418	1 915	907
1990	8 724	606	11 192	1 103	3 393	4 304	4 127	2 845
1995	19 550	540	29 986	2 586	9 907	12 276	12 771	10 385
1996	22 498	586	32 844	3 745	10 490	14 507	16 293	12 057
1997	25 675	536	35 696	3 923	10 632	16 531	18 579	13 409
1998	27 701	538	38 939	4 258	10 347	18 381	19 214	14 852
1999	29 747	494	40 294	4 619	10 530	20 714	17 713	15 050
2000	32 800	467	46 057	5 370	11 021	23 039	20 906	15 439
2001	34 822	459	52 569	5 892	11 671	25 941	22 760	18 955
2002	40 369	463	63 654	5 533	12 805	28 218	24 941	23 526
2003	47 029	443	89 156	5 635	14 363	30 611	25 936	28 197
2004	54 236	380	108 783	5 675	15 840	31 928	27 596	32 785
2005	60 801	267	124 952	5 141	17 656	32 476	21 494	39 014
2006	69 450	215	146 681	6 073	19 966	35 107	22 567	44 241
2007	79 646	199	168 186	10 213	22 424	38 798	24 870	44 021
2008	89 814	216	187 344	11 584	25 907	43 454	26 729	55 951

1-5 续表 continued

年份 Year	生活用电量(千瓦时) Electricity for Residential Consumption (kwh)	每百人拥有电话(部) Number of Telephone Sets Per 100 Persons (unit)	每万人拥有 Per 10 000 persons		★人均公园绿地面积(平方米) Urban Public Green Areas (sq.m)
			医生(人) Number of Doctors (person)	医院病床(张) Number of Beds in Hospital (unit)	
1979			12		
1980			13		
1985			21	21	
1990	302	7	17	15	
1995	292	18	13	15	12.73
1996	325	22	15	15	12.81
1997	345	27	14	15	13.89
1998	481	31	12	14	13.89
1999	478	41	11	14	14.55
2000	500	57	11	14	14.17
2001	495	84	11	15	14.70
2002	439	118	11	16	9.52
2003	537	158	12	16	10.81
2004	548	174	13	18	11.95
2005	660	212	14	19	16.10
2006	697	221	21	19	16.10
2007	840	259	22	19	16.10
2008	808	268	23	21	16.20

注:2002 年以前为特区数,2002 年及以后为全市数。

The data before the year 2002 are calculated from urban,the data from 2002 are calculated from the whole city.

1-6 主要年份国民经济和社会发展主要指标平均每天水平

AVERAGE DAILY LEVEL OF MAIN NATIONAL ECONOMIC AND SOCIAL DEVELOPMENT INDICATORS IN MAIN YEARS

年 份 Year	本 市 生产总值(万元) Gross Domestic Product (10 000yuan)	工业总产值(万元) Gross Output Value of Industry (10 000yuan)	农业总产值(万元) Gross Output Value of Agriculture (10 000yuan)	固定资产投资总额(万元)Total Investment in Fixed Assets (10 000yuan)	地 方 财政收入(万元) Local Financial Revenue (10 000yuan)	货运量(万吨) Freight Traffic (10 000 tons)	客运量(万人) Passengers Traffic (10 000 person-times)	特快专递(份) Express Mail	电报(份) Teleg-raphs
1979	54	20	36	16	5				
1980	74	29	46	38	8				
1985	1 069	676	126	913	172				
1990	4 703	6 033	327	1 587	595	3.70	24.20	1 025	7 822
1995	23 082	35 403	637	7 557	2 441	9.70	22.63	4 158	6 727
1996	28 724	41 934	749	8 973	3 610	10.00	22.69	5 659	5 778
1997	35 546	49 796	742	10 769	3 966	10.56	23.33	6 123	5 173
1998	42 047	59 106	817	13 161	4 518	11.09	23.24	6 711	5 395
1999	49 425	66 948	821	15 605	5 063	11.71	23.98	7 989	5 097
2000	59 930	84 151	853	16 978	6 165	12.87	25.61	9 173	3 609
2001	68 013	102 676	896	18 805	7 278	14.01	27.00	9 573	375
2002	81 357	128 284	934	21 593	7 375	15.83	29.16	9 345	177
2003	98 239	186 237	924	26 003	8 196	18.52	28.64	12 323	115
2004	117 319	235 310	822	29 933	8 978	21.79	33.63	16 179	82
2005	135 461	278 754	596	32 358	11 470	26.87	35.34	22 137	55
2006	159 276	336 397	493	34 895	13 928	31.01	38.24	30 082	55
2007	186 348	393 504	466	36 849	23 895	37.68	41.18	36 164	27
2008	213 878	446 130	515	40 208	27 585	40.81	43.50	45 205	

1-6 续表 continued

年 份 Year	自来水供水量(万吨) Tap Water Supply (10 000tons)	用电量(万千瓦时) Electricity Consump-tion (10 000kwh)	公共大巴客运人数(万人次) Bus Passengers (10 000 person-times)	社会消费品零售总额(万元) Retail Sales of Consumer Goods (10 000yuan)	出生人数(人) Births (person)	死亡人数(人) Deaths (person)	结婚(对) Marriages (couple)	离婚(对) Divorces (couple)
1979				31	22	5		
1980				54	19	5	6	
1985			14.20	728	15	4	18	
1990		985	60.13	1 829	29	5	28	1
1995	157	2 503	96.96	11 697	35	5	36	3
1996	177	2 779	97.25	13 393	36	6	33	4
1997	192	3 084	99.18	14 719	37	6	33	4
1998	218	3 546	102.05	15 705	36	6	37	4
1999	237	4 106	111.23	17 496	40	10	40	5
2000	252	5 215	117.26	20 138	49	9	39	6
2001	267	5 816	128.96	22 795	49	6	39	6
2002	296	7 120	141.60	25 807	62	5	40	6
2003	336	8 861	139.00	30 004	44	6	53	9
2004	370	10 693	143.80	34 264	54	6	79	13
2005	382	12 060	278.40	39 388	66	7	64	15
2006	398	13 348	337.22	45 789	72	6	112	16
2007	423	15 557	497.61	52 467	94	7	98	19
2008	430	15 993	535.44	61 694	101	7	113	19

02 第二部分

国民经济核算

NATIONAL ECONOMIC ACCOUNTING

CHAPTER

新世纪以来深圳经济运行轨迹

进入新世纪以来,深圳经济在高新技术产业和高端服务业"双引擎"推动下,发展迅猛。目前,经济总量(GDP)占全国2.6%,占广东省五分之一,在全国大中城市(包括4个直辖市)中位居第四。本文对深圳进入新世纪以来经济总量、产业结构和行业结构发展变化轨迹进行描述。

一、经济总量发展变化轨迹

进入新世纪以来,从总量上看,深圳经济呈现直线上升态势,跃上了多个台阶:2000年,全市GDP为2187.45亿元,跨进了二千亿元行列,之后,分别超越三千亿元、四千亿元、五千亿元、六千亿元和七千亿元共五个台阶,至2008年,初步核算的GDP总量达到了7806.54亿元,比2000年几乎翻了两番。从增长率看,2000年至2008年,不仅每年的增长速度均达到两位数,而且年均增长率高达15.6%。九年中,经济发展呈现"山峰型"或"倒V字型"走势:2000年至2003年,增长速度基本上是逐年加快的,2003年达到顶峰(19.2%)后出现了逆转,基本上呈现逐年回落态势,近两年有加速下滑之势,2008年增速已降到12.1%。从全社会增加值率看,本世纪以来虽然保持了30%以上的水平,但逐年下降的趋势是明显的,已由本世纪初接近40%的高点下降到目前的仅为32%左右。在这期间,基本上分成两个阶段:2002年以前维持在37%以上的高水平,2003年及以后骤降到34%以下。

二、产业结构发展变化轨迹

我们通常所说的产业结构,是由第一次产业、第二次产业和第三次产业构成。根据《国民经济行业分类》(GB/T4754—2002),三次产业划分范围如下:第一产业是指农、林、牧、渔业;第二产业是指采矿业,制造业,电力、燃气及水的生产和供应业(我国习惯上统称工业),建筑业;第三产业是指除第一、二产业以外的其他各个行业。

进入新世纪以来,深圳三次产业结构发生了较为明显的变化:

(一)从构成来看

第一产业增加值占GDP比重虽然不大,但呈现直线下降趋势明显,由2000年占0.7%下降到2008年的仅占0.1%,所占比重几乎可以忽略不计。第二产业增加值占了GDP半壁江山,所占比重一直保持在50%左右,最高值是2005年的53.2%,最低值是2008年的48.9%,最高值与最低值相差4.3个百分点,表现了第二产业逐渐削弱的态势。第三产业增加值同样占了GDP半壁江山,所占比重同样在50%上下,但发展趋势与第二产业相反,其最高值与第二产业最低值同一年,即2008年为51.0%,最低值与第二产业最高值同一年,即2005年为46.6%,最高值与最低值相差4.4个百分点,反映了第三产业逐渐增强的趋势。

(二)从增加值率看

第一产业基本上保持在40%—50%的水平,但大体呈现逐年下降趋势,由2000年50%的最高点下降到目前40%左右。第二产业则维持在22%—30%左右的水平,出现了较为明显的逐年下降趋势,目前已降到本世纪以来的较低水平。第三产业除2001年为53.4%外,其它年份基本稳定在57%—58%的水平。

(三)从增长率看

第一产业本世纪初前三年保持了增长水平,但从第四年(2003年)起调头转为逐年下降,并且在2003年至2006年间出现了加速下滑势头,到了2006年,最大降幅已达30.5%,最近两年仍然维持了10%左右的降幅。九年间,总体呈下降态势,间中出现了反复,下降幅度由逐步扩大到有所收窄。第二产业则始终保持两位数增长,但增长幅度波动较大:增长幅度最高的2003年,达25.2%,增长幅度最低的2008年,仅为11.9%,最高增幅与最低增幅竟然相差13.3个百分点,短短五年时间,第二产业增加值增长幅度缩水了一半多。第三产业同样保持两位数增长，但增幅比第二产业平稳得多，增长幅度最高的2006年为17.0%，增长幅度最低的2005年为12.2%，最高增幅与最低增幅相差4.8个百分点，正好是相邻的两年，除了这两年增长幅度波动较为明显外，其它年份波动幅度均较为缓和。

（四）从贡献率看

第一产业对GDP增长的贡献率在-0.5%至0.3%之间，前三年为正贡献，后几年为负贡献，但无论是正贡献还是负贡献，其对GDP增长的影响都是微乎其微的。第二产业对GDP增长的贡献率最大，除2001年外，均在50%以上，最高年份达到66.1%，九年中有4年贡献率在60%以上，但最近几年贡献率明显减弱。第三产业对GDP增长的贡献率起伏比较大，最高年份在50%以上，最低年份还不到35%，不过最近几年均接近50%，贡献率明显增强。

三、行业结构发展变化轨迹

我们通常所说的行业结构，分别由门类、大类、中类和小类组成。我国目前执行的《国民经济行业分类》(GB/T4754—2002）分为20个门类，95个大类，396个中类和913个小类。以上分类仅在经济普查年份可以取得资料，非普查年份仅能按门类进行核算。鉴于统计资料分类的局限性，本文仅就在深圳市国民经济中占比重比较大、影响比较直接的工业(包括采矿业，制造业，电力、燃气及水的生产和供应业)，建筑业，交通运输、仓储和邮政业，批发和零售业，金融业以及房地产业等主要门类增加值增减变化情况描述行业结构发展变化轨迹。

（一）主要行业增加值占GDP比重变化轨迹

1.工业

在分析产业结构时曾经提到：第二产业增加值占了GDP半壁江山。然而，这半壁江山却几乎是工业创造的。工业不仅在产业结构中占有最大份额，而且在行业结构中也占有绝对优势地位：2000年至2008年，工业增加值占GDP比重经历了由逐年上升转向逐年下降的变化过程，但均维持在44.0%—50.2%的水平，在各行业中，比列居第二位的行业高出30—40个百分点。表明进入新世纪以来，工业仍然是深圳国民经济绝对主导行业。深圳工业能长期保持优势地位，主要得益于大力发展高新技术产业的政策导向。但是，随着产业结构升级、调整步伐不断加快，其他行业也得到快速发展，工业在全市国民经济发展进程中，其主导地位逐渐弱化：2005年，工业增加值占GDP的比重达到了顶峰，为50.2%，但随后几年逐步回落，到2008年，已回落到46.4%。与此同时，2000年至2008年，全市工业总产值年均增长了21.6%，而工业增加值年均增长仅有18.5%，工业增加值年均增幅明显落后于其产值增幅。上述情况说明：一方面，我市产业结构调整、优化正朝着预期目标发展；另一方面，工业经济效益并没有随着其规模的扩大而得到有效提升。

2.建筑业

建筑业是第二产业的另一组成部分，其增加值占GDP比重虽然份额不大，但呈现逐年下降趋势，并且下降幅度是明显的：由2000年的占5.7%直线降至2008年的仅占2.5%，缩水了一半有余。表明建筑业落后于我市整体经济发展的趋势。

3.交通运输、仓储和邮政业

物流业是我市四大支柱产业之一。交通运输、仓储和邮政业承担着物流的主要功能，在全市国民经济发展中起着重要的纽带作用。伴随深圳经济平稳较快发展，这一行业的地位和作用得到了进一步巩固和提升，但近来受到了严峻挑战。进入新世纪以来，交通运输、仓储和邮政业增加值占GDP比重基本维持在4个百分点左右，并呈现逐步走高态势，但近两年由于受到国际金融危机的冲击，所占比重有所下滑，这一趋势近期有可能还会延续。

4.批发和零售业

批发和零售业同样是物流业的重要组成部分。虽然这是一个传统行业，但随着新的业态不断涌现，已发展成为以连锁经营为主要特征的现代商业，在全市国民经济发展中一直保持着优势地位。目前，批发和零售业总体来说是一个薄利行业，只有靠规模经营才有可能赢得规模效益。进入新世纪以来，批发和零售业增加值占GDP比重尽管大多数年份保持了两位数，但所占比重仅维持在10%左右，没有大的突破，并且自2006年降到一位数后，出现了逐年走低现象。特别是2008年，在全国零售市场一片兴旺的大好环境下，我市这一行业由于整体效益不佳，其增加值占GDP的比重已降到本世纪以来的最低点。

5.金融业

随着深圳经济规模不断扩大，产业结构调整步伐加快，市政府不断出台扶持金融业发展政策，以及全国资本市场规模不断扩大，金融业作为深圳四大支柱产业之一，迅速发展壮大，在全市国民经济发展中占有十分重要地位。特别是最近几年，在全国资本市场不断扩容，证券交易日益活跃的直接推动下，深圳金融业发展迅猛。2008年，金融业增加值占GDP的比重上升到13%，已经稳稳地站在全市国民经济行业“老二”位置。进入新世纪以来，金融业发展明显受到资本市场波动的影响：2000年，金融业增加值占 GDP 的比重本来就已经达到了两位数(其时正值证券市场交投活跃),但此后几年,这一比重却逐年下降,至 2005 年,降至 6.3%的低点,而后又逐年回升,2007、2008 连续两年又站上了两位数的位置,走出了一个“U 字型”趋势。

6.房地产业

深圳房地产市场是全国发育最早、发展最快、最为成熟的地区之一,对全国房地产市场的发展壮大功不可没。但是,进入新世纪以来,深圳房地产市场虽然不断发展壮大,但其发展势头已不知不觉的落后于国内主要城市,其增加值占 GDP 比重一直止步于两位数,就算是房地产市场最活跃的 2006 年和 2007 年都没有达到两位数水平,这似乎与深圳经济规模“不相称”。在 2008 年全国房地产市场普遍不景气的大环境下,深圳房地产市场萎缩更为明显,所占比重快速回落。

（二）主要行业增加值率变化轨迹

1.工业

工业增加值率几乎是第二产业增加值率的翻版,同样维持在 22%—30%左右的水平,并且出现了较为明显的逐年下降趋势,目前同样降到了本世纪以来的较低水平。换句话来说:工业增加值率变化轨迹与第二产业是一致的。

2.建筑业

建筑业增加值率明显分化成两个阶段:2002 年之前处于较高水平,保持在 23.5%以上,最高值是 2000 年的 26%。2003 年后下降到 20%-21%的水平。九年来基本上呈现逐年下降趋势。

3.交通运输、仓储和邮政业

交通运输、仓储和邮政业增加值率在波动中呈现出由逐年上升到逐年下降的走势。2005 年上升到最高值 43.4%后进入了下降通道。

4.批发和零售业

批发和零售业是一个增加值率较高的行业之一,其变化也明显分化出两个阶段:2004 年以前,最高年份的增加值率不到 70%,2005 年快速拉升至 86.4%后至今仍维持在 80%左右的水平。

5.金融业

金融业同样是一个增加值率较高的行业。其增加值率基本上围绕 60%波动,波动幅度比较平缓,最高值与最低值之间相差也只有 5 个百分点左右。

6.房地产业

房地产业也是一个增加值率较高的行业,最高年份达 82.6%,最低年份也在 70%以上,多数年份维持在 70%—80%之间。

（三）主要行业增加值增长变化轨迹

1.工业

从总量来说,工业是深圳国民经济最重要的行业。从发展来看,工业仍然是发展较快、较为稳定的行业。俗话说:无农不稳,无工不富。对于深圳经济发展来说,应该是“无工不稳”。统计资料表明,深圳工业发展变化轨迹是深圳经济发展变化轨迹的缩影,换言之,深圳工业发展与深圳经济发展高度相关。进入新世纪以来,2003 年既是深圳经济发展最快的一年,同样是深圳工业发展最快的一年,其增加值增长速度高达 26.7%。以 2003 年为界,之前,工业增加值增长速度基本上呈现逐年上升态势,之后,则呈现逐年下降趋势,走出了典型的“山峰型”或“倒 V 字型”轨迹。从这个角度来看,深圳工业发展变化轨迹与经济发展变化轨迹是基本一致的。所不同的是,两者在“量”上存在一定差距:总体来看,工业增加值增长速度高于同年 GDP 增长速度。需要说明的是,近几年来,深圳工业增加值增长速度回落很明显,直接“威胁”到深圳经济的平稳快速发展。

2.建筑业

建筑业不但增加值在 GDP 中所占的比重不大,而且其增长速度在主要行业中也是明显落后的,并且出现了较大波动。2003 年,伴随全市经济快速发展,建筑业增加值增长速度也达到了本世纪以来最高点,但也只有 10.3%,第二年,即 2004 年,跳水般地下降到最低点,为-1.8%,2008 年略有增长。九年中,走出了“M 型”波动曲线。

3.交通运输、仓储和邮政业

交通运输特别是货物运输以及仓储业承担着工业、批发零售业货物流转的大量功能,因此,这三个行业具有较高相关度。特别是最近几年,市政府提倡大力发展物流产业,有力促进了这一行业的发展。本世纪以来,除 2008 年受国际金融危机冲击较大外,整个行业增加值增长速度基本保持了两位数,并与工业增长保持了同向性和较好的协调性。但值得注意的是,自 2004 年以后,增长速度逐年大幅下滑,从 2004 年的最高增速为 22.8%下降到 2008 年只有 6%,即使剔除 2008 年这一特殊年份,2007 年增速也只有 11.4%,降幅也达到了一半。下滑幅度每年都在 3—5 个百分点左右,最大降幅是 2008 年,下降幅度环比达到 5.4 个百分点。九年间,前 5 年,走出了逐步向上的“W”型,而后,走出了高台跳水般的直线下降型。

4.批发和零售业

进入新世纪以来,从批发和零售业增加值增长轨迹看,可分为两个阶段:2004 年以前,保持了快速发展，每年增长速度均保持在15%以上，最高年份为2003年，达到22.1%。作为一个点多、面广、线长的行业，能在较长时间保持较高增长率，说明我市批发和零售市场在这几年得到了快速扩张。但2005年后，出现了高一年低一年的波动，形成了较为明显的波浪，2008年由于受到物价高企的影响，增幅却成为了本世纪以来的谷底，增长率仅为6.9%。

5.金融业

从金融业增加值增长速度来看，明显受到证券市场（包括印花税政策调整）的影响，波动幅度十分惊人：最低年份增长率（2002年）仅为3.8%，而最高年份增长率（2007年）却高达50.2%，并且是在上一年增长率近50%的基础上实现的，2008年又快速回落到20%附近。虽然金融业目前在深圳国民经济各行业中仍占据“老二”位置，但其稳定性不够，受政策影响大的隐优不容忽视，会对GDP平稳增长造成较大冲击。

6.房地产业

房地产业增加值增长速度也走出了从平稳较快增长到逐年快速下滑的轨迹。2000年至2003年增长率保持在20%—24.3%之间，2004年以后，增长率从2003年最高点24.3%直线下滑至2008年—1.6%，表明我市房地产市场已陷入低潮。

（四）主要行业增长对GDP增长的贡献率变化轨迹

1.工业

工业增长率历来都是对GDP增长贡献最大的行业。本世纪以来，除2001年贡献率低于50%以外，其余年份贡献率均保持在50%以上，最高年份的2004年接近65%。

2.建筑业

建筑业由于在GDP中占的比重不大，因此，其增长率对GDP增长的贡献率并不高，除2003年的2.4%以外，其它年份均在1.5%以下，个别年份贡献率还出现了负值。

3.交通运输、仓储和邮政业

交通运输、仓储和邮政业增长对GDP增长的贡献率波动较大，贡献最小的年份只有2%多一点，贡献最大的年份接近两位数，达到9.1%，作为一个占GDP比重并不高的行业能有如此大的贡献实属不易。其实当年增长率高达22.8%，与工业并列成为增长速度最快的行业。

4.批发和零售业

批发和零售业增长率对GDP增长的贡献率逐年下降，2004年以前还保持了两位数，2005年下降到一位数后一直维持到2008年。

5.金融业

金融业是一个对GDP增长贡献率最不稳定的行业，起伏相当大，贡献率最低的年份仅有区区的2.1%，而贡献率最高的年份却高达27.2%。近三年对GDP增长的贡献仅次于占了深圳经济半壁江山的工业，表明了这几年金融业是深圳保增长的重要支柱。

6.房地产业

房地产业对GDP增长的贡献率曾经连续三年达到两位数，最近几年接连下滑，并有加速之势，至2008年，贡献率出现了负值，拖了GDP增长的后腿。

（供稿：戴建平）

2-1 本市生产总值

GROSS DOMESTIC PRODUCT

(1979—2008)

单位:万元 (10 000 yuan)

年 份 Year	本市生产总值 Gross Domestic Product	第一产业 Primary Industry	第二产业 Secondary Industry	工业 Industry	建筑业 Construction	第三产业 Tertiary Industry
1979	19 638	7 273	4 017	2 313	1 704	8 348
1980	27 012	7 803	7 036	3 726	3 310	12 173
1981	49 576	13 343	16 019	8 311	7 708	20 214
1982	82 573	18 960	31 439	9 540	21 899	32 174
1983	131 212	22 614	55 848	22 466	33 382	52 750
1984	234 161	25 932	106 606	51 802	54 804	101 623
1985	390 222	26 111	163 586	102 137	61 449	200 525
1986	416 451	32 907	163 185	106 606	56 579	220 359
1987	559 015	46 519	220 463	164 445	56 018	292 033
1988	869 807	57 005	359 230	274 787	84 443	453 572
1989	1 156 565	68 615	505 361	400 579	104 782	582 589
1990	1 716 665	70 220	769 319	644 947	124 372	877 126
1991	2 366 630	80 836	1 126 084	928 846	197 238	1 159 710
1992	3 173 194	105 914	1 522 432	1 176 087	346 345	1 544 848
1993	4 531 445	108 615	2 420 214	1 810 085	610 129	2 002 616
1994	6 346 711	134 152	3 357 972	2 671 299	686 673	2 854 587
1995	8 424 833	124 122	4 221 435	3 370 548	850 887	4 079 276
1996	10 484 421	148 796	5 065 924	4 186 130	879 794	5 269 701
1997	12 974 208	147 660	6 174 083	5 193 120	980 963	6 652 465
1998	15 347 272	151 764	7 434 976	6 315 047	1 119 929	7 760 532
1999	18 040 176	150 445	9 005 486	7 801 018	1 204 468	8 884 245
2000	21 874 515	155 656	10 860 852	9 627 492	1 233 360	10 858 007
2001	24 824 874	160 413	12 297 665	11 053 418	1 244 247	12 366 796
2002	29 695 184	166 587	14 647 171	13 367 060	1 280 111	14 881 426
2003	35 857 235	142 048	18 174 235	16 724 227	1 450 008	17 540 952
2004	42 821 428	123 264	22 112 353	20 597 743	1 514 610	20 585 811
2005	49 509 078	97 385	26 334 427	24 834 947	1 499 480	23 077 266
2006	58 135 624	69 675	30 495 319	28 866 206	1 629 113	27 570 630
2007	68 015 706	69 412	34 047 608	32 300 702	1 746 906	33 898 686
2008	78 065 387	66 558	38 157 846	36 183 203	1 974 643	39 840 983

注:1、本表按当年价格计算。2004 年开始,本市生产总值按国民经济行业分类标准(GB/T4754-2002)核算。
The data of this table are calculated at current prices. Since 2004,GDP has been calculated according to National Economy Classification(GB/T475-2002).

2、本表中的"工业"为生产法工业增加值和收入法工业增加值加权之和。
Industry of this table are calculated from Added Value Industry of Production Approach and Income Approach.

年 份 Year	其中:交通运输、仓储和邮政业 Transportation,Storage and Post Services	批发和零售业 Wholesale and Retail Sales	住宿和餐饮业 Accommodation and Catering Trade	金融业 Banking	房地产 Real Estate Trade	人均 GDP(元) Gross Domestic Product Per Capita(yuan)
1979	1 175	3 111	1 050	1 586	467	606
1980	1 798	4 301	1 452	2 325	688	835
1981	2 908	7 104	2 398	3 883	1 152	1 417
1982	4 890	10 758	3 631	6 274	1 850	2 023
1983	7 715	16 868	5 694	11 183	3 181	2 512
1984	14 866	29 948	10 108	22 865	6 301	3 504
1985	25 519	55 943	18 882	46 522	14 759	4 809
1986	35 475	59 200	21 278	50 620	15 420	4 584
1987	54 144	71 776	30 897	62 962	17 347	5 349
1988	71 317	114 899	41 883	119 543	35 016	6 477
1989	90 993	117 160	42 744	150 856	53 831	6 710
1990	112 692	152 877	51 823	240 157	91 396	8 724
1991	147 651	239 760	59 056	266 849	155 372	11997
1992	166 595	333 580	84 904	332 492	236 652	12 827
1993	190 248	449 485	144 272	405 899	328 708	15 005
1994	245 271	583 961	288 170	596 275	472 171	16 954
1995	400 524	779 177	405 147	887 865	673 506	19 550
1996	497 713	1 128 234	432 463	1 118 350	842 883	22 498
1997	481 983	1 339 511	478 192	1 562 531	955 661	25 675
1998	536 162	1 532 951	538 158	1 809 703	1 062 525	27 701
1999	610 210	1 822 078	573 446	1 965 044	1 193 283	29 747
2000	756 738	2 271 487	613 559	2 215 391	1 585 464	32 800
2001	819 819	2 618 467	633 105	2 393 224	1 818 950	34 822
2002	1 009 667	3 174 034	728 976	2 487 213	2 348 995	40 369
2003	1 249 987	3 901 304	713 120	2 620 765	3 184 157	47 029
2004	1 848 718	4 601 916	841 186	2 730 843	4 110 367	54 236
2005	2 192 810	5 141 601	943 437	3 108 538	4 865 386	60 801
2006	2 549 111	5 671 565	1 132 480	4 704 915	5 663 824	69 450
2007	2 957 902	6 531 220	1 225 709	7 786 591	6 592 366	79 645
2008	3 163 022	7 438 245	1 510 745	10 121 556	6 790 054	89 814

注:本表第三产业分行业增加值按国民经济行业分类标准(GB/T4757-2002)核算。

Tertiary Industry in the table are grouped by National Economy Classification(GB/T475-2002)

2-2 本市生产总值三次产业构成

COMPOSITION OF GROSS DOMESTIC PRODUCT BY THREE INDUSTRIES

(1979—2008)

单位:% (%)

年 份 Year	本市生产总值 Gross Domestic Product	第一产业 Primary Industry	第二产业 Secondary Industry			第三产业 Tertiary Industry
				工业 Industry	建筑业 Construction	
1979	100.0	37.0	20.5	11.8	8.7	42.5
1980	100.0	28.9	26.0	13.8	12.2	45.1
1981	100.0	26.9	32.3	16.8	15.5	40.8
1982	100.0	22.9	38.1	11.6	26.5	39.0
1983	100.0	17.2	42.6	17.1	25.5	40.2
1984	100.0	11.1	45.5	22.1	23.4	43.4
1985	100.0	6.7	41.9	26.2	15.7	51.4
1986	100.0	7.9	39.2	25.6	13.6	52.9
1987	100.0	8.3	39.4	29.4	10.0	52.3
1988	100.0	6.6	41.3	31.6	9.7	52.1
1989	100.0	5.9	43.7	34.6	9.1	50.4
1990	100.0	4.1	44.8	37.6	7.2	51.1
1991	100.0	3.4	47.6	39.3	8.3	49.0
1992	100.0	3.3	48.0	37.1	10.9	48.7
1993	100.0	2.4	53.4	39.9	13.5	44.2
1994	100.0	2.1	52.9	42.1	10.8	45.0
1995	100.0	1.5	50.1	40.0	10.1	48.4
1996	100.0	1.4	48.3	39.9	8.4	50.3
1997	100.0	1.1	47.6	40.0	7.6	51.3
1998	100.0	1.0	48.4	41.1	7.3	50.6
1999	100.0	0.8	49.9	43.2	6.7	49.3
2000	100.0	0.7	49.7	44.0	5.7	49.6
2001	100.0	0.7	49.5	44.5	5.0	49.8
2002	100.0	0.6	49.3	45.0	4.3	50.1
2003	100.0	0.4	50.7	46.6	4.1	48.9
2004	100.0	0.3	51.6	48.1	3.5	48.1
2005	100.0	0.2	53.2	50.2	3.0	46.6
2006	100.0	0.1	52.5	49.7	2.8	47.4
2007	100.0	0.1	50.1	47.5	2.6	49.8
2008	100.0	0.1	48.9	46.4	2.5	51.0

2-3 本市生产总值指数

INDICES OF GROSS DOMESTIC PRODUCT

(以 1979 年为 100)　　(1980—2008)　　(1979=100)

年 份 Year	本市生产总值 Gross Domestic Product	第一产业 Primary Industry	第二产业 Secondary Industry	工业 Industry	建筑业 Construction	第三产业 Tertiary Industry	人均 GDP Gross Domestic Product Per Capita
1980	162.7	103.0	175.8	163.3	197.0	209.5	163.0
1981	250.2	132.0	445.6	406.5	512.1	307.9	231.8
1982	396.4	182.2	730.5	415.5	1 266.1	504.9	314.7
1983	627.5	192.8	1 181.7	869.2	1 713.0	873.5	389.3
1984	1 003.3	198.8	2 347.6	2 003.6	2 932.6	1 392.7	486.6
1985	1 249.4	196.8	4 011.2	4 383.4	3 378.4	1 550.9	499.1
1986	1 283.1	231.8	4 269.3	4 825.1	3 324.3	1 537.1	457.7
1987	1 609.0	242.0	5 767.9	7 226.5	3 287.7	1 882.1	499.0
1988	2 186.6	225.1	8 306.0	10 603.7	4 398.9	2 547.1	527.7
1989	2 595.5	280.0	11 472.9	15 030.4	5 423.9	2 678.4	488.0
1990	3 439.1	298.5	16 760.4	22 789.5	6 508.7	3 286.1	566.4
1991	4 677.1	312.8	23 700.4	31 743.9	10 023.4	4 358.6	688.2
1992	6 229.9	313.7	30 607.2	38 297.6	17 530.9	6 090.4	731.0
1993	8 155.5	316.0	42 975.4	52 846.0	26 192.0	7 448.8	783.9
1994	10 677.8	298.4	58 131.1	74 928.7	29 569.3	9 463.8	827.9
1995	13 220.5	292.0	70 843.7	92 642.5	33 777.8	12 015.5	890.5
1996	15 492.8	297.6	82 475.8	110 244.6	35 259.1	14 230.3	964.9
1997	18 103.5	297.3	95 820.1	129 316.9	38 863.6	16 784.5	1 039.9
1998	20 861.0	304.8	111 553.5	151 218.1	44 109.5	19 136.4	1 092.9
1999	23 936.1	326.1	129 288.0	176 713.1	48 648.0	21 709.3	1 145.6
2000	27 688.0	336.3	152 186.1	212 486.7	49 653.6	24 600.4	1 205.1
2001	31 660.3	358.2	173 737.4	245 677.9	51 029.4	28 203.0	1 289.1
2002	36 671.2	380.2	204 425.1	292 815.9	53 214.6	32 187.2	1 447.0
2003	43 706.9	323.8	255 881.6	370 866.4	58 684.2	36 520.0	1 663.9
2004	51 264.6	270.4	309 273.6	455 543.4	57 627.5	41 482.2	1 884.7
2005	58 991.9	215.1	363 773.2	541 351.5	57 689.9	46 558.8	2 102.9
2006	68 756.2	149.4	423 295.6	632 838.8	61 995.3	54 458.3	2 384.2
2007	78 961.8	137.9	483 411.3	726 680.2	63 798.4	62 969.0	2 683.9
2008	88 551.3	119.5	540 736.4	816 967.3	64 102.7	70 850.3	2 957.2

注：本表按可比价格计算。

Data in Value in this table are calculated at current prices.

2-4 本市生产总值指数

INDICES OF GROSS DOMESTIC PRODUCT

(1980—2008)

(以上年为 100) (Preceding Year=100)

年 份 Year	本市生产总值 Gross Domestic Product	第一产业 Primary Industry	第二产业 Secondary Industry	工业 Industry	建筑业 Construction	第三产业 Tertiary Industry	人均 GDP Gross Domestic Product Per Capita
1980	162.7	103.0	175.8	163.3	197.0	209.5	163.0
1981	153.8	128.2	253.5	248.9	259.9	146.9	142.2
1982	158.4	138.0	163.9	102.2	247.2	164.0	135.8
1983	158.3	105.8	161.8	209.2	135.3	173.0	123.7
1984	159.9	103.1	198.7	230.5	171.2	159.4	125.0
1985	124.5	99.0	170.9	218.8	115.2	111.4	102.6
1986	102.7	117.8	106.4	110.1	98.4	99.1	91.7
1987	125.4	104.4	135.1	149.8	98.9	122.4	109.0
1988	135.9	93.0	144.0	146.7	133.8	135.3	105.8
1989	118.7	124.4	138.1	141.7	123.3	105.2	92.5
1990	132.5	106.6	146.1	151.6	120.0	122.7	116.1
1991	136.0	104.8	141.4	139.3	154.0	132.6	121.5
1992	133.2	100.3	129.1	120.6	174.9	139.7	106.2
1993	130.9	100.7	140.4	138.0	149.4	122.3	107.2
1994	130.9	94.4	135.3	141.8	112.9	127.1	105.6
1995	123.8	97.9	121.9	123.6	114.2	127.0	107.6
1996	117.2	101.9	116.4	119.0	104.4	118.4	108.4
1997	116.9	99.9	116.2	117.3	110.2	117.9	107.8
1998	115.2	102.5	116.4	116.9	113.5	114.0	105.1
1999	114.7	107.0	115.9	116.9	110.3	113.4	104.8
2000	115.7	103.1	117.7	120.2	102.1	113.3	105.2
2001	114.3	106.5	114.2	115.6	102.8	114.6	107.0
2002	115.8	106.1	117.7	119.2	104.3	114.1	112.3
2003	119.2	85.2	125.2	126.7	110.3	113.5	115.0
2004	117.3	83.5	120.9	122.8	98.2	113.6	113.3
2005	115.1	79.6	117.6	118.8	100.1	112.2	111.6
2006	116.6	69.5	116.4	116.9	107.5	117.0	113.4
2007	114.8	92.3	114.2	114.8	102.9	115.6	112.6
2008	112.1	86.6	111.9	112.4	100.5	112.5	110.2

注：本表按可比价格计算。

Data in Value in this table are calculated from comparable.

2-5 按区域核算的地区生产总值

GROSS DOMESTIC PRODUCT BY DISTRICT

单位:万元 (10 000 yuan)

地区 District		绝对值			发展速度%		
		2006年	2007年	2008年	2006年	2007年	2008年
福田区	Futian	11 679 802	13 168 354	14 982 378	114.2	112.8	110.2
罗湖区	Luohu	5 921 375	7 082 146	8 208 915	113.1	111.7	109.6
盐田区	Yantian	1 728 587	2 031 568	2 328 878	116.8	116.1	111.2
南山区	Nanshan	12 596 819	14 596 513	16 803 124	113.3	110.9	112.1
宝安区	Baoan	15 258 717	18 246 709	20 883 556	121.1	118.3	113.2
龙岗区	Longgang	10 950 324	12 890 416	14 858 536	119.3	118.7	114.1

注:绝对值按当年价计算,发展速度按可比价计算。

Data in Value in this table are calculated at current prices,growth rate in this table are calculated from comparable scape.

2-6 各区三次产业增加值

GROSS DOMESTIC PRODUCT (CLASSIFIED BY THREE INDUSTRIES)

单位:万元 (10 000 yuan)

地区 District		2007年			2008年		
		第一产业 Primary Industry	第二产业 Secondary Industry	第三产业 Tertiary Industry	第一产业 Primary Industry	第二产业 Secondary Industry	第三产业 Tertiary Industry
福田区	Futian	186	2 762 359	10 405 809	6 095	2 379 552	12 596 731
罗湖区	Luohu	6 307	708 224	6 367 615	1 778	832 042	7 375 095
盐田区	Yantian	862	695 174	1 335 532	640	754 849	1 573 389
南山区	Nanshan	10 939	9 414 910	5 170 664	11 290	10 580 227	6 211 607
宝安区	Baoan	29 002	12 028 493	6 189 214	26 991	13 692 521	7 164 044
龙岗区	Longgang	22 116	8 438 448	4 429 852	19 764	9 918 655	4 920 117

注:本表按当年价格计算。

Data in Value in this table are calculated at current prices.

2-7 各区三次产业增加值构成

GROSS DOMESTIC PRODUCT (CLASSIFIED BY THREE INDUSTRIES)

单位:%　　　　(%)

地 区 District		2007年			2008年		
		第一产业 Primary Industry	第二产业 Secondary Industry	第三产业 Tertiary Industry	第一产业 Primary Industry	第二产业 Secondary Industry	第三产业 Tertiary Industry
福田区	Futian		21.0	79.0		15.9	84.1
罗湖区	Luohu	0.1	10.0	89.9		10.1	89.9
盐田区	Yantian		34.2	65.8		32.4	67.6
南山区	Nanshan	0.1	64.5	35.4	0.1	63.0	36.9
宝安区	Baoan	0.2	65.9	33.9	0.1	65.6	34.3
龙岗区	Longgang	0.2	65.5	34.3	0.1	66.8	33.1

2-8 各区三次产业增加值发展速度

GROSS DOMESTIC PRODUCT (CLASSIFIED BY THREE INDUSTRIES)

单位:%　　　　(%)

地 区 District		2007年			2008年		
		第一产业 Primary Industry	第二产业 Secondary Industry	第三产业 Tertiary Industry	第一产业 Primary Industry	第二产业 Secondary Industry	第三产业 Tertiary Industry
福田区	Futian	95.7	103.0	117.0	2960.1	94.3	114.8
罗湖区	Luohu	131.0	96.5	114.5	29.4	100.0	110.8
盐田区	Yantian	280.3	109.9	119.6	67.1	104.2	114.9
南山区	Nanshan	79.3	107.8	117.6	100.2	109.6	116.9
宝安区	Baoan	88.3	120.6	114.3	70.1	114.9	109.8
龙岗区	Longgang	92.7	121.7	112.4	80.7	117.4	107.3

注:本表按可比价格计算。

Data in Value in this table are calculated from comparable.

03 第三部分

人口和劳动力

POPULATION AND LABOR FORCE

CHAPTER

人口总量增长趋缓　结构进一步优化

——2008年深圳人口发展基本情况及变化趋势

2008年，全市人民在市委、市政府领导下，以科学发展观统领全局，进一步解放思想，积极应对世界金融危机，加快转变经济发展方式，大力推进“和谐深圳、效益深圳”建设，国民经济保持健康平稳发展。2008年全市完成本市生产总值7806.54亿元，比上年增长12.1%。在促进经济和社会稳步发展的同时，市委市政府高度重视人口发展问题，持续实施产业结构调整、人口置换等政策措施，有效地促进了深圳人口向“总量控制，结构优化”方向发展。

一、人口发展的基本特征

（一）常住人口增速进一步放缓，非户籍人口持续负增长

2008年年末常住人口876.83万人，比上年增加15.29万人，增长1.8%，增幅与上年基本持平。纵观历年常住人口增速变化情况（见下图1），全市人口经过2000年以前的高速发展阶段后，开始进入缓慢增长期，并且呈逐年下降趋势。其中的非户籍人口，继2007年有史以来首次出现负增长，2008年

深圳市1990—2008年常住人口增长速度图

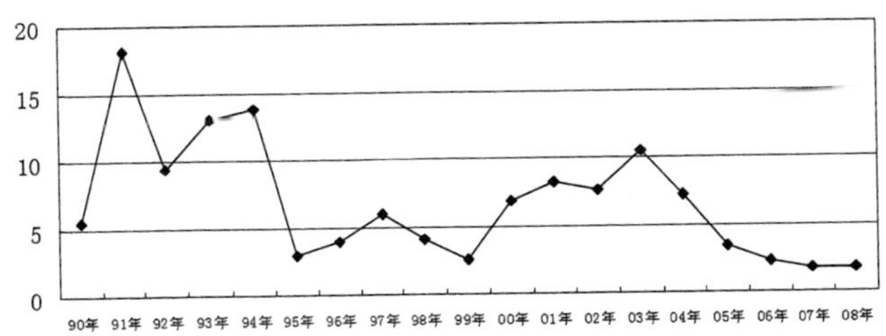

常住人口增幅逐渐下降及非户籍人口持续下降的主要原因一是去年受全球金融危机的影响，相当数量的企业停产或半停产，据统计，全市停产的规模以上的工业企业就有718家，相当数量的企业员工离开了深圳；二是受国家多极发展经济战略的影响，中西部、渤海湾等经济呈现区域性蓬勃发展态势，不仅内地劳动力人口流向不再单一，而且本市经济实体也纷纷向这些区域辐射，拉动了劳动力人口外迁；三是市委市政府长期实施产业结构调整的战略，同时实施“总量控制，结构优化”的人口政策，不断扶持培植高新技术产业，使资金密集型、技术密集型、知识密集型产业不断发展，这些产业在实现较高生产增加值的同时，减少了劳动人口数量。而劳动密集型、违法经营等低端产业受到严格控制和适度挤压，使传统的劳动密集型产业的不断萎缩，相当数量的企业全部外迁或部分外迁，也推动了低端产业劳动人口以及为其服务而生存的大量人口离开深圳。

（二）户籍人口和非户籍人口不断置换，比重进一步改变

年末常住人口中，户籍人口为228.07万人，非户籍人口648.76万人，户籍人口占常住人口比重为26.0%，比上年的24.7%增加1.4个百分点，相应地非户籍人口比重则减少1.4个百分点。户籍、非户籍人口结构发生这种明显变化，其主要原因是深圳进一步贯彻落实市政府人口管理“1+5”文件精神，大力实施人口优化置换政策，从原非户籍人口中大量吸收优秀人口入户。户籍人口增加量大于常住人口增加量。在新增的户籍人口的12.1万人中，纯粹的机械增长人口（政府接收应届毕业生、调进军转军休干部、招生等）为4.4万人，仅占总体的36.6%，而63.4%为非户籍常住人口政策性入户或出生入户人口（见图2）。

图2：**深圳市2008年常住人口结构变化图**

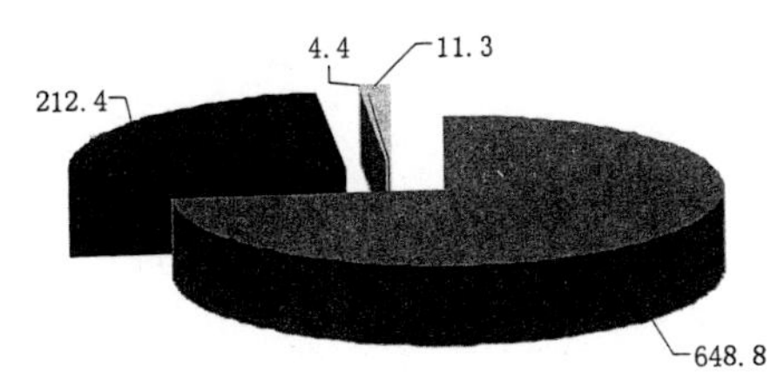

（三）出生率、死亡率低于全国、全省水平，自然增长率较高

在全市新增常住人口中，自然增长人口 3.6 万人，占新增人口的 23.5%。全年常住人口出生率为 11.11‰，比全国和全省的出生率分别低 1.03 和 0.69 个千分点；自然增长率为 10.82‰，分别比全国和全省的人口自然增长率高 5.74 和 3.57 个千分点。常住人口死亡率明显较低，2008 年全市常住人口死亡率只有 0.29‰，死亡率比全国和全省的死亡率分别低 6.77 和 4.26 个千分点(详见表 1)。

表 1： 深圳市 2008 年年末″三率″与全国、全省的对比（单位：‰）

	深圳市	全国		全省	
			对比+ -		对比+ -
人口出生率	11.11	12.14	-1.03	11.80	-0.69
人口死亡率	0.29	7.06	-6.77	4.55	-4.26
自然增长率	10.82	5.08	5.74	7.25	3.57

表 2： 深圳市 2008 年年末分区常住人口数

单位：万人

项目 / 区别	2008 年			2007 年			2008 年比 2007 年±%			人口密度（人/平方公里）
	常住人口	户籍人口	非户籍人口	常住人口	户籍人口	非户籍人口	常住人口	户籍人口	非户籍人口	
全市合计	876.8343	228.0721	648.7622	861.5485	212.3774	649.1711	1.8	7.4	-0.1	4490
1、特区内合计	326.6402	145.8451	180.7951	323.8391	132.5563	191.2828	0.96	10.0	-5.5	8252
福田区	119.0131	56.2240	62.7891	119.9377	51.6802	68.2575	-0.8	8.8	-8.0	15250
罗湖区	87.8853	41.0835	46.8018	87.4506	38.2022	49.2484	0.5	7.5	-5.0	11139
南山区	97.2197	44.5785	52.6412	94.3213	39.0319	55.2894	3.1	14.2	-4.8	5820
盐田区	22.5221	3.9591	18.5630	22.1295	3.6420	18.4875	1.8	8.7	0.4	3135
2、特区外合计	550.1941	82.2270	467.9671	537.7094	79.8211	457.8883	2.3	3.0	2.2	3534
宝安区	351.4373	44.5339	306.9034	344.6520	42.8112	301.8408	2.0	4.0	1.7	4929
龙岗区	198.7568	37.6931	161.0637	193.0574	37.0099	156.0475	3.0	1.9	3.2	2355

（四）人口性别比持续上升，出生人口性别比有所回落

全市年末常住人口性别比为 104.35:100（女性=100，下同），与上年基本持平。纵观近年情况，我市人口性别比从 2005 年开始突破 100:100，由 2004 年之前的“女多男少”转向“男多女少”，并逐年呈上升趋势(见图 3)。

从结构上看：户籍人口性别比为 113.45，比上年的 113.66:100 略为减少；非户籍人口性别比为 101.33，比上年的 101.99:100 减少 0.7 个百分点。户籍人口、非户籍人口间的性别比相差 11.5 个百分点。上述性别比值用人口理论来衡量仍属正常范围，但常住人口出生性别比为 113.71:100，对比国际认同的最高警戒线(107:100)，明显偏高，但比上年的 114.48:100 减少了 0.8 个百分点。

图3：深圳市近年常住人口性别比变化图

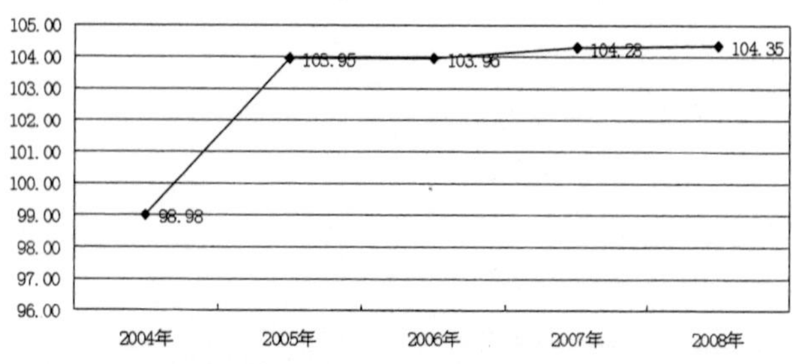

（五）劳动适龄人口比重占绝对优势

在年末常住人口中，0~14 岁人口占 9.3%， 60 岁以上人口占 2.5%，15~59 岁劳动适龄人口占

88.3%,呈现“两头小,中间大”的“橄榄型”形态。其中20~39岁的人口占总人口的六成多(63.5%),反映出深圳常住人口以劳动适龄人口为主,以年轻人口为主(见图4)。

图4：深圳市2008年分年龄组人口

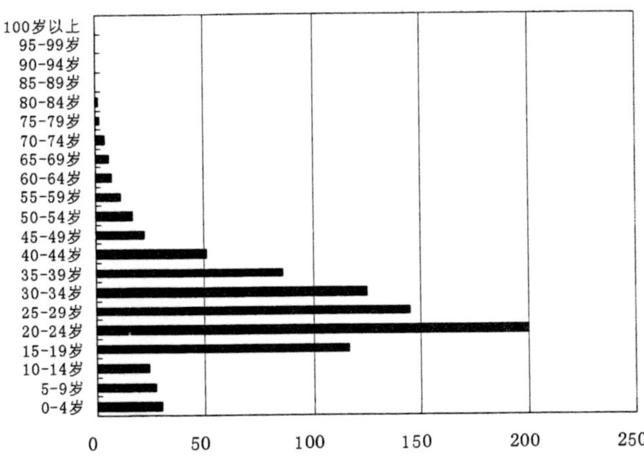

(六)文化素质进一步提高

衡量区域人口文化素质的通用标准之一是每十万人拥有大专及以上教育程度人口数量。2008年,在6岁及6岁以上人口中,每十万人中受过大专及以上教育程度人口为16293人,比上年增加1086人,增量较大。而每十万人中受过高中以下教育的人口为83815人,比上年减少1045人,减量也较大。

衡量人口文化素质的另一通用标准是人均受教育年限,2008年,全市6岁及6岁以上人口的受教育年限为10.43年,比上年增长0.09年,比2000年增长0.7年(详见表4)。

人才是城市发展的最重要决定因素。近年来,深圳加大力度实施人才战略,不断出台促进产业结构的调整升级政策,大力扶持高科技企业的发展,精心培植人才落脚、生根的土壤,“筑巢引凤”、“腾笼换鸟”;同时出台人才入户政策,加大了人才引进力度,对人才入户深圳降低“门槛”“网开一面”,为大批高学历的人口聚集深圳提供优厚条件。据市发展和改革局提供数据显示:2008年户籍机械增长人口中,博士、硕士研究生以上人才1.5万人,比上年增加0.4万人;大专以上人才84102人,比上年增加1万人;占户籍机械增长人口的比重分别为12.47%、69.36%,分别比上年增加2.8、5.3个百分点。

表3:深圳市主要年份常住人口受教育程度

(6岁及6岁以上人口)

单位:人/十万人

受教育程度	2000年	2005年	2006年	2007年	2008年
大专及以上	8381	13331	14255	15207	16293
高　中	23291	24547	24466	24359	24232
初　中	54259	48836	48024	47241	46462
小　学	12563	11953	12202	12269	12307
人均受教育年限	9.77年	10.19年	10.27年	10.34	10.43

但应客观地看到,全市常住人口中,初中及以下文化程度的人口占的比重近6成(59.5%),依然较大,提高我市人口素质任重道远。

(七)特区外人口发展较快,人口分布呈环状向外渐次递减

深圳特区外人口增长速度依然快于特区内,非户籍人口主要集中于宝安、龙岗两区。特区外年末常住人口550.19万人,比上年增加2.3%,而特区内年末常住人口为326.64万人,比上年略增0.9%,特区外常住人口增长速度比特区内高1.5个百分点。在特区外,宝安区年末非户籍人口达351.44万人,比上年增加2.0%;龙岗区年末非户籍人口达198.76万人,比上年增加3.0%,两区占全市非户籍人口占全市的比重达62.8%。由此可见,常住人口有向特区,尤其向龙岗区发展的趋势。

人口地区分布的特征还可以从各区域的人口密度上观察。全市各区之间的人口密度呈现:特区内中间高,两翼低;特区内高于特区外;全市以福田罗湖两区为中心,呈环状向外渐次递减。特区内人口密度8252人,特区外只有3534人,特区内是特区外对2.3倍;各区人口密度从高到低依次为:福田区15250人,罗湖区11139人,南山区5820人,宝安区4929人,盐田区3135人,龙岗区2355人;人口密度最高的福田区和最低的龙岗区其人口密度相差达6.5倍。特区外宝安、龙岗两区各街道的人口呈现与特区相邻的人口较多,密度较大,而距离特区较远的街道人口较少,密度也较低。

二、未来人口发展变化趋势及建议

(一)人口压力依然巨大,更需严防回潮出现

按照近几年的发展趋势,未来几年内,深圳常住人口将进入长期的平缓发展阶段,但是值得关注的是:

第一,尽管人口保持高流动性,但目前深圳人口的基数已经比较庞大,管理服务人口已达1269.71万人,对深圳城市建设和管理的压力短期内难以舒缓;

第二,除常住人口外,还有数量较大、流动性较强的392.88万流动人口,这些人口在近几年内随时可能沉淀下来;

第三,随着经济的逐步复苏,内地劳动力人口将可能回流;

第四,随着广东省实施《珠江三角洲地区改革发展规划纲要》、深圳市实施《综合配套改革总体方案》,可以预见在这片热土上,新一轮发展的再次启动和掀起,极可能带来人口的再次回潮;

第五,此外,数量较大的80后出生人口,已进入婚姻生育阶段,将带来一轮生育高峰。

因此未来几年,我市人口的压力将越来越大,矛盾更加突出。政府应坚持总量控制不放松,加大人口管理调控力度,切实加强有关部门人口统计管理的力量,严防人口的再次膨胀,否则人口问题将成为深圳发展的巨大"包袱";同时在进行城市规划和进行城市管理时,应充分考虑到深圳人口的特殊情况,才能保证主动性和前瞻性。

(二)人口素质和结构将向优化方向发展,但任重道远

政府长期致力人才政策的导向、产业结构调整,2005年颁布实施市政府人口管理"1+5"文件,以及去年实施的加大户籍人口规模的政策,共同形成了人才流入、人才沉淀和人才培养的机制和"人口筛子",将有效地促进全市人口素质的逐年提高和人口结构的优化。但是应当看到,非户籍人口中,初中及以下文化程度的人口在470万以上,占总人口的比例一直在70%以上;纵观北京、上海、天津、广州等国内城市,由于历史的沉淀以及大学院校数量上的优势,人才数量及质量均对我市仍保持较大的优势,要提高全市人口素质,赶超国内主要城市水平还任重道远。

在当今,城市的竞争归根到底是人才的竞争。人才的走向,根本一条是随产业的迁移而迁移,有什么产业就会有什么人才。但经济发展遵循规律运行,产业间相互关联、相互依存,一定时期形成相对稳定的"产业链",产业链上鱼龙混杂,高低端并存,不以人的意志为转移,更不可肆意割裂破坏。因此实施产业调整和升级,以实现人口的优化,应是一个循序渐进的缓慢的过程,见效较慢。当前国内主要城市人才竞争愈演愈烈,"此消彼长",建议政府及有关部门应进一步研究对策,大力发展高等教育,加大人才引进力度。

(三)人口区域性迁移趋势将进一步加剧

人口迁移的规律之一是"人随房走"。深圳市行政区域土地面积为1952.84平方公里,储备土地极其匮乏(目前不足200平方公里),若按现行用地规划,几年后将无地可用。目前土地储备绝大多数分布于深圳特区外的宝安、龙岗两区,特区内几乎饱和,在有限的土地资源制约下,居住人口向特区外迁移成为必然;特区建设跨过三十年,当年的年轻人步入中老年阶段,且大都具有较强的居住消费能力,为寻求更好的居住、生活、就读、就医等环境,进行跨区购房,形成市内人口的跨区域流动,而随着城市建设步伐,这种趋势将进一步加剧。这种"人居分离"现象,客观上造成人口统计和管理的工作难度。

注:2008年末常住人口年龄构成、性别构成、受教育程度数据按照2000年人口普查资料、2005年1%人口抽样调查资料、2008年人口劳动力调查资料及市发展和改革局、市公安局、市人口和计划生育局、市出租屋综合管理办公室等部门统计资料推算。

(撰稿:华琼辉)

3-1 户数、人口、出生、死亡及自然增长

HOUSEHOLDS, POPULATION,BIRTH, DEATH AND NATURAL GROWTH

(1979−2008)

年 份 Year	年末户籍人口户数(万户) Households with Residence Cards (year−end) (10 000 households)	年末常住人口数 (万人) Year−end Resident Population (10 000 persons)	户籍人口 Population with Residence Cards	非户籍人口 Population with Temporary Residence Cards
1979	7.62	31.41	31.26	0.15
1980	7.82	33.29	32.09	1.20
1981	8.20	36.69	33.39	3.30
1982	8.61	44.95	35.45	9.50
1983	9.25	59.52	40.52	19.00
1984	10.32	74.13	43.52	30.61
1985	11.27	88.15	47.86	40.29
1986	12.41	93.56	51.45	42.11
1987	13.88	105.44	55.60	49.84
1988	15.30	120.14	60.14	60.00
1989	16.51	141.60	64.82	76.78
1990	18.19	167.78	68.65	99.13
1991	19.56	226.76	73.22	153.54
1992	21.81	268.02	80.22	187.8
1993	24.32	335.97	87.69	248.28
1994	26.74	412.71	93.97	318.74
1995	28.67	449.15	99.16	349.99
1996	30.35	482.89	103.38	379.51
1997	32.15	527.75	109.46	418.29
1998	34.07	580.33	114.60	465.73
1999	36.15	632.56	119.85	512.71
2000	38.87	701.24	124.92	576.32
2001	41.14	724.57	132.04	592.53
2002	44.73	746.62	139.45	607.17
2003	47.55	778.27	150.93	627.34
2004	52.04	800.80	165.13	635.67
2005	57.01	827.75	181.93	645.82
2006	61.37	846.43	196.83	649.60
2007	64.88	861.55	212.38	649.17
2008	67.10	876.83	228.07	648.76

注：自 2004 年起，深圳市全面实现农村城市化后，已不存在“农业户”及“农业人口”。

From 2004,the indices,Agriculture and Agriculture—population have cancelled because of urdanization in Shenzhen country.

年 份 Year	在年末户籍人口中 Of Population with Residence Cards		户籍户平均每户人口(人) Average Persons Per Household with Residence Cards (person)	年平均人口(万人) Average Annual Population (10 000 persons)	
	男性(万人) Male (10 000persons)	女性(万人)Female (10 000persons)		按常住人口计算 Resident Population	按户籍人口计算 Population with Residence Cards
1979	14.26	17.00	4.10		
1980	14.69	17.40	4.10	32.35	31.68
1981	15.51	17.88	4.07	34.99	32.74
1982	16.67	18.78	4.12	40.82	34.42
1983	20.50	20.02	4.38	52.24	37.99
1984	22.01	21.51	4.22	66.83	42.02
1985	24.32	23.54	4.25	81.14	45.69
1986	26.13	25.32	4.15	90.86	49.66
1987	28.22	27.38	4.01	99.50	53.53
1988	30.49	29.64	3.93	112.79	57.87
1989	32.89	31.93	3.93	130.87	62.48
1990	34.92	33.73	3.77	154.69	66.74
1991	37.27	35.95	3.74	197.27	70.94
1992	41.19	39.03	3.68	247.39	76.72
1993	45.25	42.44	3.61	302.00	83.96
1994	48.62	45.35	3.51	374.34	90.83
1995	51.37	47.80	3.46	430.93	96.57
1996	53.64	49.75	3.41	466.02	101.27
1997	56.79	52.66	3.40	505.32	106.64
1998	59.73	54.87	3.36	554.04	112.03
1999	62.69	57.16	3.32	606.45	117.22
2000	65.21	59.71	3.21	666.90	122.39
2001	69.47	62.57	3.21	712.91	128.48
2002	73.59	65.86	3.12	735.60	135.75
2003	79.72	71.21	3.17	762.45	145.19
2004	87.58	77.55	3.17	789.54	158.03
2005	96.69	85.24	3.19	814.28	173.53
2006	104.75	92.08	3.21	837.09	187.54
2007	112.98	99.4	3.27	853.99	204.60
2008	121.22	106.85	3.40	869.19	220.22

年 份 Year	出生人口数(人) Population of Birth (person)	出生率(‰) Birth Rate (‰)	死亡人口数(人) Population of Death (person)	死亡率(‰) Death Rate (‰)	自然增长人数(人) Population of Natural Growth(person)	自然增长率(‰) Natural Growth Rate (‰)
1979	7 962	24.60	1 856	5.70	6 106	18.90
1980	6 775	21.40	1 773	5.60	5 002	15.80
1981	7 544	23.00	1 732	5.30	5 812	17.80
1982	6 974	20.30	1 707	5.00	5 267	15.30
1983	5 295	13.90	1 793	4.70	3 502	9.20
1984	5 005	11.50	1 606	3.69	3 399	8.09
1985	5 606	12.27	1 533	3.36	4 073	8.91
1986	6 143	12.37	1 794	3.61	4 349	8.76
1987	6 399	11.95	1 822	3.40	4 577	8.55
1988	8 290	14.32	1 720	2.97	6 570	11.35
1989	8 615	13.79	1 713	2.74	6 902	11.05
1990	10 755	16.11	1 859	2.79	8 896	13.33
1991	11 408	16.08	1 607	2.27	9 801	13.81
1992	11 277	14.07	1 840	2.40	9 437	11.67
1993	12 054	14.36	1 619	1.93	10 435	12.43
1994	12 509	13.77	1 590	1.75	10 919	12.02
1995	12 776	13.23	1 719	1.78	11 057	11.45
1996	13 170	13.00	2 116	2.09	11 054	10.91
1997	13 447	12.64	2 268	2.13	11 179	10.51
1998	13 049	11.65	2 341	2.09	10 708	9.56
1999	14 745	12.58	3 479	2.97	11 266	9.61
2000	17 967	14.68	3 120	2.55	14 847	12.13
2001	18 060	14.06	2 223	1.73	15 837	12.33
2002	22 536	16.60	1 978	1.46	20 558	15.14
2003	*15 986	10.63	2 301	1.53	13 685	9.10
2004	19 749	11.58	2 335	1.37	17 414	10.21
2005	24 407	12.64	2 717	1.41	21 690	11.23
2006	26 407	12.53	2 316	1.10	24 091	11.44
2007	34 358	14.54	2 570	1.09	31 788	13.45
2008	36 762	14.12	2 551	0.98	34 211	13.14

注：自 2003 年起“出生人口数”、“出生率”、“死亡人口数”、“死亡率”、“自然增长人数”、“自然增长率”按市计生办口径统计。
Population of Birth, Birth Rate, Population of Death, Death Rate, Population of Natural Growth and Natural Growth and Natural Growth Rate in 2003 are calculated from Shenzhen Family Planning Office.

3-2 人口指数

INDICES OF POPULATION

(1980-2008)

单位:%　　　　(%)

年份 Year	以1979年为100 1979=100			以上年为100 Preceding Year=100		
	年末常住人口 Resident Population (Year-end)	户籍人口 Population with Residence Cards	非户籍人口 Population with Temporary Residence Cards	年末常住人口 Resident Population (Year-end)	户籍人口 Population with Residence Cards	非户籍人口 Population with Temporary Residence Cards
1980	106.0	102.7	800.0	106.0	102.7	800.0
1981	116.8	106.8	2 200.0	110.2	104.1	275.0
1982	143.1	113.4	6 333.3	122.5	106.2	287.9
1983	189.5	129.6	12 666.7	132.4	114.3	200.0
1984	236.0	139.2	20 406.7	124.5	107.4	161.1
1985	280.6	153.1	26 860.0	118.9	110.0	131.6
1986	297.9	164.6	28 073.3	106.1	107.5	104.5
1987	335.7	177.9	33 226.7	112.7	108.1	118.4
1988	382.5	192.4	40 000.0	113.9	108.2	120.4
1989	450.8	207.4	51 186.7	117.9	107.8	128.0
1990	534.2	219.6	66 086.7	118.5	105.9	129.1
1991	721.9	234.2	102 360.0	135.2	106.7	154.9
1992	853.3	256.6	125 200.0	118.2	109.6	122.3
1993	1 069.6	280.5	165 520.0	125.4	109.3	132.2
1994	1 313.9	300.6	212 493.3	122.8	107.2	128.4
1995	1 430.0	317.2	233 326.7	108.8	105.5	109.8
1996	1 537.4	330.7	253 006.7	107.5	104.3	108.4
1997	1 680.2	350.2	278 860.0	109.3	105.9	110.2
1998	1 847.6	366.6	310 486.7	110.0	104.7	111.3
1999	2 013.9	383.4	341 806.7	109.0	104.6	110.1
2000	2 232.5	399.6	384 213.3	110.9	104.2	112.4
2001	2 306.8	422.4	395 020.0	103.3	105.7	102.8
2002	2 377.0	446.1	404 780.0	103.0	105.6	102.5
2003	2 477.8	482.8	418 226.7	104.2	108.2	103.3
2004	2 549.5	528.2	423 780.0	102.9	109.4	101.3
2005	2 635.3	582.0	430 546.7	103.4	110.2	101.6
2006	2 695.9	642.5	430 632.8	102.3	110.4	100.0
2007	2 744.4	693.3	430 202.2	101.8	107.9	99.9
2008	2 793.8	744.6	429 772.0	101.8	107.4	99.9
年平均增长率 AverageAnnual Growth Rate	**12.2**	**7.2**	**33.4**			

3-3 户籍人口计划生育情况

FAMILY PLANNING OF POPULATION WITH RESIDENCE CARDS

(2008)

指标名称	Item	全市 合计 Total	福田区 Futian	罗湖区 Luohu	盐田区 Yantian	南山区 Nanshan	宝安区 Baoan	龙岗区 Longgang
节育率(%)	Coverage of under Contraception(%)	89.58	89.42	88.08	88.44	90.28	90.75	89.06
计划生育率(%)	Birth Control Rate(%)	98.88	98.61	98.83	99.81	99.05	98.29	99.63
一孩率(%)	One-child Rate(%)	90.77	90.96	91.23	92.08	93.05	88.68	90.05
独生子女领证人数 (人)	Number of Couples with One-child Certificate(person)	144 409	41 364	22 536	3 255	42 241	16 757	15 327
独生子女领证率(%)	Coverage of One-child Certificate(%)	23.65	27.18	23.87	32.36	31.47	15.66	14.99
已婚育龄妇女人数(人)	Married Women at Child-bearing Age(person)	610 632	152 209	94 422	10 059	134 206	107 004	102 251

3-4 社会劳动者人数

NUMBER OF EMPLOYED

单位:人 (2008) (person)

项目	Item	年末社会劳动者合计 Total Employed (year-end)	在岗职工 Staff and Workers	私营个体劳动者 Urban Self-Employment	镇村劳动者 Laborers of Town and Village	其他劳动者 Others
总计	**Total**	**6 704 219**	**1 983 459**	**2 963 511**	**1 736 727**	**20 522**
按隶属关系分	**By Administrative Relationship**					
1.中央属	Central Goverment	148 932	145 133			3 799
2.广东省属	Guangdong	33 772	33 500			272
3.深圳市属	Shenzhen	3 999 442	745 343	2 963 511	281 015	9 573
4.其他	Others	2 522 073	1 059 483		1 455 712	6 878

3-5 按行业分的社会劳动者人数

NUMBER OF EMPLOYED GROUPED BY SECTOR

(2008)

单位:人 (person)

项目	Item	年末社会劳动者合计 Total Employed (year-end)	在岗职工 Staff and Workers	私营个体劳动者 Urban Self-Employment	镇村劳动者 Laborers of Town and Village	其他劳动者 Others
按三次产业分	**Grouped by Industry**					
第一产业	Primary Industry	7 552	4 540	2 809	168	35
第二产业	Secondary Industry	3 624 179	1 036 264	1 013 282	1 566 161	8 472
第三产业	Tertiary Industry	3 072 488	942 655	1 947 420	170 398	12 015
按国民经济行业分	**Grouped by Sector**					
1.农、林、牧、渔业	Farming, Forestry, Animal Husbandry and Fishery	7 552	4 540	2 809	168	35
2.采矿业	Mining and Quarrying	1 303	1 240	60		3
3.制造业	Manufacturing	3 442 744	903 127	971 576	1 560 245	7 796
4.电力、煤气及水的生产和供应业	Electricity, Gas and Water Production and Supply	19 588	17 391	759	1 383	55
5.建筑业	Construction	160 544	114 506	40 887	4 533	618
6.交通运输、仓储和邮政业	Transportation,Storage and Post Services	166 070	112 710	51 744	1 081	535
7.信息传输、计算机服务和软件业	Information Transfer,Computer and Software Services	140 521	41 751	98 451	33	286
8.批发和零售业	Wholesale and Retail Sales	1 105 764	127 035	964 255	13 502	972
9.住宿和餐饮业	Accommodation and Catering Trade	328 866	63 368	260 375	4 633	490
10.金融业	Banking	85 974	77 344	3 457	32	5 141
11.房地产业	Real Estate Trade	295 351	109 378	62 424	123 091	458
12.租赁和商务服务业	Leasing Industry and Commercial Services	283 774	102 560	163 933	16 369	912
13.科学研究、技术服务和地质勘查业	Scientific Research,Technical Services and Geological Prospecting	85 846	40 717	41 727	2 467	935
14.水利、环境和公共设施管理业	Water Conservancy,Environment Management and Public Amenities	42 293	20 717	21 416	107	53
15.居民服务和其他服务业	Resident Services and Other Services	226 981	15 279	201 239	1 396	67
16.教育	Education	111 015	64 388	43 278	2 107	1 242
17.卫生、社会保障和社会福利业	Health Care,Social Insurance and Welfare	51 052	44 719	5 313	583	437
18.文化、体育和娱乐业	Culture ,Sports and Entertainment	41 452	15 807	20 808	4 626	211
19.公共管理和社会组织	Public Services and Social Organizations	107 529	106 882		371	276
20、国际组织	International Organizations					

3-6 社会劳动者人数

NUMBER OF EMPLOYED

(1979—2008)

单位:万人 (10 000 persons)

年 份 Year	年末社会劳动者合计 Total Employed (year-end)	# 在岗职工 Staff and Workers	国有单位 State-owned Units	城镇集体单位 Urban Collective-owned Units	其他单位 Other Ownership Units	# 私营个体劳动者 Urban Self-Employment	# 镇村劳动者 Laborers of Town and Village
1979	13.95	4.02	3.37	0.65		0.41	9.52
1980	14.89	4.86	4.05	0.81		0.38	9.65
1981	15.36	5.31	4.51	0.80		0.13	9.92
1982	18.49	8.28	7.00	1.28		0.11	10.17
1983	22.37	12.57	10.10	1.22	1.25	0.22	9.58
1984	27.26	18.33	14.14	2.15	2.04	0.50	8.43
1985	32.61	22.66	16.84	2.60	3.22	0.64	9.31
1986	36.04	25.88	18.97	2.68	4.23	0.93	9.23
1987	44.30	32.29	22.04	3.55	6.70	1.10	10.91
1988	54.53	41.74	28.04	4.53	9.17	1.69	11.10
1989	93.65	48.24	30.34	4.85	13.05	2.19	43.22
1990	109.22	55.41	33.85	5.25	16.31	3.36	50.45
1991	149.32	64.89	38.77	6.76	19.36	4.87	79.56
1992	175.97	71.10	38.85	7.99	24.26	12.33	92.54
1993	220.81	78.11	41.45	5.42	31.24	38.84	103.86
1994	273.00	82.29	38.71	8.28	35.30	54.63	135.73
1995	298.51	88.75	40.17	10.75	37.83	72.17	137.12
1996	322.12	89.13	41.07	9.53	38.53	87.14	145.42
1997	353.53	91.18	40.92	8.69	41.57	103.59	158.55
1998	390.33	91.93	33.75	4.25	53.93	114.79	183.32
1999	426.89	92.52	32.94	4.17	55.41	120.86	213.22
2000	474.97	93.36	31.00	3.84	58.52	139.88	240.91
2001	491.30	94.88	31.31	3.72	59.85	152.68	242.94
2002	509.74	101.76	29.62	2.57	69.57	166.88	240.22
2003	535.89	108.20	30.10	2.36	75.74	187.72	239.00
2004	562.17	135.88	31.94	1.66	102.28	204.16	220.97
2005	576.26	165.38	35.85	2.81	126.72	210.87	198.71
2006	647.52	184.25	39.85	1.57	142.83	267.40	193.91
2007	655.58	193.04	40.03	1.50	151.51	283.74	176.76
2008	670.42	198.35	41.31	1.36	155.68	296.35	173.67

3-7 社会劳动者人数指数

INDICES OF NUMBER OF EMPLOYED

(1980—2008)

以上年为 100 (preceding year=100)

年份 Year	年末社会劳动者合计 Total Employed (year-end)	# 在岗职工 Staff and Workers	国有单位 State-owned Units	城镇集体单位 Urban Collective-owned Units	其他单位 Other Ownership Units	# 私营个体劳动者 Urban Self-Employment	# 镇村劳动者 Laborers of Town and Village
1980	106.7	120.9	120.2	124.6		92.7	101.4
1981	103.2	109.3	111.4	98.8		34.2	102.8
1982	120.4	155.9	155.2	160.0		84.6	102.5
1983	121.0	151.8	144.3	95.3		200.0	94.2
1984	121.9	145.8	140.0	176.2	163.2	227.3	88.0
1985	119.6	123.6	119.1	120.9	157.8	128.0	110.4
1986	110.5	114.2	112.6	103.1	131.4	145.3	99.1
1987	122.9	124.8	116.2	132.5	158.4	118.3	118.2
1988	123.1	129.3	127.2	127.6	136.9	153.6	101.7
1989	171.7	115.6	108.2	107.1	142.3	129.6	389.4
1990	116.6	114.9	111.6	108.2	125.0	153.4	116.7
1991	136.7	117.1	114.5	128.8	118.7	144.9	57.7
1992	117.8	109.6	100.2	118.2	125.3	253.2	116.3
1993	125.5	109.9	106.7	67.8	128.8	315.0	112.2
1994	123.6	105.4	93.4	152.8	113.0	140.7	130.7
1995	109.3	107.9	103.8	129.8	107.2	132.1	101.0
1996	107.9	100.4	102.2	88.7	101.9	120.7	106.1
1997	109.8	102.3	99.6	91.2	107.9	118.9	109.0
1998	110.4	102.3	84.6	49.2	130.7	110.8	115.6
1999	109.4	100.6	97.6	98.1	102.7	105.3	116.3
2000	111.3	100.9	94.1	92.1	105.6	115.7	113.0
2001	103.4	101.6	101.0	96.9	102.3	109.2	100.8
2002	103.8	107.2	94.6	69.1	116.2	109.3	98.9
2003	105.1	106.3	101.6	91.8	108.9	112.5	99.5
2004	104.9	116.4	103.2	69.2	123.2	108.8	92.5
2005	102.5	121.7	112.2	169.3	123.9	103.3	89.9
2006	112.4	111.4	111.2	55.9	112.7	126.8	97.6
2007	101.2	104.8	100.5	95.5	106.1	106.1	91.2
2008	102.3	102.8	103.2	90.7	102.8	104.4	98.3
年平均增长率(%) Average Annual GrowthRate (%)	**14.3**	**14.1**	**9.0**	**2.5**	**20.9**	**25.5**	**10.5**

第四部分 工业、能源

INDUSTRY AND ENERGY

CHAPTER

2008年深圳工业经济回顾和2009年展望

2008年深圳工业在全球金融危机的冲击下，仍保持了平稳增长。

一、2008年工业运行情况

（一）工业保持增长态势

2008年，全市工业增加值3618.32亿元，其中规模以上工业企业增加值达3527.77亿元，同比增长12.5%。规模以上工业企业主营业务收入同步增长，达14688.17亿元，增长6.0%；规模以上工业实现利税总额1261.25亿元，增长1.0%；从综合指数的构成情况看，总资产贡献率为13.3%，下降1.1个百分点；工业资产保值增值率为112.1%，增长6.6个百分点；流动资产周转率为2.1次，与去年同期持平；产品销售率为96.3%，下降0.3个百分点；资产负债率为60.3%，下降1.9个百分点；成本费用利润率为6.7%，下降0.5个百分点。工业经济整体运行良好，继续保持了增长态势。

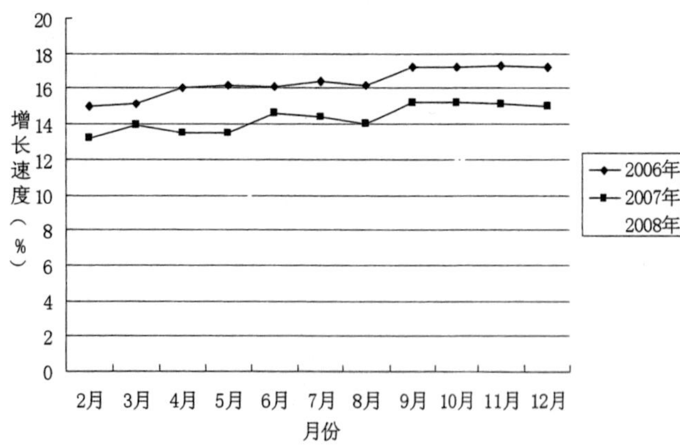

由图1可见：(1) 全市规模以上工业企业增长速度呈逐月增长态势。其中前5月增速较低，低于两位数增长；6月份以后增长速度突破10%，并逐月提升至年底的12.5%；(2) 从近三年的增速对比情况来看，工业增速不仅整体在回落，而且每个月的增速也在回落。

（二）"适度重型化"战略效果显著，重型化结构有待调整

在规模以上工业企业增加值中，轻工业935.77亿元，重工业2592.00亿元，重工业比重高达73.5%（图2）。从2005年至今，重工业占比一直保持在70%以上，

从重工业的行业构成上看，以通信设备、计算机及其他电子设备制造业（家用视听设备制造除外）为主，其次为石油和天然气开采业，再次为电力、热力的生产和供应业，这三个行业增加值之和在重工业中的比重高达80.6%，而传统的汽车、钢铁、机械、化工等重工业还没有形成足够优势。以汽车制造为例，2008年深圳规模以上工业企业在汽车制造行业中仅实现增加值15.39亿元，占重工业比重仅为0.6%。这种高度集聚的行业结构易受国际市场影响，存在一定的风险。只有结合深圳特点，进一步加强机械、精细化工等重工业的发展，深圳重工业的产业结构才能调整得更加合理，从而促进深圳经济的平稳快速发展。

从轻工业看，全年规模以上轻工业企业增加值比上年增长18.7%，而重工业增长为10.3%，轻工业

比重工业快了8.4个百分点。受企业产品结构调整升级影响，自2008年9月以来，轻工业发展速度快于重工业速度，拉动了全市工业增速的提高。企业进行产业升级，生产增加值率高的产品，既有利于企业竞争力的提高，也有利于我市工业整体品质的提升。

（三）港澳台及外商投资企业占主要地位

2008年规模以上港澳台及外商投资工业企业实现增加值2260.21亿元，占全市规模以上工业增加值比重达64.1%，但增速同比增长仅为8.7%，比全市平均水平低3.8个百分点。

港澳台及外商投资企业在深圳工业的主要地位体现了深圳外向型经济的特点，同时也使深圳工业具有较高外贸依存度。全年规模以上工业企业实现工业销售产值15268.22亿元，其中出口交货值达9171.75亿元，占工业销售产值的60.1%。这种特点可以从外贸出口数字得到进一步证实：2008年深圳实现外贸出口1797.20亿美元，其中"三资"企业实现出口1110.91亿美元，占出口总额的61.8%；一般贸易出口479.05亿美元，进料加工贸易出口924.94亿美元，占出口总额的比重分别为26.7%和51.5%，深圳工业外贸依存度高。外贸依存度高，一方面有利于吸引外资，引进国外先进技术和管理经验等，但另一方面也易受国际经济影响，存在一定风险。

（四）股份制企业发展较快

2008年规模以上股份制工业企业累计完成增加值1105.21亿元，占全市规模以上工业增加值比重达31.3%，是全市第二主要的经济类型企业；同比增长21.3%，高出全市平均水平8.8个百分点，对拉动全市工业发展做出了重要贡献。

股份制企业近年来一直保持较高的增长速度，即使在2008年国内外经济复杂多变的形势下，也依然保持了20%以上的增长速度。究其原因，主要是在以华为、中兴通讯为代表的一批有自主创新能力的企业保持了较高的增长速度。

（五）以通信设备、计算机及其他电子设备制造业为支柱

2008年全市规模以上通信设备、计算机及其他电子设备制造业实现工业增加值1607.14亿元，占全市规模以上工业企业工业增加值的45.6%，同比增长18.4%，增速比全市平均水平高5.9个百分点。其中骨干企业功不可没。截至12月，全市产值排名前20名的企业中有16家都属于该行业。从图3，可以看到，全市规模以上工业法人企业还是以通信设备、计算机及其他电子设备制造业为行业支柱。

在国家工业和信息化部揭晓的第22届电子信息百强企业名单，深圳共有13家企业入选，创历史最好成绩。而且排名总体靠前。13家企业中，排名前20位的共有6家。其中，华为公司名列第一，中兴、比亚迪分列第四、第八位，比上届分别提高了7、12位；研发投入水平较高，13家企业平均研发投入强度为5.9%，高出全部百强企业平均研发投入强度（3.9%）2个百分点，明显高于全行业1.8%的平均水平；经济效益较好，13家入选企业平均利润率达到5.6%，比全部百强企业平均利润率（4%）高出1.6个百分点。这些都说明了深圳的电子行业不仅是全市工业支柱，而且在全国范围内也具有相当强的竞争力。

图3 2008年我市规模以上工业主要行业增加值比重图

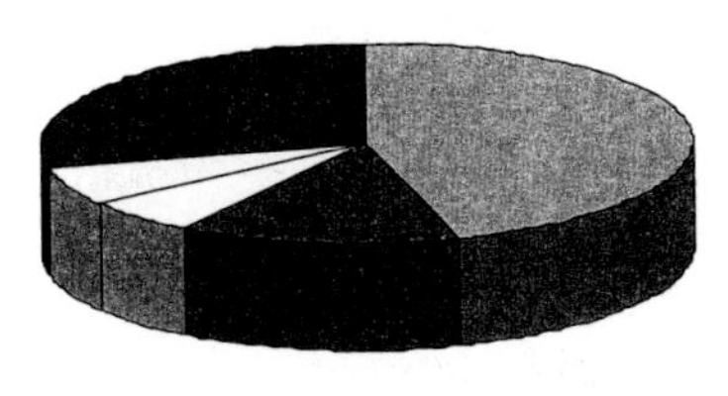

从产品生产情况来看，程控交换机和半导体集成电路等主要电子通信设备及产品的生产规模继续扩大，产量分别达1960.98万线和828381.24万块，增速分别为12.2%和48.6%，其他电子产品如磁头、硬盘机等也有较大增长。

（六）产销衔接良好

2008年，全市规模以上工业企业完成工业销售产值15268.22亿元，同比增长9.7%；产品销售率达96.3%，同比略降了0.6个百分点。从全年各月工业产品产销情况看，产销率始终在96.3%到99.3区间，最高为2月份的99.3%，最低为12月份的96.3%，其余各月都稳定在97%至98%区间，产销衔接良好。

二、影响2008年工业经济发展的主要因素

（一）工业出口交货值增速下滑

2008年规模以上工业企业实现出口交货值9171.75亿元，比上年增长3.4%，增速比上年下降了15.1个百分点，增速下滑较多。工业出口交货值增速下滑固然与其在高位运行，总量基数越来越大有关，但更多的是与国外需求放缓有关。自2008年9月以来，美国次贷危机演变成一场国际金融危机，并逐渐对实体经济产生严重冲击。受此影响，全市规模以上工业企业出口交货值增速在8月份达到本年最高值后逐月下滑(见图4)。出口交货值下降，将给工业经济的平稳运行带来一定冲击。

图4 2008年深圳规模以上工业企业出口交货值增速波动图

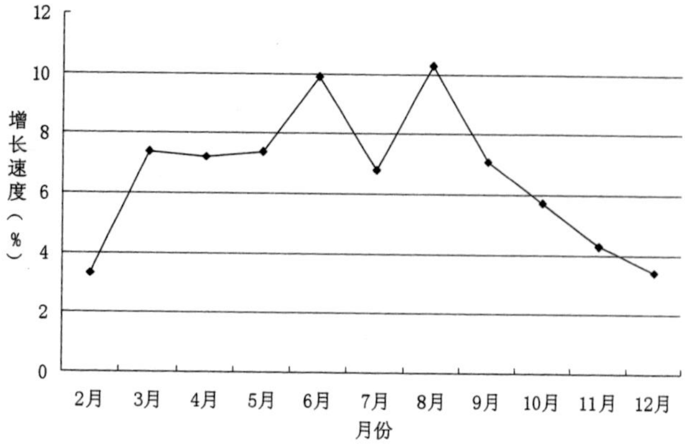

（二）企业利润下降

2008年全市规模以上工业企业累计实现利润总额916.58亿元，比上年下降1.2%，增速比上年下降了11.6个百分点；企业亏损面达到35.6%，亏损面增加了10.3个百分点；亏损企业亏损额达到73.58亿元，增长了88.0%。企业利润作为企业维持生命、扩大再生产的重要来源，利润下降将会给企业的正常生产活动产生较大影响，进而给全市经济运行带来一定影响。

（三）深圳工业支柱产业之一的电子信息产业增速持续放慢

2008年全市工业增速放缓的一个直接原因是，通信设备、计算机及其他电子设备制造业的增速放缓。2008年全市规模以上通信设备、计算机及其他电子设备制造业增速较2007年的21.2%，2006年的33.3%和2005年的24.4%，分别下降了2.8个百分点、14.9个百分点和6个百分点，增速持续放缓。

（四）影响工业增速放缓的其他因素

2008年深圳工业增速放慢，除上述几个因素外，深层次原因依然是土地资源等硬约束限制工业经济的增量规模、工业重点项目数量相对不足。全年工业投资额为386.00亿元，比上年增长3.9%。而工业投资增速在2008年11月份以前都是下降的，上半年下降幅度更大，其中3月份下降达30.9%。

三、2009年深圳工业展望

自美国次贷危机演变成一场国际金融危机，并逐渐对实体经济产生严重冲击。这场危机被认为是上世纪30年代“大萧条”以来最为严重的全球性金融危机，世界发达经济体出现多年未有的同步衰退，全球经济增速也大幅下滑。尽管各国货币和财政当局在竭尽所能挽救金融市场和实体经济，但多数机构认为，2009年全球经济下行的风险仍占主导，发达经济体更是面临持续衰退的危险。

为应对日益严峻的经济形势，我国从2008年10月份开始调整宏观经济政策，特别是确定了总额达4万亿元的庞大投资计划。由于外需显著减少导致出口大幅下滑，其对经济增长的贡献已为负数；消费在短时间内很难大幅提高其对经济增长的贡献；在这种情况下，保持经济的稳定增长，最立竿见影的方法就是保持投资稳定增长。用好4万亿的政策，我国经济既能实现短期内平稳增长，又能为长远发展打下坚实基础。但是由于国际金融危机的影响和大规模投资实质效应都需要一定的时间来显现，所以预计2009年我国经济发展的态势是先低后高。

结合国际国内的经济环境及深圳外贸依赖度高、出口下降、工业固定资产投资仅略增的大环境，2009年全市工业经济形势依然比较严峻；但自主创新和产业结构优化升级是深圳工业发展的另一引擎。2009年全市工业经济发展虽然形势比较严峻，但依然有值得期待的亮点，存在不稳定因素。

（撰稿：刘宇兴）

4-1 工业总产值

GROSS OUTPUT VALUE OF INDUSTRY

(1979—2008)

单位:万元 (10 000 yuan)

年份 Year	按当年价格计算 At Current Prices		
	总计 Total	轻工业 Light Industry	重工业 Heavy Industry
1979	7 128	6 307	821
1980	10 632	9 265	1 367
1981	26 692	25 172	1 520
1982	38 833	34 453	4 380
1983	75 993	61 513	14 480
1984	172 132	137 698	34 434
1985	246 662	194 108	52 554
1986	340 227	266 318	73 909
1987	558 311	433 738	124 573
1988	1 012 739	779 258	233 481
1989	1 477 470	1 080 785	396 685
1990	2 202 180	1 657 859	544 321
1991	3 153 966	2 233 705	920 261
1992	4 347 007	2 971 348	1 375 659
1993	6 896 969	4 655 394	2 241 575
1994	11 014 065	6 351 224	4 662 841
1995	12 922 075	7 008 231	5 913 844
1996	15 305 964	8 580 027	6 725 937
1997	18 175 704	10 151 182	8 024 522
1998	21 573 817	11 141 650	10 432 167
1999	24 435 849	12 381 928	12 053 921
2000	30 715 227	13 731 333	16 983 894
2001	37 476 713	13 861 331	23 615 382
2002	46 823 584	15 832 485	30 991 099
2003	67 976 472	21 459 058	46 517 414
2004	85 888 321	24 175 842	61 712 479
2005	101 745 351	27 406 557	74 338 794
2006	122 784 801	29 658 032	93 126 769
2007	143 647 764	35 687 488	107 960 276
2008	162 837 576	44 451 550	118 386 026

4-2 规模以上工业总产值

GROSS OUTPUT VALUE OF INDUSTRY OVER LEVELS

(1979—2008)

单位:万元 (10 000 yuan)

年份 Year	按当年价格计算 At Current Prices		
	总计 Total	轻工业 Light Industry	重工业 Heavy Industry
1979	6 061	5 240	821
1980	8 444	7 077	1 367
1981	24 282	22 762	1 520
1982	36 212	31 832	4 380
1983	72 041	57 561	14 480
1984	166 803	132 369	34 434
1985	241 213	188 659	52 554
1986	330 454	256 545	73 909
1987	547 722	423 150	124 572
1988	993 775	760 294	233 481
1989	1 440 533	1 044 386	396 147
1990	2 104 696	1 570 896	533 800
1991	3 077 749	2 156 668	921 081
1992	4 198 920	2 824 688	1 374 232
1993	6 550 051	4 336 788	2 213 263
1994	9 939 113	5 267 202	4 671 911
1995	11 106 974	5 582 798	5 524 176
1996	12 992 240	6 413 707	6 578 533
1997	15 175 861	7 317 890	7 857 971
1998	20 519 485	10 140 217	10 379 268
1999	23 006 355	11 168 372	11 837 983
2000	29 502 786	13 189 308	16 313 478
2001	36 141 861	12 926 934	23 214 927
2002	43 180 816	14 600 754	28 580 062
2003	63 514 355	19 950 280	43 564 075
2004	80 205 911	23 798 450	56 407 461
2005	98 675 451	26 579 636	72 095 815
2006	119 286 001	28 812 915	90 473 086
2007	139 580 064	34 676 919	104 903 145
2008	158 601 076	43 295 066	115 306 010

注:1979—1997年为镇及镇以上工业总产值,1998年及以后为规模以上工业总产值。

Data in 1979−1997 are gross output value of industry of town level and above. Data from 1998 are gross output value of industry over levels.

4-3 工业总产值指数

INDICES OF GROSS OUTPUT VALUE OF INDUSTRY

(1980—2008)

单位:% (%)

年份 Year	以1979年为100 1979=100			以上年为100 Preceding Year=100		
	总计 Total	轻工业 Light Industry	重工业 Heavy Industry	总计 Total	轻工业 Light Industry	重工业 Heavy Industry
1980	149.1	146.9	166.4	149.1	146.9	166.4
1981	374.5	399.1	185.1	251.1	271.7	111.3
1982	544.8	546.3	533.3	145.5	136.9	288.1
1983	1 066.1	975.3	1 763.0	195.7	178.5	330.6
1984	2 414.8	2 183.3	4 192.3	226.5	223.9	237.8
1985	3 822.9	3 546.2	5 947.9	158.3	162.4	141.9
1986	5 127.8	4 709.1	8 342.4	134.1	132.8	140.3
1987	8 232.7	7 423.6	14 445.2	160.5	157.6	173.2
1988	12 725.1	11 081.7	25 344.1	154.6	149.3	175.5
1989	18 775.8	15 304.8	45 427.3	147.6	138.1	179.2
1990	26 154.7	21 366.8	62 917.8	139.3	139.6	138.5
1991	35 570.3	27 917.5	94 332.5	136.0	130.7	149.9
1992	49 762.9	36 754.6	149 647.1	139.9	131.6	158.6
1993	69 369.5	51 746.5	204 686.9	139.4	140.8	136.8
1994	96 076.8	65 852.8	328 150.6	138.5	127.3	160.3
1995	125 566.2	74 317.5	519 077.6	130.7	112.90	158.2
1996	147 520.2	87 562.1	607 906.0	117.5	117.8	117.1
1997	174 661.2	105 004.8	709 515.2	118.4	119.9	116.7
1998	209 347.8	108 626.3	982 733.9	119.9	103.4	138.5
1999	264 799.8	140 119.8	1 222 150.2	126.5	129.0	124.4
2000	322 447.1	163 856.4	1 540 179.8	121.8	116.9	126.0
2001	379 520.2	177 948.1	1 885 180.1	117.7	108.6	122.4
2002	483 888.3	229 019.2	2 394 178.7	127.5	128.7	127.0
2003	647 442.5	278 487.3	3 349 456.0	133.8	121.6	139.9
2004	808 655.7	330 842.9	4 186 820.0	124.9	118.8	125.0
2005	970 471.9	379 956.2	5 109 350.0	120.0	114.8	122.0
2006	1 192 710.0	418 711.7	6 519 530.6	122.9	110.2	127.6
2007	1 418 132.2	512 084.4	7 680 007.0	118.9	122.3	117.8
2008	1 613 834.4	646 250.5	8 263 687.5	113.8	126.2	107.6
年平均增长率 Aveuage Annual Growth Rate	**39.7**	**35.3**	**47.8**			

4-4 规模以上工业企业单位数

NUMBER OF INDUSTRIAL ENTERPRISES OVER LEVELS

(2008)

单位：个 (unit)

项目	Item	全市 Total	特区 Urban
规模以上工业企业单位数	**Industrial Enterprises over Levels**	**7 013**	**1 726**
一、按登记注册类型分	**Grouped by Registration**		
1. 内资企业	Domestic Investment Enterprise	2 946	898
国有企业	State-owned	40	25
集体企业	Collective-owned	6	3
股份合作企业	Cooperative Shares Enterprise	4	1
联营企业	Joint owned	32	23
有限责任公司	Companies Limited with Liabilities	328	169
股份有限公司	Companies Limited by Shares	75	49
私营企业	Private	2 447	625
其他企业	Others	14	3
2. 港、澳、台投资企业	Funded by Entrepreneur from Hongkong, Macao and Taiwan	3 058	513
3. 外商投资企业	Foreign Funded	1 009	315
二、按轻、重工业分	**Grouped by Light and Heavy Industry**		
1. 轻工业	Light Industry	3 299	783
2. 重工业	Heavy Industry	3 714	943
三、按企业规模分	**Grouped by Size of Enterprises**		
1. 大型企业	Large	116	39
2. 中型企业	Medium-sized	1 286	266
3. 小型企业	Small	5 611	1 421
四、按工业行业大类分	**Grouped by Sector**		
煤炭开采和洗选业	Coal Mining and Dressing		
石油和天然气开采业	Petroleum and Natural Gas Extraction	5	5
黑色金属矿采选业	Ferrous Metals Mining and Dressing		
有色金属矿采选业	Nonferrous Metals Mining and Dressing		
非金属矿采选业	Nonmetal Minerals Mining and Dressing	1	1
其他采矿业	Other Minerals Mining and Dressing		
农副食品加工业	Food Processing	50	20
食品制造业	Food Manufacturing	59	26
饮料制造业	Beverage Manufacturing	19	9

注：规模以上工业是指辖区内全部年主营业务收入500万元以上的工业法人企业。
Industrial enterprises over levels refer to the indusfrial enterprises whose main business revenue is above 5 000 000 yuan.

4-4 续表 continued

项目	Item	全市 Total	特区 Urban
烟草加工业	Tobacco Processing	2	
纺织业	Textile Industry	119	23
纺织服装、鞋、帽制造业	Textile Garments,Shoes and Hats Products	398	214
皮革、毛皮、羽毛(绒)及其制品业	Leather,Furs,Down and Related Products	115	6
木材加工及木、竹、藤、棕、草制品业	Timber Processing,Wood,Bamboo,Cane,Palm Fiber and Straw Products	44	7
家具制造业	Furniture Manufacturing	145	5
造纸及纸制品业	Papermaking and Paper Products	234	25
印刷业和记录媒介的复制	Printing and Record Medium Reproduction	200	72
文教体育用品制造业	Cultural, Educational and Sports Goods	186	12
石油加工、炼焦及核燃料加工业	Petroleum Processing,Coking and Nuclear Fuel Processing	8	5
化学原料及化学制品制造业	Raw Chemical Materials and Chemical Products	261	67
医药制造业	Medical and Pharmaceutical Products	48	31
化学纤维制造业	Chemical Fiber	8	1
橡胶制品业	Rubber Products	71	8
塑料制品业	Plastic Products	615	60
非金属矿物制品业	Nonmetal Mineral Products	155	49
黑色金属冶炼及压延加工业	Smelting and Pressing of Ferrous Metals	11	2
有色金属冶炼及压延加工业	Smelting and Pressing of Nonferrous Metals	53	9
金属制品业	Metal Products	452	59
通用设备制造业	Ordinary Machinery	218	44
专用设备制造业	Special Purpose Equipment	386	107
交通运输设备制造业	Transport Equipment	158	38
电气机械及器材制造业	Electric Equipment and Machinery	933	178
通信设备、计算机及其他电子设备制造业	Telecommunications,Computer and Other Electronic Equipment	1 502	409
仪器仪表及文化、办公用机械制造业	Instruments,Meters,Cultural and Office Machinery	279	107
工艺品及其他制造业	Handicraft Article and Other Manufacturing	229	110
废弃资源和废旧材料回收工业	Waste Resources and Salvage of Waste Material Processing	4	1
电力、热力的生产和供应业	Electricity and Heating Power Production and Supply	18	10
燃气生产和供应业	Gas Production and Supply	1	
水的生产和供应业	Water Production and Supply	26	6

4-5 规模以上工业企业职工平均人数

AVERAGE ANNUAL NUMBER OF STAFF AND WORKERS IN INDUSTRIAL ENTERPRISES OVER LEVELS(2008)

单位：人　　(person)

项目	Item	全市 Total	特区 Urban
总　计	**Total**	**2 927 533**	**594 212**
一、按登记注册类型分	**Grouped by Registration**		
1. 内资企业	Domestic Investment Enterprise	732 644	245 452
国有企业	State-owned	12 018	7 956
集体企业	Collective-owned	1 186	808
股份合作企业	Cooperative Shares Enterprise	1 002	124
联营企业	Joint owned	7 486	5 871
有限责任公司	Companies Limited with Liabilities	159 042	41 629
股份有限公司	Companies Limited by Shares	103 869	85 231
私营企业	Private	445 202	103 463
其他企业	Others	2 839	370
2. 港、澳、台投资企业	Funded by Entrepreneur from Hongkong, Macao and Taiwan	1 341 023	161 582
3. 外商投资企业	Foreign Funded	853 866	187 178
二、按轻、重工业分	**Grouped by Light and Heavy Industry**		
1. 轻工业	Light Industry	1 159 715	226 173
2. 重工业	Heavy Industry	1 767 818	368 039
三、按企业规模分	**Grouped by Size of Enterprises**		
1. 大型企业	Large	941 332	201 084
2. 中型企业	Medium-sized	1 104 612	212 585
3. 小型企业	Small	881 589	180 543
四、按工业行业大类分	**Grouped by Sector**		
煤炭开采和洗选业	Coal Mining and Dressing		
石油和天然气开采业	Petroleum and Natural Gas Extraction	734	734
黑色金属矿采选业	Ferrous Metals Mining and Dressing		
有色金属矿采选业	Nonferrous Metals Mining and Dressing		
非金属矿采选业	Nonmetal Minerals Mining and Dressing	19	19
其他采矿业	Other Minerals Mining and Dressing		
农副食品加工业	Food Processing	9 192	5 650
食品制造业	Food Manufacturing	13 531	4 131
饮料制造业	Beverage Manufacturing	11 074	5 199

项　　目	Item	全　市 Total	特　区 Urban
烟草加工业	Tobacco Processing	546	
纺织业	Textile Industry	38 047	12 586
纺织服装、鞋、帽制造业	Textile Garments,Shoes and Hats Products	123 584	49 149
皮革、毛皮、羽毛(绒)及其制品业	Leather,Furs,Down and Related Products	69 629	4 936
木材加工及木、竹、藤、棕、草制品业	Timber Processing,Wood,Bamboo,Cane,Palm Fiber and Straw Products	7 312	910
家具制造业	Furniture Manufacturing	50 955	509
造纸及纸制品业	Papermaking and Paper Products	48 126	2 625
印刷业和记录媒介的复制	Printing and Record Medium Reproduction	46 488	10 920
文教体育用品制造业	Cultural, Educational and Sports Goods	96 296	4 591
石油加工、炼焦及核燃料加工业	Petroleum Processing,Coking and Nuclear Fuel Processing	407	261
化学原料及化学制品制造业	Raw Chemical Materials and Chemical Products	33 048	5 641
医药制造业	Medical and Pharmaceutical Products	13 713	8 182
化学纤维制造业	Chemical Fiber	616	221
橡胶制品业	Rubber Products	24 269	1 818
塑料制品业	Plastic Products	184 334	11 753
非金属矿物制品业	Nonmetal Mineral Products	37 421	9 760
黑色金属冶炼及压延加工业	Smelting and Pressing of Ferrous Metals	1 843	465
有色金属冶炼及压延加工业	Smelting and Pressing of Nonferrous Metals	7 049	1 440
金属制品业	Metal Products	115 033	14 031
通用设备制造业	Ordinary Machinery	45 808	9 211
专用设备制造业	Special Purpose Equipment	116 123	36 623
交通运输设备制造业	Transport Equipment	67 706	8 387
电气机械及器材制造业	Electric Equipment and Machinery	384 439	42 227
通信设备、计算机及其他电子设备制造业	Telecommunications,Computer and Other Electronic Equipment	1 170 593	259 489
仪器仪表及文化、办公用机械制造业	Instruments,Meters,Cultural and Office Machinery	138 016	43 538
工艺品及其他制造业	Handicraft Article and Other Manufacturing	57 103	29 188
废弃资源和废旧材料回收工业	Waste Resources and Salvage of Waste Material Processing	238	118
电力、热力的生产和供应业	Electricity and Heating Power Production and Supply	7 935	6 872
燃气生产和供应业	Gas Production and Supply	343	
水的生产和供应业	Water Production and Supply	5 963	3 028

4-6 工业总产值(按当年价格计算)

GROSS OUTPUT VALUE OF INDUSTRY (AT CURRENT PRICES)

(2008)

单位:万元 (10 000 yuan)

项目	Item	全市 Total	特区 Urban
一、规模以下工业总产值	**Enterprises below Levels**	**4 236 500**	**907 900**
二、规模以上工业总产值	**Evterprises over Levels**	**158 601 076**	**53 343 285**
(一)按登记注册类型分	Grouped by Registration		
1. 内资企业	Domestic Investment Enterprise	45 599 112	20 006 833
国有企业	State-owned	4 911 641	4 151 656
集体企业	Collective-owned	25 104	8 561
股份合作企业	Cooperative Shares Enterprise	30 000	1 961
联营企业	Joint owned	458 642	394 391
有限责任公司	Companies Limited with Liabilities	16 764 595	2141129
股份有限公司	Companies Limited by Shares	9 880 939	9 006 943
私营企业	Private	13 462 534	4 292 229
其他企业	Others	65 656	9 963
2. 港、澳、台投资企业	Funded by Entrepreneur from Hongkong, Macao and Taiwan	50 834 072	14 553 760
3. 外商投资企业	Foreign Funded	62 167 892	18 782 692
(二)按轻、重工业分	Grouped by Light and Heavy Industry		
1. 轻工业	Light Industry	43 295 066	12 345 905
2. 重工业	Heavy Industry	115 306 010	40 997 380
(三)按企业规模分	Grouped by Size of Enterprises		
1. 大型企业	Large	78 463 964	20 273 697
2. 中型企业	Medium-sized	49 317 411	19 876 926
3. 小型企业	Small	30 819 701	13 192 662
(四)按工业行业大类分	Grouped by Sector		
煤炭开采和洗选业	Coal Mining and Dressing		
石油和天然气开采业	Petroleum and Natural Gas Extraction	5 549 171	5 549 171
黑色金属矿采选业	Ferrous Metals Mining and Dressing		
有色金属矿采选业	Nonferrous Metals Mining and Dressing		
非金属矿采选业	Nonmetal Minerals Mining and Dressing	6 133	6 133
其他采矿业	Other Minerals Mining and Dressing		
农副食品加工业	Food Processing	1 478 821	1 199 687
食品制造业	Food Manufacturing	327 497	131 642
饮料制造业	Beverage Manufacturing	726 182	226 671

4-6 续表 continued

项目	Item	全市 Total	特区 Urban
烟草制品业	Tobacco Processing	306 001	
纺织业	Textile Industry	823 474	302 509
纺织服装、鞋、帽制造业	Textile Garments,Shoes and Hats Products	1 478 594	735 567
皮革、毛皮、羽毛(绒)及其制品业	Leather,Furs,Down and Related Products	1 036 953	66 384
木材加工及木、竹、藤、棕、草制品业	Timber Processing,Wood,Bamboo,Cane,Palm Fiber and Straw Products	162 570	19 764
家具制造业	Furniture Manufacturing	1 138 192	14 318
造纸及纸制品业	Papermaking and Paper Products	1 219 249	97 218
印刷业和记录媒介的复制	Printing and Record Medium Reproduction	1 512 577	364 183
文教体育用品制造业	Cultural, Educational and Sports Goods	3 885 663	139 458
石油加工、炼焦及核燃料加工业	Petroleum Processing,Coking and Nuclear Fuel Processing	56 907	42 208
化学原料及化学制品制造业	Raw Chemical Materials and Chemical Products	1 987 137	718 668
医药制造业	Medical and Pharmaceutical Products	920 808	557 356
化学纤维制造业	Chemical Fiber	59 330	49 263
橡胶制品业	Rubber Products	578 810	46 678
塑料制品业	Plastic Products	3 932 589	373 637
非金属矿物制品业	Nonmetal Mineral Products	1 428 395	444 903
黑色金属冶炼及压延加工业	Smelting and Pressing of Ferrous Metals	379 956	140 883
有色金属冶炼及压延加工业	Smelting and Pressing of Nonferrous Metals	399 348	88 795
金属制品业	Metal Products	3 482 148	726 032
通用设备制造业	Ordinary Machinery	1 480 643	312 021
专用设备制造业	Special Purpose Equipment	3 080 410	1 210 361
交通运输设备制造业	Transport Equipment	2 015 310	433 775
电气机械及器材制造业	Electric Equipment and Machinery	10 803 067	1 435 753
通信设备、计算机及其他电子设备制造业	Telecommunications,Computer and Other Electronic Equipment	89 898 685	26 704 203
仪器仪表及文化、办公用机械制造业	Instruments,Meters,Cultural and Office Machinery	5 772 733	2 014 715
工艺品及其他制造业	Handicraft Article and Other Manufacturing	4 518 532	3 778 565
废弃资源和废旧材料回收工业	Waste Resources and Salvage of Waste Material Processing	4 862	814
电力、热力的生产和供应业	Electricity and Heating Power Production and Supply	6 724 429	4 945 501
燃气生产和供应业	Gas Production and Supply	734 699	
水的生产和供应业	Water Production and Supply	691 201	466 449

4-7 规模以上工业总产值构成

COMPOSITION OF GROSS OUTPUT VALUE OF INDUSTRY OVER LEVELS

(2008)

单位:% (%)

项 目	Item	全 市 Total	特 区 Urban
总 计	**Total**	**100**	**100**
一、按登记注册类型分	**Grouped by Registration**		
1. 内资企业	Domestic Investment Enterprise	28.75	37.51
国有企业	State-owned	3.10	7.78
集体企业	Collective-owned	0.02	0.02
股份合作企业	Cooperative Shares Enterprise	0.02	
联营企业	Joint owned	0.29	0.74
有限责任公司	Companies Limited with Liabilities	10.56	4.01
股份有限公司	Companies Limited by Shares	6.23	16.89
私营企业	Private	8.49	8.05
其他内资企业	Others	0.04	0.02
2. 港、澳、台投资企业	Funded by Entrepreneur from Hongkong, Macao and Taiwan	32.05	27.28
3. 外商投资企业	Foreign Funded	39.20	35.21
二、按轻、重工业分	**Grouped by Light and Heavy Industry**		
1. 轻工业	Light Industry	27.30	23.14
2. 重工业	Heavy Industry	72.70	76.86
三、按企业规模分	**Grouped by Size of Enterprises**		
1. 大型企业	Large	49.47	38.01
2. 中型企业	Medium-sized	31.10	37.26
3. 小型企业	Small	19.43	24.73
四、按工业行业大类分	**Grouped by Sector**		
煤炭开采和洗选业	Coal Mining and Dressing		
石油和天然气开采业	Petroleum and Natural Gas Extraction	3.50	10.40
黑色金属矿采选业	Ferrous Metals Mining and Dressing		
有色金属矿采选业	Nonferrous Metals Mining and Dressing		
非金属矿采选业	Nonmetal Minerals Mining and Dressing		0.01
其他采矿业	Other Minerals Mining and Dressing		
农副食品加工业	Food Processing	0.93	2.25
食品制造业	Food Manufacturing	0.21	0.25
饮料制造业	Beverage Manufacturing	0.46	0.42

项目 Item		全市 Total	特区 Urban
烟草制品业	Tobacco Processing	0.19	
纺织业	Textile Industry	0.51	0.57
纺织服装、鞋、帽制造业	Textile Garments,Shoes and Hats Products	0.93	1.38
皮革、毛皮、羽毛(绒)及其制品业	Leather,Furs,Down and Related Products	0.65	0.12
木材加工及木、竹、藤、棕、草制品业	Timber Processing,Wood,Bamboo,Cane,Palm Fiber and Straw Products	0.10	0.04
家具制造业	Furniture Manufacturing	0.72	0.03
造纸及纸制品业	Papermaking and Paper Products	0.77	0.18
印刷业和记录媒介的复制	Printing and Record Medium Reproduction	0.95	0.68
文教体育用品制造业	Cultural, Educational and Sports Goods	2.45	0.26
石油加工、炼焦及核燃料加工业	Petroleum Processing,Coking and Nuclear Fuel Processing	0.04	0.08
化学原料及化学制品制造业	Raw Chemical Materials and Chemical Products	1.25	1.35
医药制造业	Medical and Pharmaceutical Products	0.58	1.04
化学纤维制造业	Chemical Fiber	0.04	0.09
橡胶制品业	Rubber Products	0.36	0.09
塑料制品业	Plastic Products	2.48	0.70
非金属矿物制品业	Nonmetal Mineral Products	0.90	0.83
黑色金属冶炼及压延加工业	Smelting and Pressing of Ferrous Metals	0.24	0.26
有色金属冶炼及压延加工业	Smelting and Pressing of Nonferrous Metals	0.25	0.17
金属制品业	Metal Products	2.20	1.36
通用设备制造业	Ordinary Machinery	0.93	0.58
专用设备制造业	Special Purpose Equipment	1.94	2.27
交通运输设备制造业	Transport Equipment	1.27	0.81
电气机械及器材制造业	Electric Equipment and Machinery	6.81	2.69
通信设备、计算机及其他电子设备制造业	Telecommunications,Computer and Other Electronic Equipment	56.70	50.09
仪器仪表及文化、办公用机械制造业	Instruments,Meters,Cultural and Office Machinery	3.64	3.78
工艺品及其他制造业	Handicraft Article and Other Manufacturing	2.85	7.08
废弃资源和废旧材料回收工业	Waste Resources and Salvage of Waste Material Processing		
电力、热力的生产和供应业	Electricity and Heating Power Production and Supply	4.24	9.27
燃气生产和供应业	Gas Production and Supply	0.46	
水的生产和供应业	Water Production and Supply	0.44	0.87

4-8 规模以上工业企业主要指标

MAIN INDICATORS OF INDUSTRIAL ENTERPRISES OVER LEVELS

单位:万元

(2008)

类　别	Item	企业数(个) Number of Enterprises (unit)	工业总产值(当年价) Gross Industrial Output Value (at current prices)
总　计	**Total**	**7 013**	**158 601 076**
一、按登记注册类型分	**Grouped by Registration**		
1. 内资企业	Domestic Investment Enterprise	2 946	45 599 112
国有企业	State-owned	40	4 911 641
集体企业	Collective-owned	6	25 104
股份合作企业	Cooperative Shares Enterprise	4	30 000
联营企业	Joint owned	32	458 642
有限责任公司	Companies Limited with Liabilities	328	16 764 595
股份有限公司	Companies Limited by Shares	75	9 880 939
私营企业	Private	2 447	13 462 534
其他内资企业	Others	14	65 656
2. 港、澳、台投资企业	Funded by Entrepreneur from Hongkong, Macao and Taiwan	3 058	50 834 072
3. 外商投资企业	Foreign Funded	1 009	62 167 892
二、按轻、重工业分	**Grouped by Light and Heavy Industry**		
1. 轻工业	Light Industry	3 299	43 295 066
2. 重工业	Heavy Industry	3 714	115 306 010
三、按企业规模分	**Grouped by Size of Enterprises**		
1. 大型企业	Large	116	78 463 964
2. 中型企业	Medium-sized	1 286	49 317 411
3. 小型企业	Small	5 611	30 819 701
四、按工业行业大类分	**Grouped by Sector**		
煤炭开采和洗选业	Coal Mining and Dressing		
石油和天然气开采业	Petroleum and Natural Gas Extraction	5	5 549 171
黑色金属矿采选业	Ferrous Metals Mining and Dressing		
有色金属矿采选业	Nonferrous Metals Mining and Dressing		
非金属矿采选业	Nonmetal Minerals Mining and Dressing	1	6 133
其他采矿业	Other Minerals Mining and Dressing		
农副食品加工业	Food Processing	50	1 478 821
食品制造业	Food Manufacturing	59	327 497
饮料制造业	Beverage Manufacturing	19	726 182

(10 000 yuan)

工业销售产值 (当年价格) Sales Value of Industry	工业增加值 (当年价 生产法) Value Added of Industry	应收帐款净额 Net Value of Debts Receivable	资产合计 Total Asset
152 682 208	**35 277 742**	**26 283 539**	**107 891 404**
43 865 531	10 344 643	9 555 166	43 609 821
4 882 544	1 316 624	159 016	5 244 923
25 269	8 969	2 979	48 062
30 000	16 275	15 205	64 404
342 598	115 629	54 531	856 146
16 054 868	4 136 454	4 886 625	17 983 836
9 645 862	2 043 919	2 160 288	10 152 045
12 819 235	2 691 601	2 263 860	9 217 491
65 155	15 172	12 662	42 913
48 575 309	14 178 062	8 721 041	36 047 873
60 241 368	10 755 037	8 007 331	28 233 711
35 624 074	9 357 784	6 178 185	28 124 452
117 058 134	25 919 958	20 105 353	79 766 952
76 728 953	12 992 590	13 694 004	42 069 019
46 419 167	10 562 021	7 338 230	38 702 347
29 534 087	11 723 131	5 251 304	27 120 038
5 386 335	4 853 125	15 945	1 733 003
1 408	1 420	2 672	2 890
1 472 849	267 688	78 896	630 748
320 916	80 973	51 389	300 242
713 119	208 100	63 435	519 567

注:本表中,工业增加值系采用生产法计算。即:工业增加值 = 工业总产出 - 工业中间投入。

The data of Value Added of Industry adopts production method.

单位:万元

4-8 续表1 continued

类 别 Item		企业单位数 (个) Number of Enterprises (unit)	工业总产值 (当年价) Gross Industrial Output Value (at current prices)
烟草制品业	Tobacco Processing	2	306 001
纺织业	Textile Industry	119	823 474
纺织服装、鞋、帽制造业	Textile Garments,Shoes and Hats Products	398	1 478 594
皮革、毛皮、羽毛(绒)及其制品业	Leather,Furs,Down and Related Products	115	1 036 953
木材加工及木、竹、藤、棕、草制品业	Timber Processing,Wood,Bamboo,Cane,Palm Fiber and Straw Products	44	162 570
家具制造业	Furniture Manufacturing	145	1 138 192
造纸及纸制品业	Papermaking and Paper Products	234	1 219 249
印刷业和记录媒介的复制	Printing and Record Medium Reproduction	200	1 512 577
文教体育用品制造业	Cultural, Educational and Sports Goods	186	3 885 663
石油加工、炼焦及核燃料加工业	Petroleum Processing,Coking and Nuclear Fuel Processing	8	56 907
化学原料及化学制品制造业	Raw Chemical Materials and Chemical Products	261	1 987 137
医药制造业	Medical and Pharmaceutical Products	48	920 808
化学纤维制造业	Chemical Fiber	8	59 330
橡胶制品业	Rubber Products	71	578 810
塑料制品业	Plastic Products	615	3 932 589
非金属矿物制品业	Nonmetal Mineral Products	155	1 428 395
黑色金属冶炼及压延加工业	Smelting and Pressing of Ferrous Metals	11	379 956
有色金属冶炼及压延加工业	Smelting and Pressing of Nonferrous Metals	53	399 348
金属制品业	Metal Products	452	3 482 148
通用设备制造业	Ordinary Machinery	218	1 480 643
专用设备制造业	Special Purpose Equipment	386	3 080 410
交通运输设备制造业	Transport Equipment	158	2 015 310
电气机械及器材制造业	Electric Equipment and Machinery	933	10 803 067
通信设备、计算机及其他电子设备制造业	Telecommunications,Computer and Other Electronic Equipment	1502	89 898 685
仪器仪表及文化、办公用机械制造业	Instruments,Meters,Cultural and Office Machinery	279	5 772 733
工艺品及其他制造业	Handicraft Article and Other Manufacturing	229	4 518 532
废弃资源和废旧材料回收工业	Waste Resources and Salvage of Waste Material Processing	4	4 862
电力、热力的生产和供应业	Electricity and Heating Power Production and Supply	18	6 724 429
燃气生产和供应业	Gas Production and Supply	1	734 699
水的生产和供应业	Water Production and Supply	26	691 201

(10 000 yuan)

工业销售产值(当年价格) Sales Value of Industry	工业增加值(当年价生产法) Value Added of Industry	应收帐款净额 Net Value of Debts Receivable	资产合计 Total Asset
305 639	220 443	6 298	320 854
818 394	210 621	126 867	700 844
1 341 890	462 528	227 793	1 052 034
1 010 356	278 328	235 664	976 976
139 576	35 067	20 516	135 538
1 146 196	174 932	144 193	821 065
1 249 474	243 079	322 485	1 045 334
1 290 025	417 502	329 927	1 675 211
1 163 737	635 958	257 428	963 888
55 932	13 572	8 515	41 757
2 014 443	518 430	535 331	1 946 850
840 864	332 099	242 866	1 350 511
51 169	23 469	4 675	36 117
595 746	158 314	143 381	503 820
3 729 432	864 718	878 149	3 214 536
1 234 726	406 042	319 635	1 793 992
425 829	102 132	58 998	313 699
394 579	64 039	78 304	226 090
3482 005	700 815	695 472	3 220 758
1464 140	345 188	338 621	1 219 089
3034 811	843 989	624 164	3 277 724
2 006 632	409 885	424 523	2 342 230
10 932 448	2 124 076	2 306 709	8 921 049
88 756 739	16 071 391	15 926 728	48 114 720
5 053 602	998 472	867 868	2 896 749
4 123 237	655 919	484 252	2 157 836
4 736	979	1 390	2 962
6 715 837	2 150 425	346 980	10 910 669
729 409	118 140	27 771	868 915
675 978	285 884	85 700	3 653 139

单位:万元

4-8 续表 2 continued

类 别	Item	负债合计 Total Liabilities	主营业务收入 Prime Operating Revenue	主营业务成本 Prime Operating Cost
总 计	**Total**	**65 086 167**	**146 881 671**	**123 837 281**
一、按登记注册类型分	**Grouped by Registration**			
1. 内资企业	Domestic Investment Enterprise	26 959 870	40 031 057	30 934 035
国有企业	State-owned	2 798 915	4 681 266	4 046 736
集体企业	Collective-owned	23 733	25 702	18 177
股份合作企业	Cooperative Shares Enterprise	14 195	26 681	16 792
联营企业	Joint owned	215 985	344 689	280 172
有限责任公司	Companies Limited with Liabilities	11 794 555	16 399 123	10 923 655
股份有限公司	Companies Limited by Shares	6 438 518	5 739 171	4 454 655
私营企业	Private	5 641 313	12 741 903	11 128 944
其他内资企业	Others	32 657	72 521	64 904
2. 港、澳、台投资企业	Funded by Entrepreneur from Hongkong, Macao and Taiwan	20 967 160	49 715 030	40 605 978
3. 外商投资企业	Foreign Funded	17 159 138	57 135 585	52 297 267
二、按轻、重工业分	**Grouped by Light and Heavy Industry**			
1. 轻工业	Light Industry	15 379 429	35 476 319	30 786 499
2. 重工业	Heavy Industry	49 706 738	111 405 352	93 050 781
三、按企业规模分	**Grouped by Size of Enterprises**			
1. 大型企业	Large	27 691 895	69 274 109	60 123 139
2. 中型企业	Medium-sized	21 099 356	46 331 106	40 668 965
3. 小型企业	Small	16 294 916	31 276 457	23 045 177
四、按工业行业大类分	**Grouped by Sector**			
煤炭开采和洗选业	Coal Mining and Dressing			
石油和天然气开采业	Petroleum and Natural Gas Extraction	551 326	6 196 467	2 387 451
黑色金属矿采选业	Ferrous Metals Mining and Dressing			
有色金属矿采选业	Nonferrous Metals Mining and Dressing			
非金属矿采选业	Nonmetal Minerals Mining and Dressing	2 640	1 416	1 019
其他采矿业	Other Minerals Mining and Dressing			
农副食品加工业	Food Processing	393 489	1 580 269	1 459 672
食品制造业	Food Manufacturing	184 037	313 551	252 019
饮料制造业	Beverage Manufacturing	223 234	701 457	518 471

(10 000 yuan)

营业费用 Prime Operating Expense	主营业务税金及附加 Sales Tax and Extra Charges	管理费用 Management Expenses	财务费用 Financial Expenses	利润总额 Total Profits	利税总额 Total Pre-tax Profits
4 754 148	**768 147**	**6 915 928**	**1 168 030**	**9 165 787**	**12 612 486**
2 725 222	334 216	3 163 821	1 020 033	2 179 750	3 940 131
21 107	129 162	61 821	73 641	253 847	680 329
2 558	161	2 629	722	2 542	3 834
2 528	61 414	2 315	−9	4 598	68 126
20 254	1 486	22 627	3 697	18 041	33 285
1 669 476	90 094	2 008 079	760 754	1 118 338	1 997 436
613 490	25 864	385 125	90 009	293 756	396 550
394 327	25 798	678 619	91 041	493 036	762 842
1 482	236	2 606	180	−4 407	−2 269
870 983	390 719	2 021 539	184 915	4 980 705	6 274 103
1 157 943	43 212	1 730 568	−36 919	2 005 332	2 398 252
1 411 567	143 685	1 845 386	153 928	1 326 187	2 028 711
3 342 581	624 462	5 070 541	1 014 102	7 839 600	10 583 776
2 762 583	150 615	3 371 234	606 904	2 350 018	3 300 093
1 283 402	228 899	1 945 456	334 853	2 037 064	3 057 184
708 163	388 633	1 599 237	226 273	4 778 705	6 255 210
8 561	330 746	61 190	26 227	3 427 827	4 265 038
20	1	365		12	98
51 995	175	29 008	−757	20 736	24 075
26 722	305	24 283	2 375	12 074	22 140
84 773	10 997	22 002	380	56 790	99 414

单位:万元

4-8 续表 3 continued

类别	Item	负债合计 Total Liabilities	主营业务收入 Prime Operating Revenue	主营业务成本 Prime Operating Cost
烟草制品业	Tobacco Processing	51 586	305 134	108 843
纺织业	Textile Industry	397 230	795 905	654 367
纺织服装、鞋、帽制造业	Textile Garments,Shoes and Hats Products	681 518	1 352 222	1 127 684
皮革、毛皮、羽毛(绒)及其制品业	Leather,Furs,Down and Related Products	424 315	1 008 301	879 184
木材加工及木、竹、藤、棕、草制品业	Timber Processing,Wood,Bamboo,Cane,Palm Fiber and Straw Products	79 962	136 740	208 252
家具制造业	Furniture Manufacturing	443 441	1 181 342	1 018 568
造纸及纸制品业	Papermaking and Paper Products	566 607	1 247 387	1 111 120
印刷业和记录媒介的复制	Printing and Record Medium Reproduction	893 095	1 301 233	1 076 693
文教体育用品制造业	Cultural, Educational and Sports Goods	599 905	1 146 472	1 055 372
石油加工、炼焦及核燃料加工业	Petroleum Processing,Coking and Nuclear Fuel Processing	19 952	65 735	56 260
化学原料及化学制品制造业	Raw Chemical Materials and Chemical Products	1 045 343	2045 748	1 642 895
医药制造业	Medical and Pharmaceutical Products	524279	840 850	509253
化学纤维制造业	Chemical Fiber	25 855	50 485	45 324
橡胶制品业	Rubber Products	265 302	619 686	537 379
塑料制品业	Plastic Products	1 701 685	3 784 905	3 297 662
非金属矿物制品业	Nonmetal Mineral Products	1 038 240	1 235 633	1 020 069
黑色金属冶炼及压延加工业	Smelting and Pressing of Ferrous Metals	217 621	447 094	417 706
有色金属冶炼及压延加工业	Smelting and Pressing of Nonferrous Metals	138 642	376 623	353 810
金属制品业	Metal Products	1 850 834	4467963	3 035 668
通用设备制造业	Ordinary Machinery	642 047	1 444 054	1 237 962
专用设备制造业	Special Purpose Equipment	1 530 119	2 812 439	2 309 915
交通运输设备制造业	Transport Equipment	1 817 153	2 010 172	1 809 002
电气机械及器材制造业	Electric Equipment and Machinery	5 399 697	11 059 721	9 894 038
通信设备、计算机及其他电子设备制造业	Telecommunications,Computer and Other Electronic Equipment	31 789 954	81 300 038	70 954 310
仪器仪表及文化、办公用机械制造业	Instruments,Meters,Cultural and Office Machinery	1 677 397	4 927 266	4 442 076
工艺品及其他制造业	Handicraft Article and Other Manufacturing	1 180 761	4 366 382	3 944 616
废弃资源和废旧材料回收加工业	Waste Resources and Salvage of Waste Material Processing	2 495	4 365	3 996
电力、热力的生产和供应业	Electricity and Heating Power Production and Supply	6 234 487	6 341 015	5 465 245
燃气生产和供应业	Gas Production and Supply	562 359	726 964	634 845
水的生产和供应业	Water Production and Supply	1 929 565	686 639	366 534

(10 000 yuan)

营业费用 Prime Operating Expense	主营业务税金及附加 Sales Tax and Extra Charges	管理费用 Management Expenses	财务费用 Financial Expenses	利润总额 Total Profits	利税总额 Total Pre-tax Profits
10 399	107 761	12 238	−661	66 039	208 235
65 500	1 184	47 194	7 711	11 971	30 067
59 263	4 497	109 070	11 800	44 243	80 816
21 211	703	55 536	26	43 471	75 772
4 695	230	8 586	1 150	2 671	5 207
62 695	831	61 180	2 988	34 807	55 818
32 489	1 146	56 494	8 819	49 691	72 881
38 340	1 230	92 189	9 009	83 034	121 817
12735	505	78 047	1 484	−713	4 460
2 712	644	2 467	84	3 858	6 455
98 074	3 656	135 612	4 635	94 457	144 846
142 006	1 457	86 079	11 572	129 198	178 906
778	16	1 737	700	1 403	2 396
12 016	1 544	37 933	4 808	30 895	41 551
63 893	2 742	206 840	20 117	182 523	257 186
30 824	10 979	73 561	10 024	103 701	146 587
6 632	1 216	15 778	3 519	9 523	12 946
5 964	311	15 155	1 205	2 284	5 853
89 951	5 841	171 809	19 132	128 080	195 845
39 555	2 486	88 950	9 480	91 384	114 311
135 281	5 594	239 476	12 616	206 598	278 458
55 100	1 866	112 331	33 226	71 101	108 544
257 308	75 976	661 579	79 823	316 943	506 934
3 085 088	160 787	3 866 175	699 892	2 406 501	3 465 133
137 201	2 734	214 848	−5 151	147 177	194 371
88 803	1 879	110 550	18 412	218 664	253 256
129	4	633	1	−361	−203
740	26 238	83 579	102 383	896 714	1 322 779
444	995	13 009	12 224	84 809	103 914
22 254	874	120 448	58 776	187 685	206 584

4-9 规模以上工业企业主要经济效益指标(一)

MAIN INDICATORS ON ECONOMIC BENEFIT OF INDUSTRIAL ENTERPRISES OVER LEVELS

(2008)

指标名称	Item	产品销售率(%) Sales Rate of Products (%)	成本费用利润率(%) After-Tax Profits/Cost(%)	流动资产周转率(次) Turnover Times of Circulating Funds(time)	全员劳动生产率(元/人) Overall Industrial Labor Productivity (yuan/person)
总计	**Total**	**96.27**	**6.71**	**2.10**	**128 017**
一、按登记注册类型分	**Grouped by Registration**				
1. 内资企业	Domestic Investment Enterprise	96.20	5.76	1.44	147 071
国有企业	State-owned	99.41	6.04	4.05	965 735
集体企业	Collective-owned	100.66	10.55	1.93	50 018
股份合作企业	Cooperative Shares Enterprise	100.00	21.26	0.65	70 749
联营企业	Joint owned	74.70	5.52	1.21	144 773
有限责任公司	Companies Limited with Liabilities	95.77	7.28	1.32	249 084
股份有限公司	Companies Limited by Shares	97.62	5.30	0.78	224 789
私营企业	Private	95.22	4.01	1.94	71 455
其他内资企业	Others	99.24	-6.37	2.21	54 648
2. 港、澳、台投资企业	Funded by Entrepreneur from Hongkong, Macao and Taiwan	95.56	11.40	2.27	89 574
3. 外商投资企业	Foreign Funded	96.90	3.64	2.84	172 044
二、按轻、重工业分	**Grouped by Light and Heavy Industry**				
1. 轻工业	Light Industry	94.96	3.88	1.95	76 443
2. 重工业	Heavy Industry	96.67	7.65	2.15	161 851
三、按企业规模分	**Grouped by Size of Enterprises**				
1. 大型企业	Large	97.79	3.51	2.13	196 966
2. 中型企业	Medium-sized	94.12	4.61	2.11	105 500
3. 小型企业	Small	95.83	18.68	2.04	82 609
四、按工业行业大类分	**Grouped by Sector**				
煤炭开采和洗选业	Coal Mining and Dressing				
石油和天然气开采业	Petroleum and Natural Gas Extraction	97.07	138.03	41.20	17 864 702
黑色金属矿采选业	Ferrous Metals Mining and Dressing				
有色金属矿采选业	Nonferrous Metals Mining and Dressing				
非金属矿采选业	Nonmetal Minerals Mining and Dressing	100.00	0.86	0.50	175 111
其他采矿业	Other Minerals Mining and Dressing				
农副食品加工业	Food Processing	99.60	1.35	3.70	380 163
食品制造业	Food Manufacturing	95.52	3.95	1.75	58 670
饮料制造业	Beverage Manufacturing	99.36	9.08	2.48	153 150

指标名称	Item	产品销售率(%) Sales Rate of Products (%)	成本费用利润率(%) After-Tax Profits/Cost (%)	流动资产周转率(次) Turnover Times of Circulating Funds(time)	全员劳动生产率(元/人) Overall Industrial Labor Productivity (yuan/person)
烟草制品业	Tobacco Processing	99.88	50.48	1.52	1 324 323
纺织业	Textile Industry	100.64	1.55	1.80	50 504
纺织服装、鞋、帽制造业	Textile Garments,Shoes and Hats Products	91.25	3.38	1.75	28 118
皮革、毛皮、羽毛(绒)及其制品业	Leather,Furs,Down and Related Products	99.03	4.55	1.70	34 624
木材加工及木、竹、藤、棕、草制品业	Timber Processing, Bamboo, Cane,Palm Fiber and Straw Products	85.86	1.20	1.44	52 537
家具制造业	Furniture Manufacturing	100.70	3.04	2.15	52 783
造纸及纸制品业	Papermaking and Paper Products	94.55	4.11	1.66	64 887
印刷业和记录媒介的复制	Printing and Record Medium Reproduction	91.47	6.83	1.26	71 686
文教体育用品制造业	Cultural, Educational and Sports Goods	96.46	−0.06	1.69	29 605
石油加工、炼焦及核燃料加工业	Petroleum Processing,Coking and Nuclear Fuel Processing	98.29	6.27	1.73	330 396
化学原料及化学制品制造业	Raw Chemical Materials and Chemical Products	98.80	5.02	1.47	145 784
医药制造业	Medical and Pharmaceutical Products	91.32	17.25	1.17	158 672
化学纤维制造业	Chemical Fiber	100.10	2.89	2.13	196 087
橡胶制品业	Rubber Products	101.97	5.22	1.83	56 885
塑料制品业	Plastic Products	94.01	5.09	1.82	50 856
非金属矿物制品业	Nonmetal Mineral Products	94.61	9.14	1.26	82 407
黑色金属冶炼及压延加工业	Smelting and Pressing of Ferrous Metals	112.07	2.15	1.82	487 160
有色金属冶炼及压延加工业	Smelting and Pressing of Nonferrous Metals	97.11	0.61	2.31	136 204
金属制品业	Metal Products	97.16	3.86	2.05	73 619
通用设备制造业	Ordinary Machinery	99.42	6.64	1.77	75 965
专用设备制造业	Special Purpose Equipment	93.23	7.66	1.39	66 240
交通运输设备制造业	Transport Equipment	95.76	3.54	1.66	73 136
电气机械及器材制造业	Electric Equipment and Machinery	94.55	2.91	1.97	71 069
通信设备、计算机及其他电子设备制造业	Telecommunications,Computer and Other Electronic Equipment	96.13	3.06	2.13	186 384
仪器仪表及文化、办公用机械制造业	Instruments,Meters,Cultural and Office Machinery	98.22	3.07	2.43	88 096
工艺品及其他制造业	Handicraft Article and Other Manufacturing	94.64	5.25	2.48	180 283
废弃资源和废旧材料回收工业	Waste Resources and Salvage of Waste Material Processing	97.41	−7.58	1.59	48 273
电力、热力的生产和供应业	Electricity and Heating Power Production and Supply	99.87	15.87	2.17	2 002 499
燃气生产和供应业	Gas Production and Supply	99.28	12.84	3.56	5 061 498
水的生产和供应业	Water Production and Supply	97.80	33.04	0.84	273 907

4-9 规模以上工业企业主要经济效益指标(二)

MAIN INDICATORS ON ECONOMIC BENEFIT OF INDUSTRIAL ENTERPRISES OVER LEVELS

(2008)

指 标 名 称	Item	资产负债率(%) Rate of Liabilities to Capital(%)	总资产贡献率(%) Ratio of Total Assets to Industrial Output Value(%)	资本保值增值率(%) Assets Liability Ratio(%)	经济效益综合指数(%) Comprehensive Index(%)
总 计	**Total**	**60.33**	**13.26**	**112.11**	**188.31**
一、按登记注册类型分	**Grouped by Registration**				
1. 内资企业	Domestic Investment Enterprise	61.82	11.20	122.19	186.75
国有企业	State-owned	53.36	15.37	104.98	718.20
集体企业	Collective-owned	49.38	9.35	100.66	148.88
股份合作企业	Cooperative Shares Enterprise	22.04	102.33	104.47	371.67
联营企业	Joint owned	25.23	4.52	113.81	176.73
有限责任公司	Companies Limited with Liabilities	65.58	14.08	130.97	258.54
股份有限公司	Companies Limited by Shares	63.42	4.58	120.13	212.68
私营企业	Private	61.20	10.70	126.23	138.97
其他内资企业	Others	76.10	-6.62	84.60	50.44
2. 港、澳、台投资企业	Funded by Entrepreneur from Hongkong, Macao and Taiwan	58.16	19.21	109.14	195.69
3. 外商投资企业	Foreign Funded	60.78	9.08	103.13	201.65
二、按轻、重工业分	**Grouped by Light and Heavy Industry**				
1. 轻工业	Light Industry	54.68	8.34	107.66	136.65
2. 重工业	Heavy Industry	62.31	14.98	114.10	215.84
三、按企业规模分	**Grouped by Size of Enterprises**				
1. 大型企业	Large	65.82	8.94	116.46	209.38
2. 中型企业	Medium-sized	54.52	9.23	108.47	160.23
3. 小型企业	Small	60.08	26.49	112.66	230.16
四、按工业行业大类分	**Grouped by Sector**				
煤炭开采和洗选业	Coal Mining and Dressing				
石油和天然气开采业	Petroleum and Natural Gas Extraction	31.81	204.87	132.87	12 188.81
黑色金属矿采选业	Ferrous Metals Mining and Dressing				
有色金属矿采选业	Nonferrous Metals Mining and Dressing				
非金属矿采选业	Nonmetal Minerals Mining and Dressing	91.35	6.78	124.25	159.68
其他采矿业	Other Minerals Mining and Dressing				
农副食品加工业	Food Processing	62.38	4.90	105.85	320.08
食品制造业	Food Manufacturing	61.30	8.26	98.88	120.94
饮料制造业	Beverage Manufacturing	42.9	19.64	103.32	232.62

4-9 续表 continued

指 标 名 称	Item	资产负债率(%) Rate of Liabilities to Capital(%)	总资产贡献率(%) Ratio of Total Assets to Industrial Output Value(%)	资本保值增值率(%) Assets Liability Ratio(%)	经济效益综合指数(%) Comprehensive Index(%)
烟草制品业	Tobacco Processing	16.08	66.69	101.04	1184.90
纺织业	Textile Industry	56.68	4.99	100.92	103.64
纺织服装、鞋、帽制造业	Textile Garments,Shoes and Hats Products	64.78	8.83	107.23	100.21
皮革、毛皮、羽毛(绒)及其制品业	Leather,Furs,Down and Related Products	43.43	8.83	157.36	122.77
木材加工及木、竹、藤、棕、草制品业	Timber Processing, Bamboo, Cane,Palm Fiber and Straw Products	59.00	4.46	70.09	92.23
家具制造业	Furniture Manufacturing	54.01	8.00	111.18	121.93
造纸及纸制品业	Papermaking and Paper Products	54.20	8.08	110.28	127.57
印刷业和记录媒介的复制	Printing and Record Medium Reproduction	53.31	7.95	107.48	137.26
文教体育用品制造业	Cultural, Educational and Sports Goods	62.24	0.64	91.37	72.13
石油加工、炼焦及核燃料加工业	Petroleum Processing,Coking and Nuclear Fuel Processing	47.78	15.38	109.79	313.34
化学原料及化学制品制造业	Raw Chemical Materials and Chemical Products	53.69	8.19	93.36	176.87
医药制造业	Medical and Pharmaceutical Products	38.82	13.13	105.55	242.10
化学纤维制造业	Chemical Fiber	71.59	9.94	113.11	206.54
橡胶制品业	Rubber Products	52.66	9.54	103.73	131.94
塑料制品业	Plastic Products	52.94	9.33	123.54	128.71
非金属矿物制品业	Nonmetal Mineral Products	57.87	9.96	104.86	154.93
黑色金属冶炼及压延加工业	Smelting and Pressing of Ferrous Metals	69.37	5.44	100.64	369.28
有色金属冶炼及压延加工业	Smelting and Pressing of Nonferrous Metals	61.32	3.36	120.41	154.77
金属制品业	Metal Products	57.47	7.50	113.62	134.53
通用设备制造业	Ordinary Machinery	52.67	10.60	126.34	152.89
专用设备制造业	Special Purpose Equipment	46.68	10.15	106.45	144.57
交通运输设备制造业	Transport Equipment	77.58	7.51	90.12	119.85
电气机械及器材制造业	Electric Equipment and Machinery	60.53	7.31	108.89	126.33
通信设备、计算机及其他电子设备制造业	Telecommunications,Computer and Other Electronic Equipment	66.07	8.24	117.27	199.77
仪器仪表及文化、办公用机械制造业	Instruments,Meters,Cultural and Office Machinery	57.91	7.60	115.82	144.55
工艺品及其他制造业	Handicraft Article and Other Manufacturing	54.72	15.11	123.31	224.66
废弃资源和废旧材料回收工业	Waste Resources and Salvage of Waste Material Processing	84.25	−10.02	72.88	25.22
电力、热力的生产和供应业	Electricity and Heating Power Production and Supply	57.14	14.73	107.59	1 363.18
燃气生产和供应业	Gas Production and Supply	64.72	15.34	120.75	3 219.95
水的生产和供应业	Water Production and Supply	52.82	7.80	95.06	353.67

4-10 主要工业产品产量

PRODUCTION OF MAIN INDUSTRIAL PRODUCTS

(1979—2008)

年份 Year	自来水生产量 (万立方米) Tap Water (10 000 cu.m)	发电量 (万千瓦小时) Electricity (10 000 kwh)	小麦粉 (吨) Flour (ton)	啤酒 (吨) Beer (ton)	卷烟 (箱) Cigarettes (case)	化学纤维 (吨) Chemical Fiber (ton)	布 (万米) Cloth (10 000m)
1979		609					
1980		437					
1981		608					
1982		1 152					
1983		1 322					
1984		1 261			5 514		
1985		1 012			9 100		
1986	7 051	3 130			10 445		
1987	8 617	4 408			15 000	3 731	280
1988	13 060	2 508	16 794		50 451	4 190	925
1989	19 962	1 124	17 285		60 765	4 451	380
1990	19 736	31 065	21 155		76 164	5 050	631
1991	24 446	107 727	35 151		86 000	7 694	1 872
1992	23 785	195 007	44 302	57 256	88 500	7 637	30 484
1993	30 335	416 568	72 252	76 715	94 515	14 194	3 907
1994	43 425	1 739 463	75 536	82 128	94 583	19 768	2 674
1995	50 151	1 652 038	92 977	101 425	104 560	22 348	4 413
1996	53 691	1 873 881	219 700	125 302	118 824	17 576	106
1997	60 408	1 960 433	273 300	131 346	125 841	20 243	2 375
1998	62 585	2 150 147	250 000	152 279	151 219	13 271	1 716
1999	66 816	2 380 518	287 400	150 880	188 720	14 543	3 200
2000	75 547	2 618 545	229 000	250 417	208 898	14 368	2 356
2001	93 047	2 737 802	360 000	275 180	229 093	13 805	1 940
2002	113 315	3 515 696	346 000	334 590	235 162	13 821	2 247
2003	123 709	4 846 256	328 200	396 150	241 454	14 281	1 317
2004	119 510	5 220 982	313 300	477 766	255 540	15 083	2 697
2005	148 221	5 685 750	350 325	581 161	274 721	8 497	3 885
2006	141 218	5 472 103	351 289	574 554	290 872	4 913	2 210
2007	148 349	5 578 728	360 171	561 371	321 130	8 382	2 857
2008	150 221	5 844 154	368 498	473 027	331 200	1 115	2 541

4-10 续表 1 continued

年 份 Year	印染布 (万米) Printed and Dyed Fabric (10 000m)	服 装 (万件) Garments (10 000)	塑料制品 (吨) Plastic Products (ton)	成品钢材 (吨) Steel Products (ton)
1979				
1980				
1981				
1982				
1983				
1984	4 321	649	16 419	
1985	5 271	1 004		
1986	5 731	7 988	16 419	47 556
1987	6 655	8 008	28 572	35 400
1988	6 708	12 828	44 359	10 020
1989	8 344	9 931	73 945	41 667
1990	9 212	29 333	103 779	56 481
1991	14 869	16 437	233 094	65 073
1992	16 161	18 857	244 000	61 300
1993	22 918	27 026	290 508	60 599
1994	7 627	36 314	375 757	86 538
1995	20 991	25 938	449 183	93 090
1996	22 543	38 196	411 132	100 000
1997	18 522	32 089	387 692	73 501
1998	20 191	32 119	256 327	81 635
1999	16 670	25 667	378 099	194 138
2000	13 614	24 242	464 617	218 925
2001	13 338	14 509	722 024	265 434
2002	14 082	14 344	611 619	399 560
2003	15 502	18 559	669 683	487 097
2004	12 873	17 536	644 751	503 000
2005	11 351	25 281	760 206	380 968
2006	8 917	32 104	1 276 641	413 405
2007	3 531	31 611	1 119 397	403 888
2008	1 865	31 711	1 296 995	123 135

4-10 续表 2 continued

年 份 Year	平板玻璃 (万重量箱) Plate Glass (10 000 wt.cases)	铝材 (吨) Aluminium (ton)	自行车 (万辆) Bicycles (10 000)	表 (万只) Watches (10 000)	照相机 (万架) Cameras (10 000)	电风扇 (万台) Electric Fans (10 000)	电话机 (万部) Telephone Sets (10 000)
1979							
1980							
1981							
1982							
1983							
1984			2.03	339.68		0.57	9.77
1985			4.31	3 447.58		40.87	123.22
1986		5 566	14.13	11 020.66	160.15	66.60	144.75
1987	58	6 805	41.29	11 688.16	44.24	248.01	498.94
1988	186	6 808	60.39	11 014.49	348.25	368.60	815.76
1989	230	7 399	82.01	8 318.00	159.96	323.31	926.10
1990	207	10 799	128.20	10 060.00	519.95	379.30	1 019.21
1991	238	14 361	257.78	9 646.00	423.12	407.58	1 360.80
1992	269	18 985	272.08	17 593.65	813.76	152.73	1 461.59
1993	265	21 540	288.41	22 875.39	1 247.89	433.59	2 292.50
1994	259	19 618	238.94	27 344.89	1 277.61	1 132.43	2 592.38
1995	272	19 633	215.56	24 542.05	252.57	907.35	3 902.49
1996	272	25 356	140.52	28 667.91	1 636.74	818.76	4 080.80
1997	385	23 874	123.38	16 629.66	1 531.48	845.18	4 506.65
1998	238	19 632	156.96	12 665.44	2 346.95	650.48	2 741.97
1999	273	24 408	210.99	11 593.89	1 551.80	544.74	2 711.82
2000	288	27 271	239.60	9 126.00	942.83	901.04	2 809.58
2001	217	29 379	172.66	7 908.37	642.03	753.09	2 965.67
2002	317	46 746	319.67	7 575.78	312.83	1 129.22	4 091.29
2003	322	56 805	636.70	7 100.70	428.95	1 202.76	4 947.64
2004	367	43 274	586.47	5 790.44	341.25	1 127.19	4 894.31
2005	725	43 823	665.75	7 183.60	1 207.88	958.54	6 579.87
2006	634	61 578	742.84	8 021.58	1 082.41	1 425.82	7 444.34
2007	940	6 1606	593.53	7 003.35	880.47	1 403.87	7 055.94
2008	1 009	7 7847	615.28	6 438.34	887.06	1 559.63	6 283.11

年　份 Year	微型计算机 (台) Micro Computers	打印机 (万部) Printer	电视机 (万台) TV Sets (10 000)	# 彩　电 Color TV Sets	玻壳 (万只) Bulb (10 000)	录放音机 (万台) Radio Cassette Players (10 000)	电子计算器 (万台) Calculators (10 000)
1979							
1980							2.06
1981			6.59	0.70		31.95	0.48
1982			3.40	0.62		41.44	3.73
1983	71		3.23	1.23		54.22	3.73
1984	4 357		18.98	18.25		219.92	162.81
1985	1 575		48.10	48.10		324.02	196.60
1986	6 617		75.80	61.39		451.17	189.90
1987	2 728		128.09	101.64		1 707.40	581.58
1988	2 788		182.06	155.90		1 303.73	1 505.22
1989	15 955		157.22	137.38		2 361.00	2 014.00
1990	17 622		259.06	228.67		3 135.00	1 791.00
1991	62 440		308.90	288.08		3 260.00	2 520.00
1992	31 357		301.06	272.12		2 934.00	2 226.81
1993	27 836		317.48	269.33		4 083.47	2 906.56
1994	51 877		274.53	251.42		4 828.24	3 214.58
1995	194 131	194.84	418.12	373.50	413.60	2 270.12	2 313.90
1996	312 687	193.06	587.69	540.62	1 122.82	3 195.43	1 546.18
1997	568 681	433.50	549.29	519.63	754.76	2 568.46	1 703.52
1998	464 614	584.76	515.86	491.85	438.48	1 310.19	1 080.08
1999	834 476	315.68	972.54	834.13	1 306.27	1 066.56	351.17
2000	1 074 486	507.62	914.10	753.97	933.78	1 076.07	439.52
2001	1 642 151	695.00	876.81	659.50	877.54	773.55	729.34
2002	3 076 052	469.20	1 610.97	1 297.35	950	799.45	308.35
2003	4 866 723	570.30	2 510.18	1 820.33	1 081.85	553.11	423.85
2004	7 350 491	592.73	2 486.56	1 857.02	978.45	441.71	721.61
2005	11 435 877	984.50	2 041.10	1 964.43	1 587.48	502.22	1 137.90
2006	13 633 633	835.33	2 517.85	2 071.14	1 793.13	556.41	5 749.09
2007	8 831 590	1 041.78	1 992.10	1 803.85	2 005.00	564.97	1 875.82
2008	9 662 828	1 452.97	2 112.46	2 003.47	2 255.86	421.34	1 843.95

4-10 续表 4 continued

年　份 Year	电子元件 (万只) Electronic Units (10 000)	硬盘机 (万部) Hard Drives (10 000)	软磁盘 (万片) Floppy Disks (10 000)	集成电路 (万块) Semiconductor Integrated Circuit(10 000)	程控交换机 (万线) Telephone Exchanges (10 000 lines)	微电机 (万台) Microcurrent Motor
1979						
1980						
1981						
1982						
1983						
1984						
1985						
1986	15 584					
1987	7 823					
1988	73 316					
1989	112 921			512.70		
1990	309 649		5 633.00	997.58		
1991	332 657		10 286.54	1 356.74		
1992	522 291		13 714.29	1 164.34		201.18
1993	708 147		15 808.68	1 519.53	105.30	874.43
1994	1 561 900		23 434.29	2 262.77	209.70	187.42
1995	9 681 839	199.47	29 629.50	14 558.13	269.13	4 707.04
1996	1 403 557	440.86	24 000.00	22 471.16	331.74	356.60
1997	1 491 620	841.39	17 130.30	14 346.26	647.35	438.62
1998	1 390 107	770.54	12 221.54	23 975.80	1 515.69	290.70
1999	262 057	699.36	12 766.37	64 231.50	1 962.38	523.60
2000	527 216	867.07	12 754.00	87 598.00	3 535.33	511.40
2001	746 630	1 116.60	11 616.19	96 121.96	2 994.30	6 071.11
2002	1 334 537	480.04	26 295.38	134 966.44	1 856.47	2 295
2003	1 294 335	766.60	24 930.21	182 339.56	2 919.57	2 556
2004	549 722	831.71	8 906.26	255 504.10	1 976.65	1 367
2005	2 600 991	2 267.05	5 437.31	268 005.82	2 644.04	7 372
2006	10 104 734	2 035.33	1 123.00	604 302.39	1 625.75	27 602
2007	11 445 606	3 746.12	8 685	619 532.13	1 747.76	26 454
2008	9 138 530	5 225.41	13 085	828 381.24	1 960.98	

4-11 全社会能耗水平

ENERGY CONSUMPTION LEVEL OF THE WHOLE SOCIETY

(2005—2008)

年 份 Year	单位 GDP 能耗 Energy Consumption per Unit of GDP		单位工业增加值能耗 Energy Consumption per Value-added of Industry		单位 GDP 电耗 Electricity Consumption pre Unit of GDP	
	指标值 Equivalent value	上升或下降 Changes	指标值 Equivalent value	上升或下降 Changes	指标值 Equivalent value	上升或下降 Changes
	(吨标准煤/万元) (tons of SCE/ 10 000 yuan)	(±%)	(吨标准煤/万元) (tons of SCE/ 10 000 yuan)	(±%)	(千瓦时/万元) (Kwh/10 000 yuan)	(±%)
2005	0.593		0.598		889.1	
2006	0.576	−2.81	0.572	−2.93	844.1	−5.07
2007	0.560	−2.76	0.551	−3.76	848.8	0.54
2008	0.544	−2.90	0.530	−4.46	785.5	−7.46

4-12 主要能源按工业行业分组消费量

CONSUMPTION OF ENERGY BY SECTOR

(2008)

计量单位:吨 (ton)

项目	Sector	原煤 Coal	原油 Crude Oil	汽油 Gasoline	煤油 Kerosene
全部工业企业	**Total Consumption**	**5 367 899.15**	**131 893.44**	**175 165.39**	**8 244.76**
一、按轻重工业分	**Grouped by Light and Heavy Industry**				
(一)轻工业	Light Industry	29 572.58		90 275.54	5 253.17
(二)重工业	Heavy Industry	5 338 326.57	131 893.44	84 889.85	2 991.59
二、按工业行业大类分	**Grouped by Sector**				
(一)采矿业	Mining		131 893.44	126.63	200.00
煤炭开采和洗选业	Coal Mining and Dressing				
石油和天然气开采业	Petroleum and Natural Gas Extraction		131 893.44	126.63	200.00
黑色金属矿采选业	Ferrous Metals Mining and Dressing				
有色金属矿采选业	Nonferrous Metals Mining and Dressing				
非金属矿采选业	Nonmetal Minerals Mining and Dressing				
其他采矿业	Other Minerals Mining and Dressing				
(二)制造业	Manufacturing	84 625.15		170 195.59	8 044.76
农副食品加工业	Food Processing	6.00		423.13	657.77
食品制造业	Food Manufacturing	974.00		523.37	
饮料制造业	Beverage Manufacturing			2 439.63	
烟草制品业	Tobacco Processing			123.46	
纺织业	Textile Industry			44 166.91	310.02
纺织服装、鞋、帽制造业	Textile Garments,Shoes and Hats Products	1 423.00		2 498.40	119.58
皮革、毛皮、羽毛(绒)及其制品业	Leather,Furs,Down and Related Products			900.96	5.30
木材加工及木、竹、藤、棕、草制品业	Timber Processing,Wood,Bamboo,Cane,Palm Fiber and Straw Products	445.00		417.20	
家具制造业	Furniture Manufacturing	2 200.00		2 511.03	0.84
造纸及纸制品业	Papermaking and Paper Products	21 498.65		3 987.33	203.41
印刷业和记录媒介的复制	Printing and Record Medium Reproduction			5 198.36	7.00

4-12 续表 1 continued

项目	Sector	原煤 Coal	原油 Crude Oil	汽油 Gasoline	煤油 Kerosene
文教体育用品制造业	Cultural, Educational and Sports Goods	3 267.93		1 974.10	191.23
石油加工、炼焦及核燃料加工业	Petroleum Processing,Coking and Nuclear Fuel Processing			102.61	21.83
化学原料及化学制品制造业	Raw Chemical Materials and Chemical Products	10 884.00		6 693.50	2 326.64
医药制造业	Medical and Pharmaceutical Products			2 124.02	
化学纤维制造业	Chemical Fiber			37.44	85.00
橡胶制品业	Rubber Products			524.43	5.60
塑料制品业	Plastic Products	28 711.00		7 343.82	140.36
非金属矿物制品业	Nonmetal Mineral Products	13 853.07		1 561.35	389.32
黑色金属冶炼及压延加工业	Smelting and Pressing of Ferrous Metals			67.82	5.27
有色金属冶炼及压延加工业	Smelting and Pressing of Nonferrous Metals			237.86	
金属制品业	Metal Products	1 239.50		8 149.76	696.46
通用设备制造业	Ordinary Machinery			3 572.68	44.08
专用设备制造业	Special Purpose Equipment			7 774.87	147.14
交通运输设备制造业	Transport Equipment	123.00		1 724.11	0.13
电气机械及器材制造业	Electric Equipment and Machinery			15 945.64	1 248.87
通信设备、计算机及其他电子设备制造业	Telecommunications,Computer and Other Electronic Equipment			42 840.39	348.15
仪器仪表及文化、办公用机械制造业	Instruments,Meters,Cultural and Office Machinery			3 531.85	1 063.18
工艺品及其他制造业	Handicraft Article and Other Manufacturing			2 799.56	27.58
废弃资源和废旧材料回收加工业	Waste Resources and Salvage of Waste Material Processing				
(三)电力、煤气及水生产和供应业	Electric Power,Gas and Water Production and Supply	5 283 274.00		4 843.17	
电力、热力的生产和供应业	Electricity and Heating Power Production and Supply	5 283 274.00		3 522.08	
燃气生产和供应业	Gas Production and Supply			210.48	
水的生产和供应业	Water Production and Supply			1 110.61	

项目	Sector	柴油 Oiesel Oil	燃料油 Fuel Oil	液化石油气 Liquefied Petroleum Gas	天然气（万立方米） Natural Gas (10 000 cu.m)	电力（万千瓦时） Electricity (10 000 Kwh)
全部工业企业	**Total Consumption**	**1 670 812.35**	**3 112 516.08**	**45 282.84**	**140 360.7**	**3 384 968.00**
一、按轻重工业分	**Grouped by Light and Heavy Industry**					
(一)轻工业	Light Industry	851 587.57	708 229.37	28 351.17	1 117 .73	1 015 504.00
(二)重工业	Heavy Industry	819 224.78	2 404 286.71	16 931.67	139 243.00	2 369 463.00
二、按工业行业大类分	**Grouped by Sector**					
(一)采矿业	Mining	51 602.58	15 634.91	3.31	13 973.00	5 934.62
煤炭开采和洗选业	Coal Mining and Dressing					
石油和天然气开采业	Petroleum and Natural Gas Extraction	51 602.58	15 631.91	3.31	13 973.00	2 078.62
黑色金属矿采选业	Ferrous Metals Mining and Dressing					
有色金属矿采选业	Nonferrous Metals Mining and Dressing					
非金属矿采选业	Nonmetal Minerals Mining and Dressing					3 856.00
其他采矿业	Other Minerals Mining and Dressing					
(二)制造业	Manufacturing	1 580 911.30	1 598 191.90	45 250.53	6 010.68	2 976 309.00
农副食品加工业	Food Processing	23 198.40	13 701.15	123.02		33 857.44
食品制造业	Food Manufacturing	17 344.79	6 103.53	377.49	70.99	28 867.56
饮料制造业	Beverage Manufacturing	10 966.62	82 873.13	321.37	308.00	20 865.00
烟草制品业	Tobacco Processing	1 850.64		27.21		2 435.23
纺织业	Textile Industry	60 781.60	20 516.33	1 310.95	57.77	30 066.35
纺织服装、鞋、帽制造业	Textile Garments,Shoes and Hats Products	40 142.69	29 581.12	452.49	207.93	52 700.07
皮革、毛皮、羽毛(绒)及其制品业	Leather,Furs,Down and Related Products	9 089.68	18 841.50	29.52		43 424.43
木材加工及木、竹、藤、棕、草制品业	Timber Processing,Wood,Bamboo,Cane,Palm Fiber and Straw Products	4 470.94		13.00		14 431.29
家具制造业	Furniture Manufacturing	21 514.69	21 573.82	780.33		28 568.78
造纸及纸制品业	Papermaking and Paper Products	35 962.18	27 951.21	845.47	7.34	43 291.47
印刷业和记录媒介的复制	Printing and Record Medium Reproduction	98 961.39	31 795.78	859.96	14.38	54 145.45

项　　目	Sector	柴　油 Oiesel Oil	燃料油 Fuel Oil	液化石油气 Liquefied Petroleum Gas	天然气 （万立方米） Natural Gas (10 000 cu.m)	电　力 （万千瓦时） Electricity (10 000 Kwh)
文教体育用品制造业	Cultural, Educational and Sports Goods	84 551.57	27 426.31	789.52	21.59	64 928.36
石油加工、炼焦及核燃料加工业	Petroleum Processing,Coking and Nuclear Fuel Processing	316.16	2 698.25	37.29		1 232.16
化学原料及化学制品制造业	Raw Chemical Materials and Chemical Products	35 051.37	42 852.47	5 150.36	42.61	84 919.78
医药制造业	Medical and Pharmaceutical Products	17 429.78	25 955.69	18.75	14.06	23 228.75
化学纤维制造业	Chemical Fiber	410.08	5 110.19			2 452.43
橡胶制品业	Rubber Products	3 331.31	23 793.69	38.64		25 927.14
塑料制品业	Plastic Products	136 818.23	68 419.90	1 301.06	25.00	215 910.50
非金属矿物制品业	Nonmetal Mineral Products	53 405.23	121 907.40	1 429.51	19.40	67 910.60
黑色金属冶炼及压延加工业	Smelting and Pressing of Ferrous Metals	274.18	17 857.25	352.00		4 483.63
有色金属冶炼及压延加工业	Smelting and Pressing of Nonferrous Metals	8 708.19	3 431.40	365.71	186.88	11 420.05
金属制品业	Metal Products	104 488.46	96 196.82	10 012.56	83.5	145 612.30
通用设备制造业	Ordinary Machinery	22 915.33	35 092.20	1 520.00	314.07	59 819.06
专用设备制造业	Special Purpose Equipment	50 907.32	37 622.66	604.90	12.78	120 236.70
交通运输设备制造业	Transport Equipment	81 671.70	20 401.88	7 502.55	216.39	71 203.72
电气机械及器材制造业	Electric Equipment and Machinery	231 152.52	287 943.96	6 446.88	1 438.78	347 216.30
通信设备、计算机及其他电子设备制造业	Telecommunications,Computer and Other Electronic Equipment	333 101.87	473 836.68	3 249.99	2 864.4	1 246 062.00
仪器仪表及文化、办公用机械制造业	Instruments,Meters,Cultural and Office Machinery	55 302.57	50 526.84	125.87	23.00	87 717.04
工艺品及其他制造业	Handicraft Article and Other Manufacturing	36 791.81	54 180.74	1 164.13	81.81	43 375.92
废弃资源和废旧材料回收加工业	Waste Resources and Salvage of Waste Material Processing					
(三)电力、煤气及水生产和供应业	Electric Power,Gas and Water Production and Supply	38 298.47	1 498 692.27	29.00	120 377.00	402 723.60
电力、热力的生产和供应业	Electricity and Heating Power Production and Supply	28 025.65	1 493 169.42		120 377.00	286 710.60
燃气生产和供应业	Gas Production and Supply	53.00				6 752.78
水的生产和供应业	Water Production and Supply	10 219.82	5 522.85	29.00		109 260.20

05 第五部分

运输、邮电

TRANSPORTATION,POSTS.TELECOMMUNICATIONS

CHAPTER

2008年深圳交通邮电业回顾与2009年展望

一、加快交通枢纽建设，枢纽功能不断加强

（一）交通设施不断完善，充分发挥交通网络资源

2008年末，全市等级公路通车里程拥有量达2010公里，比上年增加72公里，其中：高速公路346公里，比上年增加77公里，高速公路占全市等级公路总里程的18.3%，占全市等级公路总里程加大；一级公路通车里程872公里，比上年增加5公里，占全市等级公路总里程的43.4%；二级公路通车里程355公里，增加5公里，占17.7%；三级公路通车里程275公里，减少9公里；占13.7%，四级公路通车里程160公里，减少6公里；占13.7%。

在过去一年，深圳在重视交通道路设施建设同时，对原有部份城市公共交通和运输道路设施不断进行改造，并重新规划了交通设施，城郊通车道路环境得到新的改善。以高速公路和高等级公路为主的交通道路网络纵横交错，形成了拥有海港、机场空港区和城市公交“车港城”以及铁路和地铁场站互联互通的立体式快速交通道路网络。

目前，广深、深汕、盐惠、梅观、机荷、水官、龙大和东部盐贝、南平一期等高速公路与107国道、深惠、布龙一级公路及市区的北环、海滨大道等骨干道路相连，形成交通便捷的城市道路网络。2008年年末，深圳每百平方公里等级路网密度为97.11公里，等级路网密度居全省领先地位。与此同时，深圳与周边地区（珠三角）及城市公共交通的客货运输接驳与各区、镇之间的骨干公路网络已经形成。

（二）基础建设步伐加快，重点项目进展顺利

2008年深圳交通路网建设实现新突破，根据全市交通道路的统一规划，进一步加快了交通基础设施建设的步伐。如东、西部港口增扩深水泊位和“净畅宁”工程的“一横八纵”　的路网扩大，盐坝高速公路C段等十八项重点工程建设稳步推进。其中：南坪快速高速公路一期、盐排高速公路建成通车与盐田港区三期扩建的5个深水泊位建成投入营运；大铲湾现代港口一期工程2个深水泊位建成投入营运；东部沿海高速公路莲塘至盐田段（深盐二通道）、南光高速公路等工程建设进展顺利；外环高速、西部公用航道等前期工作按计划开展；铜鼓航道一期和深圳机场二跑道工程建设取得突破性进展；地面交通综合整治已见成效；福田交通综合枢纽换乘中心投入试运营阶段。

另外，深港西部通道深圳湾公路大桥建成通车，盐坝高速公路C段和南光高速公路完成投资计划，107国道（深圳段）三期改造主体工程的完工；海滨大道、龙盐路、外环高速、沿江高速、南坪二期、东部通道、布龙路改造、梅观高速华为立交改造等工程工作在提速。随着深圳路网建设的全面推进，以高速公路、快速干道和高等主干道为骨架的现代化道路网络逐步形成，城市交通、疏港交通和过境交通相分离的大交通战略布局日益完善，“10分钟、30分钟、60分钟”交通时间圈目标初步现实。

2008年各主要重点交通建设项目具体进展概况如下：

——丹平快速路一期

丹平快速路一期工程起于爱国路高架桥，经沙湾、丹竹头等地，终点接机荷高速公路白泥坑立交，全长9.7公里，双向6车道，按城市快速路标准设计。此项目是深圳“七横十三纵”快速路网的重要组成部分，作为深圳中、东部新开辟首条二线快速通道，对于分流现有沙湾片区的交通，缓解全市南北交通压力，进一步加快龙岗区城市化进程，实现城市发展空间战略拓展与特区内外一体化发展，支持和配合第26届世界大学生运动会的举办等都具有重要意义。该项目计划总投资24.28亿元，2008年计划投资2.5亿元，目前该项目工程进展情况顺利。

——坝光至核电公路核电外段

坝光至核电公路起于盐坝高速公路C段坝光

出口处，止于大亚湾核电站内部道路终点处，全长13.76公里，双向两车道，水泥混凝土路面，按二级公路标准设计。该项目为龙岗区大鹏半岛路网的重要组成部分，是联系盐坝高速公路与大亚湾核电站的主干公路，对于促进大鹏半岛片区的经济社会发展有着积极作用。其中核电外段路线长11.2公里，计划总投资2亿元，目前该项目工程进展情况顺利。

——布龙路(核龙线)大发埔立交至龙华段城市化公路改造

该项目是布龙路龙景立交至龙华段城市化公路改造工程项目的一部分，全长6公里，按城市Ⅰ级主干路标准设计，主车道为双向八车道，局部路段设双向四车道集散车道。此项目计划总投资7.38亿元。目前，正在进行污水、电力、大发埔桥梁桩基等工程，路基填筑土方完成534立方米。

——坂雪岗大道(南段)

坂雪岗大道(南段)市政工程位于坂雪岗片区，北起吉华路口，接现状坂雪岗大道北段，南至南坪快速路，全长3.1公里，双向6车道，按城市Ⅰ级主干路标准设计。该项目建成后可极大改善坂雪岗片区对外交通联系和有效缓解梅林关交通压力；同时，将深圳市高新区与坂雪岗高新区两个科技中心联系起来，将有利促进全市高新产业的发展，大大提高深圳的科技竞争力。此项目计划总投资3.39亿元，2008年计划投资2亿元，目前该项目工程进展情况顺利。

——松白路宝安段改造

松白路宝安段改造工程南起白芒检查站、北至41号路，全长10.24公里，由现状一级公路改造为城市1级主干道，主车道双向6车道，局部路段两侧设加宽车道、辅道。该项目计划总投资6.46亿元，至年末累计完成投资1.5亿元。

——平大公路龙岗段

平大公路龙岗段起于观澜南环路，由西往东经观澜至平湖，终于西宝路平湖大水坑临时收费站前，全长4.42公里，沥青混凝土路面。该项目按两种标准建设，其中：观澜段为干线性主干道，双向6车道；平湖段为城市快速路，主车道双向6车道、辅道双向4车道。项目建成后将大大缓解平湖街道东西向交通拥堵现象，疏导平湖物流基地乃至中部物流组团的对外交通，加快区域城市化进程，完善沿线两侧市政配套功能，改善区域路容、景观。此项目计划总投资4.17亿元，该项目工程进展情况顺利。

——西部港区疏港道路

深圳港西部港区疏港道路由兴海大道各支线、妈湾大道、港区联络道及联络道支线组成，分上下两层，上层为疏港高架路，下层为地面市政道路，总长18公里。该项目的建设有利于实现疏港交通与城市交通相分离，形成港口的快速集疏运体系，对促进西部港区、前海物流园区的发展，实现“以港兴市”战略目标具有重要意义。此项目计划总投资23亿元，2008年实际完成投资3亿元，目前该项目工程进展情况顺利。

——盐坝高速公路C段

此项目为盐坝高速公路A、B段续建工程，全长11.9公里(含B段末端2公里)，双向6车道，计划总投资7.48亿元，2008年计划投资3.14亿元，并累计完成计划投资6.71亿元。

——107国道宝安段三期改造

107国道宝安段三期改造工程是继2000年一期、2002年二期107国道宝安段改造完工后又一国道主干线改造项目，改造区间为机场立交至塘下涌立交，全长18.8公里，双向8车道、双向4车辅道，标准路幅宽78米，工程已于2005年正式开工。该项目计划总投资13.亿元，2008年完成投资1亿元，累计完成投资12.1亿元。目前，该项目主体工程路基、路面、桥梁、管线、交通绿化等工程均已完成。

——东部沿海高速公路莲塘至盐田段

东部沿海高速公路莲塘至盐田段是连接罗湖区、盐田区，向粤东、粤北地区至内地辐射的重要通道之一，是全市“一横八纵”干线路网的重要组成部分。该项目的建设对实现全市高速公路网的联网畅通，解决盐田港区疏港交通问题，缓解盐田区与市区之间的交通压力有重要作用，工程已于2005年开工建设。此项目线路总长11.39公里，双向6车道，计划总投资28亿元，2008年实际完成投资10亿元，累计完成投资25亿元。部分工程段已通过主体交工验收，并于2008年7月通车。

——南光高速公路

南光高速公路是全市“一横八纵”干线路网体系中又一条纵向高速公路，是深圳西北部地区连接香港、深圳至内地的重要通道之一，该项目的建设，对缓解全市交通拥堵、促进港口发展、实现过境交通与城市交通分流至关重要。南光高速公路南起南头、北至光明，全长31公里，双向6车道，计划总投资31.7亿元，2008年实际完成投资6亿元，累计完成投资23亿元。其中该项目的“咽喉”工程——留仙互通立交正式通车。

——横坪一级公路

本项目计划总投资21亿元，2008年已完成投资5亿元，累计完成投资16亿元。横坪路全长约50公里，双向6车道，主线起于水官高速横坪出口，终点连接龙岗新生路口，连接线起于横岗镇安良村，途经大康村与主线相交。该项目工程建成后将成为深圳东部主要通道之一。

——宝石公路扩建

该项目计划总投资7亿元，2008年实际完成投资1.2亿元，累计完成投资3亿元，扩建线路全长14.26公里。土建、交通等工程已在2008年8月竣工验收；其他配套工程也顺利进行。

——华南国际物流中心

该项目位于梅观高速公路梅林起点处东侧，占地67万平方米，是全市六大物流园区之一，该项目建成后将开展国际集装箱中转、接驳、堆存，仓储加工配送，商贸信息交换等物流服务。项目计划总投资为9亿元，2008年完成投资1亿元，至年末累计完成投资近5亿元。目前该项目工程进展情况顺利。

——盐田国际集装箱码头三期扩建

此项目计划总投资112亿元人民币，建设6个集装箱专用泊位，码头岸线长3297米，设计年吞吐能力370万标准箱，2008年完成投资16亿元。该项目的建设将为缓解深圳港集装箱泊位吞吐能力不足的矛盾，适应港口集装箱吞吐量不断增长和运输船舶大型化的需要，促进全市经济和对外贸易发展发挥重要作用。该项目于2005年通过了国家发改委的核准立项，同年11月香港和记黄埔港口集团与深圳市盐田港集团正式签约共同出资建设码头。至2008年年末，累计完成投资92.4亿元。目前，工程总体进展顺利，其中前期两个泊位将在今年投入试运行阶段。

——蛇口集装箱码头三期

蛇口集装箱码头三期工程项目计划总投资43亿元，建设深水泊位6个，其中：10万吨级集装箱专用泊位3个，设计年吞吐能力180万标准箱；3万吨级泊位3个。该项目2008年年底已累计完成投资38.6亿元。前期工程的5#、6#、7#、8#泊位已建成并投入使用，目前该项目后续工程进展情况顺利。

——大铲湾集装箱码头一期

该项目大突堤总规模为年处理集装箱能力400万标准箱。一期工程计划建设泊位岸线长度1830米，5个大型集装箱专用泊位，前沿水深-15.5米，综合年吞吐能力250万标准箱。计划总投资70.73亿元人民币，2008年实际完成投资26亿元，并累计完成投资58.31亿元。该项目早于2005年3月经国家发改委核准立项，同年7月深圳大铲湾港口投资发展有限公司与香港九龙仓集团旗下现代货箱码头有限公司正式签订大铲湾集装箱码头一期工程合资公司合同，并宣告项目正式开工。目前，码头及各项配套工程的建设已全面铺开， 2008年1月，随着“北欧亚帕科”号的挂靠，大铲湾集装箱码头首条周班定期远洋航线开通。同年7月大铲湾集装箱码头开通了首条香港的驳船直航业务的同时，分别迎来马尼拉航线、太平洋快运航线和中东航线首靠船，标志着该码头出口货物重箱操作业务的开端。

——铜鼓航道

航道全长23.6公里，底宽210米，底标高-15.8米，按第六代集装箱船不乘潮进出港单向航道设计，总疏浚量7030万立方米。该项目早于1997年经原国家计委批准立项，2004年正式动工建设。该项目计划总投资人民币16. 亿元，2008年实际完成投资2亿元，工程已累计完成投资15亿元。此项目疏浚工程已全部完成，并于2008年12月试航成功。

以上各项重点交通基础设施建成投入营运后，将对拉动深圳交通运输、港口业新的经济增长将起到积极作用。

二、生产营运总体平稳，多项指标呈现增长

（一）集装箱吞吐增幅放缓、全球枢纽港地位未变

近年来，随着深圳港集装箱码头装卸能力和操作效率的不断提高，目前包括马士基、东方海外等世界航运巨头在内的各大船公司相继在深圳港开辟新航线，并纷纷投入新船挂靠，深圳港国际集装箱班轮航线继续保持相对稳定。至2008年底，累计有50家世界著名船公司在深圳港开辟近远洋国际集装箱班轮航线195条，同比减少2条，其中：美洲线53条（北美43条、南美10条）；亚洲线68条；欧洲线59条；大洋洲线5条；非洲线10条，以深圳港为枢纽、覆盖世界十二大航区主要港口的国际集装箱班轮航线结构得到完善和优化。深圳港作为我国综合运输体系中主枢纽港和华南地区集装箱枢纽港的地位基本形成。2008年深圳港虽然集装箱吞吐增幅放缓、但全球枢纽港地位未变。全年生产营运呈现以下特点：

1.东西部港口箱量发展仍待改善

2008年深圳港三大专业集装箱码头吞吐量分别为：盐田国际集装箱码头968.3万标准箱，比上年下降3.3%；赤湾港航591.3万标准箱，下降1.5%；蛇口港区569.1万标准箱，增长13.2%。

三大专业集装箱码头吞吐量达2128万标准箱，占全港集装箱吞吐量99.4%。2008年，东西部港口集装箱吞吐量市场份额分别为：东部港口968.3万标准箱，占全港总量的45.2%；西部港口1173.3万标准箱,占全港总量的 54.8%。呈现出西部港口集装箱吞吐量增幅及占比重仍高于东部港区,东西部港区发展不平衡状况逐年得到改善。

2.港口发展面临新挑战,集装箱吞吐增幅放缓

随着经济全球化,2008 年受全球金融海啸引发的世界经济增长放缓影响,我国外贸出口走低,加之珠三角产业转型和部分出口型企业外迁,进一步让贸易进出口市场显现疲乏之势,已对在区域经济发展中处于重要地位的深圳港形成严峻挑战。2008 年 1-12 月份,深圳港集装箱吞吐量月度累计增幅分别为 12.3%、3.5%、8.6%、8.5%、8.0%、7.2%、7.0%、7.1%、5.8%、4.2%、3.3%、1.5%,可见,2008 年,深圳港集装箱吞吐量增幅从首月的两位数回落到最后一个月的 1.5%,总体呈逐月放缓之势。与上年相比,2008 年深圳港集装箱吞吐量增幅放缓 12.7 个百分点。

2008 年深圳港集装箱吞吐量增幅放缓主要受国际经济形势及国内产业调整等多方面因素影响,具体原因有:(1) 受由美国次贷危机引起的全球金融海啸影响,出口美国货源大幅减少,美国航线一改往年的旺盛势头,萎靡不振的疲态使许多班轮公司出现经营亏损后纷纷撤船、并线、减少或兼用舱位,将原运力转至亚、欧航线,导致深圳港以美洲线为主的盐田港区集装箱吞吐量下降(2)外贸货物出口放缓,亦影响深圳港集装箱吞吐量的增长(3)部分制造型企业外迁一定程度上导致小部分港口集装箱货源流失(4)2 月份的雪灾及夏季暴雨、台风天气导致邻省许多货物无法到达深圳也影响港口箱量的增长。

面对国际、国内新形势、新情况、新挑战,新的《深圳港总体规划》已于 2008 年 10 月经市政府常务会审议并获原则批准,随即国务院正式批复同意设立深圳前海湾保税港区。2008 年 11 月,海协会与海基会在台北签署《海峡两岸海运协议》,深圳港成为大陆首批开放港口之一,同年 12 月 17 日,随着从台湾高雄起航的“新非洲”轮缓缓靠泊蛇口集装箱码头 8# 泊位,标志着两岸海运直航台湾至深圳实现首航,上述举措对深圳港开拓新的货源,强化深圳港的中转枢纽港地位,均将产生深远意义。

3.生产旺季不旺、惯例首次被打破

按照往年惯例,每年的 7、8、9、10 月通常是海运高峰期,其中 9 月份集装箱吞吐量常创单月历史新高,而 2008 年该惯例被打破。8 月份深圳港集装箱吞吐量为 207.46 万标准箱,创出单月历史新高;9 月份的箱量为 200.4 万标准箱,较 8 月份减少 3.4%,与 2007 年同月相比减少 2.4%;10 月份的箱量仅为 181.7 万标准箱,较 9 月份又减少 9.3%,与 2007 年同月相比减少 8.3%;11、12 月份的箱量分别继续下滑至 171.3、165.5 万标准箱,往年圣诞节前旺季的货量火爆现象未能出现。

4.国际班轮航线、首次出现减少

2008 年年末,全球班轮公司挂靠深圳港国际集装箱班轮航线为 195 条,比 2007 年年底减少 2 条。其中:北美航线减少 8 条,欧洲航线减少 1 条,亚洲航线增加 5 条,大洋洲航线增加 1 条,非洲航线增加 1 条。

5.港口旅客吞吐量呈现下降趋势

2008 年,蛇口、福永客运码头旅客吞吐量比上年减少 67.18 万人次,下降 15.8%,呈明显下降态势。据分析,港口旅客吞吐量下降的原因主要有:一是受深港西部通道建成后对赴港水路客源分流影响;二是 2008 年台风天气频密,船班被迫取消数量较多;三是赴澳旅客签证受限;四是 12 月海峡两岸开通常态包机后,福永客运码头客量主流的台胞减少从香港、澳门机场中转,选择更为便捷的两岸常态包机,分流部分水路客源。

(二)机场旅客吞吐量增幅回落、货邮行吞吐量首次负增长

1.机场旅客吞吐量增幅回落

2008 年,在深圳机场运营的国内航空公司 15 家,国际航空公司 14 家。开通航线百条以上,可通航国内外近百个城市,每周航班量超 3500 班次以上,全年日均旅客吞吐量为 5.86 万人次,节日高峰时客流吞吐达 7 万人次以上。

全年机场旅客吞吐量为 2140 万人次,比上年增长 3.8%,增幅回落近 9 百分个点。增幅回落主要原因有:首先 5 月四川汶川地震以及多个台风等自然灾害影响,使深圳机场大面积航班被延误或取消;二是,由于国家假日制度的调整,如“五一”7 天长假首次缩减为 3 天,改变部分旅客假期乘坐飞机长途出游的习惯,而选择省内游等短途线路,分流机场部分假日民航客源;三是,北京奥运会前和奥运会期间,民航旅客安检力度空前加大,旅客安检通行时间明显延长,一定程度上抑制部分旅客放弃通过民航出行现象。

2.机场货邮行吞吐量负增长

2008 年机场货邮行吞吐量为 59.8 万吨,比上年下降近 3%,这是近年来首次出现负增长。其原因:主要受全球货运走软,珠三角制造业不景气,及国内原材料价格上涨等宏观环境的影响。

为增强区域物流竞争优势,有利于机场货邮运输发展,深圳机场航空物流园与大铲湾码头(一期)签订了《海空联运通道合作备忘录》,共同打造“大

铲湾——机场”海空联运通道。2008 年 10 月，UPS（联合包裹服务公司）深圳亚洲转运中心在深圳机场正式动工建设，对于深圳机场航空货运业务的长远发展具有重要战略意义。

（三）“陆空铁”客货运输保持平稳增长

2008 年全市“陆空铁”（公路、民航、铁路）三种运输方式累计完成货物运输量 11055 万吨，同比增长 14.9%，三种运输方式累计完成货物运输周转量 96.54 亿吨公里，增长 20.7%。其中：完成公路货物运输量 10604 万吨，增长 14.3%；公路货物运输周转量 81.12 亿吨公里，增长 15.4%；航空货物运输量 40.97 万吨（南航、深航、翡翠和东海航空公司完成量），增长 48.3%；航空货物运输周转量 13.26 亿吨公里，增长 69.4%；铁路货物运输量 401 万吨，增长 23.3%；铁路货物运输周转量 2.16 亿吨公里，增长 13.7%。

2008 年深圳“陆空铁”三种运输方式累计完成旅客运输量 1.57 亿人次，同比增长 6.8%；累计完成旅客运输周转量 360.51 亿人公里，增长 16.7%%。其中：完成公路旅客运输量 1.18 亿人次，增长 1.7%；公路旅客运输周转量 84.31 亿人公里，增长 2.3%%；民航旅客运输量 1620.72 万人次（南航、深航完成量），增长 22.2%，民航旅客运输周转量 218.1 亿人公里，增长 21.1%；铁路旅客运输量 2229.50 万人次，增长 20.4%；铁路旅客运输周转量 58.01 亿人公里，增长 25.4%%；全年“陆空铁”三种运输方式旅客运输人均运距为 229.6 公里/人，比上年延长 23.4 公里/人。

2008 年全市旅客运输在良性的市场竞争中，各种运输方式结构不断完善，其中：民航在长途旅客运输中保持优势，公路旅客在短、中途运输中的主导地位得到巩固，（2008 年公路旅客运输量达 1.18 亿人次，占全市旅客运输量的 76.68%），铁路旅客则在中长途运输中保持优势，形成了一个扬长避短各种方式的旅客运输市场格局。

（四） 外贸货物减少、影响水路货运

2008 年完成水路货物运输量为 3848.20 万吨（按在注册企业运力口径完成量），同比下降 5.0%；完成水路货物运输周转量 649.31 亿吨公里，下降 9.1%。水路货物运输量和货物运输周转量下降主要受外贸出口货物减少，部分公司水运企业为降低经营成本减少自有船舶数量、降低航速、缩短航行距离的原因影响。

（五） 省际高速公路旅客运输负增长

2008 年，因受雨雪冰冻和汶川地震两大自然灾害和北京奥运个别交通方式限行等不利因素影响。全年完成高速公路长途旅客发送量 3149 万人次，其中：完成高速公路跨省际旅客发送量 585 万人次，分别比上年下降 9%和 11.7%。完成高速公路旅客发送周转量 119.59 亿人公里， 其中：完成高速公路跨省际旅客发送周转量 52.23 亿人公里，分别下降 15.7%和 17%。高速公路长途旅客人均运距为 379.77 公里/人。

2008 年年底全市高速公路的快速旅客运输直达省际线路有 13 省近百个城市之多。

（六）邮政、通讯业务再上新台阶

2008 年深圳邮政、电信、移动等有关电信企业累计完成邮政、电信业务量 611.75 亿元，再创历史新高，同比增长 19.1%；其中完成邮政业务量 17.13 亿元，增长 13.6%。全市年末拥有 8 种品牌通讯用户达 2406.42 万户（即电信的固定电话、市话通、移动的全球通、神州行、大众卡及动感地带、联通的二种合约用户），比 2007 年增加 98.01 万户，增长 4.3%。其中固定电话用户 384.41 万户， 增加 103 万户，增长 26.8%；多种移动品牌用户达 1862 万户，增加 18 万户，增长 1%；宽带互联网用户 205.5 万户（含视讯网用户），增加 16.18 万户，增长 8.6%。

（七）城市公交（地铁）客流量稳步增长

公交行业全年完成城市客流量 20.9 亿人次（含地铁），比上年增加 1.57 亿人次，增长 8.1%，城市公交日均客流达 572.56 万人次， 比增加 42.71 万人次。深圳地铁客流量呈现逐年增长趋势。全年完成客流量达 1.36 亿人次，增加 1785 万人次，增长 15.2%；日均客流达 37.12 万人次，增加 4.89 万人次。

（八）民用汽车平稳增长、八成小汽车为私有

2008 年深圳市机动车拥有量增长迅猛，年末在册的机动车达 128.76 万辆，同比增长 13.2%，其中私人机动车 94.13 万辆，增长 18.8%，占总量的 73.1%。全市在册小型载客汽车拥有量达 95.12 万辆，其中私人拥有量达 82.13 万辆，占全市小汽车总量的 87.3%，比重增加 1.9 个百分点。

（九）邮政向各地汇款再创新纪录

2008 年深圳居民向全国各地汇款 359.7 元，其中外来打工人员汇款达 276.2 亿元， 分别是 1990 年向“外”汇款的 179 和 183 倍，再创 1990 年以来，深圳通过邮政向全国各地汇款的历史新纪录。2008 年外来打工人员汇款占年度汇款总额的 76.8%，呈现外来打工人员通过邮政向全国各地汇款额有逐年上升和汇款比重逐年加大的趋势。

（十）城市“车港”，完成公交接驳营运

深圳第一个具备“车港”功能的综合交通枢纽——福田交通综合枢纽换乘中心于 2008 年年初投

入城市公交接驳功能运营。该项目是集城市公交、地铁、长途客运、出租小汽车及社会车辆换乘于一体的立体无缝式接驳大型枢纽中心，具有中转与换乘功能、多式联运功能、旅游交通功能、口岸旅客集散功能、零担货运服务功能及“车港”功能。福田交通综合枢纽换乘中心的投入使用，对解决城市带状结构产生的长距离公交问题、缓解公交营运压力及路面交通压力和进一步完善城市功能有着重要作用并具有高效率、大容量、无缝接驳特点。

三、交通营运中存在的问题与建议

（一）机动车辆迅猛增长，道路设施仍显不足

到2008年年末，全市在册机动车达128.76万辆（不含挂深圳牌的出入境车辆），挂异地车牌长期在深圳市内行驶车辆有12万台以上，加上外地车辆日均进入深圳城郊道路约在5-7万台次之间，节假日高峰期间达10万台次。然而，深圳是一个不足2000平方公里地域城市，其交通道路建设受到一定的局限，路面交通一直承受着巨大压力，交通拥堵情况虽经多方疏导仍没得到全面解决，有限的道路资源与交通需求总量之间的矛盾十分突出。2003至2008年，6年间深圳新增机动车近88万辆，其中：2006、2007年分别增加15.4、18.11和14.3万辆。而同期新增和延长的城郊通车等级道路不足700公里，使市区道路平均车速已出现逐年下降趋势，局部路段高峰时及全市各二线关口的交通拥堵严重。

（二）城市公交运力结构有待完善

城市公共交通运力投入结构仍不合理。到2008年年底全市投放城市公交汽车营运车辆24057台，比上年增加2118台，其中公交大巴为8396台，占公交车投放总量的34.9%，比上年下降2.4个百分点；投放的士出租车为12991台，占公交车投放总量的54%，比重上升2.9个百分点；出租车（的士）起步价偏高，导致出租营运车辆长期载客率不高；全市投入公交运力车辆，占全市载客汽车总量的2.1%；公共交通作为城市交通主体的功能尚未得到充分发挥和公交优先化的战略没有得到完善。主要表现在：一是公交车运载时速呈现逐年下降趋，市区主干线公交车靠站“列车化”问题仍未得到彻底解决；二是公交车覆盖率仍不高，目前公交车投入万人（按常住人口）拥有率仅28标台(含大、中、小巴车辆)，与国际化城市标准还有一定差距；三是准点率低，特别高峰期（节假日及上落班）乘车难和拥挤的问题有待改善，堵塞严重；四是郊外的公共交通发展仍存在滞后现象，2008年全市城郊公交营运线路总长度为12065公里，城郊公交营运线路平均密度每平方公里为6.18公里，宝安、龙岗两区地域，比市中心区更低一些。

（三）两港“大”变“强”仍需努力

深圳海港从2003年已跨入全球集装箱吞吐量第四后已连续6年保持此排名，而深圳空港已连续12年稳居全国第四，但两港要实现“强港”的战略目标必须尽快解决一些瓶颈问题，如：尽管深圳西部有连接内地与东南亚繁忙的航线，但西部港区几乎全部处于人口稠密地区，后方陆域拓展空间有限。深圳东部虽然有水深16米的世界级优良之一的港湾港区，沿岸腹地纵深。从全港海岸资源分析，深圳近300公里的海岸线上，因其他不利因素的存在（如东西部港区，沿岸腹地纵深浅，后方陆域的利用已接近极限）所保留区岸线已逐年减少。岸线资源的日益匮乏，直接导致港口航运业缺乏长远的发展纵深，影响行业做强做大。如不及时解决航运业面临的资源紧张问题，深圳在这一领域积累的优势将很快被竞争对手超越。

（四）交通不畅影响国际化城市建设进程

快速通畅的客流、物流、信息流，可促进各种生产要素加速聚集，使城市功能充分发挥，因此，交通在城市发展中的战略地位极为重要。而道路交通运输不畅，甚至秩序混乱引起交通事故频发、公交服务和管理水平的不高和城市公共交通运能有限等问题，都会直接影响深圳交通运输事业可持续发展和延缓现代化、国际性大都市的发展进程。

（五）邮电部份指标增长速度回落

随着邮电通讯市场进一步开放，深圳电讯业务的种类多样化，资费标准逐年降低，使邮政、电信业务总量增长势头趋缓。在通信行业不断有新业务品种推出的同时通过降低资费标准、分时段收费等措施来满足人们日益增多的通信需求，这一方面令广大消费者受惠，另一方面随着市场日趋饱和以及资费的下调，虽然全市通信用户仍然不断增加。2008年邮电业务量比上年同期增幅下降近6个百分点，增幅已呈现放缓趋势。

针对以上存在的薄弱环节：建议

首先，贯彻落实好全市“十一五”交通规划，加快重点交通基础设施建设，特别要加快疏港通道的建设进度，要适度超前规划港口的方案，在物流方面要实施“东进东出，西进西出，”并落实好深圳有轨运能的发展规划。另外，要采取有效措施改善交通拥堵状况，如：进一步提供优良的公交服务方便市民出行；建设更完善的公共交通服务和设施，提升公共交通系统的容量及效率　；更充分运用铁路（地铁）运输作为为骨干；更广泛地使用新科技交通网络，减少意外及其影响。

其二,全面实施“两港齐飞”“以港强市”战略,积极推进社会物流发展。进一步推进深港航运业在经营、管理、建设等方面的交流与合作,积极培育离岸业务和临港附加值高的产业协调发展,以区港联动为试点契机并积极协调落实各项优惠政策。空港方面,要增强机场的区域竞争能力,提高机场空域和航路的使用效率,加快机场二跑道建设,积极拓展国际客货航运线。

其三,推行公交优先战略,提升公交整体服务水平。要切实将公交发展规划列入城市发展总体规划中,加强公交场站等设施的规划建设,实现公交场站换乘中心与大型民用设施的同步规划、建设和使用,同时探索引进先进的快速公交发展模式,积极开展无障碍公交专用通道体系的研究和建设,完善地铁与公交的接驳功能,推进特区内外公交一体化。

其四,加大改革创新力度,提高公共交通运输能力和行业经济效益,同时用适当的经济手段加强出租车行业的宏观调控和管理,扩大出租车的市场份额。

其五,要加快充实东部地区公交运力,东部地区由于地处偏远,公共交通发展相对滞后,给居民出行带来不便,主要原因:首先城市公交车辆投放比例不合理和仍然不足,供求矛盾突出;其次因公交路线和运力少,发车间距长,公交车常出现超载现象,存在交通事故隐患;再则部分公交车收班过早,出租车(的士)欠缺,给居民早、晚出行不便。建议有关部门对东部地区的公交运能适当增加投放量,尤其是逢节假日,适当延长公交服务时间,切实解决东部居民出行的交通难问题。

其六,努力寻找行业新的经济增长点。

首先在客运方面:完善高速公路网络建设,发展公路快速客运,早日实现全市“一小时旅游圈”。铁路运输行业应做好优化资源配置工作,加快机车车辆的周转,不断提高运输能力,提升服务质量。水路客运应与旅游部门寻求合作,致力发展东、西部的水上旅游业,把舒适化、休闲化的水上旅游作为新的增长点,引导水路客运走出困境。航空企业应该在揽客方面多下工夫,在激烈的市场竞争中求发展。

其次在货运方面:运输企业应主动走访货主单位,加强揽货、组货工作,增加货源。同时根据市场变化情况创新经营方式,为客户提供更优质、快捷的对口服务。

在邮电通信方面:应理性看待邮电通信业务总量增长速度放缓的趋势,继续推出更多、更受欢迎邮政、移动和电信新业务品种,为广大消费者提供更优质服务作为经营宗旨。

四、2009 年交通各行业展望与生产预测

2009 年是实现“十一五”规划第四年,是继续解放思想、深化改革,扩大开放,促进深圳发展的重要一年。展望 2009 年深圳交通运输、港口生产、社会物流发展及邮政、电信业生产仍将保持平稳发展趋势,但增幅继续放缓。主要指标预测如下:

(一)客货运生产将实现稳步增长

全社会旅客运输量将超 1.64 亿人次,同比增长约 3.3%,其中公路旅客运输量达 1.2 亿人次,增长 1.5%;铁路运输发送量 2400 万人次,增长 7.2%。

全社会货物运输量将达 1.5 亿吨以上,增长 3.5%。其中公路货物运输可突破 1.1 亿吨大关,增长 7.3%;铁路货物运输量突破 400 万吨,增长 4%。

(二)双港吞吐量低位增长

海港货物吞吐量预测 2.2 亿吨,增长 2.8%,其中集装箱吞吐量将突破 2170 万标箱以上,增长约 1.5%;机场旅客吞吐量 2250 万人次以上,增长 5.2%;机场货邮行吞吐量 74 万吨,增长 4%。

(三)邮政、电信业务增长放缓

全年邮政、电信业务将突破 650 亿元业务量(2000 年不变价)增长 6.4%,其中完成邮政业务 19 亿元,增长 11%,移动、电信、互联网等有关指标的百人普及率有所增加。

(四)交通基础建设进一步加快推进

2009 年深圳交通道路、邮电、港口、仓储基础建设计划投入资金为 120 亿元(不含轨道建设资金),其中政府计划投入 92 亿元,社会计划投入 28 亿元。其中 90 亿元用于改善深圳交通公路基础设施建设;23.2 亿元用于港口公共基础设施建设项目;0.3 亿元用于公交场站建设项目;6.5 亿元,预计高速公路和新增集装箱专用泊位都有不同程度增长。

随着珠三角区域经济日渐融合,泛珠三角区域之间、深港之间的合作进一步加强和全市人口持续增长,宝安、龙岗两区的城市化、市区内外一体化全面推进,使深圳交通运输业面临前所未有的机遇和挑战。为使深圳交通由适应型发展转变为引导型的主动发展,必须着力解决机制中深层次的矛盾和问题,协调推进交通事业全面发展,构建一体化的交通体系。

(撰稿:黄培添)

2008年深圳市物流业运行情况分析

2008年，深圳物流产业面对复杂多变的经营环境，开拓进取，积极应对，取得新的进展，为深圳市经济的平稳较快发展做出了重要贡献。

一、物流业经受严峻考验，增加值增速放缓

2008年，在多方面不利因素的影响下，全市社会物流业各项经济指标增速回落，但仍保持着较为稳定的增长。全年全市物流业增加值为734.52亿元，同比增长12.27%，增幅较去年回落8.12个百分点，占全市GDP的比重为9.4%，比上年下降0.3个百分点。深圳物流业将进入增长趋缓、结构调整阶段。

二、物流业成本压力大，运营效率有所提升

2008年深圳社会物流总费用为1178.39亿元，同比增长15.3%，增速下降2.3个百分点。2008年物流行业面临着较大的成本压力，但仍保持着较高的运营效率。

（一）运输费用

2008年上半年油价的上涨使物流业面临较大的运输成本压力，但随着出口增长的逐步放缓和货运周转量的减少，运输费用为629.54亿元，增长速度和占总费用的比重均有所下降。[0]2008年深圳社会物流运输费用的增速和占总费用的比重分别下降了0.7和1.2个百分点。

（二）保管费用

仓储业功能设施和多元化服务的不断完善使物流业对保管的需求更加丰富。此外，受出口减缓影响，仓库长期积货也导致保管费用的上涨。2008年保管费用为361.72亿元，同比增长23.7%，占总费用的比重为30.7%，虽然增幅上比上年下降了6.9个百分点，但占总费用的比例上升2.7个百分点，也意味着各行业对物流服务的需求日趋丰富，深圳物流业向现代物流发展步伐加快。

（三）管理费用

新《劳动合同法》的颁布实施在一定程度上增加了企业的人力成本，2008年上半年物价水平的持续高位运行也使企业管理费用支出面临较大的压力，但多数企业通过采取改善管理体制、优化管理流程、节约办公用品耗材等措施来削减管理费用，效果显著。2008年管理费用为187.13亿元，同比增长9.4%，占总费用的比重15.9%，降低了0.9个百分点。

三、进出口增速下降明显，社会物流总额增幅趋缓

2008年深圳市社会物流总额为23696.35亿元，同比增长9.4%，增幅比上年下降了2.5个百分点。社会物流总额增幅趋缓，其中进口物流总额增速减缓尤为明显。2008年深圳市进口物流总额为9608.07亿元，增长3.89%，占物流总额的比重为40.6%，下降了2.1个百分点。其主要原因是，在人民币升值的影响和金融危机的冲击下，国际需求市场萎缩，深圳进出口贸易受到较大影响。2008年深圳市外贸进出口总额2999.55亿美元，增长4.3%，增幅比去年下降了16.8个百分点，其中进口总额1202.35亿美元，增1.0%，增幅下降了17.5个百分点。

2008年深圳市工业品物流总额为13505.23亿元，同比增长13.3%；占物流总额的比重为57.0%，比去年上升了2.0个百分点。工业品物流总额的稳定增长是社会物流总额增长的主要拉动力量。在金融危机的冲击下，深圳市工业制造业尽管也受到了一定程度的影响，但依靠高新技术产业的有力支撑，工业品物流总额仍保持了稳定的增长。

（撰稿：黄培添）

5-1 主要年份全社会客货运输(吞吐)量

PASSENGER AND FREIGHT TRAFFIC IN MAIN YEARS

项目	Item	2003	2004	2005	2006	2007	2008
一、货运量（万吨）	**Freight Traffic (10 000 tons)**	**6 761**	**7 955**	**9 807**	**11 320**	**13 754**	**14 894**
1. 铁路	Railway	316	354	395	310	325	401
2. 公路	Highway	5 433	6 388	7 390	7 918	9 274	10 604
3. 水运	Waterway	1 003	1 201	2 005	3 070	4 127	3 848
4. 民航	Civil Aviation	9	12	17	21	28	41
二、机场货物吞吐量（万吨）	**Cargo Handled at Airport (10 000 tons)**	**40.66**	**49.54**	**55.05**	**56**	**62**	**60**
三、货物周转量(万吨公里)	**Turnover Volume of Freight Traffic (10 000 ton-km)**	**3 702 400**	**4 921 100**	**6 046 000**	**7 571 900**	**8 522 700**	**7 458 500**
1. 铁路	Railway	21 700	22 400	22 700	18 400	19 000	21 600
2. 公路	Highway	368 600	425 200	509 700	548 800	702 800	811 200
3. 水运	Waterway	3 298 000	4 455 300	5 486 300	6 961 800	7 722 600	6 493 100
4. 民航	Civil Aviation	14 100	18 200	27 300	42 900	78 300	132 600
四、客运量(万人)	**Passenger Traffic (10 000 persons)**	**10 452**	**12 276**	**12 901**	**13 957**	**15 030**	**15 876**
1. 铁路	Railway	1 137	1 447	1 554	1 679	1 852	2 229
2. 公路	Highway	8 635	9 891	10 212	10 962	11 605	11 800
3. 水运	Waterway	139	194	205	221	247	226
4. 民航	Civil Aviation	541	744	930	1 095	1 326	1 621
五、机场旅客吞吐量(万人)	**Passenger Departing at Airport (10 000 persons)**	**1 084**	**1 424**	**1 574**	**1 836**	**2 062**	**2 140**
六、旅客周转量(万人公里)	**Turnover Volume of Passenger Traffic (10 000 person-km)**	**1 451 500**	**1 870 800**	**2 288 700**	**2 677 300**	**3 099 000**	**3 615 000**
1. 铁路	Railway	217 100	287 100	336 000	386 100	463 100	580 800
2. 公路	Highway	533 100	621 000	685 700	771 600	824 000	843 100
3. 水运	Waterway	7 600	10 400	9 600	9 500	10 800	10 200
4. 民航	Civil Aviation	693 700	952 300	1 257 400	1 510 100	1 801 100	2 180 900
七、港口	**Harbor**						
1. 泊位数(个)	Berths (unit)	130	137	142	152	159	165
#万吨级	10 000 Ton Class	45	51	56	61	62	64
2. 货物吞吐量(万吨)	Cargo Handled at Seaports(10 000 tons)	11 220	13 537	15 351	17 598	19 994	21 125
#蛇口港区	Shekou Seaport	3 079	3 535	3 857	4 162	5 427	6 137
赤湾港区	Chiwan Seaport	2 508	3 524	4 260	5 384	5 943	6 166
妈湾港区	Mawan Seaport	1 687	1 921	1 982	2 058	1 794	1 844
盐田港区	Yantian Seaport	2 732	3 518	4 175	4 868	5 432	5 242
内河港区	Neihe Seaport	215	187	67	81	99	87

5-2 全社会客货运输和邮电业务量(一)

PASSENGER AND FREIGHT TRAFFIC, REVENUE FROM POSTAL AND TELECOMMUNICATIONS SERVICES (1979-2008)

年份 Year	机场货邮行吞吐量 (万吨) Cargo Handled at Airport (10 000 tons)	机场旅客吞吐量 (万人) Passenger Departing at Airport (10 000 persons)	货运量 (万吨) Freight Traffic (10 000 tons)	货物周转量 (万吨公里) Turnover Volume of Freight Traffic (10 000 ton-km)	客运量 (万人) Passenger Traffic (10 000 persons)
1979					
1980					
1981					
1982					
1983					
1984					
1985					
1986			1 521	150 321	3 973
1987			1 627	141 355	4 268
1988			1 704	217 165	5 858
1989			1 383	357 633	6 349
1990			1 349	257 545	8 833
1991	0.03	2	1 486	435 662	6 400
1992	2.17	166	1 801	545 857	8 153
1993	4.35	255	2 050	743 878	10 218
1994	6.15	319	2 604	779 791	8 531
1995	7.86	412	3 542	2 228 384	8 261
1996	9.04	435	3 647	2 328 753	8 281
1997	9.89	444	3 853	2 317 664	8 515
1998	11.47	515	4 048	2 127 605	8 484
1999	15.48	525	4 274	1 974 500	8 754
2000	20.70	642	4 697	2 059 400	9 346
2001	24.74	777	5 147	2 044 300	9 868
2002	33.41	935	5 878	2 996 400	10 644
2003	40.66	1 084	6 761	3 702 400	10 452
2004	49.54	1 424	7 955	4 921 100	12 276
2005	55.05	1 574	9 807	6 046 000	12 901
2006	56.00	1 836	11 320	7 571 900	13 957
2007	62.00	2 062	13 754	8 522 700	15 030
2008	60.00	2 140	14 894	7 458 500	15 876

5-2 全社会客货运输和邮电业务量(二)

PASSENGER AND FREIGHT TRAFFIC, REVENUE FROM POSTAL AND TELECOMMUNICATIONS SERVICES (1979-2008)

年份 Year	旅客周转量 (万人公里) Turnover Volume of Passenger Traffic (10 000 person-km)	港口货物吞吐量 (万吨) Cargo Handled at Seaports (10 000 tons)	港口集装箱吞吐量 (万标箱) Cargo Handled at Seaports (10 000 TEU)	# 出口 Exports	邮电业务总量 (万元) Revenue from Postal and Communications Services (10 000 yuan)
1979		10			138
1980		30			190
1981		70			340
1982		91			420
1983		141			567
1984		210			923
1985		327			1 761
1986	85 129	302			2 633
1987	140 598	485			4 880
1988	188 199	734	1		14 826
1989	217 832	956	2		21 293
1990	267 865	1 292	2		55 356
1991	186 682	1 563	5		84 927
1992	409 660	1 956	11		114 492
1993	477 794	2 541	13		174 045
1994	790 097	3 002	18	11	259 432
1995	820 721	3 080	28	16	368 945
1996	827 693	3 021	59	32	462 261
1997	828 352	3 357	115	63	610 111
1998	822 420	3 444	195	104	764 658
1999	865 400	4 663	299	158	982 686
2000	993 800	5 697	400	210	1 336 000
2001	1 117 500	6 643	508	266	1 419 000
2002	1 311 000	8 767	762	396	1 644 200
2003	1 451 500	11 220	1 065	552	1 980 300
2004	1 870 800	13 537	1 366	713	2 660 100
2005	2 288 700	15 351	1 620	841	3 208 000
2006	2 677 300	17 598	1 847	961	3 795 000
2007	3 099 000	19 994	2 110	1 101	5 135 400
2008	3 615 000	21 125	2 142	1 087	6 117 500

5-3 全社会客货运输和邮电业务量指数

INDICES OF PASSENGER AND FREIGHT TRAFFIC, REVENUE FROM POSTAL AND TELECOMMUNICATIONS SERVICES (1980-2008)

(以上年为 100) (preceding year=100)

年 份 Year	货运量 Freight Traffic	货物周转量 Turnover Volume of Freight Traffic	客运量 Passenger Traffic	旅客周转量 Turnover Volume of Passenger Traffic	港口货物吞吐量 Cargo Handled at Seaports	邮电业务总量 Revenue from Postal and Communications Services
1980					300.0	137.7
1981					233.3	178.9
1982					130.0	123.5
1983					154.9	135.0
1984					148.9	162.8
1985					155.7	190.8
1986					92.4	149.5
1987	107.0	94.0	93.1	165.2	160.6	185.3
1988	104.7	153.6	137.3	133.9	151.3	303.8
1989	81.2	164.7	108.4	115.7	130.2	143.6
1990	97.5	72.0	139.1	123.0	135.1	151.7
1991	110.2	169.2	72.5	69.7	121.0	153.4
1992	121.2	125.3	127.1	219.4	125.1	134.8
1993	113.8	136.3	125.6	116.6	129.9	152.0
1994	127.0	104.8	81.5	161.2	118.1	149.1
1995	136.0	285.8	96.8	103.9	102.6	142.2
1996	103.0	104.5	100.2	100.8	98.1	125.3
1997	105.6	99.5	102.8	100.1	111.1	132.0
1998	105.1	91.8	99.6	99.3	102.6	125.3
1999	105.6	92.8	103.2	105.2	135.4	128.5
2000	109.9	104.3	106.8	114.8	122.2	136.0
2001	109.6	99.3	105.6	112.4	116.6	106.2
2002	114.2	146.6	107.9	117.3	132.0	115.9
2003	115.0	123.6	98.2	110.7	128.0	120.4
2004	117.7	132.9	117.5	128.9	120.7	134.3
2005	123.3	122.8	105.1	122.3	113.4	120.6
2006	115.4	125.2	108.2	117.0	114.6	118.3
2007	121.5	112.6	107.7	115.8	113.6	123.4
2008	108.3	87.5	105.6	116.7	105.7	119.1

5-4 全社会民用车辆和运输船舶拥有量

NUMBER OF CIVIL MOTOR VEHICLES AND TRANSPORT VESSELS OWNED

(2003-2008)

项 目	Item	2003	2004	2005	2006	2007	2008
民用车辆总计(辆)	**Total Civil Motor Vehicles (unit)**	**578 336**	**691 033**	**813 108**	**971 930**	**1 160 081**	**1 287 573**
一、民用汽车(辆)	Civil Automobile (unit)	532 690	647 069	770 877	936 369	1 124 520	1 252 747
1. 载客汽车(辆)	Buses and Cars (unit)	356 702	461 587	573 389	718 661	875 312	1 017 598
载客量(客位)	Number of seats in Buses and Cars(seat)	3 324 613	3 240 614	4 466 125	5 605 555	6 914 963	8 018 676
# 大型(辆)	Large Scales (unit)	17 612	18 161	20 725	23 297	26 000	26 954
载客量(客位)	Number of Seats(seat)	678 062	649 580	805 846	906 583	1 016 600	1 067 378
2. 普通载货汽车(辆)	Ordinary Trucks (unit)	161 903	185 212	176 784	189 054	201 616	203 007
载重量(吨位)	Capacity(ton)	841 895	1 074 230	1 023 457	1 097 513	1 173 405	1 213 982
# 大型(辆)	Heavy (unit)	48 260	50 664	19 421	19 181	17 672	15 937
载重量(吨位)	Capacity (ton) =	415 036	435 710	167 030	180 301	180 788	173 396
3. 专用载货汽车(辆)	Special Freight Trucks(unit)	2 010	1 980	2 020	1 647	1 700	1 700
载重量(吨位)	Capacity (ton)	25 125	24 700	25 200	22 234	28 167	28 167
4. 其他专用汽车(辆)	Other Special Motor Vehicles (unit)	11 560	14 309	18 014	189 054	194 745	161 819
5. 特种汽车(辆)	Particular Motor Vehicles	515	617	670	772	153	233
二、摩托车(辆)	Motorcycle(unit)	43 989	43 964	28 816	26 482	20 105	15 142
三、货挂车(辆)	Trailer Trucks(unit)	1 657	10 154	13 411	16 584	17 879	19 680
四、其他(辆)	Other (unit)						
民用运输船舶总计(艘)	**Total Civil Transport Vessels (unit)**	**101**	**104**	**102**	**149**	**142**	**160**
一、机动船艘数(艘)	Motor Vessels (unit)	90	94	94	137	130	148
载客量(客位)	Number of Seats (seat)	2 934	3 117	2 751	3 121	3 349	3 561
净载重量(吨位)	Dead Weight Tonnage (ton)	986 269	1 042 898	997 215	1 539 066	1 434 039	1 636 325
总功率(千瓦)	Total Power (kw)	317 775	311 295	295 447	420 702	386 728	438 778
1. 客船艘数(艘)	Passenger Transport Vessels (unit)	13	13	13	13	15	16
载客量(客位)	Number of Seats (seat)	2 934	3 117	2 751	3 121	3 349	3 561
2. 货船艘数(艘)	Freight Transport Vessels (unit)	69	74	77	112	105	125
净载重量(吨位)	Dead Weight Tonnage (ton)	984 275	1 040 904	997 215	1 523 712	1 418 685	1 636 325
3. 拖船艘数(艘)	Tugboats (unit)	8	6	4	7	5	7
二、驳船艘数(艘)	Barges (unit)	11	10	8	12	12	12
净载重量(吨位)	Dead Weight Tonnage(ton)	25 495	21 054	19 880	25 280	25 280	28 880

5-5 主要年份邮电业务量

POSTAL AND TELECOMMUNICATIONS SERVICES IN MAIN YEARS

项　目	Item	2003	2004	2005	2006	2007	2008
邮电业务总量(万元)	Business Volume of Post and Telecommunications (10 000 yuan)	1 980 300	2 660 100	3 208 000	3 795 000	5 135 400	6 117 500
# 邮政业务量(万元)	Business Volume of Post(10 000 yuan)	101 083	97 017	109 813	136 900	150 419	170 900
函件(万件)	Mail (10 000 pcs)	15 531	14 678	14 319	13 955	16 899	16 991
特快专递(万件)	Express Mail (10 000 pcs)	449 .80	590.54	808	1 098	1 320	1 650
包件(万件)	Parcels (10 000 pcs)	305 .70	276.70	299	287	266	240
订销报纸期发数(万份)	Number of Newspapers Circulation (10 000pcs)	58 .12	57.24	51	50	63.27	60.64
订销报纸累计份数(万份)	Total Copy of Newspapers (10 000 pcs)	14 942	15 796	18 558	16 032	14 562	12 067
订销杂志期发数(万份)	Number of Magazines Circulation (10 000 pcs)	69 .30	81.98	62	62	55	51
订销杂志累计份数(万份)	Total Copy of Magazines (10 000 pcs)	1 133	1 350	1 118	1 072	758	773
电报(万份)	Telegrams (10 000 pcs)	4 .21	3.00	2.00	2.00	1.00	
固定电话用户(户)	Number of Installed Telephone Subscribers (subscribers)	3 538 731	4 056 593	4 652 800	3 773 900	3 844 100	4 874 200
# 市话通	Numder of Hand-free Telephone Subscrbers	673 964	645 950	803 000	1 304 000	800 000	810 000
1、市话年末到达数(户)	Number of Urban Telephone Subscribers (year-end) (subscribers)	2 297 685	2 528 805	2 829 800	3 773 900	3 844 100	4 874 200
# 住宅电话(户)	Residential (subscribers)	1 531 735	1 561 222	1 614 058	1 662 000	1 672 000	1 672 000
2、城郊年末到达数(户)	Number of Telephone Subscribers in suburbs (year-end)(subscribers)	1 241 046	1 527 788	1 823 000	1 823 000	2 053 000	4 874 200
长话直拨有权用户(户)	Number of Direct Dialling Subscribers (subscribers)	2 002 764	280 462	3 032 518	2 784 943	2 999 000	3 029 800
# 直拨国际港澳的(户)	International Direct Dialling Subscribers to Foreign Countries as Well as to Hongkong and Macao (subscribers)	995 885	1 017 739	108 687	922 550	878 500	845 800
移动电话用户(户)	Number of Mobile Telephones Subscribers (subscribers)	8 710 000	9 860 000	12 920 000	14 940 000	18 440 000	18 620 000
互联网宽带网用户	Internet Subscribers Nunber of Wide Band	298 055	482 295	756 228	1 389 900	1 893 200	2 055 000
邮政储蓄年末收储余额(万元)	Postal Saving Deposit Balance (10 000 yuan)	650 110	823 426	1 015 318	1 274 766	1 515 304	1 842 569
集邮业务(万枚)	Philately (10 000pcs)	1 515	1 809	1 688	1 800	1 800	1 764

注：从2006年全市固定电话(户)中扣除了市话通。

From 2006, the number of Installed Telephone Subscribers does not include Hand-free Telephone Subscribers.

5-6 主要年份邮电通讯设施

FACILITIES OF POST AND TELECOMMUNICATIONS IN MAIN YEARS

项　目	Item	2003	2004	2005	2006	2007	2008
邮政局、所(处)	Number of Post and Telecommunications Offices(Unit)	724	660	647	621	646	658
邮运邮路总条数(条)	Total Numder of Mail Routes (route)	114	128	135	179	211	212
邮路长度(单程)(公里)	Length of Postal Routes (km)	56 347	67 568	83 856	78 472	112 649	113 840
城市投递段道长度(单程)(公里)	Length of City Delivery Routes (km)	6 398	6 398	28 896	34 754	37 428	32 505
邮运汽车(辆)	Number of Postal Automobiles(Unit)	261	296	94	124	156	150
邮政向外汇款(亿元)	Postal Remittance(100 million yuan)	144.89	131.59	155.60	282.20	321.20	359.69
# 外来人员汇款(亿元)	Remittance by Population with Temporary Residence Cards(100 million yuan)	75.00	89.50	124.00	192.50	233.72	276.15
全市固定电话交换机总容量(门)	Total Capacity of Telephone Exchanges (line)	4 475 631	5 058 000	5 570 000	4 818 600	4 863 800	5 337 300
#CDMA(门)	CDMA (line)					570 000	800 000
邮电局汇票(万张)	Postal Orders (10 000 Sheets)	1 381	1 250	1 354	2 040	2 065	2 122
国内汇票额(万元)	Internal P.O. (10 000 Yuan)	1 449 031	1 314 337	1 550 197	2 821 763	3 212 005	3 596 916
全市移动电话交换机容量(门)	Total Capacity of Mobile Telephone Exchanges (line)	8 730 000	12 300 000	16 710 000	18 000 000	20 000 000	20 000 000
全市电话机总数(部)	Number of Telephone Sets	3 674 198	4 203 405	4 852 800	5 077 900	4 852 800	4 874 200
# 市话话机总数(部)	Number of Urban Telephone Sets	2 414 544	2 702 405		2 497 431	2 400 000	2 400 000

5-7 全市铁路、民航、电信企业财务状况

FINANCIAL INDICATORS OF SHENZHEN RAILWAY,CIVIL AVIATION AND POSTAL ENTERPRISES

单位:万元 (2008) (10 000 yuan)

指标名称	Item	总计 Total	1、铁路 Railway	2、民航 Civil Aviation	3、电信 Telecommu- nication
企业个数(个)	Number of Enterprises	22	5	6	11
资本金合计	Total Capital	1 564 438	1 054 506	391 820	118 112
流动资产合计	Circulating Funds	1 863 060	479 855	669 703	713 502
固定资产合计	Total Fixed Assets	7 509 476	3 661 448	1 922 492	1 925 536
固定资产原值合计	Total Original Value of Fixed Assets	10 226 975	4 194 669	2 352 320	3 679 986
累计折旧	Accumulated Depreciation of Fixed Assets	2 949 463	665 527	454 258	1 829 678
资产合计	Total Assets	12 132 609	5 718 301	3 349 339	3 064 969
流动负债合计	Liquid Liabilities	3 367 692	775 086	1 123 252	1 469 354
长期负债合计	Long-Term Liabilities	2 118 529	693 827	1 487 632	-62 930
所有者权益合计	Creditors´ Equity	6 640 771	4 144 210	799 601	1 696 960
营运业务收入	Business Revenue	5 721 456	1 245 760	1 854 230	2 621 466
营运业务成本	Business Cost	3 791 185	901 822	1 811 376	1 077 987
营运费用	Business Expenses	368 657	62	156 438	212 157
营运税金及附加	Business Taxes and Extra Charges	156 199	30 375	46 514	79 310
营运业务利润	Business Profits	1 297 117	255 362	-159 842	1 201 597
管理费用	Management Expenses	279 387	94 447	80 221	104 719
#税金	Taxes	48 322	362	42 670	5 290
利润总额	Total Profits	1 154 066	121 989	-43 081	1 075 158

5-8 全市港口企业财务状况

MAIN FINANCIAL INDICATORS OF TRANSPORT ENTERPRISES WITHIN TRANSPORT SYSTEM

(2003—2008)

单位：万元 (10 000 yuan)

指标名称	Item	2003	2004	2005	2006	2007	2008
企业个数(个)	Number of Enterprises	17	17	17	19	20	20
资本金合计	Total Capital	433 702	498 757	631 667	1 042 023	1 209 350	1 223 805
流动资产合计	Circulating Funds	353 950	407 043	789 977	939 825	997 802	924 118
固定资产合计	Total Fixed Assets	947 413	1 089 525	1 390 992	1 898 392	2 607 807	2 472 420
固定资产原值合计	Total Original Value of Fixed Assets	1 160 962	1 335 106	1 566 100	2 064 652	2 786 074	2 687 525
累计折旧	Accumulated Depreciation of Fixed Assets	262 624	302 018	330 721	466 280	517 668	344 759
资产合计	Total Assets	1 695 572	1 949 908	2 496 642	3 318 829	4 018 362	3 988 216
流动负债合计	Liquid Liabilities	346 510	398 487	620 599	618 228	1 141 934	1 280 114
长期负债合计	Long-Term Liabilities	464 281	533 923	583 226	894 362	1 029 047	598 627
所有者权益合计	Creditors' Equity	887 329	1 020 428	1 294 257	1 774 302	1 946 911	2 111 747
营运业务收入	Business Revenue	674 437	775 603	966 356	1 191 007	1 266 738	1 277 576
营运业务成本	Business Cost	239 494	275 418	414 628	541 081	575 045	700 091
营运费用	Business Expenses	15 531	17 861	6 246	5 639	4 000	5 600
营运税金及附加	Business Taxes and Extra Charges	17 605	20 246	24 386	29 056	33 305	28 626
营运业务利润	Business Profits	410 014	471 516	519 832	595 821	665 481	543 255
管理费用	Management Expenses	64 016	73 618	43 945	50 155	56 505	69 288
应交所得税	Income Tax	5 885	6 768	24 544	31 479	33 018	23 770
利润总额	Total Profits	345 415	397 227	475 326	558 882	611 100	498 364

5-9 全市水运企业财务状况

MAIN FINANCIAL INDICATORS OF ENTERPRISES WITHIN WATERWAY SYSTEM

(2005—2008)

单位：万元 (10 000 yuan)

指 标 名 称	Item	2005	2006	2007	2008
企业个数(个)	Number of Enterprises	20	23	29	32
资本金合计	Total Capital	64 695	71 772	110 492	161 291
流动资产合计	Circulating Funds	94 717	101 908	207 756	293 595
固定资产合计	Total Fixed Assets	156 922	167 691	189 519	305 420
固定资产原值合计	Total Original Value of Fixed Assets	298 493	309 437	360 678	466 197
累计折旧	Accumulated Depreciation of Fixed Assets	128 730	143 033	108 434	172 638
资产合计	Total Assets	267 423	297 137	448 053	709 575
流动负债合计	Liquid Liabilities	69 821	77 579	160 068	274 546
长期负债合计	Long-Term Liabilities	2 451	2 723	15 745	63 618
所有者权益合计	Creditors' Equity	213 968	237 742	268 382	379 290
营运业务收入	Business Revenue	263 627	281 808	474 236	537 461
营运业务成本	Business Cost	213 004	225 560	346 551	341 251
营运费用	Business Expenses	2 219	2 466	4 429	3 423
营运税金及附加	Business Taxes and Extra Charges	6 246	6 940	9 997	11 282
营运业务利润	Business Profits	42 258	46 842	113 390	162 222
管理费用	Management Expenses	13 665	15 180	21 433	20 567
应交所得税	Income Tax	4 873	5 412	9 029	28 674
利润总额	Total Profits	33 695	37 550	145 149	148 250

5-10 全市年末公路通车里程到达数(按技术等级)

LENGTHS OF OPERATION MILEAGE BY THE END OF THE YEAR (GROUPED BY GRADE)

(1980—2008)

单位:公里 (10 000 km)

年 份 Year	公路里程总计 Operation Mileage	高速公路 High Speed Highways	一级公路 One-level Highways	二级公路 Two Stage Highwsys	三级公路 Three-level Highwsys	四级公路 Four-level Highwsys	等外公路 Substandard Highways
1980	745.7			3.1	119.8	508.0	114.8
1981	736.1			14.0	103.1	504.2	114.8
1982	743.4			17.0	110.9	500.7	114.8
1983	745.2			17.0	152.0	461.4	114.8
1984	786.2			16.8	172.7	481.9	114.8
1985	790.8			18.7	194.1	463.2	114.8
1986	810.4			18.7	202.2	514.8	74.7
1987	802.6			18.7	267.3	454.0	62.6
1988	834.6			15.7	285.9	476.3	56.7
1989	836.9		12.9	13.6	278.8	474.9	56.7
1990	832.3		12.9	11.9	275.9	496.1	35.5
1991	827.2		56.2	11.9	236.1	487.5	35.5
1992	906.9		57.7	11.2	235.3	567.2	35.5
1993	916.6		81.2	11.2	220.8	567.9	35.5
1994	971.6	27.8	120.6	39.4	210.3	538.0	35.5
1995	1 103.3	109.9	202.1	68.3	184.5	503.0	35.5
1996	1 169.2	109.9	246.0	84.4	174.4	519.0	35.5
1997	1 214.3	133.2	267.2	87.7	176.5	514.2	35.5
1998	1 257.5	155.2	354.5	177.9	215.8	351.6	2.5
1999	1 343.5	175.5	401.1	195.0	213.9	355.0	3.0
2000	1 356.5	175.5	420.1	197.0	195.9	365.0	3.0
2001	1 360.5	185.9	524.7	257.0	179.9	213.0	
2002	1 510.0	196.1	575.4	281.9	254.9	201.7	
2003	1 539.9	202.9	590.0	282.0	255.0	210.0	
2004	1 540.3	202.9	588.0	280.0	259.9	209.5	
2005	1 579.9	244.5	588.0	280.0	257.9	209.5	
2006	1 929.5	268.0	859.6	366.1	273.9	161.9	
2007	1 938.0	269.4	867.3	350.8	283.8	166.7	
2008	2 010.1	346.7	872.5	355.4	275.1	160.4	

农业

AGRICULTURE

CHAPTER

2008年深圳农业生产回顾和2009年展望

2008年，随着城市化和工业化进程的加快，深圳土地非农化势头迅猛发展，农业用地不断缩减。特别是自2004年深圳完全城市化之后，全部土地归属政府所有，但政府对转地后的土地管理办法至今仍未出台，严重影响了经营者对农业生产的投入，导致深圳农业生产全行业下降(详情见2008年农业总产值情况表)，并呈逐年下降趋势。2008年实现农业总产值18.79亿元，比上年下降16%，下降速度比2007年扩大了5.2个百分点。

一、2008年深圳农业生产情况回顾

（一）2008年农业总产值情况表

	农业总产值（亿元）	比上年增减（%）
农业总产值合计	18.79	-16.0
1、种植业	4.58	-31.1
2、畜牧业	6.94	-14.2
3、水产业	5.31	-5.8
4、林 业	0.55	-24.8
5、服务业	1.41	-4.0

注:增长速度按缩减法计算

（二）种植业生产情况

2008年种植业实现总产值4.58亿元，占农业总产值的24.4%，比上年下降31.1%，影响全市农业总产值下降7.9个百分点。主要原因是由于种植业的94.3%来自于蔬菜和园艺作物，而蔬菜和园艺作物2008年实现的产值4.32亿元，下降30.7%，导致种植业下降27.7个百分点。

2008年蔬菜播种面积9.8万亩，比上年增加0.3万亩，蔬菜总产量11.41万吨，与上年基本持平。水果种植由于受城市化转地的影响，果园长期处于闲置状态，且全年阴雨天气时间比较长，影响了水果的产量。2008年全市水果总产量0.45万吨，比上年下降38.8%。其中：荔枝产量0.21万吨，下降48.3%；龙眼产量0.17万吨，下降20.1%。花卉产业由于受国际金融风暴的影响，全年花卉实现产值仅0.14亿元，下降2.2%，花卉出口77.7万美元，下降62.8%。

（二）畜牧业生产情况

根据深圳市人大颁布的《深圳经济特区饮用水源保护条例》的规定和市政府制定用水环境综合整治方案的要求，深圳对畜牧养殖场进行了清理和整顿，拆迁了部分中小规模的养猪场，使畜牧业生产大受影响。2008年畜牧业实现产值6.94亿元，占全市农业总产值的36.9%，比上年下降14.2%，影响全市农业总产值下降5.4个百分点。生猪饲养量48.36万头，下降9.1%，出栏量32.44万头，略减0.7%；奶类产量1.62万吨，下降10.9%；家禽饲养量903.06万只，减少20.7%，出栏量764.50万只，减少了19.7%；禽蛋产量0.08万吨，减少28.7 %。

（三）水产养殖业生产情况

2008年水产养殖业实现总产值5.31亿元，占全市农业总产值的28.3%，比上年下降5.8%，影响全市农业总产值下降1.5个百分点。为了加快发展水产养殖业，全市继续优化产业结构，发展特色名优水产品，大力拓展海外捕捞远洋渔业。2008年水产品产量3.85万吨，增长12.9%。其中. 海水产量3.71万吨，增长19.1 %，占水产品的90%。

（四）林业生产情况

2008年林业实现产值0.50亿元，比上年下降24.8%。2008年深圳林业建设继续坚持以保护和改善生态环境为重点，强化森林资源保护和管理。全市人民携起手来，坐言起行，投身于植树造林活动，全市共有30万人次参加义务植树活动，共植树61万株。

（五）农林牧渔服务业生产情况

2008年农林牧渔服务业实现产值1.41亿元，比上年下降4%，是全行业下降幅度最小的一个行业。

二、2008年农业生产的主要问题

第一，全市城市化转地工作已经结束，但后续工作未能及时跟上，政府对转地后的土地管理办法至今仍未出台，不少农业投资者处观望状态，不愿加大对农业投入，对全市农业生产造成严重影响。

第二，农业抗风险能力仍然较弱，基础设施建设有待完善。2008年深圳遭受罕见的秋冬春连续干旱，严重的旱灾使造林成活率低，渔业鱼苗生产和种苗放养工作受到影响。而夏季的洪涝使水利设施遭到不同程度的破坏，也对农业生产造成一定的影响。

第三，农产品质量安全问题面临挑战，管理制度和管理手段还需完善。由于部分农业生产环境受污染，畜牧业的疫情、种植业的病虫害隐患较大，个别生产者违规施放农药、添加剂，使农产品的农药残留量超标，影响了农产品质量及安全。

三、对深圳市2009年农业生产发展的思考

2009年深圳农业发展应该以适应深圳建设国际化城市的要求为出发点，以全面提高食用农产品质量安全水平为重点，以农业科技推广应用为支撑，加速农业市场化、企业化、集约化、现代化步伐，加快实现农业生态功能，积极拓展农业发展空间，优化农业产业布局和结构，提高农业经营效益和市场竞争力。

（一）发展无公害农业

加快无公害农产品基地建设，为市民提供安全放心农业产品

是加强食品安全监管工作的一项重要内容，是市政府非常重视的一项民心工程。要加大力度对规模农产品基地(特别是蔬菜基地)进行整治改造，完善基础设施和生产设施，推行农产品标准化生产，生产无公害农产品、绿色农产品、有机农产品，满足市民购买食用安全放心农产品的物质生活需求。

（二）发展精品农业

要以科技创新为依托，实施农业精品战略。一是发展内地因缺乏人才、技术、资金、设备无法进行的高精尖农业项目，如光明奶牛胚胎育种、公明兰花组培育种等项目；二是发展占地少、技术含量高、效益好的农业项目，如良种畜禽种苗繁育、花木种苗繁育、高档花卉生产、高档蔬菜温室栽培、农产品保鲜加工等项目。

（三）发展名牌农业

深圳有不少名牌农产品，如沙井蚝、光明乳鸽、“晨光”牛奶、“光侨”肉制品、光明种猪配套系、天翔达种鸽、寰通蔬菜、铁岗水库有机荔枝等，在国内外市场上享有一定声誉。我们要大力实施农业名牌战略，引导和扶持农业龙头企业，做强做大优质名牌农产品，增加产量，扩大影响，提高市场占有率。

（四）发展休闲观光农业

深圳城市人口密集，年轻人多，市民有回归自然、了解农业、体验农耕的精神需求。为适应这种要求，要大力发展农业生产与休闲观光相结合的农业项目，在取得农产品收入的同时，增加旅游收入，提高农业效益。近期要抓好光明农科大观园的规划建设，建成以农业生态为主体，集生产、科普、观赏、农事体验、休闲、品尝购买农产品为一体的现代生态农业园。另外，要充分利用零星、分散的农业基地，发展一批农业生产与休闲观光、文化教育、生态保护有机结合的小型都市生态农业园(农庄)。

（五）发展异地农业

发展异地农业是深圳农业发展壮大的唯一出路，也是提高全市农产品质量安全水平的需要。要积极引导和大力扶持深圳农业企业及种养专业户到内地举办无公害农产品生产基地，特别是举办畜禽养殖基地，生产优质农产品供应市场；引导和培育经营企业与内地农产品生产基地建立稳定的供销关系，实现产销对接，切实提高调入农产品质量安全，逐步实现市政府提出的60%农产品来自一定规模生产基地的目标。

（撰稿：孙 虹）

6-1 农业总产值 (按当年价格计算)

GROSS OUTPUT VALUE OF AGRICULTURE (AT CURRENT PRICES)

(1979—2008)

单位:万元 (10 000 yuan)

年 份 Year	农业总产值 Gross Output Value of Agriculture	种植业 Planting	林 业 Forestry	牧 业 Animal Husbandry	渔 业 Fishery	农林牧渔服务业 Services of Farming, Forestry, Animal Husbandry and Fishery
全市 Total						
1979	13 106	6 494	85	1 598	433	4 496
1980	16 938	6 913	69	2 186	1 084	6 686
1981	24 181	8 515	153	5 677	1 869	7 967
1982	26 929	9 402	281	7 540	2 744	6 962
1983	29 083	10 930	207	7 832	3 400	6 714
1984	40 416	13 931	912	10 346	7 895	7 332
1985	45 821	15 641	1 371	14 444	7 875	6 490
1986	49 552	18 947	1 259	17 132	10 956	1 258
1987	73 772	26 631	1 678	28 869	14 339	2 255
1988	99 404	32 296	1 315	42 202	19 852	3 739
1989	108 015	31 412	1 253	54 389	19 010	1 951
1990	119 205	37 622	1 716	52 550	24 043	3 274
1991	143 063	40 697	4 097	63 117	31 025	4 127
1992	185 297	57 458	5 637	81 532	36 334	4 335
1993	192 880	49 977	3 519	94 969	38 506	5 909
1994	224 776	54 363	2 334	110 150	52 322	5 607
1995	232 653	58 407	2 207	125 623	43 173	3 243
1996	273 246	70 642	2 989	141 464	52 080	6 071
1997	270 889	73 030	3 792	124 140	64 676	5 250
1998	298 174	79 738	6 773	139 244	65 967	6 452
1999	299 662	91 560	5 312	126 799	68 401	7 590
2000	311 359	95 289	5 560	128 417	72 522	9 571
2001	327 111	105 153	5 060	127 565	76 213	13 120
2002	340 757	115 021	4 790	135 377	76 279	9 290
2003	337 406	111 989	6 557	135 940	76 935	5 985
2004	299 939	96 930	6 409	102 689	88 516	5 395
2005	217 369	53 152	4 861	75 334	76 831	7 191
2006	180 017	38 280	3 930	66 538	59 615	11 654
2007	171 380	43 415	6 682	64 678	42 875	13 730
2008	187 859	45 786	5 474	69 383	53 131	14 084

6-2 农业总产值构成

COMPOSITION OF GROSS OUTPUT VALUE OF AGRICULTURE

(1979—2008)

单位:% (%)

年份 Year	总计 Total	种植业 Planting	林业 Forestry	牧业 Animal Husbandry	渔业 Fishery	农林牧渔服务业 Services of Farming, Forestry,Animal Husbandry and Fishery
全市 Total						
1979	100.0	49.6	0.6	12.2	3.3	34.3
1980	100.0	40.8	0.4	12.9	6.4	39.5
1981	100.0	35.2	0.6.	23.5	7.7	33.0
1982	100.0	34.9	1.0	28.0	10.2	25.9
1983	100.0	37.6	0.7	26.9	11.7	23.1
1984	100.0	34.5	2.3	25.6	19.5	18.1
1985	100.0	34.1	3.0	31.5	17.2	14.2
1986	100.0	38.2	2.6	34.6	22.1	2.5
1987	100.0	36.1	2.3	39.1	19.4	3.1
1988	100.0	32.5	1.3	42.5	20.0	3.7
1989	100.0	29.1	1.2	50.3	17.6	1.8
1990	100.0	31.6	1.4	44.1	20.2	2.7
1991	100.0	28.4	2.9	44.1	21.7	2.9
1992	100.0	31.0	3.0	44.0	19.6.	2.4
1993	100.0	25.9	1.8	49.2	20.0	3.1
1994	100.0	24.2	1.0	49.0	23.3	2.5
1995	100.0	25.1	0.9	54.0	18.6	1.4
1996	100.0	25.9	1.1	51.8	19.0	2.2
1997	100.0	27.0	1.4	45.8	23.9	1.9
1998	100.0	26.7	2.3	46.7	22.1	2.2
1999	100.0	30.6	1.8	42.3	22.8	2.5
2000	100.0	30.6	1.8	41.2	23.3	3.1
2001	100.0	32.1	1.6	39.0	23.3	4.0
2002	100.0	33.8	1.4	39.7	22.4	2.7
2003	100.0	33.2	1.9	40.3	22.8	1.8
2004	100.0	32.3	2.1	34.2	29.5	1.8
2005	100.0	24.5	2.2	34.7	35.3	3.3
2006	100.0	21.3	2.2	37.0	33.1	6.5
2007	100.0	25.3	3.9	37.7	25.0	8.0
2008	100.0	24.4	2.9	36.9	28.3	7.5

6-3 农业总产值及其指数

GROSS OUTPUT VALUE OF AGRICULTURE AND ITS INDICES

(1979—2008)

年　份 Year	农业总产值(万元) Gross Output Value of Agriculture (10 000yuan)	指　数(%) Index (%)
	当年价格 At Current Prices	以上年为 100 Preceding Year=100
1979	13 106	
1980	16 938	85.4
1981	24 181	119.1
1982	26 929	108.1
1983	29 083	98.4
1984	40 416	102.3
1985	45 821	119.2
1986	49 552	116.5
1987	73 772	111.8
1988	99 404	119.4
1989	108 015	112.1
1990	119 205	115.2
1991	143 063	109.3
1992	185 297	99.2
1993	192 880	92.9
1994	224 776	96.1
1995	232 653	101.0
1996	273 246	114.2
1997	270 889	101.7
1998	298 174	104.3
1999	299 662	107.9
2000	311 359	102.4
2001	327 111	103.7
2002	340 757	107.0
2003	337 406	109.8
2004	299 939	111.7
2005	217 369	87.8
2006	180 017	75.3
2007	171 380	89.2
2008	187 859	84.0

注:2005 年起国家统计报表制度中取消 1990 年不变价,增长速度按可比口径计算。

From 2005, the state Bureau cancelled the index, Gross Output Value of Agriculture (at 1990 constant prices),the growth rates are calculated at comparable prices.

6-4 农作物播种面积

TOTAL SOWN AREAS OF FARM CROPS

(1979—2008)

单位:亩 (mu)

年份 Year	一、农作物总播种面积 Total Sown Areas	1、粮食作物合计 Grain Crops	#薯类 Tubers	2、经济作物合计 Cash Crops	#花生 Peanuts
1979	953 300	758 100	55 095	165 800	107 148
1980	808 500	646 000	38 663	125 500	100 186
1981	728 400	576 000	27 457	119 200	96 606
1982	739 500	536 000	27 219	125 200	97 152
1983	711 300	536 400	27 700	95 103	65 700
1984	705 078	507 255	28 036	91 147	68 523
1985	625 716	379 247	22 690	85 356	61 095
1986	632 747	363 895	22 755	89 810	60 765
1987	617 290	331 531	24 911	84 466	57 508
1988	607 146	284 545	19 370	77 678	51 331
1989	591 309	280 930	18 897	71 134	51 120
1990	573 090	261 454	18 177	67 306	52 035
1991	523 174	194 055	19 529	63 530	49 146
1992	355 244	103 946	13 348	31 910	30 545
1993	191 711	21 361	6 711	12 118	9 579
1994	163 838	16 136	6 029	5 022	4 544
1995	164 870	16 970	6 814	5 031	3 965
1996	205 078	19 448	9 444	6 151	4 675
1997	175 250	14 907	7 183	5 386	3 854
1998	180 525	11 742	5 946	6 770	3 224
1999	177 372	10 354	5 381	5 616	2 680
2000	187 401	9 714	5 559	5 138	2 842
2001	184 038	8 023	5 194	4 098	2 568
2002	159 063	6 480	4 442	3 357	1 142
2003	164 363	4 679	2 490	1 227	807
2004	147 094	5 304	2 955	2 870	260
2005	106 167	1 572	815	310	300
2006	90 614	305	175	105	100
2007	95 596	290	240	236	220
2008	109 423	438	365	10764	20

年 份 Year	3、其它作物 合 计 Other Crops	# 蔬 菜 Vegetable	二、茶园面积 Area of Tea Plantations (year-end)	三、果园面积 Area of Orchards (year-end)	# 柑桔橙 Citrus	# 荔 枝 Litcji
1979	22 813	14 798		55 604	6 248	18 600
1980	28 802	15 712		56 701	8 169	19 760
1981	24 327	17 935		55 353	7 476	21 021
1982	68 296	44 020		56 040	6 331	25 399
1983	72 219	66 048		85 897	15 154	4 687
1984	98 843	86 037		85 567	11 204	39 384
1985	154 494	139 353		108 418	16 889	44 979
1986	172 688	160 467		168 790	38 698	70 782
1987	196 065	185 202		218 396	59 358	91 744
1988	240 104	223 191		236 876	69 972	100 912
1989	235 349	217 929		245 516	71 429	107 979
1990	240 865	231 308		256 110	72 632	109 477
1991	261 772	244 591		254 021	73 350	111 324
1992	217 456	201 422		227 207	60 844	104 390
1993	157 909	144 468		191 838	50 147	92 227
1994	142 640	133 284	460	188 411	44 124	97 613
1995	142 849	135 212	3 003	185 285	36 267	98 358
1996	179 479	167 063	2 976	195 926	32 532	111 332
1997	154 957	145 591	2 968	216 996	26 733	136 123
1998	162 013	153 026	2 440	215 058	26 240	136 006
1999	161 402	152 890	2 435	218 811	22 013	144 201
2000	172 549	166 916	2 355	224 820	19 551	152 804
2001	171 917	168 147	353	209 232	16 406	142 580
2002	149 226	147 278	348	191 031	9 949	130 896
2003	158 457	156 899	350	159 817	11 066	102 095
2004	138 920	137 887		150 523	6 830	109 407
2005	104 285	104 059		149 175	5 908	111 154
2006	90 204	89 478		127 809	2 249	100 771
2007	95 070	94 891	312	64 630	1 728	43 004
2008	98 221	98 023	350	46 273	1 088	32 882

6-5　主要农业产品产量

YIELD OF MAJOR FARM CROPS

(1979—2008)

单位:吨　　　　(ton)

年　份 Year	粮　食 Grain	#稻　谷 Rice	#薯　类 Tubers	花　生 Peanuts	蔬　菜 Vegetable	茶叶 Tea	水　果 Fruits	#柑桔橙 Citrus	#荔　枝 Litcji
1979	132 584	127 559	4 285	6 877	8 639		2 401	157	742
1980	126 461	123 022	3 003	7 323	14 593		2 280	388	1 127
1981	116 489	114 070	2 310	8 641	22 772		3 245	284	1 534
1982	124 189	121 026	3 046	9 276	34 484		2 866	571	798
1983	126 977	122 936	3 906	5 761	74 251		3 575	1 105	839
1984	126 960	123 205	3 595	6 060	107 820		5 752	1 579	1 829
1985	94 465	90 106	4 026	5 208	162 898		6 420	1 726	1 559
1986	92 495	88 369	3 787	5 894	151 629		13 249	3 467	3 522
1987	85 534	80 110	5 081	5 634	159 937		18 180	5 368	1 336
1988	76 263	72 114	3 850	5 275	182 190		21 324	7 931	2 366
1989	82 215	77 928	3 974	5 777	193 367		23 928	10 910	1 293
1990	81 018	75 380	5 161	6 107	227 346		39 986	23 769	4 184
1991	59 138	52 847	5 418	6 284	238 716		52 392	35 195	2 855
1992	32 906	27 924	4 211	3 874	201 517		59 505	36 082	8 230
1993	6 950	3 838	2 077	1 315	151 421		45 807	31 968	2 791
1994	5 166	1 660	1 676	652	141 899	2	42 744	26 949	4 886
1995	4 887	1 848	1 700	613	147 171	4	40 914	22 973	5 674
1996	6 586	1 801	2 557	735	193 966	4	36 961	21 148	5 944
1997	4 990	954	1 793	595	169 683	5	39 775	21 509	7 546
1998	3 781	743	1 367	496	185 747	8	34 310	22 042	2 055
1999	3 412	555	1 235	444	183 517	9	43 183	19 662	13 516
2000	3 700	429	1 579	556	210 479	14	27 498	14 114	4 513
2001	3 966	248	2 331	548	194 849	11	24 835	10 571	5 250
2002	3 094	31	1 219	384	217185	12	35 279	7 085	18 393
2003	1 850	8	773	184	201 395	11	29 087	8 323	8 753
2004	2 028	6	936	98	162 788		28 028	5 334	14 486
2005	599	4	248	67	141 652		25 843	3 546	15 008
2006	59		49	6	111 509		12 793	839	7 852
2007	55		46	42	121 539		7 389	503	4 016
2008	110		92	4	114 086	3	4 520	487	2 076

6-6 农作物亩产量

OUTPUT OF FARM CROPS PER MU

(1979—2008)

单位:千克 (kg)

年份 Year	粮食 Grain	薯类 Tubers	花生 Peanuts	蔬菜 Vegetable	茶叶 Tea	水果 Fruits	柑桔橙 Citrus
1979	175	78	64	584			
1980	196	78	73	929			
1981	202	84	89	1 269			
1982	232	112	95	783			
1983	237	141	87	1 124			
1984	251	128	88	1 253			
1985	249	178	85	1 169			
1986	254	166	97	945			
1987	258	204	98	864			
1988	268	199	103	816			
1989	293	210	113	887			
1990	310	284	117	983			
1991	305	277	128	976			
1992	317	315	127	1 000			
1993	325	309	137	1 048			
1994	340	302	107	1 064	4.76	467	786
1995	288	249	155	1 088	6.45	414	765
1996	339	271	157	1 161	6.06	345	799
1997	335	257	154	1 165	6.30	307	897
1998	322	230	154	1 214	3.40	456	840
1999	330	230	166	1 200	3.70	322	958
2000	381	284	196	1 261	5.94	122	722
2001	494	449	213	1 266	31.16	119	644
2002	477	274	336	1 475	34.48	185	712
2003	395	310	228	1 284	31.43	182	752
2004	382	317	377	1 181		186	781
2005	381	304	223	1 361		173	135
2006	193	280	60	1 246		100	370
2007	190	192	191	1 281	6.41	114	291
2008	251	252	200	1 164	8.57	98	448

6-7 畜牧业、林业、渔业

ANIMAL HUSBANDRY, FORESTRY AND FISHERY

(1979—2008)

年 份 Year	畜 牧 业 Animal Husbandry				
	牛年末头数(头) Number of Cattle (Year-end)	#奶 牛 Milk Cows	牛奶产量 (吨) Milk Output (ton)	生猪饲养量 (万头) Raised Hogs (the whole year) (10 000)	生猪年末存栏量(万头) Raised Hogs (Year-end) (10 000)
1979	25 633	465	1 622	22.90	11.69
1980	24 451	2 365	2 876	15.58	8.42
1981	28 917	3 066	5 214	10.69	6.06
1982	31 301	3 233	6 852	15.61	8.51
1983	31 200	3 642	7 411	17.60	9.40
1984	30 716	4 506	9 830	18.59	8.89
1985	28 474	5 352	10 815	20.34	9.58
1986	27 685	6 204	12 837	25.41	12.29
1987	26 587	6 460	14 237	36.02	16.94
1988	24 759	6 764	13 720	52.20	21.90
1989	24 618	7 384	16 729	65.28	24.45
1990	24 105	7 715	18 887	59.37	22.58
1991	20 660	7 380	20 566	64.23	22.07
1992	16 451	7 059	20 592	61.36	20.89
1993	11 460	7 107	20 255	62.39	20.77
1994	9 780	7 235	20 080	64.49	23.38
1995	9 960	7 955	19 475	68.09	25.76
1996	9 509	8 152	20 420	75.61	27.35
1997	8 900	7 478	18 857	80.26	30.52
1998	8 625	7 575	19 851	89.36	30.09
1999	8 881	7 990	22 480	85.98	28.16
2000	9 808	9 094	24 926	93.02	26.88
2001	9 661	8 883	22 176	92.23	27.08
2002	9 740	9 285	22 802	96.11	31.42
2003	8 196	6 780	24 128	79.31	18.56
2004	8 579	8 511	22 018	63.17	12.49
2005	7 857	7 832	19 567	68.69	17.15
2006	8 009	7 980	18 727	60.66	13.73
2007	7 625	7 585	18 130	53.19	16.25
2008	6 772	5 681	16 150	48.36	15.92

年　份 Year	畜 牧 业 Animal Husbandry					造林面积 (万亩) Areas of Forestation (10 000 mu)
	肉猪全年出栏量(万头) Slaughtered Fattened Hogs (10 000)	家禽饲养量(万只) Raised Poultry (10 000)	# 出栏量 Slaughtered Fattened Poultry	鲜蛋(吨) Fresh eggs (ton)	当年出售肉类总产量(吨) Total Output of Meat Sold (ton)	
1979	11.21	99.59	69.71	57	6 726	1.84
1980	7.16	160.90	112.63	88	4 296	1.65
1981	4.63	321.84	257.42	119	2 778	1.38
1982	7.10	578.61	506.31	265	4 260	2.62
1983	8.20	786.79	586.40	1 352	4 920	2.37
1984	9.70	857.31	686.27	1 137	12 648	1.78
1985	10.76	1 305.20	944.32	1 085	22 932	16.85
1986	13.12	1 548.94	1 115.77	1 169	25 323	4.01
1987	19.08	1 955.78	1 371.76	805	33 935	15.38
1988	30.30	2 634.80	1 892.70	1 335	47 449	13.32
1989	40.83	3 101.80	2 291.00	1 212	65 300	5.33
1990	36.79	3 330.80	2 445.20	1 895	62 513	5.92
1991	42.16	3 522.27	2 964.39	3 462	79 022	13.10
1992	40.47	4 063.21	2 911.96	4 172	74 081	0.62
1993	41.62	3 534.32	2 668.70	2 472	77 254	0.15
1994	41.11	2 988.07	2 280.63	2 100	67 043	1.10
1995	42.33	2 635.46	2 015.59	2 120	70 277	1.85
1996	48.26	2 111.72	1 633.59	1 351	64 280	3.74
1997	49.74	2 142.36	2 142.36	1 333	65 911	6.27
1998	59.27	2 900.24	2 462.97	1 421	82 947	4.93
1999	57.82	3 090.74	2 616.25	1 130	77 608	3.44
2000	66.14	2 340.20	1 953.85	1 546	79 893	3.30
2001	65.15	2 503.53	1 871.64	922	73 495	2.63
2002	64.68	2 158.62	1 803.00	380	75 531	2.47
2003	60.74	1 698.14	1 515.24	289	66 730	4.96
2004	50.68	1 329.01	1 159.61	292	55 810	3.41
2005	51.55	1 156.99	999.48	110	46 846	3.05
2006	46.93	934.53	811.00	20	42 478	2.45
2007	37.94	866.48	679.75	1 176	32 016	7.35
2008	32.44	903.06	764.50	838	27 458	

6-7 续表 2 continued

年　份 Year	渔 业 Fishery							
	水产品生产总量(吨) Total Output of Aquatic Products(ton)	1、海水产品 Seawater Aquatic Products	# 鱼 类 Fish	2、淡水产品 Freshwater Aquatic Products	# 鱼 类 Fish	养殖面积(万亩) Cultured Areas of Aquatic (10 000 mu)	1、海水面积 Seawater	2、淡水面积 Freshwater
1979	7 039	6 068		971				1.13
1980	7 667	5 315		2 352				3.27
1981	7 410	5 048		2 362				3.54
1982	10 406	6 128		4 278				4.24
1983	12 303							
1984	16 086							4.68
1985	16 762	4 485		12 277				8.84
1986	23 654	5 595	3 716	18 059		19.33	7.88	11.45
1987	26 889	17 363		9 526		21.16	13.40	7.76
1988	31 535	20 923	16 515	10 612	6 860	20.92	7.53	13.39
1989	32 148	20 153	16 454	11 995	11 995	21.36	14.18	7.18
1990	38 587	24 239	18 420	14 348	13 793	21.88	14.73	7.15
1991	41 740	12 076	8 402	29 664	29 664	16.91	7.81	9.10
1992	44 349	27 558	18 488	16 791	15 836	18.77	13.64	5.13
1993	31 104	11 527	8 423	19 577	19 577	11.77	5.90	5.87
1994	28 196	10 661	6 733	17 535	17 535			
1995	37 394	30 041	26 438	7 353	7 353			
1996	41 183	21 957	17 718	19 226	19 188	16.00	13.60	2.40
1997	55 569	47 687	32 229	7 882	7 773	13.47	10.82	2.65
1998	58 315	50 352	32 371	7 963	7 962	13.61	10.52	3.09
1999	59 764	52 410	34 888	7 354	7 334	11.19	8.16	3.03
2000	59 881	51 191	31 649	8 690	8 690	11.41	8.50	2.91
2001	65 784	56 566	32 850	9 218	9 218	10.84	7.20	3.64
2002	64 059	54 757	22 248	9 302	9 116	9.31	6.59	2.72
2003	85 324	77 506	50 446	7 818	7 610	8.81	6.89	1.92
2004	96 682	88 718	67 553	7 964	6 899	7.33	5.61	1.71
2005	81 764	74 560	55 435	7 204	7 038	7.19	5.84	1.35
2006	56 126	51 411	33 443	4 715	4 697	6.91	5.86	1.05
2007	34 068	31 173	21 708	2 895	2 765	4.67	3.93	0.74
2008	38 468	37 126	27 547	1 342	1 232	3.76	3.07	0.69

07 第七部分 固定资产投资

INVESTMENT OF FIXED ASSETS

CHAPTER

2008年深圳固定资产投资回顾及2009年展望

2008年，深圳固定资产投资保持增长态势，为保持全市国民经济持续稳定增长起到了积极作用。全年全社会固定资产投资1467.60亿元，比上年增长9.1%，同比上升3.5个百分点。固定资产投资率为18.8%。

一、固定资产投资基本情况

从全年走势看，投资增速上半年波动较大，下半年比较平稳。一季度全市固定资产投资增幅逐月下降，1–3月同比增幅分别为5.0%、3.1%、–3.0%。之后市政府加大了重点项目督查机制，规划、国土、建设等部门加强协调力度，二、三、四季度增幅逐月稳步上升，4–12月累计同比增幅分别为0.3%、5.3%、6.9%、6.8%、7.7%、6.4%、7.2%、8.1%、9.1%。

（一）基建投资加快，成为全市固定资产投资重要支撑

按计划管理渠道分类，基本建设投资827.83亿元，比上年增长15.9%；房地产开发投资440.49亿元，下降4.5%；更新改造投资155.84亿元，增长8.1%；其他投资43.44亿元，增长68.3%。

全年基本建设投资增速加快。基建投资增速在4月份扭转了1季度的负增长，同比增长4.3%。下半年基本建设投资进度保持较快势头，全年基建投资增长15.9%。基建投资占全社会固定资产投资比重由上年的53.1%上升到56.4%，提高了3.3个百分点。基本建设投资增速加快主要是在建项目平均规模增大，超大规模项目增多。2008年，基本建设投资在建项目781个(不含更新改造、私人建房部分和房地产开发项目)，平均项目规模为5.68亿元，同比增加1.68亿元。其中计划总投资50亿元以上在建的项目23个，增加6个，本年完成投资383.94亿元，增加109.17亿元。计划总投资10亿元以上在建项目75个，增加4个，本年完成投资567.94亿元，增加23.03亿元，计划总投资1亿元以上在建项目352个，增加34个，本年完成投资834.33亿元，增加43.68亿元。

（二）基础设施成投资主体

2008年，深圳第一、二、三产业投资分别为0.10亿元、386.00亿元和1081.50亿元，同比分别增长–96.0%、3.9%和11.4%。

在第三产业中，基础设施投资500.36亿元，同比增长22.4%，增速比全社会固定资产投资高13.3个百分点，占全社会投资比重由上年的30.4%提高到34.1%。在工业投资低速增长和房地产开发投资不断下滑的情况下，基础设施投资较好地起到拉动整体投资增长的作用。基础设施投资中轨道交通、水源保障、机场港口和环保生态以及市政设施等项目加大投入力度。基础设施中交通运输业投资278.42亿元，增长12.4%。其中轨道交通随着地铁各项目建设不断加快，完成投资127.81亿元，增长53.1%。水源保障、公共设施等城市建设投资117.35亿元，增长123.4%，增速提高159.01个百分点。批发和零售贸易、餐饮业投资23.89亿元，同比下降5.9%。

工业完成投资386.00亿元，增长3.9%。工业投资所占比重下降，占全社会固定资产投资比重由上年的27.6%下降到26.3%。这主要是受市场需求、各项生产成本上涨、工业品出口增速减弱等因素的影响。在工业投资中，通讯设备、计算机及其他电子设备制造业投资154.48亿元，增长7.5%；电气机械及专用设备制造业投资14.87亿元，增长15.9%；电力、燃气及水的生产和供应业投资93.73亿元，增长4.7%。

（三）内源性经济投资发展较快，建设资金到位良好

受基础设施等政府投入有所加大的影响，2008年深圳内源性经济投资1196.06亿元，同比增长

17.0%，高于整体投资7.9个百分点，占整体投资比重从上年的75.9%提高到81.5%。其中国有经济投资489.59亿元，增长19.6%，其他经济投资706.47亿元，增长15.4%。主要受国内外经济放缓影响，外源性经济投资(港澳台及外商投资)增速放缓，完成投资271.55亿元，下降16.0%。

全年到位建设资金1960.43亿元，资金到位率为133.6%。其中：国内贷款516.99亿元，同比增长26.9%；利用外资89.88亿元，下降41.8%；自筹资金1045.33亿元，增长28.8%；其他资金306.61亿元，下降35.4%。

(四)房地产开发投资规模处于徘徊状态

受土地资源供应紧缺和房价下跌的影响，房地产开发投资增幅继续下降，全年完成房地产开发投资440.49亿元，比上年下降4.5%。房地产开发投资下降，也是影响全年全社会固定资产投资走势的主要因素之一。

深圳房地产开发投资额，自2003年突破400亿，达412.66亿以来，已连续6年在400亿数量级投资规模徘徊。投资规模最大的年度是2006年，当年总投资达462.09亿元。2007年投资规模与2006年基本相当达461.04亿元。2008年全市房地产开发投资440.49亿元，相比2007年下降4.5%。

全年商品房施工面积3276.30万平方米，比上年增长4.0%，其中，住宅2210.36万平方米，增长1.5%；商品房竣工面积629.73万平方米，下降1.0%，其中，住宅443.77万平方米，增长1.5%。

(五)特区外的宝安(含光明)、龙岗成为拉动固定资产投资的主力军

2008年，特区外共完成投资912.82亿元，占全市固定资产投资的62.2%，比重比上年上升5.4个百分点。其中：宝安区完成投资467.69亿元，增长21.8%，增速比上年提高了6.5个百分点。龙岗区完成投资445.13亿元，增长17.1%，提高了3.1个百分点。特区内四个区共完成投资445.13亿元，其中：福田区完成投资160.22亿元，罗湖区完成投资64.37亿元，盐田区完成投资73.03亿元，南山区完成投资257.16亿元，分别增长-5.8%、-9.1%、3.1%及-4.5%。

二、全社会固定资产投资特点

(一)投资率逐年走低

近5年来，深圳固定资产投资率持续下降。2004-2007年固定资产投资率分别是25.5%、23.9%、21.9%、19.8%。2008年固定资产投资率只有18.8%，低于33%—35%的适度区间，也低于广东省的31%。深圳固定资产投资总额在全国大中城市中居第18位，比上海、重庆、北京、天津、广州分别少3361.86亿元、2577.65亿元、2380.9亿元、1936.49亿元、636.96亿元。

(二)房地产开发投资逐年回落，商品房销售下降

近两年来，占全市固定资产投资约三分之一的房地产开发投资持续低迷。除2008年1-5月及11月由于对比基数低有增长外其他各月基本呈下降态势。2008年3、6、9、12月累计同比增幅分别为6.1%、-0.8%、-2.5%、-4.5%。商品房销售规模下降，全年全市新建商品房销售额591.09亿元，下降24.2%。商品房销售面积466.71万平方米，减少15.9%，而商品房空置面积则增长52%。

三、2009年固定资产投资走势预测

由于深圳经济的高度外向型特征，2009年，受我国经济增长放缓和世界金融危机影响和冲击较大。为应对国际金融危机对深圳经济的影响，市政府积极贯彻落实党中央国务院关于进一步扩大内需促进经济平稳较快增长的决策部署，加大了有利于提升城市竞争力、辐射力和影响力的重大基础设施项目建设力度，主要包括轨道交通、机场港口及城市道路等项目；加大了有利于促进自主创新和经济可持续发展的重大产业项目建设，主要包括国家创新型城市建设、各类工业园区基础设施等项目；加大了有利于解决人民群众关注的热点难点问题的重大民生项目建设，主要包括水环境整治、公共医疗教育设施等项目。预计2009年深圳固定资产投资增长10%。

(撰稿：甘腾芳)

2008年深圳建筑业经济回顾与2009年展望

2008年，是全球经济最困难的一年。深圳建筑业在市委市政府的正确领导下，围绕“和谐深圳，效益深圳”，“建设支柱产业、打造建筑之都”的总体目标，加大对建筑市场的规范力度，不断强化行业管理，呈现出建筑市场竞争趋于理性，建筑业产值稳步提升的良好态势，为打造建筑之都发挥了积极的作用。

一、2008年深圳建筑业回顾

（一）建筑业总产值平稳快速增长

2008年，全市建筑业企业（指具有资质等级的总承包和专业承包建筑业企业，不含劳务分包建筑业企业，下同）建筑企业802家，比上年增长10.6%。完成建筑业总产值999.17亿元，增长17.1%。

（二）房屋建筑施工面积不断扩大

2008年，建筑业企业房屋建筑施工面积6348.41万平方米，比上年增加481.9万平方米，增长8.2%。其中，实行投标承包面积4470.41万平方米，增加395.48万平方米，增长9.7%；新开工房屋面积2290.81万平方米，减少144.27平方米，下降5.9%。

（三）产业体系进一步完善

近年来，随着建筑业市场的不断发展，市场特点充分体现，逐渐形成了以施工总承包为龙头，专业承包为骨干的建筑业体系。首先，施工总承包企业凭借规模大，资金实力雄厚的优势，为全市建筑业做大做强起到了带头作用。2008年，全市建筑业总承包企业有243家，其中：特级企业27家，一、二级企业分别为80家和81家，总承包企业完成建筑业产值593.53亿元，占全市比重的68.3%；其次，专业承包企业创新管理模式，拓宽专业服务领域，逐步朝着人才、技术密集小而精的方向发展，2008年，全市专业承包企业589家，其中：一级企业为131家、二级为145家，专业承包企业完成建筑业产值405.64亿元，除西藏地区没有工作量以外，专业承包企业在全国各地都有承包工程，专业服务包括建筑幕墙、钢结构、建筑安装、消防以及道路、隧道桥梁、水利港口、管道土石方等。

（四）企业经营效益不容乐观

2008年，全市建筑企业实现工程结算收入1049.63亿元，比上年增长18.8%；实现了生产、收入的同步增长。但实现的营业利润仅25.08亿元，下降了5.5%；亏损面达25.6%，比上年扩大了2.3个百分点。究其原因主要是：深圳建筑市场僧多粥少，竞争激烈，低价中标等原因而造成企业利润较低。

二、2009年深圳建筑业展望

2009年深圳建筑业将仍然面对宏观经济形势的不断变化，需要进一步加大开拓国内外市场力度，狠抓建筑施工安全，努力提高建筑工程质量，坚定信心振奋精神，继续为打造建筑之都努力夯实基础。

面对国际金融危机的影响，中央果断出台了一系列包括加大投资和住房保障，新农村建设等扩大内需的政策措施，为保增长促发展提供了强有力保障。深圳也及时出台了扩大内需，加大对重大项目及地铁等基础设施投入的力度。使全市经济保持稳定增长。建筑经济总规模有进一步扩张的趋势。

三、建议

（一）创新发展模式，增强企业的可持续发展能力

建筑业一直担当完成固定资产投资建设的重要角色，建筑业生产实际上是为业主加工，而不是建筑产品的拥有者，建筑业生产的被动性较大，因此，要引导企业创新发展模式，增强企业的可持续发展能力。

在经营方式上，改变单纯生产经营旧模式，建立生产经营与资本相结合的新机制。在施工管理上，全面实施工程监理制和项目经理负责制，对工期、质量、安全等进行全过程动态控制。在内部核算上，降低企业管理费用和财务费用，推行全员目标

成本管理,通过责、权、利的约束和激励机制树立全员理财观念。在人力资源上,采取有效的激励方式,加大引进人才,同时加强职工的再教育,构建知识密集型人才体系。在经济增长方式上,坚持以科技为龙头,加快技术创新步伐,积极引进和采用新技术、新工艺、新材料,不断提高施工水平和市场竞争能力,尽快实现由粗放型增长方式向质量型效益增长方式的转变。

(二)规范市场管理与监督,营造公平发展环境

现行的建筑业监督管理制度,对建筑企业(乙方)的规范与约束较多,对项目建设单位(甲方)的规范与约束较少;对辖区内施工企业的规范与约束较多,对辖区外施工企业的规范与约束较少。要规范市场管理与监督,完善建筑市场体系,为企业发展提供更加公平的市场环境,引导工程造价回归到合理水平。

严格工程公开招投标制度,防止压级压价行为。在招投标前,要依据工程建设投资规模的大小,确定招标项目的规模等级和投标企业的资质等级,建立等级相当的评估制度,并公示评估结果。在招投标中,严格企业资质等级和项目规模等级相匹配的工程承包管理办法进行。在招投标结束后,对拒不执行评估结果,而直接压级压价或索要回扣的变相压级压价行为的业主进行严厉惩处。强化招投标的全过程监督与管理,可以从源头上遏制明招暗定、压级发包、资质挂靠、非法转包等现象的发生。

(三)培育本地建筑业企业和促进建筑业总部经济

发展在深圳注册成立的建筑业企业数量和规模,真正提高我市建筑业的竞争能力,增加市场份额,才能为建筑经济发展提供后劲,也为建设设计之都提供基础。

(四)提高建筑业技术含量和管理水平

建筑业要逐步向上游的勘察、设计延伸,向下游的建材、设备供应延伸。增加建筑行业的产品和服务价值。提高整个行业的技术含量和管理水平,避免低层次的、恶性的市场竞争,向社会提供高附加值服务。

(撰稿:彭秋兰 李新锡)

7-1 全社会固定资产投资额

TOTAL INVESTMENT IN FIXED ASSETS

(1979-2008)

单位:万元 (10 000 yuan)

年份 Year	全社会固定资产投资额 Total Investment in Fixed Assets	基本建设 Capital Construction	更新改造 Technical Updates and Transformation	房地产开发 Investment in Commodity Houses	其他 Others
1979	5 938	4 988	90		860
1980	13 801	12 487	390		924
"六五"时期 The Sixth Five-year Plan Period	**739 561**	610 488	5 770		123 303
1981	29 684	27 039			2 645
1982	73 750	63 265	515		9 970
1983	108 320	88 593	2 450		17 277
1984	194 572	155 466	700		38 406
1985	333 235	276 125	2 105		55 005
"七五"时期 TheSeventhFive-year Plan Period	**2 093 234**	1 617 070	49 522		314 642
1986	248 551	191 490	10 140		46 921
1987	285 193	215 701	3 009		66 483
1988	436 191	347 307	2 572		86 312
1989	499 919	435 438	9 140		55 341
1990	623 380	427 134	24 661	112 000	59 585
"八五"时期 The Eighth Five-year Plan Period	**10 750 177**	5 174 744	239 096	4 333 168	1 003 169
1991	912 324	528 725	36 949	255 600	91 050
1992	1 782 322	741 573	44 678	714 900	281 171
1993	2 477 875	1 222 146	20 794	1 027 700	207 235
1994	2 819 413	1 281 065	66 191	1 304 600	167 557
1995	2 758 243	1 401 235	70 484	1 030 368	256 156
"九五"时期 The Ninth Five-year Plan Period	**23 902 699**	11 485 121	1 073 098	9 051 885	2 292 595
1996	3 275 270	1 569 208	113 836	1 248 251	343 975
1997	3 930 657	2 015 620	167 033	1 366 545	381 459
1998	4 803 901	2 395 732	201 514	1 674 854	531 801
1999	5 695 878	2 724 871	274 707	2 152 541	543 759
2000	6 196 993	2 779 690	316 008	2 609 694	491 601
"十五"时期 The Tenth Five-year Plan Period	**46 972 337**	20 311 862	3 307 791	19 746 742	3 605 942
2001	6 863 749	2 844 010	338 886	3 156 364	524 489
2002	7 881 459	2 861 079	385 050	3 884 445	750 885
2003	9 491 016	3 599 182	561 722	4 126 636	1 203 476
2004	10 925 571	5 009 246	879 996	4 342 432	693 897
2005	11 810 542	5 998 345	1 142 137	4 236 865	433 195
"十一五"时期 The Eleventh Five-year Plan Period					
2006	12 736 693	6 396 794	1 389 864	4 620 940	329 095
2007	13 450 037	7 140 463	1 441 061	4 610 422	258 091
2008	14 676 043	8 278 274	1 558 422	4 404 897	434 450
累计 Total	**125 340 520**	**61 032 291**	**9 065 104**	**46 880 054**	**8 363 071**

7-2 全社会固定资产投资额指数

INDICES OF TOTAL INVESTMENT IN FIXED ASSETS

(1980-2008)

(以上年为 100) (preceding year=100)

年 份 Year	全社会固定资产投资额 Total Investment in Fixed Assets	基本建设 Capital Construction	更新改造 Technical Updates and Transformation	房地产开发 Investment in Commodity Houses	其他 Others
1980	232.4	250.3	433.3		107.4
1981	215.1	216.5			286.3
1982	248.5	234.0			376.9
1983	146.9	140.0	475.7		173.3
1984	179.6	175.5	28.6		222.3
1985	171.3	177.6	300.7		143.2
1986	74.6	69.3	481.7		85.3
1987	114.7	112.6	29.7		141.7
1988	152.9	161.0	85.5		129.8
1989	114.6	125.4	355.4		64.1
1990	124.7	98.1	269.8		107.7
1991	146.4	123.8	149.8	228.2	152.8
1992	195.4	140.3	120.9	279.7	308.8
1993	139.0	164.8	46.5	143.8	73.7
1994	113.8	104.8	318.3	126.9	80.9
1995	97.8	109.4	106.5	79.0	152.9
1996	118.7	112.0	161.5	121.1	134.3
1997	120.0	128.4	146.7	109.5	110.9
1998	122.2	118.9	120.6	122.6	139.4
1999	118.6	113.7	136.3	128.5	102.2
2000	108.8	102.0	115.0	121.2	90.4
2001	110.8	102.3	107.2	120.9	106.7
2002	114.8	100.6	113.6	123.1	143.2
2003	120.4	125.8	145.9	106.2	160.3
2004	115.1	139.2	156.7	105.2	57.7
2005	108.1	119.7	129.8	97.6	62.4
2006	107.8	106.6	121.7	109.1	76.0
2007	105.6	111.6	103.7	99.8	78.4
2008	109.1	115.9	108.1	95.5	168.3

7-3 全社会固定资产投资额(按区域分)

TOTAL INVESTMENT IN FIXED ASSETS(GROUPED BY DISTRICT)

(1998−2008)

单位:万元 (10 000 yuan)

年份 Year	全市 Total	福田区 Futian	罗湖区 Luohu	盐田区 Yantian	南山区 Nanshan	宝安区 Baoan	龙岗区 Longgang
1998	4 803 901	1 784 698	651 825	281 358	1 114 038	555 262	416 720
1999	5 695 878	2 074 046	852 818	358 135	1 214 324	669 676	526 879
2000	6 196 993	2 100 488	910 012	344 586	1 338 346	813 554	690 007
2001	6 863 749	2 306 192	831 700	481 386	1 465 527	973 073	805 871
2002	7 881 459	2 464 975	870 025	491 513	1 612 012	1 213 488	1 229 446
2003	9 491 016	2 559 087	969 324	547 965	1 923 414	1 803 186	1 688 040
2004	10 925 571	2 585 071	966 473	554 665	2 297 922	2 332 793	2 188 647
2005	11 810 542	2 050 132	833 150	526 389	2 653 832	2 903 705	2 843 334
2006	12 736 693	1 801 066	762 101	609 949	2 899 380	3 331 725	3 332 472
2007	13 450 037	1 701 123	707 931	708 264	2 691 670	3 841 235	3 799 814
2008	14 676 043	1 602 214	643 690	730 332	2 571 590	4 676 889	4 451 328

7-4 全社会固定资产投资额指数(按区域分)

TOTAL INVESTMENT IN FIXED ASSETS(GROUPED BY DISTRICT)

(1999−2008)

以上年为 100 Preceding Year=100

年份 Year	全市 Total	福田区 Futian	罗湖区 Luohu	盐田区 Yantian	南山区 Nanshan	宝安区 Baoan	龙岗区 Longgang
1999	118.6	116.2	130.8	127.3	109.0	120.6	126.4
2000	108.8	101.3	106.7	96.2	110.2	121.5	131.0
2001	110.8	109.8	91.4	139.7	109.5	119.6	116.8
2002	114.8	106.9	104.6	102.1	110.0	124.7	152.6
2003	120.4	103.8	111.4	111.5	119.3	148.6	137.3
2004	115.1	101.0	99.7	101.2	119.5	129.4	129.7
2005	108.1	79.3	86.2	94.9	115.5	124.5	129.9
2006	107.8	87.9	91.5	115.9	109.3	114.7	117.2
2007	105.6	94.5	92.9	116.1	92.8	115.3	114.0
2008	109.1	94.2	90.9	103.1	95.5	121.8	117.1

7-5 全社会固定资产投资额比重(按区域分)

TOTAL INVESTMENT IN FIXED ASSETS(GROUPED BY DISTRICT)

(1998-2008)

单位:% (%)

年份 Year	全市 Total	福田区 Futian	罗湖区 Luohu	盐田区 Yantian	南山区 Nanshan	宝安区 Baoan	龙岗区 Longgang
1998	100.0	37.2	13.6	5.9	23.2	11.6	8.7
1999	100.0	36.4	15.0	6.3	21.3	11.8	9.3
2000	100.0	33.9	14.7	5.6	21.6	13.1	11.1
2001	100.0	33.6	12.1	7.0	21.4	14.2	11.7
2002	100.0	31.3	11.0	6.2	20.5	15.4	15.6
2003	100.0	27.0	10.2	5.8	20.3	19.0	17.8
2004	100.0	23.7	8.8	5.1	21.0	21.4	20.0
2005	100.0	17.4	7.1	4.5	22.5	24.6	24.1
2006	100.0	14.1	6.0	4.8	22.8	26.2	26.2
2007	100.0	12.6	5.3	5.3	20.0	28.6	28.3
2008	100.0	10.9	4.4	5.0	17.5	31.9	30.3

7-6 全社会固定资产投资额(按注册登记类型分)

TOTAL INVESTMENT IN FIXED ASSETS(GROUPED BY REGISTRATION)

(1979—2008)

单位:万元 (10 000 yuan)

年 份 Year	全社会固定资产投资额 Total Investment in fixed Assets	一、内资 Domestic Investment Enterprises	1、国有 State-Owned	2、集体 Collective-Owned	3、其他 Others	二、港澳台商投资 Hong Kong Macao and Taiwan Funded	三、外商投资 Foreign Funded
1979	5 938	5 391	4 110	860	421	248	299
1980	13 801	8 409	6 845	924	640	3 579	1 813
1981	29 684	16 151	14 258	1 137	756	11 015	2 518
1982	73 750	54 612	51 482	2 709	421	16 323	2 815
1983	108 320	86 108	75 816	8 474	1 818	17 694	4 518
1984	194 572	168 074	140 588	23 696	3 790	17 340	9 158
1985	333 235	297 170	245 842	39 015	12 313	20 915	15 150
1986	248 551	125 166	72 584	32 840	19 742	98 200	25 185
1987	285 193	250 537	165 487	47 277	37 773	22 575	12 081
1988	436 191	401 717	294 817	49 678	57 222	23 514	10 960
1989	499 919	447 840	287 180	30 465	130 195	31 542	20 537
1990	623 380	487 758	301 877	25 914	159 967	83 548	52 074
1991	912 324	735 836	418 180	59 741	257 915	94 825	81 663
1992	1 782 322	1 349 003	568 761	223 405	556 837	254 846	178 473
1993	2 477 875	1 703 516	881 874	151 916	669 726	458 878	315 481
1994	2 819 413	1 846 715	1 087 544	119 369	639 802	556 818	415 880
1995	2 758 243	1 558 671	918 745	185 967	453 959	681 384	518 188
1996	3 275 270	1 901 137	1 187 634	262 762	450 741	758 385	615 748
1997	3 930 657	2 259 954	1 388 745	279 365	591 844	954 855	715 848
1998	4 803 901	3 036 128	1 684 184	381 675	970 269	951 888	815 885
1999	5 695 878	3 330 187	1 873 574	397 505	1 059 108	1 413 844	951 847
2000	6 196 993	3 360 574	1 983 878	404 647	972 049	1 781 835	1 054 584
2001	6 863 749	3 893 984	2 518 731	431 227	944 026	1 813 885	1 155 880
2002	7 881 459	4 365 422	2 618 368	482 987	1 264 067	2 158 160	1 357 877
2003	9 491 016	5 984 381	3 418 138	571 194	1 995 049	2 054 818	1 451 817
2004	10 925 571	7 305 407	3 838 617	415 432	3 051 358	1 983 450	1 636 714
2005	11 810 542	6 668 039	3 594 284	341 524	2 732 231	3 539 716	1 602 787
2006	12 736 693	7 785 744	3 596 112	235 900	3 953 732	3 439 316	1 511 633
2007	13 450 037	10 215 553	4 092 695	252 854	5 870 004	2 519 847	714 637
2008	14 676 043	11 960 565	4 895 884	350 265	6 714 416	1 863 138	852 340
累计 Total	**125 340 520**	**81 609 749**	**42 226 834**	**5 810 724**	**33 572 191**	**27 626 381**	**16 104 390**

7-7 全社会固定资产投资额指数(按注册登记类型分)

TOTAL INVESTMENT IN FIXED ASSETS(GROUPED BY REGISTRATION)

(1980-2008)

以上年为 100 | Preceding Year=100

年份 Year	全全社会固定资产投资额 Total Investment in fixed Assets	一、内资 Domestic Investment Enterprises				二、港奥台商投资 Hong Kong Macao and Taiwan Funded	三、外商投资 Foreign Funded
			1、国有 State-Owned	2、集体 Collective-Owned	3、其他 Others		
1980	232.4	156.0	166.5	107.4	152.0	1 443.1	606.4
1981	215.1	192.1	208.3	123.1	118.1	307.8	138.9
1982	248.5	338.1	361.1	238.3	55.7	148.2	111.8
1983	146.9	157.7	147.3	312.8	431.8	108.4	160.5
1984	179.6	195.2	185.4	279.6	208.5	98.0	202.7
1985	171.3	176.8	174.9	164.6	324.9	120.6	165.4
1986	74.6	42.1	29.5	84.2	160.3	469.5	166.2
1987	114.7	200.2	228.0	144.0	191.3	23.0	48.0
1988	152.9	160.3	178.2	105.1	151.5	104.2	90.7
1989	114.6	111.5	97.4	61.3	227.5	134.1	187.4
1990	124.7	108.9	105.1	85.1	122.9	264.9	253.6
1991	146.4	150.9	138.5	230.5	161.2	113.5	156.8
1992	195.4	183.3	136.0	374.0	215.9	268.8	218.5
1993	139.0	126.3	155.1	68.0	120.3	180.1	176.8
1994	113.8	108.4	123.3	78.6	95.5	121.3	131.8
1995	97.8	84.4	84.5	155.8	71.0	122.4	124.6
1996	118.7	122.0	129.3	141.3	99.3	111.3	118.8
1997	120.0	118.9	116.9	106.3	131.3	125.9	116.3
1998	122.2	134.3	121.3	136.6	163.9	99.7	114.0
1999	118.6	109.7	111.2	104.1	109.2	148.5	116.7
2000	108.8	100.9	105.9	101.8	91.8	126.0	110.8
2001	110.8	115.9	127.0	106.6	97.1	101.8	109.6
2002	114.8	112.1	104.0	112.0	133.9	119.0	117.5
2003	120.4	137.1	130.5	118.3	157.8	95.2	106.9
2004	115.1	122.1	112.3	72.7	152.9	96.5	112.7
2005	108.1	91.3	93.6	82.2	89.5	178.5	97.9
2006	107.8	116.8	100.1	69.1	144.7	97.2	94.3
2007	105.6	131.2	113.8	107.2	148.5	73.3	47.3
2008	109.1	117.1	119.6	138.5	114.4	73.9	119.3

7-8 全社会固定资产投资额比重(按注册登记类型分)

TOTAL INVESTMENT IN FIXED ASSETS(GROUPED BY REGISTRATION)

(1979-2008)

以上年为 100　　Preceding Year=100

年 份 Year	全社会固定资产投资额 Total Investment in fixed Assets	一、内资 Domestic Investment Enterprises	1、国有 State-Owned	2、集体 Collective-Owned	3、其他 Others	二、港澳台商投资 Hong Kong Macao and Taiwan Funded	三、外商投资 Foreign Funded
1979	100.0	90.8	69.2	14.5	7.1	4.2	5.0
1980	100.0	60.9	49.6	6.7	4.6	25.9	13.1
1981	100.0	54.4	48.0	3.8	2.5	37.1	8.5
1982	100.0	74.1	69.8	3.7	0.6	22.1	3.8
1983	100.0	79.5	70.0	7.8	1.7	16.3	4.2
1984	100.0	86.4	72.3	12.2	1.9	8.9	4.7
1985	100.0	89.2	73.8	11.7	3.7	6.3	4.5
1986	100.0	50.4	29.2	13.2	7.9	39.5	10.1
1987	100.0	87.8	58.0	16.6	13.2	7.9	4.2
1988	100.0	92.1	67.6	11.4	13.1	5.4	2.5
1989	100.0	89.6	57.4	6.1	26.0	6.3	4.1
1990	100.0	78.2	48.4	4.2	25.7	13.4	8.4
1991	100.0	80.7	45.8	6.5	28.3	10.4	9.0
1992	100.0	75.7	31.9	12.5	31.2	14.3	10.0
1993	100.0	68.7	35.6	6.1	27.0	18.5	12.7
1994	100.0	65.5	38.6	4.2	22.7	19.7	14.8
1995	100.0	56.5	33.3	6.7	16.5	24.7	18.8
1996	100.0	58.0	36.3	8.0	13.8	23.2	18.8
1997	100.0	57.5	35.3	7.1	15.1	24.3	18.2
1998	100.0	63.2	35.1	7.9	20.2	19.8	17.0
1999	100.0	58.5	32.9	7.0	18.6	24.8	16.7
2000	100.0	54.2	32.0	6.5	15.7	28.8	17.0
2001	100.0	56.7	36.7	6.3	13.8	26.4	16.8
2002	100.0	55.4	33.2	6.1	16.0	27.4	17.2
2003	100.0	63.1	36.0	6.0	21.0	21.7	15.3
2004	100.0	66.9	35.1	3.8	27.9	18.2	15.0
2005	100.0	56.5	30.4	2.9	23.1	30.0	13.6
2006	100.0	61.1	28.2	1.9	31.0	27.0	11.9
2007	100.0	76.0	30.4	1.9	43.6	18.7	5.3
2008	100.0	81.5	33.4	2.4	45.6	12.7	5.8

7-9 全社会新增固定资产

NEWLY INCREASED FIXED ASSETS

(1979—2008)

单位:万元 (10 000 yuan)

年　　份 Year	合　计 Total	基本建设 Capital Construction	更新改造 Technical Updates and Transformation	房地产开发 Investment in Commodity Houses	其他 Others
1979	3 201	2 243	98		860
1980	7 753	6 654	175		924
"六五"时期 The Sixth Five-year Plan Period	**482 682**	**355 502**	**3 877**		**123 303**
1981	19 032	16 387			2 645
1982	42 369	31 756	643		9 970
1983	81 902	62 576	2 049		17 277
1984	149 020	110 087	527		38 406
1985	190 359	134 696	658		55 005
"七五"时期 TheSeventhFive-year Plan Period	**1 410 599**	**1 070 547**	**25 812**	**68 252**	**245 988**
1986	192 016	151 486	5 359		35 171
1987	185 758	133 910	2 602		49 246
1988	269 475	191 734	1 752		75 989
1989	384 183	332 699	5 350		46 134
1990	379 167	260 718	10 749	68 252	39 448
"八五"时期 The Eighth Five-year Plan Period	**5 443 591**	**3 020 524**	**177 496**	**1 417 267**	**828 304**
1991	573 793	387 315	31 324	83 594	71 560
1992	682 768	332 281	22 055	126 174	202 258
1993	1 010 590	633 055	2 711	212 568	162 256
1994	1 542 090	937 960	84 681	342 361	177 088
1995	1 634 350	729 913	36 725	652 570	215 142
"九五"时期 The Ninth Five-year Plan Period	**19 443 242**	**8 183 658**	**964 046**	**8 356 105**	**1 939 433**
1996	2 549 663	939 154	107 401	1 246 877	256 231
1997	2 997 015	1 458 695	174 104	1 044 707	319 509
1998	3 865 634	1 600 634	153 238	1 676 557	435 205
1999	4 556 303	1 930 945	227 149	1 894 736	503 473
2000	5 474 627	2 254 230	302 154	2 493 228	425 015
"十五"时期 The Tenth Five-year Plan Period	**46 972 337**	**20 311 862**	**3 307 791**	**19 746 742**	**3 605 942**
2001	5 378 592	1 786 965	243 273	2 727 522	620 832
2002	6 153 318	1 842 223	279 983	3 432 591	598 521
2003	5 527 718	1 145 748	305 867	3 073 693	1 002 410
2004	6 863 722	2 806 046	455 690	2 957 753	644 233
2005	8 870 417	3 235 602	1 023 179	4 259 709	351 927
"十一五"时期 The Eleventh Five-year Plan Period					
2006	7 476 770	2 934 734	846 078	3 562 868	133 090
2007	7 644 448	3 853 441	1 106 513	2 467 737	216 757
2008	6 827 922	2 559 871	981 763	2 930 243	356 045
累计　Total	**97 852 643**	**43 598 863**	**7 066 847**	**39 270 538**	**7 916 395**

7-10 按国民经济行业分的基本建设投资

INVESTMENT IN CAPITAL CONSTRUCTION OF STATE-OWNED UNITS BY SECTOR (1979-2008)

单位:万元 (10 000 yuan)

年份 Year	合计 Total	农、林、牧渔业 Farming, Forestry,Animal Husbandry and Fishery	采矿业 Mining and Quarrying	制造业 Manufacturing	电力、煤气及水的生产和供应业 Electric Power, Gas and Water Production and Supply	建筑业 Construction	交通运输、仓储和邮政业 Transportation, Storage and Post Services
1979	4 988	976		824	768	125	210
1980	12 487	657		5 112	267	248	1 300
1981	27 039	717		6 270	311	107	314
1982	63 265	2 006		6 464	327	373	2 421
1983	88 593	642	1 350	10 271	520	1 261	5 627
1984	155 466	1 666	381	18 319	10 937	3 979	8 136
1985	276 125	3 740	1 140	42 003	15 702	9 682	17 730
1986	191 490	2 361	1 472	43 535	4 423	2 962	12 436
1987	215 701	3 153		48 257	7 568	1 827	13 871
1988	347 307	3 956		107 970	16 243	3 771	26 629
1989	435 438	3 507		107 977	16 081	27 549	51 206
1990	427 134	2 406		150 215	89 188	8 907	61 162
1991	528 725	3 441	1 218	106 253	92 008	3 334	93 946
1992	741 573	6 797	750	170 753	113 037	8 758	154 369
1993	1 222 146	10 015	400	164 678	173 144	41 103	187 473
1994	1 281 065	9 807		144 517	139 951	76 569	299 651
1995	1 401 235	5 853		150 054	172 412	41 884	249 416
1996	1 569 208	9 780		187 407	225 157	11 608	294 605
1997	2 015 620	13 981		332 142	199 653	23 626	398 958
1998	2 395 732	16 010		313 269	97 153	49 719	417 028
1999	2 724 871	27 308		552 816	62 005	59 999	282 095
2000	2 779 690	46 000		666 087	88 508	60 416	367 972
2001	2 844 010	18 961	18 232	583 101	225 730	1 860	308 935
2002	2 861 079	12 555	28 302	770 838	255 944	8 628	261 890
2003	3 599 182	39 351	14 200	760 812	300 911	142 764	823 019
2004	5 009 246	7 360	14 500	1 337 315	584 674	129 666	734 274
2005	5 998 345	2 200	25 480	1 431 509	1 145 628		1 265 170
2006	6 396 794		18 800	1 687 057	1 177 081		1 674 594
2007	7 140 463		4 128	1 858 323	867 973		2 477 602
2008	8 278 274	972		1 712 134	925 411		2 784 187
累计 Total	**61 032 291**	**256 178**	**130 353**	**13 476 282**	**7 008 715**	**720 725**	**13 276 226**

单位:万元

7-10 续表 1 continued

年份 Year	信息传输、计算机服务和软件业 Information Transfer,computer and Software Services	批发和零售业 Wholesale and Retail Sales	住宿和餐饮业 Accommodation and Catering Trade	金融业 Banking	房地产业 Real Estate Trade	租赁和商务服务业 Leasing Industry and Commercial Services
1979	76	293	196	36		
1980	200	706	470	77		198
1981	273	1 315	876	142	2 331	2 163
1982	374	4 538	3 025	263	4 201	3 898
1983	1 304	6 916	4 610	492	6 006	5 573
1984	1 885	14 521	9 680	1 728	30 344	3 601
1985	4 108	24 720	16 480	4 955	56 781	6 739
1986	2 881	11 747	7 831	7 178	25 700	4 135
1987	3 213	6 888	4 592	5 205	59 009	2 211
1988	6 169	13 451	8 967	245	72 845	6 771
1989	11 863	9 744	6 496	3 824	73 884	4 995
1990	14 169	4 956	3 304	227	12 380	3 952
1991	21 764	10 011	4 290	602	14 014	15 451
1992	35 763	15 894	6 812	510	19 650	15 009
1993	43 432	11 570	4 958	7 228	114 582	70 612
1994	69 421	16 283	6 979	8 335	76 900	56 036
1995	57 783	52 302	22 415	18 831	86 193	59 129
1996	68 252	86 951	21 738	25 269	91 997	50 300
1997	92 427	31722	21 148	5 521	120 121	83 618
1998	96 613	45 386	13 590	2 700	249 892	85 012
1999	65 353	44 934	13 290	4 300	196 445	73 386
2000	85 249	93 452	12 302		134 025	62 707
2001	71 572	68 760	12 467		123 370	53 577
2002	60 672	72 290	6 534	12 201	132 482	34 236
2003	190 670	41 454	390	7 405	146 359	12 035
2004	274 577	113 253	25 358	8 368	297 210	20 958
2005	208 461	191 192	29 645	35 183	52 381	80 085
2006	130 074	122 476	68 756	16 012	131 380	97 864
2007	143 341	158 903	35 388	20 353	197 426	20 232
2008	102 772	127 001	58 288	24 501	681 562	20 559
累计 Total	**1 864 711**	**1 403 629**	**430 875**	**221 691**	**3 209 470**	**955 042**

(10 000 yuan)

科学研究、技术服务和地质勘查业 Scientific Research, Technical Services and Geological Prospecting	水利、环境和公共设施管理业 Water Conservancy, Environment Management and Public Amenities	居民服务和其他服务业 Resident Services and Other Services	教育 Education	卫生、社会保障和社会福利业 Health Care, Social Insurance and Welfare	文化、体育和娱乐业 Culture,Education and Entertainment	公共管理和社会组织 Public Services and Social Organizations	国际组织 International Organizations
115	451					918	
163	742	49	178	152	520	1 448	
335	8 112	541	346	179	1 018	1 689	
473	14 788	975	889	430	9 070	8 750	
632	21 185	1 393	800	909	9 202	11 250	
1 611	13 566	900	6 550	1 845	11 447	14 751	
1 623	25 416	1 685	6 476	5 135	14 250	17 550	
1 994	15 778	1 034	8 417	2 400	18 028	18 269	
3 210	18 945	553	4 555	2 124	13 033	16 347	
4 095	25 516	1 693	4 660	3 072	10 442	29 340	
4 196	19 649	1 249	10 501	3 746	46 549	32 422	
4 197	19 119	988	7 284	2 978	25 935	15 767	
8 100	61 600	3 863	10 378	15 133	41 972	22 565	
7 413	64 934	3 752	11 543	11 175	61 041	34 363	
8 265	269 784	17 653	11 164	17 390	45 541	22 336	
9 486	219 584	14 009	15 189	17 801	45 443	54 354	
10 585	244 839	14 782	25 420	25 368	66 758	96 811	
14 605	215 867	12 575	36 422	26 595	73 602	116 478	
11 696	369 717	10 905	69 645	34 224	80 337	116 179	
12 603	642 082	8 253	84 941	59 412	75 140	126 929	
18 361	914 870	3 346	93 427	59 706	119 484	133 746	
25 653	672 651	2 677	94 846	57 998	92 867	216 280	
42 027	812 146	1 394	101 440	53 614	161 057	185 767	
25 896	702 155	1 559	115 296	39 970	144 006	175 625	
18 851	511 305	797	128 813	27 734	245 927	186 385	
35 088	805 325	440	143 475	67 599	222 613	187 193	
23 347	881 581		122 200	76 925	170 055	257 303	
20 124	816 526	233	117 027	43 507	163 889	111 394	
23 591	525 399	5 025	82 554	70 585	166 525	483 115	
168 662	1 173 474	17 890	62 021	69 773	281 945	67 122	
506 997	**10 087 106**	**130 213**	**1 376 457**	**797 479**	**2 417 696**	**2 762 446**	

7-11 基本建设投资构成

COMPOSITION OF INVESTMENT IN CAPITAL CONSTRUCTION BY USE OF FUNDS

(1990-2008)

单位:万元 (10 000 yuan)

年份 Year	投资额 Total	按构成分 By Use of Funds		
		建筑安装工程 Construction and Installation	设备、工器具购置 Purchase of Equipment and Instruments	其他费用 Others
1990	427 134	244 356	133 757	49 021
1991	528 725	362 110	118 015	48 600
1992	741 573	506 693	160 723	74 157
1993	1 222 146	912 874	225 947	83 325
1994	1 281 065	946 734	220 847	113 484
1995	1 401 235	1 008 297	195 853	197 085
1996	1 569 208	1 131 817	295 631	141 760
1997	2 015 620	1 416 486	437 057	162 077
1998	2 395 732	1 718 382	403 771	273 579
1999	2 724 871	2 010 298	411 764	302 809
2000	2 779 690	1 905 312	673 609	200 769
2001	2 844 010	1 953 150	640 497	250 363
2002	2 861 079	1 898 547	769 846	192 686
2003	3 599 182	2 547 079	710 959	341 144
2004	5 009 246	3 410 272	925 314	673 660
2005	5 998 345	3 679 117	1 453 324	865 904
2006	6 396 794	4 415 468	1 494 581	486 745
2007	7 140 463	4 219 177	2 007 814	913 472
2008	8 278 274	5 298 305	1 717 263	1 262 706

7-12 基本建设投资财务拨款额

FINANCIAL APPROPRIATION OF INVESTMENT IN CAPITAL CONSTRUCTION

(1990-2008)

单位:万元 (10 000 yuan)

年份 Year	财务拨款额 Financial Appropriation	# 国家预算内资金 State Budgetary Appropriations	# 国内贷款 Domestic Loans	# 债券 Securities	# 利用外资 Foreign Investment	# 自筹资金 Fund-Raising	# 其他资金 Others
1990	499 843	2 635	115 044		164 068	181 413	36 683
1991	586 178	2 000	192 603		123 358	211 958	56 259
1992	768 887	500	230 860		87 252	370 673	79 602
1993	1 239 162		246 153	21 049	156 054	673 895	142 011
1994	1 326 714		175 767	10 339	174 809	830 151	135 648
1995	1 390 619		167 510		230 560	909 593	82 956
1996	1 524 924		190 060		324 436	931 551	78 877
1997	2 029 449		157 498		522 576	1 287 817	61 558
1998	2 144 748	4 730	192 894		128 538	1 737 315	81 271
1999	2 543 350	48 750	294 627		224 075	1 847 630	128 268
2000	2 673 582	23 649	212 704		182 471	2 137 226	117 532
2001	2 792 446	65 777	361 639	1 003	133 277	2 176 172	54 578
2002	2 923 151	7 155	382 960		275 091	2 221 310	36 635
2003	4 106 574	5 758	575 824	12 679	304 191	3 122 514	85 608
2004	5 461 589	29 969	836 874	8 372	466 319	3 854 633	265 422
2005	6 523 298	122 562	1 168 344		723 298	4 365 455	143 639
2006	7 699 392	39 406	1 742 102	3 147	1 068 750	4 748 365	97 622
2007	7 625 452	75 661	2 260 603	6 224	1 147 060	3 767 578	368 326
2008	9 241 584	7 189	1 834 819	900	652 328	6 413 077	333 271

7-13 基建投资主要经济效益指标

MAIN ECONOMIC EFFICIENCY INDEXES OF INVESTMENT IN CAPITAL CONSTRUCTION

(1990-2008)

年 份 Year	一、建设项目投产率(%) Rate of Construction Projects Completed and Put into Use (%)	施工建设项目数(个) Number of Projects Under Construction (unit)	建成投产项目数(个) Number of Projects Completed and Put into Use (unit)	二、建设项目平均建设周期(年) Average Time Taken by Construction Projects (year)	施工项目计划总投资(万元) Investment Planning of Construction Projects (10 000 yuan)	完成投资额(万元) Investment in Construction Projects (10 000 yuan)
1990	41.76	352	147	3.20	1 368 562	427 134
1991	41.76	376	157	3.18	1 679 975	528 725
1992	34.70	415	144	2.88	2 135 561	741 573
1993	36.44	365	133	2.84	3 469 534	1 222 146
1994	39.03	433	169	3.53	4 519 880	1 281 065
1995	27.86	384	107	4.59	6 437 126	1 401 235
1996	38.58	394	152	4.72	7 403 125	1 569 208
1997	39.42	449	177	4.03	8 131 400	2 015 620
1998	39.52	463	183	4.39	10 528 602	2 395 732
1999	44.16	428	189	3.90	10 635 512	2 724 871
2000	41.42	466	193	4.64	12 910 845	2 779 690
2001	30.32	465	141	5.37	15 265 997	2 844 010
2002	30.38	474	144	5.63	16 095 578	2 861 079
2003	35.81	578	207	5.93	21 349 628	3 599 182
2004	40.20	699	281	4.55	22 781 376	5 009 246
2005	30.68	854	262	4.57	27 423 728	5 998 345
2006	31.63	765	242	5.15	32 968 921	6 396 794
2007	21.62	851	184	4.77	34 031 845	7 140 463
2008	22.66	781	177	5.36	44 344 513	8 278 274

7-13 续表 continued

年 份 Year	三、固定资产交付使用率(%) Rate of Fixed Assets Put into Use (%)	完成投资额(万元) Investment in Fixed Assets (10 000 yuan)	新增固定资产(万元) Newly Increased Fixed Assets (10 000 yuan)	房屋建筑面积竣工率(%) Rate of Floor Space of Buildings Completed (%)	施工房屋面积(万平方米) Floor Space of Buildings Under Construction (10 000 sq.m)	竣工房屋面积(万平方米) Floor Space of Buildings Completed (10 000 sq.m)
1990	61.04	427 134	260 718	34.96	408.71	142.90
1991	73.25	528 725	387 315	31.21	533.66	166.58
1992	44.81	741 573	332 281	35.67	532.45	189.92
1993	51.80	1 222 146	633 055	37.57	566.70	212.91
1994	73.21	1 281 065	937 960	31.54	704.15	222.06
1995	52.09	1 401 235	729 913	27.53	951.68	262.02
1996	59.85	1 569 208	939 154	30.52	965.41	294.65
1997	72.37	2 015 620	1 458 695	35.80	847.14	303.29
1998	66.81	2 395 732	1 600 634	30.90	862.96	266.63
1999	70.86	2 724 871	1 930 945	37.05	829.19	307.22
2000	81.10	2 779 690	2 254 230	30.83	790.57	243.74
2001	62.83	2 844 010	1 786 965	30.46	977.07	297.60
2002	64.39	2 861 079	1 842 223	29.48	861.88	254.07
2003	31.83	3 599 182	1 145 748	13.43	1 277.01	171.49
2004	56.02	5 009 246	2 806 046	31.34	2 177.17	682.32
2005	53.94	5 998 345	3 235 602	28.45	1 624.60	462.14
2006	45.88	6 396 794	2 934 734	15.29	1 204.30	284.14
2007	53.97	7 140 463	3 853 441	27.30	920.16	251.23
2008	30.90	8 278 274	2 557 871	13.66	1116.83	152.55

7-14 按国民经济行业分更新改造投资

INVESTMENT IN INNOVATION BY MAIN SECTORS

(1979—2008)

单位:万元

年份 Year	合计 Total	农、林、牧渔业 Farming, Forestry,Animal Husbandry and Fishery	采矿业 Mining and Quarrying	制造业 Manufacturing	电力、煤气及水的生产和供应业 Electric Power, Gas and Water Production and Supply	建筑业 Construction	交通运输、仓储和邮政业 Transportation, Storage and Post Services
1979	90			90			
1980	390			390			
1981							
1982	515			515			
1983	2 450			2 450			
1984	700			700			
1985	2 105			2 105			
1986	10 140			10 140			
1987	3 009			3 004			
1988	2 572			1 819			655
1989	9 140			6 806			1 295
1990	24 661			4 313			14 903
1991	36 949	1 029		5 110			24 402
1992	44 678			8 605	3 000		6 338
1993	20 794			2 607			14 520
1994	66 191			9 435	4 000		31 432
1995	70 484			31 600	5 141		13 704
1996	113 836			71 615	6 735		23 412
1997	167 033			121 942	6 249		20 141
1998	201 514			153 168	7 194		10 513
1999	274 707	10 490		191 479	6 880		26 453
2000	316 008	2 389		208 416	7 121		42 616
2001	338 886			245 441	9 146		42 512
2002	385 050	148		234 685	63 254		43 171
2003	561 722		104 731	204 668	79 663		28 359
2004	879 996		18 135	369 466	222 838		40 492
2005	1 142 137		28 983	749 119	129 343		6 678
2006	1 389 864		18 454	934 106	77 161		44 356
2007	1 441 061			1 086 401	19 455		163 723
2008	1 558 422			1 211 721	10 717		30 843
累计 Total	**9 065 104**	**14 056**	**170 303**	**5 871 916**	**657 897**		**630 518**

(10 000 yuan)

信息传输、计算机服务和软件业 Information Transfer,computer and Software Services	批发和零售业 Wholesale and Retail Sales	住宿和餐饮业 Accommodation and Catering Trade	金融业 Banking	房地产业 Real Estate Trade	租赁和商务服务业 Leasing Industry and Commercial Services	科学研究、技术服务和地质勘查业 Scientific Research, Technical Services and Geological Prospecting
	98					
		750				
	17					
5 400					184	
2 000				563		
	2 000					
	6 411					
2 699	4 903					
3 982	7 074					
3 708	5 173	619	406	1 417	1 077	3 148
1 090	3 800	384	797	892	743	167
1 385	4 481	243	648	440	400	271
1 195	11 473	197	15 317	911	552	1 493
27 872	7 180	769	3 410		6 030	12 782
43 548	5 631	100	6 090		7 000	7200
38 809	4 558	167	7 683	800	40 333	14 514
3 900	14 204			22 010	27 814	32 100
175	2 634	2 177	62 930	1 610	4 508	14 138
135 763	**79 637**	**5 406**	**97 281**	**28 643**	**88 641**	**85 813**

单位:万元

7-14 续表 continued

年份 Year	水利、环境和公共设施管理业 Water Conservancy, Environment Management and Public Amenities	居民服务和其他服务业 Resident Services and Other Services	教育 Education	卫生、社会保障和社会福利业 Health Care, Social Insurance and Welfare	文化、教育和娱乐业 Culture,Education and Entertainment	公共管理和社会组织 Public Services and Social Organizations	国际组织 International Organizations
1979							
1980							
1981							
1982							
1983							
1984							
1985							
1986							
1987				5			
1988							
1989	289						
1990	5 000			428			
1991	794			30			
1992	24 000	172					
1993	3 317	350					
1994	21 324						
1995	20 039						
1996	5 842	906	2 000	1 326			
1997	3 233	1 249	3 000	4 808			
1998	20 714	1 958		365			
1999	18 629	3 142	1 063	5 515			
2000	25 268	810	1 342	9 604	2 871	23	
2001	7 044	1 676	2 619	14 355	5 449	2 771	
2002	8 753	814	3 445	3 047	3 483	16 382	
2003	23 427	300	4 393	7 080	9 197	68 766	
2004	13 686	23 110	2 375	8 526	2 142	121 183	
2005	1 950			4 564	13 666	138 265	
2006	57 614		1 243	6 371	13 715	129 980	
2007	32 671	10 518		10 650	735	16 880	
2008	78 925		2 152	18 483	26 302	91 107	
累计 Total	**372 519**	**45 005**	**23 632**	**95 157**	**77 560**	**585 357**	

7-15 按构成分更新改造投资

INVESTMENT IN INNOVATION BY USE OF FUNDS

(1986—2008)

单位:万元 (10 000 yuan)

年 份 Year	合 计 Total	一、按构成分 Grouped by Use of Funds		
		建筑安装工程 Constructionand Installation	设备、工器具购置 Purchases of Equipment and Instruments	其他费用 Others
1986	10 140	2 786	7 277	77
1987	3 009	513	2 261	235
1988	2 572	1 038	1 406	128
1989	9 140	3 251	5 481	408
1990	24 661	14 960	9 448	253
1991	36 949	23 038	13 023	888
1992	44 678	42 640	881	1 157
1993	20 794	16 233	2 033	2 528
1994	66 191	52 376	12 351	1 464
1995	70 484	36 092	30 232	4 160
1996	113 836	43 489	57 289	13 058
1997	167 033	47 243	116 611	3 179
1998	201 514	62 541	122 179	16 794
1999	274 707	88 322	157619	28 766
2000	316 008	107 652	195 142	13 214
2001	338 886	101 215	203 641	34 030
2002	385 050	78 867	291 694	14 489
2003	561 722	93 928	328 467	139 327
2004	879 996	152 642	686 105	41 249
2005	1 142 137	133 138	952 147	56 852
2006	1 389 864	240 083	1 113 062	36 719
2007	1 441 061	325 691	872 258	243 112
2008	1 558 422	248 462	1 219 699	90 261

7-16 更新改造投资财务拨款额

FINANCIAL APPROPRIATION OF INVESTMENT IN INNOVATION

(1986—2008)

单位:万元 (10 000 yuan)

年 份 Year	财务拨款额 Financial Appropriation	国家预算内资金 State Budgetary Appropriations	国内贷款 Domestic Loans	利用外资 Foreign Investment	自筹资金 Fund-Raising	其他投资 Others
1986	10 140	773	6 931	716	1 446	274
1987	3 009	250	1 613	92	1 054	
1988	2 572		156		2 416	
1989	9 140		4 296	1 577	3 267	
1990	24 661		2 955	4 699	13 383	3 624
1991	38 380	70	7 119		31 191	
1992	42 817		11 295	65	19 651	11 806
1993	11 090		5 434		5 656	
1994	66 417		50 674		12 243	3 500
1995	70 309		9 501	2 908	51 815	6 085
1996	109 989		16 995	38 553	41 855	12 586
1997	146 263		40 736	22 712	79 715	3 100
1998	199 432	58	48 406	24 120	121 968	4 880
1999	260 557	680	23 266	27 037	206 874	2 700
2000	305 952		19 507	38 805	246 522	1 118
2001	349 279		8 077	51 232	289 968	2
2002	420 665		57 717	94 813	265 906	2 229
2003	619 076	60	52 443	63 054	477 216	26 303
2004	1 045 796	80	210 151	38 476	783 200	13 889
2005	1 451 123	4 450	100 624	259 822	1 034 708	51 519
2006	1 136 795	1 757	80 869	129 848	896 208	28 113
2007	1 621 696		99 857	223 652	1 241 899	56 288
2008	2 205 512	300	375 130	203 557	1 590 346	36 179

7-17 全社会房屋施工建筑面积

FLOOR SPACE OF BUILDINGS UNDER CONSTRUCTION

(1979—2008)

单位:万平方米 (10 000 sq.m)

年 份 Year	合 计 Total	基本建设 Capital Construction	更新改造 Technical Updates and Transformation	房地产开发 Investment in Commodity Houses	其他 Others
1979	29.26	29.26			
1980	52.36	52.36			
1981	96.88	96.88			
1982	250.71	250.71			
1983	368.40	368.40			
1984	644.59	644.59			
1985	1 030.94	1 030.94			
1986	940.39	771.29	7.00		162.10
1987	887.21	642.48	2.10		242.63
1988	1 161.77	888.29	1.51		271.97
1989	1 088.02	926.36	9.83		151.83
1990	848.65	408.71	22.29	304.62	113.03
1991	1 257.19	533.66	14.96	467.82	240.75
1992	1 813.80	532.45	0.93	950.06	330.36
1993	2 319.40	566.70	0.34	1 396.44	355.92
1994	2 733.59	704.15	0.93	1 298.82	360.94
1995	2 733.59	951.68	47.07	1 371.06	363.78
1996	2 878.53	965.41	9.66	1 495.27	408.19
1997	2 775.82	847.14	9.25	1 454.17	465.26
1998	3 218.81	862.96	6.64	1 656.65	692.56
1999	3 369.43	829.19	2.05	1 834.13	704.06
2000	3 591.22	790.57	5.75	2 134.95	659.95
2001	4 137.47	977.07	12.39	2 392.77	755.24
2002	4 467.16	861.88	9.60	2 776.29	819.39
2003	5 567.66	1 277.01	16.38	2 838.22	1 436.05
2004	5 856.65	2 177.17	37.57	3 120.25	521.66
2005	4 841.55	1 624.60	36.93	3 058.90	121.13
2006	4 512.66	1 204.30	31.46	3 122.10	154.80
2007	4 184.86	920.16	39.15	3 149.56	75.99
2008	4 619.53	1 116.83	70.87	3 276.30	155.53

7-18 全社会房屋竣工建筑面积

FLOOR SPACE OF BUILDINGS COMPLETED

(1979—2008)

单位:万平方米　　(10 000 sq.m)

年　份 Year	合　计 Total	基本建设 Capital Construction	更新改造 Technical Updates and Transformation	房地产开发 Investment in Commodity Houses	其他 Others
1979	13.01	13.01			
1980	34.63	34.63			
1981	54.59	54.59			
1982	92.67	92.67			
1983	146.86	146.86			
1984	266.63	266.63			
1985	320.94	320.94			
1986	453.07	297.27	4.17		151.63
1987	464.69	240.58	0.63		223.48
1988	567.38	321.99			245.39
1989	563.01	419.52	3.32		140.17
1990	383.42	142.90	2.99	133.41	104.12
1991	539.20	166.58	4.60	150.44	217.58
1992	682.29	189.92	0.53	198.40	293.44
1993	781.07	212.91	0.34	281.46	286.36
1994	783.62	222.06	0.16	311.10	250.30
1995	838.46	262.02	19.55	311.55	245.34
1996	964.52	294.65	3.77	394.32	271.78
1997	942.91	303.29	1.89	327.04	310.69
1998	1 211.89	266.63	4.96	463.31	476.99
1999	1 267.00	307.22	1.28	502.15	456.35
2000	1 287.21	243.74	3.06	632.05	408.36
2001	1 526.90	297.60	7.41	727.97	493.92
2002	1 668.25	254.07	0.11	892.24	521.83
2003	2 228.44	171.49	6.37	1 020.31	1 030.27
2004	2 155.82	682.32	14.53	1 012.39	446.58
2005	1 488.86	462.14	21.19	945.78	59.75
2006	1 184.00	284.14	15.17	848.89	35.80
2007	905.56	251.23	0.04	636.02	18.27
2008	877.18	152.55	18.89	629.73	76.01

7-19 全社会竣工房屋价值

VALUE OF BUILDINGS COMPLETED

(1979-2008)

单位:万元 (10 000 yuan)

年 份 Year	合 计 Total	基本建设 Capital Construction	更新改造 Technical Updates and Transformation	房地产开发 Investment in Commodity Houses	其他 Others
1979	1 207	1 207			
1980	4 607	4 607			
1981	9 189	9 189			
1982	20 865	20 865			
1983	37 164	37 164			
1984	79 318	79 318			
1985	103 970	103 970			
1986	157 701	112 918	1 557		43 226
1987	151 670	92 746	214		58 710
1988	348 453	263 936			84 517
1989	276 535	229 764	1 450		45 321
1990	210 323	97 015	2 455	66 676	44 177
1991	308 940	108 924	13 586	99 649	86 781
1992	601 150	169 894	267	160 027	270 962
1993	640 545	228 558	490	237 913	173 584
1994	784 100	287 106	299	333 945	162 750
1995	1 343 491	359 878	20 502	753 927	209 184
1996	1 825 063	409 095	9 607	1 135 867	270 494
1997	1 745 964	552 222	3 353	914 166	276 223
1998	2 416 223	544 777	8 700	1 465 010	397 736
1999	2 670 993	524 501	2 536	1 474 413	669 543
2000	2 955 291	536 982	12 980	2 059 424	345 905
2001	2 795 702	552 557	12 386	1 766 694	464 065
2002	3 601 624	491 526	240	2 608 858	501 000
2003	4 260 940	365 698	13 000	2 682 754	1 199 488
2004	3 421 757	735 413	15 661	2 300 325	370 358
2005	3 632 843	606 744	18 140	2 958 863	49 096
2006	3 594 969	380 644	13 047	3 175 348	25 930
2007	2 933 541	499 827	54	2 410 516	23 145
2008	2 862 722	107 060	20 600	2 656 360	78 702

7-20 全社会住宅投资

INVESTMENT IN RESIDENTIAL HOUSING

(1979-2008)

单位:万元 (10 000 yuan)

年份 Year	合计 Total	基本建设 Capital Construction	更新改造 Technical Updates and Transformation	房地产开发 Investment in Commodity Houses	其他 Others
1979	914	914			
1980	2 838	2 838			
1981	6 428	6 428			
1982	19 021	19 021			
1983	27 640	27 640			
1984	38 406	38 372	34		
1985	64 863	64 827	36		
1986	46 940	32 656	15		14 269
1987	54 629	36 269	88		18 272
1988	114 993	78 522			36 471
1989	123 617	101 466	189		21 962
1990	184 564	92 429	20	70 600	21 515
1991	368 786	173 346	425	153 400	41 615
1992	886 272	342 331	519	450 400	93 022
1993	913 193	161 494	100	668 000	83 599
1994	1 131 517	177 141		874 100	80 276
1995	937 427	187 993	2 296	628 500	118 638
1996	1 101 662	153 068	6 220	786 400	155 974
1997	1 135 054	146 509	1 766	855 049	131 730
1998	1 500 548	261 719	4 800	998 850	235 179
1999	1 874 853	259 989	1 065	1 413 106	200 693
2000	2 185 195	217 496	3 346	1 786 789	177 564
2001	2 471 512	220 698	6 316	2 097 100	147 578
2002	3 046 579	143 975	583	2 709 200	192 821
2003	2 987 720	168 126	1 160	2 501 914	316 520
2004	3 018 249	173 915	4 143	2 558 400	281 791
2005	2 785 401	121 012	1 240	2 655 400	7 749
2006	3 384 498	106 788	3 298	3 250 454	23 958
2007	3 468 913	139 834	406	3 317 567	11 106
2008	3 494 643	249 386	2 277	3 149 789	93 191

7-21 全社会住宅施工建筑面积

FLOOR SPACE OF RESIDENTIAL HOUSING UNDER CONSTRUCTION

(1979-2008)

单位:万平方米 (10 000 sq.m)

年　份 Year	合　计 Total	基本建设 Capital Construction	更新改造 Technical Updates and Transformation	房地产开发 Investment in Commodity Houses	其它 Others
1979	13.41	13.41			
1980	27.81	27.81			
1981	43.34	43.34			
1982	128.30	128.30			
1983	156.68	155.68			
1984	258.52	258.52			
1985	362.70	362.70			
1986	366.59	284.92	0.37		81.30
1987	339.69	228.10	0.15		111.44
1988	447.03	342.03			105.00
1989	434.43	364.58	0.99		68.86
1990	393.02	133.49	0.03	192.15	67.35
1991	630.97	190.63	8.77	279.00	152.57
1992	1 040.81	200.16	0.79	601.10	238.86
1993	1 302.24	231.73	0.20	909.51	160.80
1994	1 344.78	324.46		868.86	151.46
1995	1 443.75	406.46	8.33	844.20	184.76
1996	1 474.14	325.21	2.33	940.61	205.99
1997	1 365.44	285.19	1.29	966.18	212.78
1998	1 866.76	400.22	0.65	1 146.97	318.92
1999	1 944.88	274.59	0.10	1 355.62	314.57
2000	2 059.39	247.72	0.31	1 576.89	234.47
2001	2 261.63	248.35	3.40	1 790.49	219.39
2002	2 575.33	159.16	1.36	2 124.86	289.95
2003	2 824.41	194.47	1.35	2 072.89	555.70
2004	2 944.42	311.44	0.25	2 257.68	375.05
2005	2 343.55	163.52	2.36	2 152.58	25.09
2006	2 292.72	103.76	1.98	2 157.39	29.59
2007	2 302.93	110.88	0.41	2 177.78	13.86
2008	2 487.73	216.29	5.34	2 210.36	55.74

7-22 全社会住宅竣工建筑面积

FLOOR SPACE OF RESIDENTIAL HOUSING COMPLETED

(1979−2008)

单位:万平方米 (10 000 sq.m)

年 份 Year	合 计 Total	基本建设 Capital Construction	更新改造 Technical Updates and Transformation	房地产开发 Investment in Commodity Houses	其它 Others
1979	5.26	5.26			
1980	17.85	17.85			
1981	23.41	23.41			
1982	45.57	45.57			
1983	62.42	62.42			
1984	123.76	123.76			
1985	139.31	139.31			
1986	197.15	116.73	0.21		80.21
1987	199.09	89.58	0.15		109.36
1988	245.10	143.83			101.27
1989	236.98	169.86	0.99		66.13
1990	204.77	55.77	0.03	84.40	64.57
1991	305.17	64.25	4.60	91.22	145.10
1992	416.31	65.27	0.39	130.90	219.75
1993	440.36	110.50	0.20	196.75	132.91
1994	438.83	112.48		206.50	119.85
1995	485.23	116.87	4.43	216.38	147.55
1996	565.86	156.14	2.33	250.51	156.88
1997	512.24	102.00	0.40	243.19	166.65
1998	729.48	120.01	0.65	356.30	252.52
1999	800.60	140.18		412.46	247.96
2000	755.59	68.73		524.55	162.31
2001	852.58	120.57	0.93	573.21	157.87
2002	1 000.19	77.55	0.01	698.32	224.31
2003	1 290.61	37.45	0.75	816.62	435.79
2004	1 245.59	110.70	0.05	772.20	362.64
2005	781.54	63.96	2.36	704.44	10.78
2006	627.31	37.71	1.80	581.87	5.93
2007	507.71	63.28	0.04	437.14	7.25
2008	519.72	24.39	4.97	443.77	46.59

7-23 全社会住宅竣工价值

VALUE OF RESIDENTIAL HOUSING COMPLETED

(1979—2008)

单位:万元 (10 000 yuan)

年份 Year	合计 Total	基本建设 Capital Construction	更新改造 Technical Updates and Transformation	房地产开发 Investment in Commodity Houses	其它 Others
1979	449	449			
1980	2 440	2 440			
1981	4 322	4 322			
1982	9 873	9 873			
1983	15 043	15 043			
1984	37 418	37 418			
1985	38 341	38 341			
1986	54 880	40 169	44		14 667
1987	46 707	26 261	83		20 363
1988	88 625	52 663			35 962
1989	109 242	87 117	317		21 808
1990	105 056	31 272	15	50 915	22 854
1991	180 594	34 811	13 586	83 039	49 158
1992	256 111	37 275	159	130 010	88 667
1993	351 941	104 136	140	168 939	78 726
1994	432 365	121 501		234 568	76 296
1995	754 577	137 462	3 810	498 207	115 098
1996	918 088	180 532	6 291	597 390	133 875
1997	879 347	132 583	600	598 621	147 543
1998	1 426 708	165 262	1 900	1 044 859	214 687
1999	1 604 378	208 863		1 191 097	204 418
2000	2 023 916	139 532		1 728 371	156 013
2001	1 768 793	209 663	1 100	1 408 325	149 705
2002	2 317 417	82 781	10	2 060 726	173 900
2003	2 718 868	87 961	1 830	2 145 006	484 071
2004	2 140 997	86 610	39	1 791 687	262 661
2005	2 249 795	94 898	1 890	2 144 465	8 542
2006	2 166 187	29 503	1 548	2 130 841	4 295
2007	1 782 456	119 538	54	1 655 575	7 290
2008	2 859 458	288 470	27 800	2 455 947	87 241

7-24 建筑业总产值

GROSS OUTPUT VALUE OF CONSTRUCTION

(2005-2008)

单位:万元 (10 000 yuan)

指标	Item	2005	2006	2007	2008
总 计	**Total**	**5 455 573**	**7 128 381**	**8 531 730**	**9 410 195**
按登记注册类型分组	Grouped by Type of Registration				
1、内资企业	Domestic Funded Enterprises	5 229 533	6 550 501	8 047 224	9 053 112
国有企业	State-owned Enterprises	1 850 772	1 096 003	1 352 554	1 827 082
集体企业	Collective-owned Enterprises	129 820	108 613	110 117	93 994
股份合作企业	Cooperative Operation with Share Holding	4 417	7 160	2 526	13 422
联营企业	Joint Enterprises	56 657	152 952	154 097	132 508
国有联营企业	State-owned Joint	5 112	16 015	37 444	17 705
集体联营企业	Collective-owned Joint	5 981	59 900	10 539	18 853
其他联营企业	Others	45 564	72 181	106 114	95 950
有限责任公司	Limited Liadility Companies	1 935 162	2 626 494	3 520 558	3 887 067
国有独资公司	State Exclusively Funded Companies	366 676	374 591	487 528	458 126
其他有限责任公司	Others	1 568 486	2 251 903	3 033 030	3 428 941
股份有限公司	Limited Share-holding Companies	731 469	985 291	1 095 379	1 170 688
私营企业	Private Enterprises	888 977	1 554 369	1 790 662	1 921 979
私营独资企业	Private Exclusively Funded Enterpreses	6 100	44 826	9 242	17 142
私营合作企业	Private Partnership Enterprises	1 477	30 382	355	930
私营有限责任公司	Private Limited Liability Companies	879 010	1 370 979	1 703 184	1 832 495
私营股份有限公司	Private Limited Share-holding Companies	2 390	108 183	77 881	71 412
2、港、澳、台商投资企业	Enterpreses Funded by Entrepreneurs from Hong Kong, Macao and Taiwan	164 739	496 403	393 077	260 263
3、外商投资企业	Foreign Funded Enterprises	613 009	81 477	91 429	96 820

08 第八部分 房地产

REAL ESTATE

CHAPTER

2008年深圳房地产市场回顾和2009年展望

一、2008年房地产市场运行基本情况

（一）房地产投资小幅下降，商品房建设规模减小

2008年，全市完成房地产开发投资440.49亿元，同比下降4.5%，其中住宅完成投资314.98亿元，下降5.0%；商品房施工面积3276.3万平方米，增长4.0%，其中住宅施工面积2210.36万平方米，增长1.5%；商品房竣工面积629.73万平方米，下降1.0%，其中，住宅竣工面积443.77万平方米，增长1.5%；商品房新开工面积752.6万平方米，下降14.1%，其中住宅新开工面积471.8万平方米，下降24.1%；商品房空置面积231.58万平方米，增长51.7%。

（二）新建商品房供应量增加，供应结构向国家宏观调控的预期方向发展

2008年，全市新建商品房批准预售面积778.54万平方米，同比增长20.5%；其中，商品住宅批准预售面积666.47万平方米，增长13.1%；办公楼批准预售面积20.34万平方米，增长105.3%；商业用房批准预售面积60.4万平方米，增长28.4%。新建商品房批准预售面积同比虽然有所增加，但与2006年各类商品房供应量仍呈下降趋势。2008年，住宅供应仍然集中在特区外，特区外商品住宅批准预售面积476.43万平方米，占全市住宅批准预售面积的71.5%，比2006年提高9.1个百分点，比2007年提高3个百分点，特区外商品住宅的供应量逐年加大。

从供应结构看，全市批准预售的90平方米以下住宅为46484套，占全部住宅批准预售套数的市规模的比重为67.6%，比2006年提高20.8个百分点，比2007年提高10.6个百分点，普通住房供应的主体地位得到较为充分的体现。

图1　2008年以来全市各月新建商品住宅批准预售面积

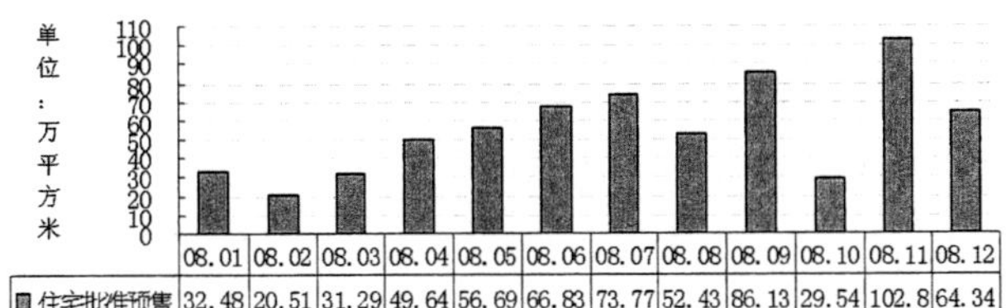

（三）新建商品房销售规模持续下降，年底交易量有所回升

2008年，全市新建商品房销售面积总计有466.7万平方米。其中，期房销售面积417.46万平方米，同比下降24.6%；现房销售面积为49.23万平方米。全市商品住宅销售面积总计为413.65万平方米，其中期房销售面积为389.26万平方米，下降22.2%；现房销售面积为24.39万平方米。

期房销售中，办公楼销售面积4.88万平方米，同比下降76.6%；商业用房销售面积17.9万平方米，下降41.6%。

2008年各月住宅（期房）交易规模较小，1~11月，月度销售规模均不超过40万平方米，12月销售面积78.78万平方米，增幅较大。

图2　2008年以来全市各月新建商品住宅（期房）销售面积

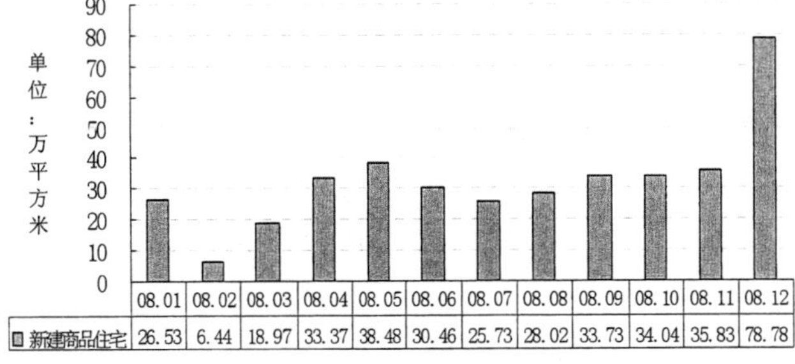

（四）特区外销售规模进一步扩大，普通商品住宅占市场比重加大

2008年，特区外商品住宅（期房）销售面积281.15万平方米，占全市期房销售面积的72.2%，特区外商品住宅（期房）销售面积占全市期房销售面积的比重比2006提高了10.1个百分点、比2007年提高了4.6个百分点，特区外销售规模进一步扩大。全市单套建筑面积144平方米以内的商品住房（期

房)销售套数为37986套,占全市期房销售套数的90.1%，其中90平方米以内的住宅销售套数为28726套,占总套数的68.1%,与2006、2007年比,比重分别提高14.9个百分点和17.6个百分点,可以看出,90/70住房结构调整政策已逐渐发挥作用。

(五)新建商品住房价格呈现回落和调整

根据国家统计局公布的全国70个大中城市商品住房销售价格调查统计,2008年1~12月,深圳新建商品住房价格同比涨幅分别为12.9%、11.7%、5.7%、2.6%、1.3%、0.3%、-1.7%、-4.1%、-10.8%、-15%、-18%和-18.1%，自7月份以来跌幅居全国首位。

根据国土资源和房产管理局的商品房销售备案数据,2008年，全市新建商品住宅销售均价为12823元/平方米。2008年各月商品住房销售均价每平方米分别为15080元、16315元、13618元、11962元、11014元、12681元、16198元、14449元、12431元、12706元、13547元和10979元。7、8、11月份房价有所上涨主要受高价楼盘大量入市拉动的影响。

2008年90平方米以下住宅(期房)销售均价为10278元/平方米。各月90平方米以下住宅(期房)销售均价分别为每平方米10729元、11882元、10962元、11025元、9826元、10789元、10244元、11389元、11218元、10144元、9467元、9375元,11、12月房价有所下降。

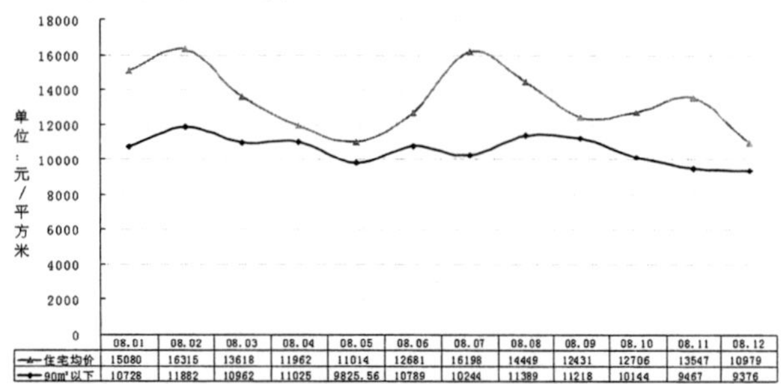

	08.01	08.02	08.03	08.04	08.05	08.06	08.07	08.08	08.09	08.10	08.11	08.12
住宅均价	15080	16315	13618	11962	11014	12681	16198	14449	12431	12706	13547	10979
90m²以下	10728	11882	10962	11025	9825.56	10789	10244	11389	11218	10144	9467	9376

图3　2008年各月全市住房(期房)均价

(六)二手住房交易规模下降幅度较大

2008年,二手住房交易面积350.93万平方米,同比下降60.3%。二手住宅与新建商品住宅交易面积的比例为0.9:1,与2006、2007的1.05:1、1.86:1相比,二手住房交易面积出现较大幅度下降。2008年各月二手住房交易规模较小,均低于40万平方米,只有12月份交易面积为41.23万平方米,交易量出现小幅回升。

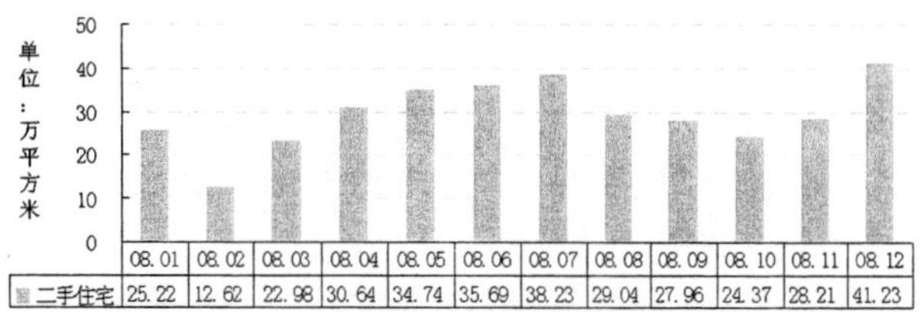

	08.01	08.02	08.03	08.04	08.05	08.06	08.07	08.08	08.09	08.10	08.11	08.12
二手住宅	25.22	12.62	22.98	30.64	34.74	35.69	38.23	29.04	27.96	24.37	28.21	41.23

图4　2008年全市各月二手住房销售面积

二、2008年市场运行情况分析

综上,2008年深圳房地产市场不论是新建商品房还是存量商品房均呈现交易量和交易价格持续大幅度下降的情况,但在2008年年底,两个市场的交易量环比均呈增长之势。

根据国土资源与房产管理局商品住房备案登记数据,2008年11月,深圳新建商品住房交易量环比小幅上升,成交面积和套数分别达到35.8万平方米和3625套。若按照签订商品住房预售合同的数据来看,11月份的成交面积和套数分别达到59万平方米和6430套，几乎超出1-10月份平均水平1倍以上;12月份,按照备案登记数据,交易规模出现较大幅度上升，成交面积和套数分别达到78.78万平方米和8673套,超出1-10月份平均水平2倍以上。2008年底成交量回升的主要原因有以下几个方面:

(一)刺激内需政策的陆续出台,鼓舞了房地产市场的消费信心

为了应对不利的国际经济、金融形势对我国实体经济的负面影响,从10月22日在国家层面首次出台促进居民住房消费的金融、财税政策,到12月21日国办发〔2008〕131号文发布以来,在短短的两个月内,国家先后出台了7项有关房地产市场稳定发展的公共政策、连续3次降低利息。在这些政策措施的累积作用下,国际金融危机对我国实体经济和房地产市场发展的不乐观预期得到一定缓解,居民购房成本大大降低,住房消费信心受到了激励和提升。

(二)深圳房地产市场在全国调整最早、调整幅度最大,交易回升符合市场运行规律

深圳住房价格在2007年10月份达到最高点每平方米17350元后逐步回落。2008年11月的房价为每平方米13547，剔除高价楼盘的影响,11月份的房价为每平方米9842元;2008年12月的房价为每平方米10978。住房销售量从2007年7月份49.98万方米调整到2008年11月份的35.8万平方米,12月份有所回升。

根据国家统计局公布的全国70个大中城市房地产市场统计分析，全国房地产市场从2008年6月份才开始出现调整,除销售量有所下降外,目前全国住房平均销售价格仍处于上升渠道,8月~11月住房销售价格同比上涨分别为5.3%、3.5%、1.6%和0.2%。因此,深圳房地产市场调整比全国早了近一年,调整的幅度也最深。深圳房地产市场长期、深幅调整一定程度上缓和了居民对市场还将继续回落和下调的预期,市场刚性需求部分得以释放。

（三）市场充分调整和国家利好政策的出台，促进了住房刚性需求的释放，增加了市场交易量

目前，在深圳876.83万的常住人口中，住自有住房的人口比例约为32.2%，较低的住房自有率表明潜在住房需求，特别是自住性需求较大。2008年以来，本市住房市场交易不活跃的主要原因，一方面在于房价和购房成本依然较高，另一方面在于市场预期不明、观望气氛浓厚。由于市场长期、充分调整，以及国家出台了一系列优惠政策，降低了自住性、改善性住房需求的购房成本，本市住房潜在需求，尤其是自住性的刚性需求明显得到释放。

（四）房地产开发企业顺应政策调整和市场变化主动降价，对市场回暖有一定的促进作用

由于对今后市场前景预期判断不明，为了在年底回笼资金、完成预定任务和改善业绩，开发商在政策调整之前主要以特价房、打折和赠送等手段变相降价。随着一系列市场政策的出台，加上政策的引导，年底，深圳部分发展商采取直接降低住房销售价格的方式增加销售量，对交易的回升起到一定促进作用。

三、对未来深圳房地产市场形势的判断

在国际金融危机冲击下，全球实体经济增速出现一定幅度下滑。目前，这场金融危机的消极作用尚未见底，对实体经济的影响仍有可能进一步加深，其不利后果可能会进一步显现。因此，2009年深圳房地产市场发展还存在不确定因素。但是，基于前述诸多促进市场回升积极因素的存在，深圳房地产市场在国内率先走出低谷，并促进本市宏观经济稳定运行的趋势已基本形成。随着国家房地产政策的继续调整，以及深圳贯彻落实国家调控政策具体措施的出台，深圳房地产市场将走出当前的调整态势，步入稳定发展期。

（撰稿:朱青）

8-1 房地产开发投资额(按投资去向分)

INVESTMENT IN REAL ESTATE DEVELOPMENT(GROUPED BY INVESTMENT DESTINATION)

(1990—2008)

单位:亿元 (100 million yuan)

年 份 Year	本年完成投资 Total Investment	商品房建设投资 Investment in Commodity Housing	土地开发投资 Investment in Land Development	土地购置费 Investment in Land Purchased	配套工程投资 Continuous Project Investment
1990	11.2	9.39	0.78	1.03	
1991	25.56	15.42	1.78	7.40	0.96
1992	71.49	33.83	5.00	30.14	2.52
1993	102.77	69.96	7.29	19.69	5.83
1994	130.46	90.17	9.89	20.28	10.12
1995	103.04	91.45	7.21	3.90	0.48
1996	124.83	99.26	9.26	5.72	10.58
1997	136.65	109.91	7.78	13.52	5.44
1998	167.49	134.11	6.05	24.18	3.15
1999	215.25	167.98	11.18	32.88	3.21
2000	260.97	205.08	8.01	36.87	11.01
2001	315.64	221.34	10.54	70.99	12.77
2002	388.44	286.56	9.41	71.01	21.46
2003	412.66	319.92	11.21	75.82	5.71
2004	434.24	343.93	11.69	71.80	6.82
2005	423.69	325.67	24.84	64.05	9.13
2006	462.09	399.58	6.71	43.86	11.94
2007	461.04	366.92	10.23	62.22	21.60
2008	440.49	357.27	6.67	65.98	10.57

8-1 房地产开发投资额(按用途分)

INVESTMENT IN REAL ESTATE DEVELOPMENT(GROUPED BY USE)

(1990—2008)

单位:亿元 (100 million yuan)

年 份 Year	本年完成投资 Total Investment	住宅 Residential Housing	办公楼 Office Buildings	商业用房 Commercial Buildings	其他 Others
1990	11.2	7.06	1.12	1.57	1.46
1991	25.56	15.34	2.56	4.09	3.58
1992	71.49	45.04	7.86	10.72	7.86
1993	102.77	66.80	11.30	14.39	10.28
1994	130.46	87.41	13.05	18.26	11.74
1995	103.04	62.85	16.49	14.43	9.27
1996	124.83	78.64	19.97	16.23	9.99
1997	136.65	85.50	18.18	14.78	18.19
1998	167.49	99.89	12.10	19.97	35.53
1999	215.25	141.31	13.57	17.95	42.42
2000	260.97	178.68	13.62	22.90	45.77
2001	315.64	209.71	9.32	28.21	68.40
2002	388.44	270.92	13.00	35.26	69.26
2003	412.66	250.19	15.05	47.29	100.13
2004	434.24	255.84	24.51	57.43	96.46
2005	423.69	265.54	28.04	53.07	77.04
2006	462.09	325.05	30.63	67.40	39.01
2007	461.04	331.76	30.08	53.48	45.72
2008	440.49	314.98	26.12	51.96	47.43

8-2 房地产开发投资额(按构成分)

INVESTMENT IN REAL ESTATE DEVELOPMENT(GROUPED BY COMPOSITION)

(1990-2008)

单位:亿元 (100 million yuan)

年份 Year	本年完成投资 Total Investment	建筑安装工程 Constructional Project	设备购置 Purchase of Equipment	其他 Others
1990	11.2	10.19	0.57	0.44
1991	25.56	22.19	0.77	2.60
1992	71.49	51.80	2.95	16.74
1993	102.77	93.06	4.77	4.94
1994	130.46	104.23	8.75	17.48
1995	103.04	79.32	6.75	16.97
1996	124.83	92.22	12.38	20.23
1997	136.65	98.41	6.36	31.89
1998	167.49	115.79	7.35	44.35
1999	215.25	150.26	10.47	54.53
2000	260.97	187.90	9.59	63.47
2001	315.64	217.69	6.39	91.56
2002	388.44	281.11	11.35	95.99
2003	412.66	298.08	12.63	101.95
2004	434.24	315.44	15.06	103.74
2005	423.69	314.11	11.40	98.17
2006	462.09	380.02	10.93	71.14
2007	461.04	356.66	6.61	97.77
2008	440.49	327.83	10.53	102.13

8-2 房地产开发投资额(按区域分)

INVESTMENT IN REAL ESTATE DEVELOPMENT(GROUPED BY DISTRICT)

(1996-2008)

单位:亿元 (100 million yuan)

年份 Year	本年完成投资 Total Investment	罗湖区 Luohu	福田区 Futian	南山区 Nanshan	宝安区 Baoan	龙岗区 Longgang	盐田区 Yantian
1996	124.83	51.18	33.70	21.22	9.99	8.74	
1997	136.65	41.00	42.36	20.50	15.03	17.76	
1998	167.49	48.57	50.25	31.82	16.75	18.42	1.67
1999	215.25	53.81	73.19	38.75	15.07	32.29	2.15
2000	260.97	65.24	83.51	49.58	26.10	31.32	5.22
2001	315.64	66.28	107.32	72.60	31.56	34.72	3.16
2002	388.44	69.80	116.53	89.34	54.38	46.61	7.77
2003	412.66	66.18	118.23	101.93	61.75	53.50	11.07
2004	434.24	67.90	115.68	96.45	79.57	58.05	16.59
2005	423.69	53.21	104.13	86.26	107.38	62.88	9.83
2006	462.09	50.83	89.84	93.59	126.52	88.10	13.21
2007	461.04	36.11	54.35	82.73	139.68	128.47	19.70
2008	440.49	32.71	41.93	101.47	130.51	103.83	30.04

8-3 房地产开发投资额(按注册登记类型分)

INVESTMENT IN REAL ESTATE DEVELOPMENT (GROUPED BY REGISTRATION)

(2004-2008)

单位:亿元 (100 million yuan)

年 份	Year	2004	2005	2006	2007	2008
合计	**Total**	**434.24**	**423.69**	**462.09**	**461.04**	**440.49**
1、内资企业	Domestic Investment Enterprises	325.40	294.95	326.61	312.03	339.26
国有企业	State-Owned	17.44	7.26	6.76	3.24	28.19
集体企业	Collective-Owned	0.64	0.68	2.00	3.10	2.12
股份合作企业	Shareholding	2.17	3.36	2.54	0.5	1.14
联营企业	Joint Owned	12.44	13.70	11.67	2.06	1.00
国有联营企业	State-Joint Owned	0.76	0.45	0.67	0.98	0.73
集体联营企业	Collective-Joint Owned					
国有与集体联营企业	State Collective Joint Owned					
其他联营企业	Other Joint Owned	11.68	13.25	11.00	1.08	0.18
有限责任公司	Limited-Liability Corporations	133.00	128.15	131.96	151.52	174.96
国有独资公司	State Enterprises	0.87	2.62	3.11	7.94	3.58
其他有限责任公司	Others	132.12	125.53	128.85	143.58	171.38
股份有限公司	Shareholding	30.04	18.97	13.34	24.44	36.73
私营企业	Private	129.67	122.83	158.34	126.89	87.67
其他内资	Others				0.28	7.45
2、港、澳、台商投资企业	Hong Kong,Macao and Taiwan Funded	80.65	93.18	91.46	129.01	74.93
3、外商投资企业	Fordign Funded	28.19	35.56	44.02	20.00	26.30

8-4 房地产开发投资资金来源及构成

TOTAL CAPITAL AND ITS' SOURCE OF REAL ESTATE DEVELOPMENT

(1991-2008)

单位:亿元 (100 million yuan)

年 份 Year	本年资金来源小计 Source of the Total Capital	国内贷款 Domestic Loans	利用外资 Foreign Capital Utilized	自筹资金 Self Financed Capital	其他资金 Other Capital
1991	39.11	6.43		12.42	20.26
1992	97.16	25.37		28.99	42.80
1993	175.06	39.05		49.14	86.87
1994	189.90	40.01		63.56	86.33
1995	147.83	31.43	28.14	49.41	38.85
1996	149.10	29.46	28.30	45.49	45.85
1997	168.11	30.91	20.14	61.20	55.86
1998	223.04	55.03	9.31	80.32	78.38
1999	252.88	59.59	4.64	83.31	105.34
2000	333.36	89.06	6.68	96.11	141.52
2001	391.47	102.64	8.93	131.38	148.52
2002	516.40	127.01	9.24	138.96	241.19
2003	644.70	166.37	8.02	179.19	291.12
2004	663.35	149.33	7.04	197.98	309.00
2005	694.01	159.87	2.38	216.49	315.27
2006	837.85	229.39	8.94	174.78	424.74
2007	847.90	169.83	11.78	241.42	424.87
2008	396.35	124.78	0.45	97.90	173.22

8-5 商品房施工面积(按用途分)

TOTAL FLOOR SPACE UNDER CONSTRUCTION OF COMMODITY HOUSING(GROUPED BY USE)

(1990—2008)

单位:万平方米 (10 000 sq.m.)

年份 Year	施工面积 Floor Space Under Construction	住宅 Residential Housing	办公楼 Office Building	商业用房 Houses For Business Use	其他 Others
1990	304.62	192.15	31.07	41.43	39.97
1991	467.82	279.00	47.72	73.62	67.48
1992	950.06	601.10	101.91	139.21	107.84
1993	1 396.44	909.51	152.43	199.92	134.58
1994	1 298.82	868.86	132.75	176.36	120.85
1995	1 371.06	844.20	214.51	187.71	124.64
1996	1 495.27	940.61	238.93	193.68	122.05
1997	1 454.17	966.18	181.76	185.17	121.06
1998	1 656.65	1 146.97	175.09	208.97	125.62
1999	1 834.13	1 355.62	137.58	201.34	139.59
2000	2 134.95	1 576.89	146.62	225.46	185.98
2001	2 392.77	1 790.49	115.10	255.38	231.80
2002	2 776.29	2 124.86	120.83	279.14	251.46
2003	2 838.22	2 072.89	134.29	317.74	313.30
2004	3 120.25	2 257.68	147.78	379.15	335.64
2005	3 058.90	2 152.58	155.67	370.34	380.31
2006	3 122.10	2 157.39	171.88	385.71	407.12
2007	3 149.56	2 177.78	189.65	335.98	446.15
2008	3 276.30	2 210.36	201.55	346.45	517.94

8-5 商品房施工面积(按区域分)

TOTAL FLOOR SPACE UNDER CONSTRUCTION OF COMMODITY HOUSING (GROUPED BY DISTRICT)

(1996—2008)

单位:万平方米 (10 000 sq.m.)

年份 Year	施工面积 Floor Space Under Construction	罗湖区 Luohu	福田区 Futian	南山区 Nanshan	宝安区 Baoan	龙岗区 Longgang	盐田区 Yantian
1996	1 495.27	613.06	403.72	254.20	119.62	104.67	
1997	1 454.17	435.48	445.27	214.29	163.51	195.62	
1998	1 656.65	483.06	493.49	321.63	171.62	176.56	10.29
1999	1 834.13	459.35	622.47	334.98	125.71	274.85	16.77
2000	2 134.95	523.64	691.02	415.09	212.04	251.47	41.69
2001	2 392.77	510.52	807.12	554.37	228.69	262.16	29.91
2002	2 776.29	511.82	830.24	631.89	397.97	347.29	57.08
2003	2 838.22	472.85	812.15	717.41	436.46	343.28	56.07
2004	3 120.25	437.61	789.79	743.36	639.07	434.31	76.11
2005	3 058.90	333.72	667.26	513.84	865.27	601.91	76.90
2006	3 122.10	329.37	517.48	586.94	859.65	734.22	94.44
2007	3 149.56	192.14	397.80	603.23	891.86	966.87	97.66
2008	3 276.30	251.52	314.50	689.71	880.39	1 015.05	125.13

8-6 商品房新开工面积(按用途分)

FLOOR SPACE OF NEWLY STARTED OF COMMODITY HOUSING(GROUPED BY USE)

(1998-2008)

单位:万平方米 (10 000 sq.m.)

年份 Year	新开工面积 Floor Space of Newly Started Building	住宅 Residential Housing	办公楼 Office Building	商业用房 Houses For Business Use	其他 Others
1998	414.14	333.27	25.62	33.19	22.06
1999	580.56	492.81	6.98	31.94	48.83
2000	646.41	487.48	26.10	64.72	68.12
2001	999.71	792.24	26.96	83.74	96.77
2002	959.32	747.50	41.71	101.12	68.99
2003	932.86	645.18	35.89	119.88	131.91
2004	1 025.55	766.91	25.32	123.24	110.08
2005	1 054.19	753.90	39.89	127.15	133.25
2006	798.12	609.46	19.91	69.98	98.77
2007	876.40	621.91	40.06	72.94	141.49
2008	752.60	471.80	46.61	84.91	149.28

8-6 商品房新开工面积(按区域分)

FLOOR SPACE OF NEWLY STARTED OF COMMODITY HOUSING(GROUPED BY DISTRICT)

(1998-2008)

单位:万平方米 (10 000 sq.m.)

年份 Year	新开工面积 Floor Space of Newly Started Building	罗湖区 Luohu	福田区 Futian	南山区 Nanshan	宝安区 Baoan	龙岗区 Longgang	盐田区 Yantian
1998	414.14	101.25	114.77	82.98	47.37	67.21	0.56
1999	580.56	119.44	201.65	114.81	47.33	94.49	2.84
2000	646.41	103.02	169.62	168.21	96.96	82.57	26.03
2001	999.71	132.88	299.01	305.10	140.30	115.68	6.74
2002	959.32	136.41	238.00	242.46	175.92	140.97	25.56
2003	932.86	158.89	220.77	210.84	199.54	118.52	24.30
2004	1 025.55	112.05	152.62	201.34	307.07	218.33	34.14
2005	1 054.19	24.81	208.29	205.98	319.96	257.16	37.99
2006	798.12	15.49	69.00	123.74	271.85	275.43	42.61
2007	876.40	36.93	38.69	211.70	203.18	360.87	25.03
2008	752.60	87.76	52.23	153.94	195.60	205.47	57.60

8-7 商品房竣工面积(按用途分)

TOTAL FLOOR SPACE OF COMMERCIAL HOUSES COMPLETED(GROUPED BY USE)

(1990-2008)

单位:万平方米 (10 000 sq.m.)

年　份 Year	竣工面积 Floor Space of Buildings completed	住宅 Residential Housing	办公楼 Office Building	商业用房 Houses For Business Use	其他 Others
1990	133.41	84.40	8.67	12.34	28.00
1991	150.44	91.22	7.93	11.21	40.08
1992	198.40	130.90	9.20	14.70	43.60
1993	281.46	196.75	11.51	21.32	51.88
1994	311.10	206.50	10.01	39.90	54.69
1995	311.55	216.38	34.24	36.98	23.95
1996	394.32	250.51	42.50	48.58	52.73
1997	327.04	243.19	34.22	29.57	20.06
1998	463.31	356.30	42.26	41.05	23.70
1999	502.15	412.46	16.89	37.05	35.75
2000	632.05	524.55	12.94	53.92	40.64
2001	727.97	573.21	27.74	53.84	73.18
2002	892.24	698.32	25.07	79.15	89.70
2003	1 020.31	816.62	24.43	95.63	83.63
2004	1 012.39	772.20	35.66	105.54	98.99
2005	945.78	704.44	18.70	96.67	125.97
2006	848.89	581.87	36.83	126.63	103.56
2007	636.02	437.14	32.38	73.99	92.51
2008	629.73	443.77	27.55	59.79	98.62

8-7 商品房竣工面积(按区域分)

TOTAL FLOOR SPACE OF COMMERCIAL HOUSES COMPLETED(GROUPED BY DISTRICT)

(1996-2008)

单位:万平方米 (10 000 sq.m.)

年　份 Year	竣工面积 Floor Space of Buildings Under Construction	罗湖区 Luohu	福田区 Futian	南山区 Nanshan	宝安区 Baoan	龙岗区 Longgang	盐田区 Yantian
1996	394.32	118.29	130.13	82.81	31.54	31.55	
1997	327.04	81.31	109.89	68.72	30.75	36.37	
1998	463.31	105.53	137.29	103.33	58.96	55.53	2.67
1999	502.15	100.38	159.44	75.99	46.81	114.44	5.09
2000	632.05	142.36	161.53	113.69	96.68	104.70	13.09
2001	727.97	215.53	225.65	152.54	42.44	89.20	2.61
2002	892.24	186.66	208.95	234.61	117.81	123.11	21.10
2003	1 020.31	155.56	275.96	278.90	155.27	137.37	17.25
2004	1 012.39	106.41	258.59	343.98	173.98	108.23	21.20
2005	945.78	149.96	203.91	157.39	213.12	184.24	37.16
2006	848.89	91.89	176.37	159.17	228.39	165.71	27.36
2007	636.02	15.15	110.74	126.68	245.68	111.76	26.01
2008	629.73	59.61	32.97	214.86	179.03	134.75	8.51

8-8 商品房销售面积(按用途分)

TOTAL FLOOR SPACE OF BUILDINGS SOLD(GROUPED BY USE)

(1990—2008)

单位:万平方米 (10 000 sq.m.)

年份 Year	销售面积 Floor Space of Buildings Sold	住宅 Residential Housing	办公楼 Office Building	商业用房 Houses For Business Use	其他 Others
1990	77.14	56.32	2.31	1.54	16.97
1991	112.54	97.13	2.10	0.63	12.68
1992	151.46	96.00	9.00	10.00	36.46
1993	180.17	140.89	5.85	9.58	23.85
1994	246.93	183.28	13.29	17.14	33.22
1995	274.59	209.07	17.37	16.89	31.26
1996	324.92	261.13	32.33	21.23	10.23
1997	405.44	336.70	28.88	27.40	12.46
1998	432.22	372.38	22.06	19.85	17.93
1999	541.84	492.51	15.02	26.20	8.11
2000	611.37	556.82	12.19	26.32	16.04
2001	643.47	593.72	11.01	27.40	11.34
2002	791.70	724.41	17.94	46.36	2.99
2003	877.85	811.90	19.54	39.37	7.04
2004	908.62	802.58	26.90	58.09	21.05
2005	993.20	901.13	28.49	53.48	10.10
2006	797.66	704.89	37.64	46.89	8.24
2007	555.11	500.35	20.87	30.64	3.25
2008	466.71	413.65	5.59	33.58	13.89

注:本表数据取自国土资源与房产管理局的网上合同备案资料。
The data of this table adopts from the records of Shenzhen Municipal Building and Land Administration Bureau.

8-8 商品房销售面积(按区域分)

TOTAL FLOOR SPACE OF BUILDINGS SOLD(GROUPED BY DISTRICT)

(1996—2008)

单位:万平方米 (10 000 sq.m.)

年份 Year	销售面积 Floor Space of Buildings Sold	罗湖区 Luohu	福田区 Futian	南山区 Nanshan	宝安区 Baoan	龙岗区 Longgang	盐田区 Yantian
1996	324.82	99.68	98.36	55.32	25.99	45.47	
1997	405.44	95.18	126.57	70.27	54.48	58.94	
1998	432.22	90.89	135.99	75.68	54.63	67.34	7.69
1999	541.84	118.53	162.69	94.89	71.62	82.01	12.10
2000	611.37	86.13	200.59	125.39	78.65	113.04	7.57
2001	643.47	110.75	165.28	140.62	95.21	122.60	9.01
2002	791.70	129.45	206.81	182.60	127.22	135.95	9.67
2003	877.85	120.49	206.30	236.85	149.76	139.02	25.45
2004	908.62	83.90	164.74	285.04	186.40	171.22	17.32
2005	993.20	103.11	210.36	171.05	283.84	201.99	22.85
2006	797.66	53.56	122.22	130.60	260.36	212.29	18.63
2007	555.11	35.26	69.29	72.60	189.08	170.97	17.92
2008	466.71	37.27	35.47	71.11	161.66	145.65	15.55

注:本表数据取自国土资源与房产管理局的网上合同备案资料。
The data of this table adopts from the records of shenzhen municipal Building and Land Administration Bureau.

8-9 商品住宅销售面积(按区域分)

TOTAL FLOOR SPACE OF RESIDENTIAL BUILDINGS SOLD(GROUPED BY DISTRICT)

(1996—2008)

单位:万平方米 (10 000 sq.m.)

年　　份 Year	销售面积 Floor Space of Buildings Sold	罗湖区 Luohu	福田区 Futian	南山区 Nanshan	宝安区 Baoan	龙岗区 Longgang	盐田区 Yantian
1996	261.13	71.87	82.35	43.19	21.26	42.46	
1997	336.70	71.23	106.75	61.63	43.31	53.78	
1998	372.38	75.29	111.06	70.61	50.07	61.55	3.80
1999	492.51	109.57	147.54	88.59	64.24	76.21	6.36
2000	556.82	77.17	181.94	114.95	69.70	106.26	6.80
2001	593.72	97.85	155.44	135.20	86.75	110.51	7.97
2002	724.41	119.80	186.29	173.18	111.31	124.45	9.38
2003	811.90	111.08	186.59	222.60	142.53	124.82	24.29
2004	802.58	83.78	125.29	270.81	167.84	137.60	17.26
2005	901.13	100.15	172.73	157.76	266.25	182.49	21.77
2006	704.89	52.72	77.58	119.41	244.08	193.82	17.28
2007	500.35	31.36	49.22	63.95	176.32	162.00	17.50
2008	413.65	21.36	31.77	64.33	146.68	134.47	15.04

注:本表数据取自国土资源与房产管理局的网上合同备案资料。

The data of this table adopts from the records of shenzhen municipal Building and Land Administration Bureau.

8-10 办公楼销售面积(按区域分)

TOTAL FLOOR SPACE OF OFFICE BUILDINGS SOLD(GROUPED BY DISTRICT)

(1996—2008)

单位:万平方米 (10 000 sq.m.)

年　　份 Year	销售面积 Floor Space of Buildings Sold	罗湖区 Luohu	福田区 Futian	南山区 Nanshan	宝安区 Baoan	龙岗区 Longgang	盐田区 Yantian
1996	32.33	14.35	8.80	9.18			
1997	28.88	13.06	9.34	3.59	1.39	1.50	
1998	22.06	7.60	12.11	0.94		1.10	0.31
1999	15.02	3.70	9.30	0.63	0.06		1.33
2000	12.19	3.95	6.15	1.50	0.13	0.41	0.05
2001	11.01	5.77	2.91	0.66	0.01	1.52	0.14
2002	17.94	3.39	12.63	1.37	0.02	0.24	0.29
2003	19.54	2.16	13.72	1.68	1.45	0.53	
2004	26.90		23.11	3.66	0.01	0.12	26.90
2005	28.49		22.19	5.04	0.54	0.72	
2006	37.64	0.06	31.85	5.22		0.51	
2007	20.87	0.61	15.51	3.80	0.87	0.08	
2008	5.59		2.27	1.65	1.67		

注:本表数据取自国土资源与房产管理局的网上合同备案资料。

The data of this table adopts from the records of shenzhen municipal Building and Land Administration Bureau.

8-11 商业用房销售面积(按区域分)

TOTAL FLOOR SPACE OF COMMERCIAL BUILDINGS SOLD(GROUPED BY DISTRICT)

(1996-2008)

单位:万平方米 (10 000 sqg.m.)

年份 Year	销售面积 Floor Space of Buildings Sold	罗湖区 Luohu	福田区 Futian	南山区 Nanshan	宝安区 Baoan	龙岗区 Longgang	盐田区 Yantian
1996	21.23	11.49	2.66	1.32	4.38	1.38	
1997	27.40	8.75	4.48	2.48	9.54	2.15	
1998	19.85	5.34	3.70	2.00	4.04	4.69	0.08
1999	26.20	5.26	2.15	2.91	5.85	5.60	4.43
2000	26.32	3.21	3.88	4.64	7.57	6.30	0.72
2001	27.40	4.92	3.42	2.59	8.23	7.96	0.28
2002	46.36	6.15	6.52	6.53	15.89	11.27	
2003	39.37	6.61	4.81	7.62	5.51	13.66	1.16
2004	58.09	0.94	8.16	9.66	17.79	21.39	0.15
2005	53.48	2.93	9.20	8.55	16.77	14.86	1.17
2006	46.89	0.69	7.72	5.96	16.25	14.91	1.36
2007	30.64	3.28	1.64	4.85	11.89	8.57	0.41
2008	33.58	15.91	1.43	2.20	4.85	8.68	0.51

注:本表数据取自国土资源与房产管理局的网上合同备案资料。

The data of this table adopts from the records of shenzhen municipal Building and Land Administration Bureau.

8-12 商品房屋空置面积(按用途分)

TOTAL FLOOR SPACE OF VACANT BUILDINGS (GROUPED BY USE)

(1996-2008)

单位:万平方米 (10 000 sq.m.)

年份 Year	空置面积 Floor space of Vacant Buildings	住宅 Residential Housing	办公楼 Office Building	商业用房 Houses For Business Use	其他 Others
1996	328.68	191.94	40.31	55.20	41.23
1997	258.69	137.34	48.69	48.66	24.00
1998	296.94	158.88	55.96	56.73	25.37
1999	249.60	139.67	42.49	52.90	14.54
2000	272.62	170.92	47.17	48.49	6.04
2001	241.35	142.72	29.53	51.69	17.41
2002	311.03	206.50	23.03	59.99	21.51
2003	319.94	190.88	26.23	81.12	21.71
2004	251.53	138.15	21.62	68.45	23.31
2005	191.51	90.24	14.38	63.44	23.45
2006	185.41	69.63	23.98	66.41	25.39
2007	152.36	58.92	15.81	55.30	22.33
2008	231.58	121.17	15.02	69.22	26.17

8-13 商品房屋空置面积(按区域分)

TOTAL FLOOR SPACE OF VACANT BUILDINGS (GROUPED BY DISTRICT)

(1996-2008)

单位:万平方米 (10 000 sq.m.)

年份 Year	空置面积 Floor space of Vacant Buildings	罗湖区 Luohu	福田区 Futian	南山区 Nanshan	宝安区 Baoan	龙岗区 Longgang	盐田区 Yantian
1996	328.68	105.18	92.03	55.88	49.30	26.29	
1997	258.69	78.56	55.41	59.13	37.47	28.12	
1998	296.94	82.92	74.08	76.22	39.61	21.52	2.59
1999	249.60	82.32	60.46	45.21	25.51	32.07	4.03
2000	272.62	98.36	61.38	50.22	29.99	29.85	2.82
2001	241.35	81.50	72.12	34.59	24.00	27.33	1.81
2002	311.03	75.29	89.77	69.26	30.38	37.29	9.04
2003	319.94	74.54	103.76	67.50	34.87	31.07	8.20
2004	251.53	61.37	81.49	38.04	22.46	35.79	12.38
2005	191.51	46.46	56.42	21.81	30.27	25.29	11.26
2006	185.41	48.47	57.02	26.31	12.79	33.42	7.40
2007	152.36	32.39	42.48	21.38	16.29	36.32	3.50
2008	231.58	33.45	36.14	43.75	46.79	64.57	6.88

8-14 商品房二级市场平均交易价格(按用途分)

AVERAGE SELLING PRICE OF COMMERCIAL HOUSES IN SECONDARY MARKET(GROUPED BY USE)

(1998-2008)

单位:元/平方米 (yuan/ sq.m.)

年份 Year	商品房二级市场平均交易价格 Average Selling Price of Commercial Houses in Secondary Market	住宅 Residential Housing	办公楼 Office Building	商业用房 Houses For Business Use	其他 Others
1998	5 927	5 191	11 995	10 241	3 468
1999	5 503	5 004	10 504	11 195	3 743
2000	5 718	5 275	10 954	10 306	3 186
2001	5 779	5 517	13 717	11 916	4 126
2002	6 074	5 641	8 145	12 175	5 000
2003	6 215	5 879	8 678	11 624	2 804
2004	6 771	6 419	9 670	12 764	5 672
2005	7 582	6 996	12 374	15 083	6 869
2006	10 039	9 190	15 762	18 257	9 714
2007	14 050	13 370	23 535	19 103	10 203
2008	12 665	12 823	19 071	11 469	8 286

8-14 商品房二级市场平均交易价格(按区域分)

AVERAGE SELLING PRICE OF COMMERCIAL HOUSES IN SECONDARY MARKET (GROUPED BY DISTRICT) (1998-2008)

单位:元/平方米 (yuan/ sq.m.)

年份 Year	商品房二级市场平均交易价格 Average Selling Price of Commercial Houses in Secondary Market	罗湖区 Luohu	福田区 Futian	南山区 Nanshan	宝安区 Baoan	龙岗区 Longgang	盐田区 Yantian
1998	5 927	8 202	6 720	4 475	3 458	3 085	5 380
1999	5 503	8 763	6 299	4 472	3 222	3 226	3 379
2000	5 718	8 047	7 048	4 682	3 452	3 976	6 437
2001	5 779	6 272	7 171	6 007	3 256	3 537	4 079
2002	6 145	7 048	7 981	5 930	4 302	3 925	5 360
2003	6 215	7 444	7 787	6 041	3 866	4 046	6 111
2004	6 771	7 953	8 324	6 738	4 989	5 067	9 003
2005	7 582	8 548	9 565	8 929	5 799	5 889	7 896
2006	10 039	10 115	15 485	12 855	8 626	6 906	9 793
2007	14 050	17 834	20 639	18 196	12 256	10 785	14 293
2008	12 665	14 011	16 946	17 230	11 425	9 136	24 748

8-15 商品住宅二级市场平均交易价格(按区域分)

AVERAGE SELLING PRICE OF COMMERCIAL HOUSES IN SECONDARY MARKET (GROUPED BYDISTRICT) (1998-2008)

单位:元/平方米 (yuan/ sq.m.)

年份 Year	住宅平均平均交易价格 Average Selling Price of Commercial Houses in Secondary Market	罗湖区 Luohu	福田区 Futian	南山区 Nanshan	宝安区 Baoan	龙岗区 Longgang	盐田区 Yantian
1998	5 191	6 373	6 440	4 401	3 121	2 962	5 560
1999	5 004	7 394	6 027	4 390	3 074	3 033	3 194
2000	5 275	7 200	6 728	4 540	3 025	3 718	4 252
2001	5 517	6 408	6 465	5 709	2 851	3 402	4 139
2002	5 641	6 496	7 664	5 639	3 805	3 522	5 265
2003	5 879	6 866	7 640	5 778	3 640	3 485	6 076
2004	6 419	7 789	7 806	6 499	4 787	4 447	9 002
2005	6 996	8 135	8 627	8 502	5 353	5 353	7 698
2006	9 190	9 988	13 803	12 119	8 297	6 423	9 454
2007	13 370	16 946	18 441	18 008	12 212	10 478	14 178
2008	12 823	16 891	16 876	17 050	11 652	9 112	24 995

09 第九部分

商业、物价

DOMESTIC TRADE AND PRICE

CHAPTER

2008年深圳市消费市场情况简析

2008年，面对复杂多变的国内、国外经济形势，深圳消费市场运行仍保持快速发展的势头。社会消费品零售总量创出新高，市场规模实现标志性突破，全年跨越2000亿元，实现社会消费品零售总额2251.82亿元，比上年增长17.6%，增幅提高3个百分点，是近十年来增长速度最快的一年，扣除物价指数后实际增长11.0%。总量稳居广东省第二大商贸中心城市之列，占全省社会消费品零售总额的17.6%，在全国大中城市中仍排第四位。其中批发和零售业实现社会消费品零售总额1972.12亿元，住宿和餐饮业实现社会消费品零售总额279.70亿元，同比分别增长16.7%和24.0%。

一、消费市场运行的主要特点

（一）住宿和餐饮业零售额增长成为亮点

1.住宿和餐饮业行业占社会消费品零售额比重提高

2008年，住宿和餐饮业行业在经历了2007年低迷走势后，表现强劲，成为消费市场亮点。全年共实现零售额279.70亿元，同比增长24.0%，增速比上年提高16.2个百分点；其中限额以上住宿和餐饮业零售额表现更为突出，实现106.22亿元，增长34.3%，增幅比全市住宿和餐饮业零售额平均水平高出10.3个百分点。住宿和餐饮业零售额占社会消费品零售总额的比重由2007年的11.8%上升到2008年的12.4%，比重上升了0.6个百分点，住宿和餐饮业消费市场份额的不断扩大，已成为新的消费市场增长点。

2.正餐、快餐各有特色

从限额以上住宿和餐饮行业分组情况来看，正餐是餐饮业的主要服务形式，快餐则是日常消费热点。2008年全市达到限额以上正餐服务的企业有266个，较上年增加66个，实现零售额81.06亿元，占到餐饮零售总额的76.3%。快餐则更加“亲民”，在零售额排名靠前的餐饮企业中，百胜餐饮（深圳）有限公司、麦当劳餐厅（深圳）有限公司位居前两名，深圳面点王饮食连锁有限公司名列第3，仅这三家实现的餐饮零售额就占到全市限额以上住宿和餐饮业零售额总量的20.7%，比重进一步提高。

从餐饮行业快速增长情况来看，除了目前全市餐饮业基本形成了高、中、低多档次兼有；中餐、西餐并驾齐驱，传统风味和现代潮流相互媲美共同发展的局面外，还有主要因素是因为不断加快的生活节奏以及公共关系的不断发展使得人们到餐厅就餐更加成为家常便饭，促进了住宿和餐饮业消费大幅增长。

（二）社会消费品零售总额分月走势较为强劲，虽然“高开低走”，但符合深圳消费市场特点

全市社会消费品零售总额全年分月走势分别实现193.09亿元、193.25亿元、165.64亿元、166.75亿元、177.10亿元、184.67亿元、186.57亿元、202.59亿元、192.30亿元、201.78亿元、193.73亿元和194.34亿元，同比增幅分别为16.2%、23.6%、19.4%、19.2%、19.0%、18.2%、18.0%、18.9%、18.6%、18.7%、18.1%和17.6%。从各月实现的社会消费品零售总额及增幅情况来看，一季度由于受年初我国南方持续冷冻雨雪天气影响，留深人员增多，加上适逢新春长假等因素影响，零售总量实现了“开门红”，其中2月份的社会消费品零售总额增幅也达到最高。下半年，由于受全球金融危机的影响逐渐显现，特别是到了第三季度后期起，消费市场没有出现以往进入年底这种消费火暴的情形。从三季度起消费市场增速开始放缓，但在合理范围内运行。全年分月消费市场整体走势稳中有降，表现还是比较能反映深圳消费市场的特点。

（三）消费结构有了新的变化

1.居民直接用于吃的比重增加

2007年底以来，全市居民消费价格明显上升，特别是2008年上半年，居民消费价格持续上涨，尤

其是粮油、肉类等食品价格上涨幅度较大，促使居民的被动消费增多，直接影响到居民的商品消费结构。全年商品零售消费价格总指数同比增长6.5个百分点，而食品类商品零售价格涨幅为13.7%，其中植物油、肉禽及其制品的涨幅均超过20%。从限额以上批发和零售业企业汇总数据的结果来看，直接用于吃的食品类零售额为117.04亿元，同比增长18.6%，占限额以上批发和零售业零售额的11.7%，比重同比提高0.6个百分点。

2.零售额分类增速超过15.0%的有7类

从1066家限额以上批发和零售业企业的分类汇总数据来看，在25种分类商品零售额中，对比上年，2008年零售额增长速度超过15.0%的商品类别有7类，即：其他类、中西药品类、食品饮料烟酒类、石油及化工制品类、服装鞋帽针纺织品类、汽车类和化妆品类，分别增长20.0%、17.6%、17.1%、17.0%、16.5%、16.4%和16.0%。其中，食品饮料烟酒类中增长最为突出的是粮油类，增长幅度高达32.0%。

3.受行业调控影响，相关产品首当其冲

由于受政策调控的影响，2008年限额以上批发和零售业企业的相关行业消费仍有不同程度下降，而且下降幅度不小，如建筑及装潢建材类和家具类，全年仍然没有起色，实现零售额为5.76亿元和4.12亿元，同比分别下降32.3%和31.3%。而汽车类和家用电器音像器材类全年虽然实现两位数的增长（家电同比增长11.5%），但与上半年相比增速（上半年汽车类和家用电器音像器材类同比分别增长33.5%和22.9%）明显下降，全球金融危机对这两类产品的消费影响明显。

二、有关建议

（一）规范全市商业布局规划，避免重复建设

商业网点的相对集中，所形成的集聚效应，给各企业带来了一定的效益。但在同一区域内的相近经营规模、经营档次、经营范围的网点建设过多，不仅起不到规模经济的作用，反而会加剧企业间的竞争，进而导致企业效益的下降。因此，同一商圈内的企业应向错位经营发展，要增强全市区域内外的双向辐射力

（二）加强市场调查，调整市场定位

重点是适时引进核心品牌及各品类中品牌结构、品牌组合的调整。品牌形象决定整体的商场形象，提升企业的竞争力。零售企业要避免千店一面，要认真进行市场调研，找准位置，调整商品定位，积极打造自己的品牌，培养自己的顾客群，确保拥有一个稳定的消费群体，不要盲目的追求档次、品位而忽略了正确的市场定位。

（三）加强信息管理，积极推进新的营销方式

物流企业要积极扩大代理、统购分销和配送规模，促进第三方物流的发展。充分利用电子商务网开展电子商务，实现网上交易。

（四）完善消费政策

进一步拓宽消费和服务领域，关注服务业的发展，加强对旅游、餐饮、休闲消费的引导，扩大餐饮业等服务业在消费中的比重。做好旅游、文化和商业结合的文章，发展特色品牌商业，突显旅游购物、文化结合发展相得益彰。

从目前趋势看，2009年，全市消费市场面临世界金融风暴影响严峻挑战，在积极围绕“保增长、扩内需、调结构”的同时，应积极开拓市场、扩大销售，进一步改善消费环境，合理引导消费。在此基础上积极有效地寻找消费增长点，促进全市消费市场又好又快发展。

（撰稿：张苑飞）

2008年深圳居民消费价格总水平冲高回落

2008 年，深圳经济虽然受到各种不利因素影响，但在市委、市政府的正确领导下，克服了各种困难，整体经济保持平稳快速增长。市场商品购销畅旺，消费物价呈现冲高回落态势，全年上涨（与上年比）5.9%，创 1997 年以来的新高。

一、物价走势特点

（一）居民消费价格总水平呈冲高回落走势

2008 年初，深圳居民消费价格总水平承接上年涨势及受冰冻灾害天气影响，价格总水平逐月上涨，1 月同比上涨 6.6%，4 月上涨到全年最高点 8.5%，5 月份出现本年转折点，上涨 7.0%，之后，虽然 7 月有所反弹，但以后各月涨幅回落加大，至 12 月涨幅仅 2.5%，全年高低点相差 6 个百分点，全年价格总水平上涨 5.9%（见走势图）。

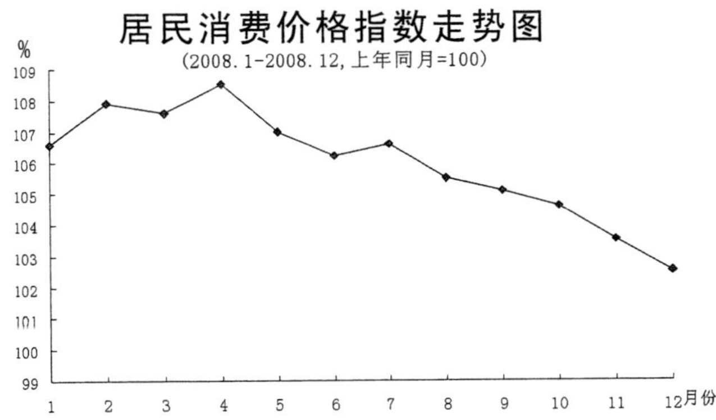

从月环比价格走势看，4 月后，各月的月环比指数基本呈负增长态势，如 5 月环比指数下降 0.8%、9 月下降 0.2%，到 12 月下降 0.5%，显示价格上涨的势头出现了明显的转折走势。

（二）八大类商品及服务全面上涨，但涨幅呈回落态势

构成居民消费价格的八大类均呈上涨态势，但上涨幅度 4 月后逐月回落。食品类价格涨幅最大，上涨 13.5%，其中食用植物油上涨 28%、鱼上涨 27.3%、猪肉上涨 27%；其它各类价格的涨幅分别是：居住类上涨 4.5%，家庭设备用品及维修类上涨 4.4%，医疗保健和个人用品类上涨 3.8%，衣着类上涨 3.7%，烟酒及用品类上涨 3.4%，交通和通信类上涨 1.2%，娱乐教育文化用品及服务类上涨 0.2%。调查的各种规格商品价格也呈升多跌少态势，从月度走势看，大部分商品呈现涨幅逐月回落走势，如猪肉价格从 2 月份的同比上涨 56%到 12 月份的同比下降 9.1%，跌幅明显。

（三）服务项目价格上涨 2.1%

全市服务项目处于稳中略涨的态势，全年上涨 2.1%，低于消费品价格（上涨 7.5%）5.4 个百分点。其中家庭服务及加工维修服务价格上涨 14.4%，城市间交通费上涨 0.9%，文娱费上涨 2.1%，宾馆住宿费上涨 14.2%，尽管房屋贷款利率下半年调整次数多、幅度大，但全年仍上涨 2%。

二、食品价格是居民消费价格总水平变动的主要影响因素

2008 年居民消费价格总水平的走势变化主要由食品价格的涨跌牵动。在八大类中，食品价格的涨幅高达 13.5%，远高于其他各类的涨幅，且在 8 大类中食品比重较高，对总指数影响也较大，在价格总水平上涨 5.9%中，食品类影响总指数上涨 4.1 个百分点，影响率达 69.5%。对食品类影响较大的主要是粮食，上涨 15.1%，油脂上涨 24.8%，肉禽及制品上涨 20.7%，水产品上涨 19.9%，鲜菜上涨 11.9%，鲜瓜果上涨 9%。奶制品虽有“三聚氰胺事件”影响，但由于深圳市场主要消费进口奶粉及本地鲜奶，价格仍上涨 17.8%。

从全年各月食品价格走势看，也呈冲高回落走势。年初受供需紧张及冰冻灾害天气影响，食品价格继续上涨，4 月涨幅达 20.3%。4 月以后由于国家宏观调控措施取得成效，粮食丰收、猪肉供应增加等，食品市场供应明显改善，加上国际金融危机的

影响逐步显现，食品价格同比涨幅也呈逐月下降走势。12月涨幅仅为6.7%，比4月的20.3%减少13.6个百分点，这与各月价格总水平的走势是一致的。因此，食品价格的变动仍是价格总水平变动的主要影响因素。

三、价格涨幅比全国平均水平前低后高

深圳全年居民消费价格总水平与全国一致，均上涨5.9%，但指数涨跌幅度有所区别，深圳价格总水平1–4月涨幅低于全国水平，从5月以后各月指数涨幅略高于全国水平。

下半年出现深圳各月价格总水平涨幅略高于全国的情况，主要有以下几点因素：一是国家宏观调控由“双防”向“一保一控”转变，后来再向“保增长、促内需”转化，很明显，价格总水平在国家宏观调控政策下，出现了冲高回落的情况，是宏观调控产生直接影响的结果；二是深圳市委市政府大力抓好市场供应和管理，保证市场供需两旺，使物价出现逐月稳中略降的走势；三是深圳经济仍保持平稳的增长态势，居民收入水平较高，消费能力较强，市场消费需求保持相对稳定；四是虽然受国际金融危机影响，消费者消费心理受到一定影响，但没有出现明显滑落的现象，9月深圳消费者信心指数为100.3，比6月回升3.6个百分点，而商家也采取一系列促销措施，有利于稳定市场消费。

深圳居民消费价格总水平下半年涨幅略高于全国水平，是深圳经济、消费等各方面保持活力的表现，也是深圳经济运行比较成熟的表现，能够较好的避免出现价格大起大落的状况，有利经济的稳步发展。

四、物价变动的主要原因

（一）价格翘尾因素

据测算，2007年价格上涨对2008年的翘尾影响（去年调价对今年的滞后影响）为2.6个百分点，而且翘尾影响的高点在上半年，因此，今年指数的涨幅是上半年高于下半年，实际结果为：上半年居民消费价格总水平上涨7.3%，下半年上涨4.6%。除12月份外，全年各月价格总水平均受到价格翘尾因素的正向拉高影响。

（二）国际市场商品价格大涨大落的影响

上半年，美元大幅贬值和国际期货市场商品价格大幅上涨，导致我国进口商品价格明显上涨，也加大了国内企业和消费者对价格上涨的预期。年内，国际石油价格曾创140美元/桶的新高，粮油等食品期货价格也呈不断上涨趋势；但从9月开始，国际金融危机影响显现并不断加深，国际市场石油等大宗商品价格快速回落，如石油价格下降到40美元/桶左右，也影响到国内相关商品价格的回落。

（三）食品价格先涨后降

国家出台一系列鼓励和扶持发展农副产品生产的政策，食品供求矛盾逐步缓解，食品价格也出现合理调整。但由于前期食品成本推动及供给短期内难以迅速增加，加上受翘尾因素和年初气温寒冷对食品生产造成损失等因素影响，粮、油、肉、蛋等食品仍在较高的价格区间里继续攀升。而后，由于食品供应的增加，其价格逐步回落，尤其是前期涨幅较大的猪肉、食油等价格降幅较大，拉动了食品类价格的回落。

（四）国家宏观调控措施见成效

我国宏观调控政策根据国际国内经济变化情况作了多次调整，由“双防”向“一保一控”转变，后来再向“保增长、促内需”转化。深圳居民消费价格总水平从5月开始就进入拐点，涨幅逐月回落，表明国家宏观调控措施及市政府加强市场供应和加强市场管理措施取得明显成效，表现在拉动指数上涨的食品如粮食、食油、鱼、肉、禽等市场供应明显增加，满足了市场需求，促使价格逐步下降。

（五）工业消费品价格稳中略升，有利于物价总水平的稳定

2008年上半年，深圳企业原材料、燃料、动力购进价格仍呈上升趋势，加上工人工资、房屋租金等生产成本的加大，拉动消费产品的价格小幅上扬。但由于工业消费品市场处于供大于求的局面仍没有改变，其价格涨幅不大，呈现稳中略升的趋势，全年工业消费品价格上涨3%，大大低于食品价格上涨13.5%的水平，有利于物价总水平的稳定。

五、对2009年物价走势的分析预测

综合各方面的情况分析，2009年全市居民消费价格涨幅将比2008年明显回落，预计全年居民消费价格涨幅为1.0%左右。主要原因如下：

（一）国际金融危机的影响

2009年全球经济将继续受到国际金融危机的影响，各国经济增长速度将会放缓，市场对原材料等商品的需求将会减少，此类商品价格也将在高位回落，目前石油价格已回落到每桶40美元左右，其他大宗商品价格也在低位徘徊。

（二）国内商品价格稳中有降

国内市场也将受到国际市场商品价格下滑的影响，原材料价格将会稳中有降，从而缓和消费品价格成本压力，加上我国经济增长小幅回落、市民消费信心谨慎，也将进一步影响到投资、出口和消费的需求，从而减少商品价格上涨的压力。

（三）食品价格将基本平稳

经过2008年的宏观调控，我国经济过热的现象得到抑制，而推行“保增长、促内需”的调控政策，说明物价压力已放松，而且，国家采取的一系列提高农产品供给的措施正在取得成效，如粮食丰收、生猪供给增加等，缓和了市场食品价格上涨的压力，预计2009年食品价格将保持基本平稳的态势。

（四）宏观调控政策将有利于物价稳定

面对国际金融危机的影响，国家的调控重点也随之改变，目前执行的“保增长、促内需”的调控政策，以及国家推出的4万亿刺激经济计划，有利于推动投资和消费，促进商品供需的平衡，有利于市场物价的稳定。

总的来看，2009年影响居民消费价格上涨和下降的因素同时存在，但拉动价格上涨的动力已明显减少，且2009年翘尾影响为负0.7个百分点左右，明显低于2008年，新涨价因素也将比2008年弱，因此预测2009年全市居民消费价格指数涨幅在1%左右。

（撰稿：陈少勇）

2008年深圳工业品出厂价格走势分析

2008 年，受原油价格大幅波动、农副产品价格上涨及其对下游产品价格传导因素影响，以及金融危机持续恶化，国际环境短时期内无法有效改善的情况下，深圳工业生产仍保持平稳较快发展，全年规模以上工业增加值同比增长 12.5%，增速比上年减少 2.5 个百分点。工业品出厂价格总水平累计同比(下同)下降 0.4%，比全省平均水平低 3.5 个百分点。

一、工业品出厂价格走势的基本情况及特点

深圳工业品出厂价格呈现轻重工业产品、生活资料与生产资料产品价格涨跌不一的走势：一是由于受采掘业和原料工业产品出厂价格分别上涨 32.9%和 1.6%的推动，重工业产品出厂价格上涨 1.9%；而由于受以非农产品为原料的产品出厂价格下降 2.0%的拖累，轻工业产品出厂价格下降 1.3%。二是在食品、衣着和一般日用品产品出厂价格上升的拉动下，生活资料产品出厂价格上升 1.9%；而由于受加工业产品出厂价格下降 2.2%的影响，生产资料产品出厂价格下降 1.0%。各种工业品出厂价格的主要特点：

（一）以农产品为原料的加工产品价格高居不下

由于受原材料价格上升的影响，以农产品为原料的加工产品每月出厂价格增幅均在 4%以上，5 月份达到了最高峰，上涨 7.5%。

（二）以非农产品为原料的加工产品出厂价格低位运行

以非农产品为原料的加工产品出厂价格一直都在负区间(指数小于 100)运行，12 月份下降到最低，降幅 2.0%。

（三）采掘业产品出厂价格呈抛物线走势

深圳采掘业产品出厂价格由于受国际原油价格大幅波动的影响，从 1 月份上涨 19.1%到 8 月份达到了最高，上涨 53.0%，9 月份涨幅开始回落，至 12份月涨幅为 32.9%。

（四）食品、衣着、一般日用品产品出厂价格全线上升

与生活相关的原材料价格上涨较大，特别是与生产食品相关的原材料价格大幅上涨，致使食品工业产品出厂价格出现不同程度的涨幅。食品、衣着、一般日用品的产品出厂价格分别上涨 6.2%，5.6%，6.0%。

（五）森林、造纸工业产品出厂价格一路走高

由原材料价格带动工业品价格，由上涨产品价格带动下游产品价格，是工业生产价格链的重要特征，由于受木材、纸浆类产品购进价格上升的影响，其下游产品的出厂价格也跟随上升。其中，造纸工业产品出厂价格上升 8.5%，森林工业产品出厂价格上升 5.6%。

（六）电子和机械产品价格持续走低，部分产品价格降幅较大

随着高新技术的发展和生产规模的扩大，带动生产率不断提高，技术含量高的产品单位成本中技术成本和劳动力成本逐渐降低，对应的工业品出厂价格也相应降低。2008 年通信设备、计算机及其他电子设备制造业产品出厂价格下降 3.2%，专用设备制造业产品出厂价格下降 3.6%。其中，价格下降幅度较大的分别有：移动基站下降 24.3%、光端机下降 11.9%、打印机配件下降 9.5%、LED 显示屏下降 8.9%、谐振器下降 8.0%、录放机下降 7.5%，医用 X 线设备 7.0%、医疗仪器下降 4.4%。

二、影响工业品出厂价格变动的主要因素

（一）产品价格传导作用的影响

按照价格运行的一般规律，上游能源与原材料价格变动经过一定的时间传导到下游的加工工业的生活资料上来，只是时间长短和作用力度有所不

同。调查显示，部分能源和原材料价格的上升对其下游的产品出厂价格造成了很大的影响，如天然原油产品出厂价格2008年上升了32.9%，使其相对应的下游产品液化气上升17.8%；上游产品大豆上升34.3%，与其相关的其他豆制品产品出厂价格上升20.4%；上游产品鲜猪肉上升19.9%，与其相对应的香肠和腊肉的出厂价格亦分别上升17.5%和18.4%；上游产品纺织原料类上升5.6%，与其相对应的纺织工业和缝纫工业的产品出厂价格亦分别上升0.9%和3.2%。

（二）产品结构比较特殊，影响到工业品出厂价格升跌

电子类产品是深圳市的支柱产业，其中通信设备、计算机及其他电子设备制造业产品，其销售收入占全市工业品销售收入一半以上，权数高达61.4%。其价格变动对全市工业品出厂价格总指数影响很大，从近十年的情况来看，电子类产品出厂价格一直难以上升，主要是很多产品处于饱和状态，消费市场供大于求，产品规格更新换代快，竞争激烈，导致大部分电子类产品出厂价格下降。2008年该类产品价格下降3.2%，影响全市工业品的出厂价格总水平下降2.0个百分点；因此，尽管天然原油价格全年上升32.9%而影响全市工业品出厂价格总水平上升0.6个百分点，但也未能拉动全市工业品出厂价格总水平上升。

三、工业品出厂价格变动对CPI的影响

工业品价格上涨或者下降，在一定时期内会传导到消费领域。从2008年的情况看，由能源、农产品和黑色金属等三大类产品价格波动所引起的主要工业品类别出厂价格的走势，对CPI产生的影响比较明显。如上半年，上述三大类产品出厂价格呈上升趋势，且涨幅较大，相应的下游产品消费价格不同程度地随之上涨，以致全市居民消费价格指数屡创新高且保持在高位运行；下半年，同样是上述三大类产品出厂价格均有不同程度的下降，特别是原油价格大幅下降，以致成品油价格亦随着下调，居民消费价格也逐月回落，对全年CPI的上涨产生了抑制作用。

四、对2009年工业品出厂价格走势的预测

当前，在我国总需求增长已趋稳定，供求总量关系大体平衡，终端产品市场竞争激烈，资源性产品价格上涨推动的生产资料价格难以快速传导到生活消费品价格的背景下，加上全市工业生产面临国际金融危机的冲击以及电子产品类占全市工业较大比重的特点，未来深圳工业品出厂价格将仍在低位运行。

（撰稿：王卫文）

2008年深圳原材料购进价格明显上涨

2008年，深圳原材料、燃料、动力（简称"原材料"，下同）购进价格保持上涨势头，全部原材料购进价格同比累计指数（下同）为105.3%，增速比上年增加2.4个百分点。全市原材料购进价格指数比工业品出厂价格指数高5.6个百分点，这是自2001年以来深圳原材料购进价格增速连续8年高于工业品出厂价格。

一、原材料购进价格运行的特点

（一）构成总指数的九大类购进价格全部上涨

九大类原材料购进价格全面上涨，其中涨幅最大的建筑材料及非金属矿类，上涨11.3%；其次农副产品类，上涨9.6%；涨幅最小的有色金属材料和电线类，上涨1.3%。

（二）各行业原材料购进价格涨多跌少

在调查的32个行业中，28个行业的原材料购进价格呈上涨趋势，占全部行业的87.5%，其中涨幅最大的石油和天然气开采业购进价格上涨31.9%，其次农副产品加工业购进价格上涨20.6%，涨幅超过10%的还有燃气生产和供应业、医药制造业、橡胶制品业、交通运输设备制造业和烟草制品业，分别上涨16.6%、13.7%、13.5%、10.6%和10%。4个行业的购进价格是下降的，占全部行业的12.5%，其中降幅最大的有色金属冶炼及压延加工业下降14.6%，其次工艺品及其他制造业下降3.21%。

（三）原材料购进价格缓步走高至9月后小幅回落

2008年深圳原材料购进价格总水平均在正区间上运行，1—9月呈逐月走高趋势，9月见顶后小幅回落。

二、购进价格上涨的主要原因

（一）国际大宗商品价格上涨的传导作用

由于汽油及液化石油气价格大幅上涨的传导作用，以致该类商品购进价格分别上涨13.5%和16.2%，分别影响总指数上涨0.1和0.1个百分点。

（二）投资及需求增加，带动建筑材料及非金属矿类上涨

2008年全市固定资产投资总额为1467.6亿元，比上年增长9.1%，其中基本建设投资增长15.9%，固定投资的加大，增加了相应材料的需求，成为其购进价格上涨的主要原因，全年建筑材料及非金属矿类价格上升11.3%。其中：洗精煤上涨44.2%，砂子上涨32.5%，普通硅酸盐水泥上涨17.8%，黄沙上涨16.8%，石英砂上涨10.7%。

（三）政策及市场作用推动农副产品类价格上涨

国际粮食价格大幅上涨对国内米谷价格带来一定的影响，以及国家逐年提高最低收购保护价的政策，对粮食价格的稳步上涨也起到推动作用，由此农副产品价格总水平逐年上升。2008年农副产品购进价格在2007年上涨4.4%基础上再涨9.6%。其中米糠上涨45.5%，啤酒花上涨45.1%，麦芽上涨45.0%，豆粕上涨38.5%，鲜冻猪肉上涨30.1%，大豆油上涨25.6%，鲜冻牛肉上涨20.1%。

（撰稿：顾骏卿）

房价持续走低　调控任重道远

--2008 年深圳市房地产价格运行分析

2008 年，深圳市房地产市场进入持续的调整期，房屋销售价格下行趋势明显。进入下半年以后，国际金融市场动荡不安，世界经济增速明显放缓，对我国乃至深圳市经济的影响不断显现，国内宏观调控转为“保增长”，货币政策有所放松，国家出台的多项优惠政策成为房地产市场发展的利好因素。在多重不确定因素影响下，深圳市房地产市场呈现供应放量，需求减少，价格持续走低，但跌幅有所趋缓的格局。

一、全市房地产价格运行特征

（一）房屋销售价格跌幅较大

深圳房屋销售价格指数 2007 年一路走高，8 月份累计指数高达 120.8%，涨幅居全国 70 个大中城市的第一；而 2008 年在各种因素影响下，全市房屋销售价格指数持续下滑，累计指数比上年回落 18.2 个百分点，在全国 70 个大中城市居跌幅之首。其中各季度的跌幅均高于上年同期，尤其是普通住宅在第 4 季度达到 2 位数的跌幅(见表 1)

表 1：　2007-2008 深圳市房屋销售价格指数表

上年同期为 100

		一季度	二季度	三季度	四季度	累计
房屋销售	2008年	111.0	102.5	93.2	85.8	98.1
	2007年	112.6	114.3	120.2	118.2	116.3
普通住宅	2008年	108.1	98.2	92.0	80.7	94.7
	2007年	109.8	112.3	116.7	115.5	113.6

（二）年尾房屋销售同比价格指数跌势趋缓

受宏观调控的影响，深圳市房地产价格一路走低，房屋销售价格指数从 1 月份的 113.6%，跌至 12 月份的 84.8%，全年房屋销售同比价格指数累计为 98.1%。但在多项购房优惠政策刺激下，10 月份起房价下跌趋势有所减弱，价格指数跌幅逐步趋缓。

从各月环比指数看，2008 年房屋销售环比价格指数跌幅变动趋缓(见图 1)。

图 1：2008 年 1-12 月房屋销售价格指数图

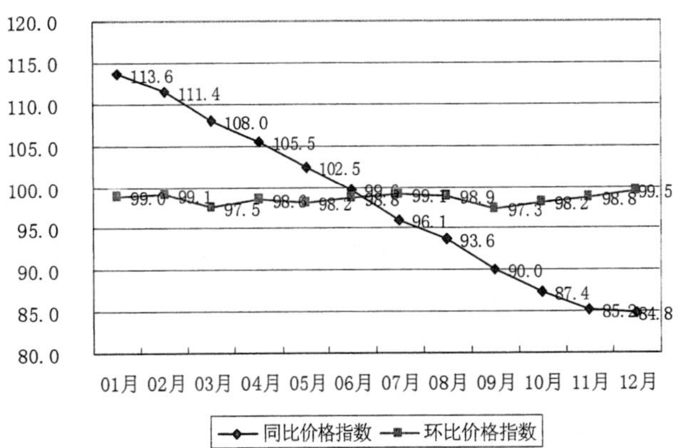

（三）二手房价格指数跌幅超过新建房

上年由于较多投资者购房所刺激二手房快速上涨的趋势，受央行连续加息、二次置业的高利率、增加购房成本等因素影响，对投资者购房的心理预期构成较大压力，以致大量投资者退市，并对 2008 年的二手房销售产生延续影响，抑制了需求。导致房地产三级市场低迷，成交萎缩，价格指数呈下降趋势，全年价格指数为 97.1%，影响总指数下降 1.5 个百分点，跌幅比新建房多 2.2 个百分点。

图 2:2008 年深圳市新建房和二手房价格指数图

上年同期为 100

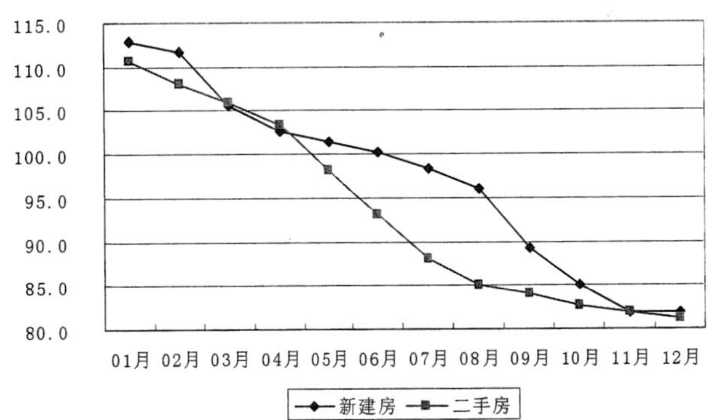

（四）大户型住宅价格指数跌幅超过小户型

由于国家推出对小户型(90 平方米以下)的优

惠政策及首次置业者购买小户型住宅较多，因而新建小户型住宅销售价格指数降幅较小，全年价格指数为93.1%，比上年下降6.9个百分点；而大户型（90平方米以上）面积大，总价较高，在宏观控制政策的影响下，需求减少，其销售价格指数降幅较大，全年新建住宅价格指数为89.9%，比上年下降10.1个百分点（见图3）。

图3：　2008年深圳市分户型的新建住宅价格指数走势图

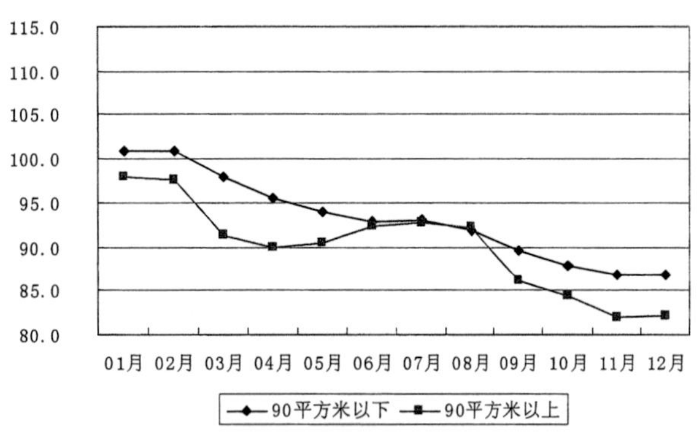

（五）高档住宅价格仍然居高不下

全市新建高档住宅在整体房价下滑的趋势下，销售价格依然坚挺，累计价格指数为103.9%，比上年高3.9个百分点，影响总指数上升0.4个百分点。主要原因是政府集约化提高土地使用效率，在政策上停止别墅用地的供应，高档住宅相对稀缺，豪宅的保值性让高端客户看到了入市的信心，在供应相对少的环境下，尽管宏观调控对需求有所影响，但影响程度较小且时间上滞后于普通住宅。而新建普通住宅价格指数从4月份起，开始低于上年同期水平，全年下降了5.3个百分点，累计价格指数为94.7%，影响总指数下降1.5个百分点，是各类房屋中拖低总指数的主要因素（见图4）。

图4：　2008年深圳市普通住宅和高档住宅价格指数走势图

上年同期为100

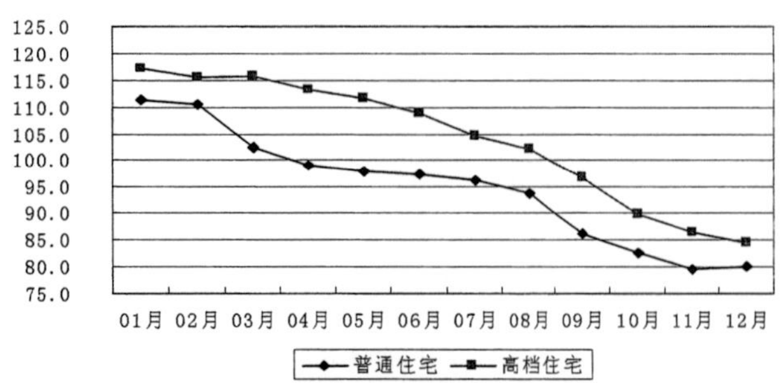

二、房价不断走低的原因

（一）上年翘尾因素基本消化，涨幅出现高位回落

2007年深圳房屋销售价格一路攀升，8月份达到最高点，同比指数为120.8%。对2007下半年以及2008年第一季度产生了翘尾影响，上半年1–5月受翘尾拉动，房屋销售价格仍然维持高位，但涨幅大幅回落，从6月份起，开始低于去年同期水平。

（二）购房者观望情绪依然浓厚

2008年对于多数购房者来说是比较复杂难以抉择的一年，购房者预期看跌，市场观望情绪增加。特别是金融危机之后，购房者心态也受到一定的影响，大部分人选择持币观望。据调查，全市居民家庭购房支出大幅下降，2008年人均购房支出为239.79元，比上年减少82%。

（三）宏观政策的调控作用

2008年深圳房屋销售价格逐月回落，从6月份起出现下降格局，验证了抑制投机性需求，自2007年下半年以来，央行、银监会出台的调控政策效果的显现。房地产泡沫受到了挤压，房价开始逐渐回归理性，同时也造成了房地产市场的另一个显著特点---销售面积大幅度下滑，成交量严重萎缩。全年商品住宅销售面积为417.67万平方米，同比减少24.7%，销售套数为44415套，同比减少22.6%。

（四）经济适用房缓解了部分供求矛盾

据市国土局提供数据，2008年经济适用房销售面积为33.39万平方米，占全市新建房销售面积的6.7%，大量经济适用房的推出，解决了部分中低收入者的住房问题，对平抑过高的房价也起了一定的作用。

三、2009年深圳房地产价格变动趋势展望

（一）房价依然偏高

衡量房价的高低主要是相对于购买力而言，超出居民购买承受能力的房价表示为过高。从2008年深圳市的情况来看，商品住宅成交均价（90平方米/户）与城镇居民家庭年可支配收入比是15.9，通常国际标准，房价收入比*为4—6比较合适；租售比*为1:407（以深圳2008年住宅平均租金水平37.79元/平方米/月测算），同比上年1:570有所提高（2007年住宅平均租金水平21.80元/平方米/月测算），国际上用来衡量一个区域房产运行状况良好的租售比一般界定为1:300—1:200。如果租售比低于1:300，意味着房产投资价值相对变小，房产泡沫已经显现；如果高于1:200，表明这一区域房产投资潜力相对较大，后市看好。这两项指标都还高于平均参考值，因此市民仍会感觉房价较高。

（二）潜在需求仍然较大

由于土地的稀缺性和人口的增加，将进一步导致住房需求的上升。根据相关性分析，深圳的常住人口与商品房的销售面积之间具有显著的线性正

相关关系，也就是销售面积随着常住人口的增加而增加。近5年来，深圳市常住人口呈逐年增加的态势，由于人口增加导致的对住房需求增长将必然存在。

（三）市场转暖将较为缓慢

从拉动上涨的因素来看，宏观调控转为“保增长”，货币政策的放松、交易税费的减免，各地纷纷出台不同程度的救市政策，这些都是房地产市场的利好因素。但政策的成效还有待于观察，尤其是宏观经济走势较好对恢复购房者信心还需要一个过程。

综上所述，2009年，深圳的住房刚性需求依然旺盛，为了刺激房地产市场持续低迷的现象，国家推出各项房地产政策效果即将显现，但目前房价仍然偏高，调整至合理的区间还需要一定的时间。预计2009年深圳房屋销售价格呈现小幅调整后，将会回暖，根据历年数据，用灰色预测GM(1,1)模型*预测价格指数将在108.0上下小幅波动。

★房价收入比：是指住房价格与城市居民家庭可支配收入之比。20世纪90年代初世界银行专家黑马先生（AndrewHamer）在进行中国住房制度改革研究时，提出的一个世界银行认为“比较理想”的比例为4至6倍。

★租售比：是指每平方米使用面积的月租金与每平方米建筑面积的房价之间的比值。文中所引用“国际上通用标准”参见《中国房地产市场真实租售比探析》。

★灰色预测GM(1,1)模型：灰色预测模型是对既包含已知信息又包含未知信息的系统进行的预测，GM(1,1)模型就是利用已有数据潜在的规律，对系统进行短期预测。

（撰稿：李莎）

9-1 限额以上批发零售贸易业商品分类销售

TOTAL SALES OF ENTERPRISES OVER LEVELS IN WHOLESALE AND RETAIL SALE TRADES GROUPED BY CATEGORY OF COMMODITIES (2008)

单位：万元 (10 000 yuan)

项 目	Item	批发额 Value in Wholesale Trade	零售额 Value in Retail Sale Trade
总 计	**Total**	**24 785 654.8**	**10 031 542.1**
食品、饮料、烟酒类	Food,Beverage,Tobacco and Liquor	3 466 397.4	1 644 624.3
针、纺织品类	Knitted Goods and Textiles	429 618.5	79 101.7
服装、鞋帽类	Garments,Shoes and hats	1 195 234.8	1 171 645.7
化妆品类	Cosmetics	17 441.5	156 168.8
日用品类	Articles for Daily Use	462 673.0	442 461.9
五金、电料类	Hardwares,Electric Appliances	144 853.3	10 255.3
家用电器及音像器材类	Household Electric Appliances and Sound and Photo Appliances	596 877.0	831 916.8
电子出版类及音像制品类	Electronic Publications and Sound and Photo Products	3 826.7	24 676.8
体育、娱乐用品类	Sports and Recreational Articles	258 030.1	49 245.7
文化、办公用品类	Articles For Culture and Office Use	914 041.4	123 184.5
金银珠宝类	Jewelry	73 138.5	84 048.2
家具类	Furnitures	121 976.9	41 170.8
中西药品类	Medicines	1 112 228.1	213 494.6
书报杂志类	Books and Newspapers	9 157.7	74 112.4
通讯器材类	Telecommunications Appliances	3 069 817.7	226 856.0
建筑材料类	Building Materials	376 702.1	57 563.1
木材及制品类	Timber	194 975.7	2 421.3
化工材料及制品类	Chemical Materials and Products	919 200.4	69 588.5
金属材料类	Metal Matterials	2 654 457.9	30 180.8
机电设备及零件类	Mechanical and Electrical Products and Accessories	2 920 323.7	196 302.0
煤炭及制品类	Coal and Coal Products	206 829.7	
石油及制品类	Petroleum and Petroleum Products	3 376 916.7	2 101 126.0
种子饲料类	Seeds and Forage	20 877.0	
棉麻类	Cotton, Fiber,Local and Livesstock Products	3 745.1	
汽车类	Civil Automobiles	1 227 107.1	1 753 062.0
其他类	Others	1 009 206.8	648 334.9

9-2 社会消费品零售总额及指数

INDICES OF TOTAL RETAIL SALES OF CONSUMER GOODS

(1979—2008)

年 份 Year	社会消费品零售总额(万元) Total Retail Sales of Consumer Goods (10 000 yuan)	社会消费品零售总额指数(%) Retail Sales Indices(%)	
		以 1979 年为 100 (1979=100)	以上年为 100 (Preceding year=100)
1979	11 259	100.0	
1980	19 615	174.2	174.2
1981	34 229	304.0	174.5
1982	54 185	481.3	158.3
1983	123 794	1 099.5	228.5
1984	201 107	1 786.2	162.5
1985	265 642	2 359.4	132.1
1986	273 712	2 431.1	103.0
1987	324 364	2 880.9	118.5
1988	502 430	4 462.5	154.9
1989	545 741	4 847.2	108.6
1990	667 580	5 929.3	122.3
1991	828 341	7 357.1	124.1
1992	1 148 908	10 204.4	138.7
1993	2 641 333	14 256.4	139.7
1994	3 639 756	19 641.2	137.8
1995	4 269 434	23 032.9	117.3
1996	4 888 502	26 380.3	114.5
1997	5 372 464	28 997.3	109.9
1998	5 732 419	30 940.1	106.7
1999	6 385 915	34 467.3	111.4
2000	7 350 188	39 671.9	115.1
2001	8 320 412	44 908.6	113.2
2002	9 419 443	50 836.5	113.2
2003	10 951 323	59 122.8	116.3
2004	12 506 411	67 518.2	114.2
2005	14 376 729	77 641.9	115.0
2006	16 712 934	90 219.9	116.2
2007	19 150 277	103 392.0	114.6
2008	22 518 155	121 589.0	117.6
年平均增长率 Average Annual Growth Rate		**27.8**	

9-3 社会消费品零售总额分区数据

INDICES OF TOTAL RETAIL SALES OF CONSRMER GOODS

(2008)

单位:万元 (10 000 yuan)

项 目	Item	社会消费品零售总额 Total Retail Sales of Consumer Goods	上年同期 The Same Term Last Year	同比增长(%) Increas by with the ratio
全市合计	**Total**	**22 518 155.4**	**19 150 276.6**	**17.6**
罗湖区	Luohu	4 886 695.1	4 230 038.0	15.5
福田区	Futian	6 947 075.9	5 956 772.6	16.6
南山区	Nanshan	2 790 734.9	2 402 294.1	16.2
宝安区	Baoan	4 663 996.9	3 848 230.7	21.2
龙岗区	Longgang	2 960 355.5	2 481 648.3	19.3
盐田区	Yantian	269 297.1	231 292.9	16.4

9-4 批发零售贸易业商品购销存总额

TOTAL PURCHASES,SALES AND INVENTORY IN WHOLESALE AND RETAIL SALE TRADES (2008)

单位:万元 (10 000 yuan)

项 目	Item	总 计 Total	# 限额以上批发零售贸易业 Enterprise over Levels
一、商品购进总额	**Total Goods Purchase**	**47 953 400.9**	**32 031 159.6**
二、商品销售总额	**Total Sales**	**54 808 753.7**	**34 817 196.9**
1、批发额	Total Wholesale	35 087 537.1	24 785 654.8
2、零售额	Total Retail Sales	19 721 216.6	10 031 542.1
三、年末库存总额	**Inventory (year-end)**	**2 411 692.7**	**2 120 135.4**

9-5 物价指数

PRICE INDICES

(1979—2008)

年份 Year	以上年价格为 100 Preceding Year=100			以 1979 年价格为 100 1979=100		
	居民消费价格总指数 General Consumer Price Index	# 食品类 Food	# 服务项目 Services	居民消费价格总指数 General Consumer Price Index	# 食品类 Food	# 服务项目 Services
1979	100.0	100.0	100.0	100.0	100.0	100.0
1980	105.0	108.3	100.7	105.0	108.3	100.7
1981	110.7	117.9	101.6	116.2	127.7	102.3
1982	107.8	116.6	108.7	125.3	148.9	111.2
1983	102.0	105.9	100.9	127.8	157.7	112.2
1984	106.8	106.6	119.3	136.5	168.1	133.9
1985	122.5	128.5	117.2	167.2	216.0	156.9
1986	106.1	108.1	106.9	177.4	233.5	167.7
1987	114.4	118.7	107.4	203.0	277.1	180.1
1988	128.1	133.7	112.2	260.0	370.5	202.1
1989	125.4	126.6	125.7	326.0	469.1	254.1
1990	101.6	95.4	127.7	331.2	447.5	324.4
1991	103.0	99.2	115.4	341.2	443.9	374.4
1992	107.3	109.2	109.4	366.1	484.8	409.6
1993	120.1	122.6	120.9	439.7	594.3	495.2
1994	118.2	120.2	118.1	519.7	714.4	584.8
1995	112.4	116.7	118.1	584.1	833.7	690.6
1996	107.7	105.2	110.7	629.1	877.1	764.5
1997	103.3	100.2	118.2	649.9	878.9	903.6
1998	99.3	97.2	105.3	645.4	854.3	951.5
1999	99.3	94.5	107.7	640.9	807.3	1 024.8
2000	102.8	100.2	114.0	658.8	808.9	1 168.3
2001	97.8	97.5	99.3	644.3	788.7	1 160.1
2002	101.2	100.5	106.5	652.0	792.6	1 235.5
2003	100.7	101.2	101.6	656.6	802.1	1 255.3
2004	101.3	106.1	99.7	665.1	851.0	1 251.5
2005	101.6	104.5	100.8	675.7	889.3	1 261.5
2006	102.2	104.2	101.4	690.6	926.7	1 279.2
2007	104.1	108.6	103.4	718.9	1 006.4	1 322.7
2008	105.9	113.5	102.1	761.3	1 142.3	1 350.5

9-6 居民消费价格总指数

GENERAL CONSUMER PRICE INDEX

(2008)

以上年价格为 100 (preceding year=100)

项目	Item	指数 Index	项目	Item	指数 Index
居民消费价格总指数	**General Consumer Price Index**	**105.9**	**四、家庭设备用品及维修服务**	**Household Facilities Articles and Repair Services**	**104.4**
一、食品	**Food**	**113.5**	1.耐用消费品	Durable Consumer Goods	101.4
1.粮食	Grain	115.1	2.室内装饰品	Interior Decorations	97.5
2.淀粉	Starch	103.8	3.床上用品	Bed Articles	108.9
3.干豆类及豆制品	Dried Beans and Their Products	129.6	4.家庭日用杂品	Daily Use Household Articles	104.2
4.油脂	Oil or Fat	124.8	5.家庭服务及加工维修服务	Household Services and Processing and Repair Services	114.4
5.肉禽及其制品	Meal, Poultry and Their Products	120.7	**五、医疗保健和个人用品**	**Medicine, Medical and Personal Articles**	**103.8**
6.蛋	Eggs	103.9	1.医疗保健	Medicine and Medical	104.4
7.水产品	Aquatic Products	119.9	2.个人用品及服务	Personal Articles and Services	102.6
8.菜	Vegetable	113.7	**六. 交通和通讯**	**Transportation and Communication**	**101.2**
9.调味品	Flavoring	103.9	1.交通	Transportation	103.7
10.糖	Carbohydrate	106.1	2.通信	Communication	97.8
11.茶及饮料	Tea and Beverages	104.9	**七、娱乐教育文化用品及服务**	**Recreation, Education and Culture Articles and Services**	**100.2**
12.干鲜瓜果	Dried and Fresh Melons and Fruits	110.4	1.文娱用耐用消费品及服务	Durable consumer Goods and Services for Recreational Use	93.4
13.糕点饼干	Cake,Biscuit	111.3	2.教育	Education	100.2
14.奶及奶制品	Milk and Its Products	117.8	3.文化娱乐类	Recreation and Culture Articles	101.6
15.在外用膳食品	Dining Out	104.9	4.旅游	Tourism	104.1
16.其他食品及食品加工服务	Other Food and Food Processing Services	102.6	**八、居住**	**Residence**	104.5
二、烟酒及用品	**Tobacco, Liquor and Articles**	**103.4**	1.建房及装修材料	Buildings Construction and Decoration Materials	100.9
1.烟草	Tobacco	100.8	2.租房	Rent	105.3
2.酒	Liquor	107.3	3.自有住房	Self Owned	100.5
3.吸烟饮酒用品	Articles	100.5	4.水、电、燃料	Water, Electricity and Fuels	106.6
三、衣着	**Clothing**	**103.7**			
1.服装	Garments	103.9			
2.衣着材料	Clothing Materials	106.6			
3.鞋袜帽	Shoes, Socks and Hats	102.8			
4.衣着加工服务	Clothing Processing Services	102.0			

注:食品类中第二个指标有改动。

There is a change of the second item in Food.

9-7 房地产销售价格指数

PRICE INDICES OF REAL ESTATE SALES

(1999—2008)

以上年价格为 100 (preceding year=100)

类别	Item	1999	2000	2001	2002	2003	2004	2005	2006	2007	2008
总指数	**General Index**	**97.8**	**99.2**	**101.1**	**100.4**	**102.2**	**104.6**	**107.5**	**112.3**	**116.3**	**98.1**
商品房	Commodity Housing	98.5	101.0	102.3	100.6	102.4	104.3	107.1	111.8	115.3	99.3
其中：住宅	Residential Housing	98.4	101.4	102.2	100.6	102.1	104.1	107.0	111.7	113.9	97.2
# 普通住宅	Ordinary Housing	98.7	101.3	102.2	100.7	102.2	104.4	107.0	111.2	113.6	94.7
# 多层住宅	Below 10 Stories	100.0	102.6	103.9	102.1	103.5	105.4	107.2	113.5	113.6	97.0
高层住宅	10 Stories and Over	97.8	100.8	102.1	100.3	101.8	104.2	106.9	110.6	113.7	94.6
豪华住宅	Magnifivent Housing	95.7	102.2	101.8	99.1	101.8	102.1	111.8	115.6	115.3	103.9
# 别墅	Villas	92.0	103.1	101.7	98.7	101.2	102.5	110.9	121.9	117.2	111.2
高档公寓	Flats	96.5	101.3	101.4	99.1	102.2	101.7	112.0	114.1	115.1	101.9
非住宅	Non-residence	98.8	99.1	102.9	100.8	103.7	105.9	107.4	112.7	121.9	108.8
# 写字楼	Office Building	94.4	95.2	100.4	101.4	103.3	106.9	107.7	115.1	127.1	110.5
商业用房	Commercial Housing	98.6	100.5	104.8	101.3	104.5	106.0	108.3	111.6	118.3	109.7
其他	Others	101.2	100.9	104.2			103.5	108.5	113.1	109.2	86.1
经济适用房	Economically Affordable Housing	100.0	100.0	101.9	101.2			100.0			100.0
其中：住宅	Residential Housing	100.0	100.0	101.9	101.2			100.0			100.0
二手房	Second-hand House	93.9	89.7	95.7	99.7	101.5	105.3	108.6	113.2	117.6	97.1
其中：住宅	Residential Housing	94.7	89.7	95.8	99.1	100.6	104.8	107.7	113.2	116.7	93.5
非住宅	Non-residence	80.1		89.4	102.2	103.0	106.4	111.3	113.1	119.9	107.7

9-8 房地产租赁价格指数

PRICE INDICES OF REAL ESTATE HIRING

(1999—2008)

以上年价格为 100 (preceding year=100)

类别	Item	1999	2000	2001	2002	2003	2004	2005	2006	2007	2008
总指数	**General Index**	**91.3**	**95.7**	**99.6**	**100.2**	**99.9**	**100.0**	**101.0**	**102.5**	**104.8**	**102.2**
住宅	Residential Housing	90.4	89.5	97.7	99.7	98.6	95.9	100.3	102.0	104.2	101.9
# 普通住宅	Ordinary Residence							100.2	102.4	105.2	99.8
高档住宅	Slap-up Residence							108.7	101.3	102.0	107.1
1、别墅	Villas							100.0	101.0	101.0	105.6
2、高档公寓	Apartment							110.3	103.2	106.1	111.6
# 经济适用房	Economically Affordable Housing							100.0	100.0	100.0	98.0
廉租房	Government Low-cost Housing Estate								100.0	100.0	100.0
# 公有住房	Public Housing	97.5	98.6	98.4	99.7	99.7	98.1				
私房	Private Housing	89.7	86.4	97.5	99.6	98.5	95.9				
办公用房	Office	96.8	97.3	99.7	99.9	100.0	101.5	101.3	101.4	105.1	105.4
# 写字楼	High Standard Office	96.2	97.6	99.8	100.1	101.2	101.4	101.6	101.5	105.8	105.4
普通用房	Ordinary	97.4	96.8	99.6	99.7	98.3	101.6	100.8	101.3	104.0	
商业用房	Commercial Housing	93.1	96.2	100.2	100.1	99.4	99.8	100.2	100.4	101.3	101.8
厂房仓库房	Workshop and Storehouse	92.0	97.3	101.1	101.6	101.8	100.1	101.6	104.4	107.7	
# 工业用房	Industrial	91.1	97.1	102.3	101.9	100.4	100.2	101.8	105.0	108.3	
仓库	Storehouse	97.7	99.4	94.2	100.9	105.9	100.1	91.2	94.2	97.9	

9-9 工业品出厂价格指数

EX-FACTORY PRICE INDICES OF INDUSTRIAL PRODUCTS

(1999—2008)

以上年价格为 100 (Preceding year=100)

项目	Item	1999	2000	2001	2002	2003	2004	2005	2006	2007	2008
全部工业品	**General Index**	**98.7**	**98.4**	**96.3**	**93.8**	**97.7**	**99.5**	**98.7**	**98.2**	**98.4**	**99.6**
按轻重工业分	**Grouped by industries**										
轻工业	Light Industry	95.1	94.9	97.8	94.3	97.0	98.8	97.4	97.0	97.8	98.7
重工业	Heavy Industry	103.6	102.7	95.3	93.5	99.6	101.3	102.2	101.5	99.8	101.9
按生产、生活资料分	**Grouped by Means of Production and Consumer Goods**										
生产资料	Means of Production	102.4	101.5	95.3	93.8	97.8	100.0	98.3	97.9	97.9	99.1
生活资料	Consumer Goods	94.9	94.9	98.4	93.7	97.5	98.2	100.0	99.0	100.2	101.9
按工业部门分	**Grouped by Industrial Department**										
冶金工业	Metallurgical Industry	101.6	112.1	101.5	97.5	100.7	112.8	110.0	97.7	103.4	102.2
电力工业	Power Industry	109.2	113.3	99.7	94.8	93.3	98.6	101.3	100.0	100.2	100.8
石油工业	Petroleum Industry				101.5	124.7	121.3	127.8	130.0	104.1	130.8
化工工业	Chemical Industry	98.9	96.8	100.8	99.4	100.8	102.1	100.5	103.4	102.5	102.9
机械工业	Engineering Industry	93.6	90.3	92.2	91.5	95.9	97.7	96.3	96.1	96.9	97.4
建筑材料工业	Building Materials Industry	99.5	109.0	96.6	94.1	99.4	108.6	96.3	89.6	103.8	97.5
森林工业	Timber Industry	108.6	95.7	97.8	88.2	100.2	101.3	100.4	100.2	102.2	105.6
食品工业	Food Industry	96.6	97.3	100.9	100.2	101.4	102.5	100.5	99.6	104.7	109.1
纺织工业	Textile Industry	95.8	94.6	98.5	98.5	98.1	101.3	96.7	99.5	101.3	100.9
缝纫工业	Needlework Industry				102.9	101.1	97.7	111.7	105.7	108.4	103.2
皮革工业	Leather Industry	100.0	91.2	97.8	103.1	100.3	101.9	101.6	99.9	99.4	110.9
造纸工业	Paper Industry	93.2	95.9	90.4	97.5	99.5	101.9	102.7	96.2	101.2	108.5
文教艺术工业	Cultural, Educational & Handicrafts Articles	68.0	100.2	100.5	101.0	99.1	105.4	103.9	98.8	101.0	105.0
其它工业	Others	111.2	111.4	102.9	106.6	102.1	102.0	100.4	102.7	102.4	105.9

9-10 原材料、燃料、动力购进价格指数

PURCHASING PRICE INDICES OF REW MATERIALS, FUELS AND POWER

(2001—2008)

以上年价格为 100 (Preceding year=100)

项目	Item	2001	2002	2003	2004	2005	2006	2007	2008
总指数	**General Index**	**100.2**	**99.0**	**100.5**	**109.7**	**105.1**	**104.2**	**102.9**	**105.3**
燃料、动力类	Fuels and Power	101.7	99.5	99.9	107.6	107.8	106.5	102.6	107.5
黑色金属材料类	Ferrous Materials	101.1	98.6	103.9	119.8	110.2	97.6	103.9	105.9
其中：钢材	Steel	100.9	98.6	104.5	119.1	108.5	97.6	105.4	107.9
其它	Others	78.1		98.2	126.1	121.3	100.0	100.9	101.6
有色金融材料及电线类	Nonferrous Materials and Electris Wire	98.0	98.1	103.5	121.8	109.1	125.3	105.1	101.3
化工原料类	Chemical raw Materials	100.5	100.4	100.9	114.4	111.7	102.7	103.6	103.8
木材及纸浆类	Wood and Paper Pulps	98.3	99.4	100.3	100.3	101.4	100.6	102.4	104.7
建筑材料及非金属矿类	Building Materials and Nonmetals	97.3	100.7	101.0	111.3	96.6	96.9	105.0	111.3
其它工业原材料及半成品类	Other Industrial Raw and Processed Materials	95.3	98.0	98.5	105.0	99.5	101.2	102.2	103.8
农副产品类	Farm and Sideline Products	102.7	99.2	103.0	110.7	98.0	102.3	104.4	109.6
纺织原料类	Textile Raw Material	101.1	98.5	99.8	100.2	100.7	100.4	102.6	105.6

财政收支

FISCAL REVENUE AND EXPENDITURE

CHAPTER

2008年深圳市财政金融运行情况及2009年展望

2008年,深圳经济面临的国内外经济形势异常严峻。由2007年爆发的美国次贷危机引发的国际金融危机导致了全球性经济衰退,国内经济增长乏力,全年国内生产总值增长率为7年来最低,物价全面上涨,居民消费价格指数为12年来最高。以外向型为主的深圳经济受到明显影响,全市经济发展速度放缓,但仍保持了较快增长,初步核算,全年全市生产总值达到7806.54亿元,比上年增长12.1%。深圳市财政收入规模进一步扩大,继续保持快速增长;财政支出增长超过财政收入增长,公共型财政职能进一步加强,对民生福利的投入力度明显加大。深圳金融的运行态势平稳,金融业经营状况良好,证券市场陷入低潮。

一、财政

2008年深圳市财政收入仍处于快速增长的区间,但受严峻的国内宏观经济形势和美国次贷危机引发的全球严重经济衰退的影响,下半年增速明显放缓;财政支出继续延续上年大幅增长的态势;全市财政总收支相抵后连续28年实现了收支平衡、略有盈余的目标。

(一)财政收支总体情况

2008年深圳市财政收入规模在上年高基数的基础上突破800亿元大关,地方一般预算财政收入达到800.36亿元,比上年增收142.30亿元,增长21.6%,增速较上年回落了9.7个百分点,高于全市GDP12.1%的增长;超额完成年度预算3.7个百分点,财政收入增长继续快速平稳。

从一般预算财政收入与全市GDP累计同比增幅的全年走势看(见图1),2008年全市一般预算财政收入累计增幅呈逐步下行的特点,下半年增幅加速收窄,至年底处于最低点,但各季财政收入累计增幅仍明显超出GDP的累计增幅;两者之间的差距逐渐缩小,由一季度的32.2个百分点急速收窄至四季度的9.5个百分点。全市财政收入与国民经济均保持增长,但增长走势不同步。

值得注意的是,若以一般预算财政收入各季增幅的走势来看(见图2),全市财政收入增幅波动之剧烈是多年来少有的,增长势头受到严峻挑战。第一、第二季度的走势平稳,增幅均处于41%-43%的高位区间,及至第三季度出现重大转折,财政收入增幅急转直下,仅为2.6%,至第四季度更继续下行至1.2%。反映出深圳乃至全国以及世界异常严峻的经济形势给深圳财政收入造成的重大影响。

2008年深圳市地方一般预算财政支出完成889.86亿元,比上年增支161.89亿元,增长22.2%,增幅小于上年5.2个百分点。2008年全市资金的投向继续以改善民生、提升公共服务为重点,加大对公共服务、教育、科技、文化体育、医疗卫生、社会保障、环境保护和社区建设等方面的投入,全年用于以上各方面的支出合计为454.39亿元,比上年增长29.2%;增支102.58亿元,占全年增支63.4%的比重;其占一般预算财政支出的比重达到51.1%,深圳财政向公共财政方向发展的步伐又迈进了一大步。

在考虑体制性结算关系的因素后,2008年全市财政已连续28年实现财政收支平衡、略有盈余的目标。

图1: 深圳市GDP与一般预算财政收入累计增幅变化图示

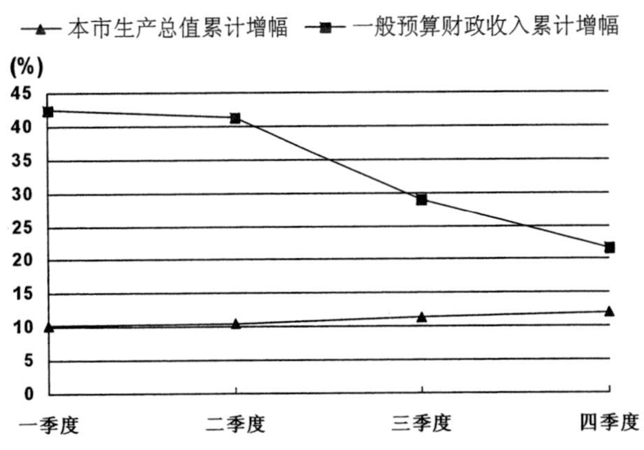

图 2：　深圳市一般预算财政收入各季增幅变化图示

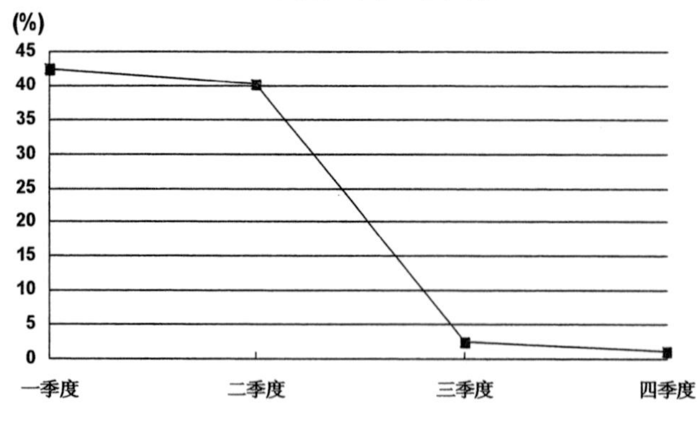

（二）财政收支特点

1.财政收入规模进一步扩张，主体税种继续保持支柱地位

2008 年深圳地方一般预算财政收入高达 800.36 亿元，增长 21.6%，财政收入的持续大幅增加仍源自税收收入的大幅增长。2008 年全市一般预算财政收入中的税收收入达到 763.02 亿元，比上年增收 140.42 亿元，增长 22.6%；其占财政收入的比重达 95.3%，较上年提高了 0.7 个百分点，税收收入在全市财政收入中的压倒性优势地位又有所提高。2008 年全市税收收入中，增值税、营业税、企业所得税和个人所得税分别达到 129.14 亿元、291.19 亿元、150.78 亿元和 91.10 亿元，分别比上年增收 17.89 亿元、58.04 亿元、26.95 亿元和 23.84 亿元，四大主体税种的同比增幅除增值税为 16.1%外，其余三个税种均在 20%以上，其中增幅最高的税种已由上年的企业所得税变为个人所得税，达到 35.5%。四大主体税种的增幅继续大幅高于全市 GDP 的增长，但较上年减缓，与 GDP12.1%的增幅的差距缩小。四大主体税种合计占税收收入的比重达到 82.7%，比上年下降 3.3 个百分点，主体税种在深圳税收收入乃至财政收入中仍居于支柱地位。

2.公共型财政职能进一步强化，财政支出对民生福利的投入不断加大，保障了重点项目的资金需求

2008 年深圳市地方一般预算财政支出的 51.9%用于公共服务支出，共支出 462.03 亿元，比上年增长 28.8%，公共服务支出所占比重已超过 50%，比上年提高了 2.6 个百分点，深圳财政的公共服务职能进一步提升。

其中，在教育的支出方面，2008 年在全市范围内推行义务教育免收书杂费政策，在国家统一政策基础上增加了免收项目，扩大了覆盖范围。在卫生、社会保障等方面加大了资金投入，分别用于全市医疗网络建设、重点综合医院建设、社区健康中心的全面覆盖，以及社会保障覆盖面的扩大、最低工资水平和最低生活保障线的大幅提高等。对环境保护方面的支出成倍增加，有效促进了节能减排、资源综合利用效率的提高和循环经济的发展。落实出台的公交、油价、生猪补贴等财政政策的资金兑现，加大了食品安全投入、及时保障廉租房和经济适用房建设的资金需求。

2008 年深圳市财政支出用于公共服务方面的各项支出分别为：一般公共服务 134.74 亿元，比上年增支 38.57 亿元；公共安全 75.19 亿元，增支 9.18 亿元；教育 103.09 亿元，增支 12.53 亿元；社会保障和就业 37.90 亿元，增支 12.78 亿元；医疗卫生 32.61 亿元，增支 7.14 亿元；环境保护 12.81 亿元，增支 9.38 亿元；城乡社区事务 65.69 亿元，增支 13.85 亿元。

在应对突发自然灾害的资金安排及拨付方面，针对今年以来国内先后发生的重大冰雪灾害和严重地震灾害，财政的相关资金在短时间内筹措、安排并及时拨付到位，稳定了市场供应，平抑了物价波动的影响，有力地保证了各项救灾以及灾区援建工作的顺利进行。

2008 年全市基本建设支出达到 153.07 亿元，比上年增加 21.29 亿元，增长 16.2%，比上年提高 10.7 个百分点。主要用于大运会场馆、轨道交通、市政路网体系等城市重大公共基础设施的建设、生态环保建设、社会事业建设以及保障经济社会安全运行等的资金需要。

二、金融

2008 年深圳金融运行态势平稳。全市金融业持续快速健康发展，初步核算，金融业增加值突破千亿大关，达到 1012.16 亿元，比上年增长 21.5%，增长速度继续列居全市国民经济各行业增加值首位；金融业增加值占全市生产总值的比重达到 13.0%，较上年又提高了 2.4 个百分点，金融业在全市经济中的支柱产业地位持续提升。金融机构存贷款增长放缓，银行业效益稳健良好；保险业持续健康快速发展，保险市场成熟度进一步提高；证券市场陷入低潮。

（一）金融机构存款和贷款增速均明显放缓，现金投放微量增长，银行业运行质量平稳良好

2008 年深圳市金融机构（含外资，下同）本外币按人民币折算的年末存款余额 14260.94 亿元，比年初增加 1715.62 亿元，增长 13.7%，增速较上年下降 6.5 个百分点；同比增长 12.0%，同比增速较上年下降 7.9 个百分点。本外币按人民币折算的年末贷款

余额11234.05亿元，比年初增加1181.31亿元,增长11.8%，同比增长11.0%，年末贷款余额比年初增速和同比增速比上年均分别下降9.8个百分点和10.2个百分点；全市金融机构存贷款的增速与上年相比均呈明显回落。从全年走势看，存款同比增速由近几年的低于贷款同比增速变为反超贷款同比增速。年末全市金融机构存差3026.89亿元，比年初增加534.31亿元，存差规模进一步扩张。

1.人民币存款增速在波动中下行，外汇存款增长放缓

2008年深圳市国内金融机构人民币年末存款余额达到13011.24亿元，比年初增长13.2%。从月度走势看，全市人民币存款同比增速在波动中下行，各月增速均低于上年；在7月达到波谷，为21.9%的最高增速；至12月翘尾，有别于上年的垂尾(见图3)。

图3： 深圳市国内金融机构人民币存、贷款余额同比增速图示

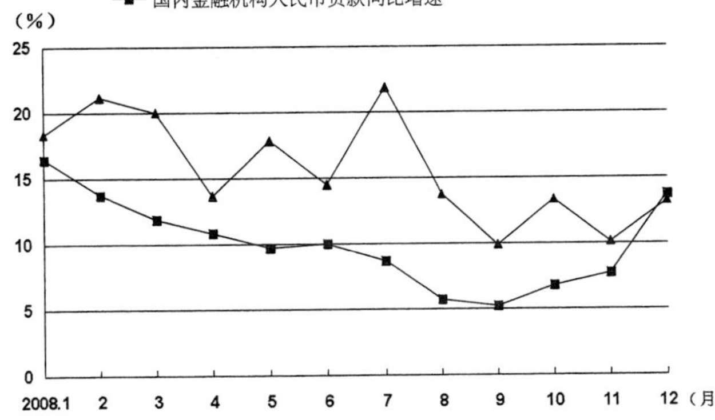

从人民币存款结构看，2008年深圳市国内金融机构人民币储蓄存款和企业存款年末余额分别为4905.93亿元和5959.17亿元，比年初增长29.4%和14.7%，储蓄存款大幅高于上年增速，企业存款则明显低于上年增速；与上年情况相反，2008年人民币储蓄存款的增速超过了企业存款的增速，主要是2008年受国内外经济形势的不利影响，股市、房地产市场双双陷于低迷，使得人民币储蓄存款大量回流，增速远超上年。

2008年末人民币储蓄存款中活期存款所占比重达到55.4%，高出定期存款所占比重10.8个百分点，活期存款所占比重比上年下降了7.1个百分点。虽然活期存款占人民币储蓄存款的比重在2008年仍占主要地位，但受人民币减息预期的影响，人民币储蓄存款结构的定期化趋势加强。

2008年，随着人民币升值预期的减弱，外汇存款增长放缓，深圳地区银行外汇存款年末余额同比增长11.6%，比上年回落1.3个百分点。

2.人民币贷款增速先抑后扬，外汇贷款增幅收窄

2008年末深圳市国内金融机构人民币贷款余额9058.46亿元，同比增长13.7%，比上年回落4.2个百分点。从月度走势看，前9个月人民币贷款同比增速逐月走低，至9月到达谷底，即5.2%的最低点。之后，在国家实施的货币政策由适度从紧转变为适度宽松的影响下，人民币贷款增速出现转折，一路上扬，至年末翘尾达到13.7%，也异于往年年底增速回落的情况(见图3)。

从人民币贷款结构看，短期贷款小幅增长，中长期贷款仍保持较快增长。2008年深圳国内金融机构人民币贷款继续呈现长期化特征。年末短期贷款余额2206.68亿元，同比增长2.7%；中长期贷款年末余额6007.63亿元，同比增长11.7%，中长期贷款所占比重达到66.3%，比上年略降1.2个百分点。人民币中长期贷款的主要构成仍是个人中长期消费贷款(多为个人住房贷款)和基本建设贷款，两项贷款年末余额合计所占比重高达99.6%。

2008年末深圳市金融机构外汇贷款余额同比增长24.5%，比上年下降14.5个百分点。受人民币降息和升值预期减低的影响，利差和汇兑的双重收益逐渐消失，使得外汇贷款增长放缓。

3.现金投放量略增

2008年深圳市国内金融机构现金净投放1347.40亿元，比上年增加7.49亿元，同比增长仅为0.6%，增速比上年下降14.8个百分点。由于宏观经济增长减速的影响，深圳现金需求量也呈现出明显放缓的特征。

4.银行业运行质量和经营效益平稳良好

2008年深圳银行业经营效益良好，资产总额和税前利润继续增长，运行质量平稳良好。全市银行业资产总额比上年增长16%，税前利润增长15.9%，多数银行机构的不良贷款余额、不良贷款率继续保持双降。

（二）保险业保持快速健康发展势头，保险市场成熟度进一步提升

2008年深圳保险市场规模持续扩大，市场化程度进一步提高，保险对社会、经济的风险保障作用不断增强。2008年全市保险业实现保费收入240.82亿元，比上年增长31.1%；其中财产险保费收入84.84亿元，增长12.0%，占全部保费收入的比重达到35.2%；全年人身险(包括意外伤害险、健康险和寿险)保费收入155.98亿元，比上年增长44.5%，占全部保费收入的比重为64.8%，人身险所占比重比

上年又提升了6个百分点，在全市保费收入中的主导地位进一步加强。各项赔款和给付支出67.94亿元，比上年增长19.5%；其中财产险支出52.48亿元，增长21.1%；人身险支出15.46亿元，增长14.1%。

（三）证券市场陷入低潮，股市暴跌，债券市场一枝独秀

由于受前期过高估值的回归和世界金融危机导致的全球股市大跌等主要因素的影响，2008年深圳证券市场行情急转直下，深证成份指数大幅下挫，成交量明显缩减，股票市场大跌。2008年深证成份指数最高19219.88点，最低5577.22点，收于6485.51点，比上年下跌11215.11点，跌幅达63.4%。全年深市总成交金额99388.44亿元，比上年下降47.0%；日均成交金额404.02亿元，同比下降47.9%。股票市价总值24114.53亿元，比上年下降57.9%。证券市场融资规模仍略有增加，全年新上市股票70只，筹资金额1233.65亿元，比上年增长5.0%。

因得益于下半年适度宽松的货币政策导致的降息预期和宽裕的资金面，2008年深圳债券市场活跃，全年成交金额510.86亿元，比上年增加243.02亿元，增长90.7%。

三、2009年预测与展望

2009年是落实“十一五”规划各项任务十分关键的一年，面对全球金融危机给外向型特征明显的深圳经济带来的不利影响的持续，以及国内经济发展存在的难题和深层次矛盾的影响，加上2008年以来国家出台的政策措施将会带来的减收因素，深圳财政收入后续增长的难度增大。

2009年深圳财政将实行积极的财政政策，加大基本建设投资力度，保障各项产业经济扶持政策的资金需求，促进经济结构优化升级和企业技术进步，解决中小企业融资难，积极培植新的经济增长点和新财源，促进深圳经济平稳增长。继续优化财政支出结构，规范民生支出的范围、标准和保障机制，不断加大民生投入，如支持基层医院的扩建、改造和更新，推进药品和医疗服务收费降价，保障生活必需品的有效供给；进一步加大环境保护的投入，落实节能减排和发展循环经济的政策措施等。加强财政支出的监督管理，严格控制出国出访考察、会议、接待、差旅等公务支出，降低行政成本，实行一般性行政经费零增长；勤俭办事，厉行节约，提高财政资金使用效益。

（撰稿：徐霞）

10-1 地方预算内财政收支

LOCAL FINANCIAL REVENUE AND EXPENDITURE IN BUDGET

(2007—2008)

单位:万元 (10 000 yuan)

项目	Item	2007	2008
地方预算内财政收入	**Local Financial Revenue in Budget**	**8 721 565**	**10 068 513**
一般预算收入	Budgetary Revenue	6 580 555	8 003 603
# 各项税收	Taxes	6 226 027	7 630 173
行政事业性收费收入	Collect Fee	103 573	97 259
罚没收入	Penalty	66 777	63 362
专项收入	Special Revenue	127 697	166 907
基金预算收入	Funds Revenue	2 141 010	2 064 910
地方预算内财政支出	**Local Financial Expenditure in Budget**	**9 268 155**	**10 540 436**
一般预算支出	Budgetary Expenditure	7 279 677	8 898 555
# 基本建设支出	Expenditure for Capital Construction	1 541 369	1 530 678
一般公共服务	General Public Service	961 723	1 347 351
公共安全	Public Security	660 149	751 939
教育	Education	905 646	1 030 900
科学技术	Science and Technology	500 263	546 820
文化体育与传媒	Culture,Sports and Medium	91 236	128 691
社会保障和就业	Social Security and Employment	251 242	379 028
医疗卫生	Public Health	254 677	326 089
环境保护	Environmental Protection	34 260	128 052
城乡社区事务	Community Affairs of City and Countryside	518 392	656 922
工业商业金融等事务	Affairs of Industry,Commerce and Finance	243 548	285 061
基金预算支出	Funds Expenditure	1 988 478	1 641 881

注:自2007年起,财政收支使用新的分类科目。

From 2007, Local financial revenue and expenditure budget are grouped by the new classification.

10-2 地方财政一般预算收支及指数

INDICES OF LOCAL BUDGETARY REVENUE AND EXPENDITURE IN BUDGET

(1979—2008)

年　份 Year	收入(万元) Financial Revenue (10 000 yuan)	指　数(%) Index(%)		支出(万元) Expenditure (10 000 yuan)	指　数(%) Index(%)	
		以1979年为100 1979=100	以上年为100 Preceding Year=100		以1979年为100 1979=100	以上年为100 Preceding Year=100
1979	1 721	100.0		2 971	100.0	
1980	3 043	176.8	176.8	4 003	134.7	134.7
1981	8 787	510.6	288.8	8 411	283.1	210.1
1982	9 163	532.4	104.3	8 815	296.7	104.8
1983	15 605	906.7	170.3	15 025	505.7	170.4
1984	29 435	1 710.3	188.6	27 954	940.9	186.0
1985	62 894	3 654.5	213.7	58 651	1 974.1	209.8
1986	74 160	4 309.1	117.9	68 073	2 291.2	116.1
1987	87 521	5 085.5	118.0	69 688	2 345.6	102.4
1988	146 521	8 513.7	167.4	110 992	3 735.8	159.3
1989	228 668	13 286.9	156.1	173 007	5 823.2	155.9
1990	217 037	12 611.1	94.9	198 073	6 666.9	114.5
1991	273 291	15 879.8	125.9	243 012	8 179.5	122.7
1992	429 599	24 962.2	157.2	420 035	14 137.8	172.8
1993	672 507	39 076.5	156.5	593 327	19 970.6	141.3
1994	743 992	43 230.2	110.6	746 181	25 115.5	125.8
1995	880 174	51 143.2	118.3	934 041	31 438.6	125.2
1996	1 317 490	76 553.7	149.7	1 380 376	46 461.7	147.8
1997	1 420 557	82 542.5	107.0	1 394 181	46 926.3	101.0
1998	1 643 884	95 519.1	115.7	1 767 714	59 499.0	126.8
1999	1 842 085	107 035.7	112.1	2 108 978	70 985.5	119.3
2000	2 219 184	128 947.3	120.5	2 250 441	75 746.9	106.7
2001	2 624 944	152 524.3	118.3	2 537 019	85 392.8	112.7
2002	2 659 287	154 519.9	101.3	3 077 761	103 593.4	121.3
2003	2 908 370	168 993.0	109.4	3 489 526	117 452.9	113.4
2004	3 214 680	186 791.4	110.5	3 775 720	127 085.8	108.2
2005	4 123 787	239 615.7	128.3	5 991 560	201 668.1	158.7
2006	5 008 827	291 133.1	121.5	5 714 231	192 391.4	95.4
2007	6 580 555	379 648.1	131.4	7 279 677	245 243.6	127.4
2008	8 003 603	461 747.2	121.6	8 898 555	299 781.7	122.2

金融保险业

FINANCE AND INSURANCE

CHAPTER

11-1 国内金融机构人民币现金收支、信贷情况

CASH INCOME AND EXPENDITURE AND CREDIT FUNDS OF DOMESTIC BANKING SYSTEM

(1979—2008)

单位:万元 (10 000 yuan)

年份 Year	现金收入 Cash Income	现金支出 Cash Expenditure	现金净投放、回笼(-) Currency Issuance and Cash Withdrawn(-)	各项存款余额 Deposits	# 企业存款 Depoits of Enterprises	# 储蓄存款 Saving Deposits
1979	24 252	33 793	9 541	10 125	2 756	3 713
1980	32 700	39 685	6 985	20 284	7 033	5 338
1981	50 125	53 313	3 188	43 713	20 040	10 294
1982	60 275	67 995	7 720	63 707	31 403	15 149
1983	84 654	116 047	31 393	112 554	64 283	23 993
1984	160 574	244 273	83 699	349 763	243 853	54 176
1985	272 742	315 403	42 661	302 567	183 833	79 989
1986	313 736	343 439	29 703	551 112	349 895	121 122
1987	544 866	561 471	16 605	808 545	492 704	188 403
1988	1 200 579	1 118 715	−81 864	1 317 381	770 617	300 003
1989	1 637 542	1 639 552	2 010	1 376 310	685 986	391 787
1990	2 945 381	2 831 142	−114 239	1 946 923	951 490	574 474
1991	4 243 982	3 917 119	−326 863	3 009 164	1 633 636	885 995
1992	10 755 638	10 492 935	−262 703	5 504 616	2 957 816	1 539 518
1993	14 414 432	14 412 911	−1 522	6 573 461	3 664 320	1 751 290
1994	15 638 047	15 377 602	−260 445	9 333 699	5 582 300	2 903 733
1995	22 162 733	21 446 876	−715 857	12 029 322	6 379 138	4 664 222
1996	34 870 719	34 313 589	−557 130	15 334 600	8 416 900	5 822 300
1997	40 537 482	40 230 805	−306 677	18 227 000	10 011 600	7 076 700
1998	40 618 223	40 640 124	21 901	22 383 700	12 060 900	8 618 800
1999	45 116 712	46 152 181	1 035 469	25 589 900	13 538 300	9 519 900
2000	53 763 834	55 549 495	1 785 661	31 690 000	17 098 000	10 826 400
2001	59 646 988	64 221 078	4 574 090	40 925 700	20 824 000	13 733 900
2002	67 642 520	74 429 513	6 786 993	49 527 300	23 419 200	17 564 900
2003	84 494 714	92 955 919	8 461 205	60 794 800	28 593 100	21 994 500
2004	102 367 301	112 108 787	9 741 486	71 007 500	32 850 400	26 253 900
2005	97 956 890	109 048 265	11 091 375	84 781 600	37 682 900	32 293 800
2006	100 852 237	112 463 197	11 610 960	95 404 200	39 794 700	37 447 000
2007	116 107 097	129 506 206	13 399 109	114 957 900	51 967 900	37 925 900
2008	113 148 485	126 622 516	13 474 031	130 112 400	59 591 700	49 059 300

11-1 续表 continued

年 份 Year	各 项 贷款余额 Loans	# 短期贷款 Short-Term Loans	# 工业贷款 Loans to Industrial Enterprises	# 商业贷款 Loans to Commercial Enterprises	# 农业贷款 Agricultural Loans	# 中长期贷款 Medium-Term & Long-Term Loans
1979	7 523	5 791	498	5 037	892	73
1980	13 452	7 934	653	6 927	1 189	1 532
1981	23 944	12 643	1 725	10 156	1 472	909
1982	63 013	36 341	3 987	29 277	3 121	19 634
1983	119 471	67 102	9 808	49 377	5 745	41 816
1984	451 034	260 024	33 469	182 795	15 165	120 253
1985	537 014	296 576	70 433	183 211	17 220	159 084
1986	730 855	381 567	86 937	248 711	19 793	174 208
1987	1 065 176	683 521	201 257	408 106	26 067	189 612
1988	1 536 202	1 023 309	288 212	575 205	34 303	228 242
1989	1 789 834	1 225 462	455 387	641 693	39 139	230 507
1990	2 386 157	1 609 682	657 037	815 850	48 054	273 450
1991	2 797 500	2 064 682	846 623	992 634	52 804	306 051
1992	3 707 067	2 741 451	1 120 337	1 232 889	58 475	344 234
1993	5 015 868	3 513 610	1 432 355	1 585 883	48 482	393 662
1994	6 421 390	4 388 553	1 761 125	1 344 986	35 428	560 216
1995	7 863 364	5 530 853	2 075 856	1 627 228	40 344	926 411
1996	9 652 000	6 424 600	2 343 300	1 921 200	47 500	1 164 100
1997	12 025 800	9 735 700	2 772 400	2 324 600	48 200	1 394 300
1998	15 503 700	11 621 900	2 976 800	2 965 400	59 500	1 980 300
1999	18 481 600	13 451 700	2 683 700	3 171 800	58 300	2 312 000
2000	22 921 800	16 826 900	2 562 200	3 248 400	52 400	3 092 700
2001	28 607 500	15 649 700	2 997 200	4 238 000	43 500	9 094 700
2002	35 124 800	17 252 500	3 218 600	4 008 900	52 600	11 440 800
2003	45 250 500	20 971 100	3 731 600	4 969 600	76 100	16 441 100
2004	52 427 700	21 035 800	4 773 900	4 802 700	64 700	21 133 300
2005	61 680 400	17 914 900	4 021 800	4 156 500	79 200	30 412 100
2006	67 553 200	18 370 600	4 158 300	3 680 700	40 000	40 356 200
2007	79 654 500	21 486 300	5 615 300	3 670 000	32 000	53 800 200
2008	90 584 600	22 066 800	5 906 300	3 491 400	23 300	60 076 300

11-2 深圳市金融机构(含外资)本外币信贷情况

SOURCES AND USES OF CREDIT FUNDS OF SHENZHEN FINANCIAL INSTITUTIONS (INCLUDE FOREIGN FUNDS)

(1990—2008)

单位:万元 (10 000 yuan)

年　份 Year	各项存款余额 Deposits	各项贷款余额 Loans
1990	3 606 500	3 739 800
1991	5 179 500	4 914 400
1992	8 015 100	6 432 400
1993	9 770 600	8 201 300
1994	14 138 100	12 448 700
1995	17 059 400	15 018 400
1996	21 442 800	18 619 700
1997	24 552 500	22 755 100
1998	28 818 300	24 838 400
1999	32 356 600	26 218 500
2000	39 741 200	29 553 700
2001	49 882 000	35 431 100
2002	59 412 900	43 081 300
2003	70 719 400	54 119 600
2004	81 362 100	65 715 600
2005	94 867 100	75 967 500
2006	106 160 100	83 538 200
2007	127 296 800	101 213 700
2008	142 609 400	112 340 500

11-3 深圳证券交易所股票筹资情况

VALUE OF THE FUNDS RAISED OF IPO SALES BY SHENZHEN COMPANIES

(2000—2008)

单位:亿元　　　　(100 million yuan)

年份 Year	筹资类型 Funds Raised								
	总计 Total	A股 A Shares				B股 B Shares			
		A股总计 Total of A Shares	首发 IPO	增发 Public Offering	配股 Rights Issred	B股总计 Total of B Shares	首发 IPO	增发 Public Offering	配股 Rights Issred
2000	628.92	618.17	244.90	113.51	259.76	10.75	10.75		
2001	235.54	235.54		90.36	145.18				
2002	142.48	142.48	17.20	99.88	25.40				
2003	87.22	87.22		51.00	36.22				
2004	196.71	170.03	116.22	18.07	35.75	26.68		26.68	
2005	30.29	30.29	29.09		1.20				
2006	620.83	620.83	161.46	459.36					
2007	155.04	155.04	64.24	90.80					
2008	1 233.65	1 233.65	300.84	923.24	9.57				

11-4 深圳证券交易所有价证券成交总额

TOTAL VOLUME OF PRICE SECURITIES TRADING IN SHENZHEN

(2000—2008)

单位:亿元　　　　(100 million yuan)

指标	Indicators	2000	2001	2002	2003	2004	2005	2006	2007	2008
合计	Total	33 143.78	17 432.48	14 039.68	12 151.60	16 420.53	13 275.85	38 738.09	187 645.57	99 388.44
股票	Stocks	29 452.79	15 595.80	11 031.36	11 291.13	15 863.35	12 424.57	32 652.29	155 121.94	86 682.71
# A股证券	A Shares	29 248.98	13 365.20	10 700.33	10 728.72	15 346.89	12 037.89	31 972.00	152 811.01	86 127.99
B股证券	B Shares	203.80	2 230.59	331.03	562.41	516.46	386.68	680.29	2 310.93	554.72
基金	Funds	1 467.66	1 212.96	609.85	320.49	231.42	196.37	978.30	4 321.85	2 130.82
债券	Bonds	2 223.33	623.73	2 398.47	539.97	325.76	229.45	149.03	267.84	510.86
# 国债现货	State Treasury Bond	500.43	432.55	2 327.85	255.75	4.96	7.84	3.31	5.08	46.63
国债回购	Repo	1 586.47	144.66	0.45	18.31	0.40				

11-5 深圳证券交易所投资者开户情况

ACCOUNT-OPENING BY INVESTORS IN SHENZHEN STOCR EXCHANGE

(2000—2008)

单位:万户 (10 000 house holds)

指　标	Indicators	2000	2001	2002	2003	2004	2005	2006	2007	2008
年末开户总数	Total Accounts Year-end	2 818.71	3 166.14	3 319.15	3 384.00	3 467.53	3 537.07	3 819.54	6 840.08	7 508.81
个人	Private	2 808.72	3 154.94	3 305.13	3 369.27	3 452.22	3 521.22	3 802.33	6 817.10	7 484.16
机构	Institution	9.99	11.20	14.02	14.72	15.31	15.85	17.21	22.98	24.65
A股合计	A Shares Accounts	2 806.02	3 110.99	3 261.41	3 324.29	3 406.25	3 475.15	3 756.07	6 749.04	7 414.99
个人	Private	2 796.67	3 100.49	3 248.13	3 310.35	3 391.78	3 460.14	3 739.79	6 727.11	7 391.49
机构	Institution	9.35	10.50	13.28	13.94	14.47	15.01	16.28	21.93	23.50
B股合计	B Shares Accounts	12.69	55.15	57.73	59.70	61.28	61.92	63.47	91.03	93.82
个人	Private	12.05	54.45	57.00	58.92	60.44	61.09	62.54	89.99	92.67
机构	Institution	0.64	0.70	0.73	0.78	0.84	0.84	0.93	1.04	1.15
新开户总数	Newly Opened Accounts During the Year	655.21	347.43	153.00	64.85	83.53	71.95	115.27	162.02	49.37
个人	Private	652.44	346.22	150.19	64.14	82.95	71.24	115.03	161.23	49.16
机构	Institution	2.76	1.21	2.82	0.71	0.59	0.71	0.24	0.79	0.21
A股合计	Newly Opened Accounts of A Shares	653.66	304.97	150.42	62.88	81.95	71.21	115.08	161.48	49.17
个人	Private	650.95	303.82	147.64	62.22	81.43	70.59	114.84	160.70	48.96
机构	Institution	2.71	1.15	2.78	0.66	0.53	0.62	0.24	0.78	0.21
B股合计	Newly Opened Accounts of A Shares	1.55	42.46	2.58	1.97	1.58	0.74	0.20	0.54	0.20
个人	Private	1.49	42.40	2.55	1.92	1.52	0.65	0.19	0.53	0.20
机构	Institution	0.06	0.06	0.03	0.05	0.06	0.09	0.01	0.01	

11-6 深证综合指数

SHENZHEN COMPOSITE INDEX

(2000—2008)

日历日期 Date	开市指数 Open	收市指数 Close	最高指数 High	交易日期 Date	最低指数 Low	交易日期 Date
2000-12-29	402.71	635.73	656.21	2000-11-24	401.67	2000-01-04
2001-12-31	636.62	475.94	665.57	2001-06-14	438.00	2002-10-22
2002-12-31	475.14	388.76	523.38	2002-06-25	366.84	2002-01-23
2003-12-31	386.61	378.63	453.45	2003-04-16	349.86	2003-11-19
2004-12-31	377.93	315.81	472.18	2004-04-07	314.98	2004-09-13
2005-12-30	313.81	278.75	334.14	2005-03-09	235.64	2005-07-19
2006-12-29	541.07	550.59	552.93	2006-12-29	278.99	2006-01-04
2007-12-28	1 455.60	1 447.02	1 567.74	2007-10-08	547.89	2007-01-05
2008-12-31	560.17	553.30	1576.50	2008-01-15	456.97	2008-11-04

11-7 社会保险费实际征收收入和支出

PREMIUMS INCOME, AND PAYMENT IN MAIN YEARS

(1997—2008)

单位:万元 (10 000 yuan)

年 份 Year	保险费实际征收收入 Premium Income	保险费实际征收支出 Indemnity Expenditure and Payment
1997	172 795	65 907
1998	203 014	82 818
1999	241 680	109 306
2000	315 636	136 454
2001	508 777	200 638
2002	569 878	246 587
2003	741 343	316 201
2004	1 092 084	446 943
2005	1 335 261	563 925
2006	1 724 096	701 087
2007	2 053 206	777 218
2008	2 637 923	926 975

11-8 主要年份保险费收入和赔款及给付

PRIMIUMS INCOME, INDEMNITY EXPENDITURE AND PAYMENT IN MAIN YEARS

(1996—2008)

单位:亿元 (100 million yuan)

年 份 Year	保险费收入 Premium Income	赔款及给付支出 Indemnity Expenditure and Payment	赔款率(%) Indemnity and Payment Ratio (%)
1996	30.92	8.54	27.6
1997	34.64	9.44	27.3
1998	34.94	9.06	25.9
1999	35.79	9.96	27.8
2000	40.66	9.64	23.7
2001	54.22	14.26	26.3
2002	65.84	18.40	28.0
2003	78.75	23.86	30.3
2004	91.77	24.44	26.6
2005	106.39	28.63	26.9
2006	134.69	35.15	26.1
2007	183.70	56.87	31.0
2008	240.82	67.94	28.2

11-9 主要年份保险及保险中介机构

INSURERS AND INSURANCE AGENTS IN MAIN YEARS

单位:个 (2000—2008) (unit)

年 份 Year	保险机构 Insurers	中资 Domestic-Funded	三资 Foreign-Funded	保险中介机构 Insurance Agents
2000	12	9	3	
2001	16	12	4	4
2002	21	17	4	8
2003	24	19	5	32
2004	26	21	5	67
2005	30	23	7	100
2006	36	32	4	131
2007	47	40	7	173
2008	51	43	8	197

11-10 保险公司主要业务指标

MAJOR BUSINESS INDICES OF INSURANCE COMPANIES

单位:亿元 (2008) (100 million yuan)

指 标	Indicators	保险金额 Sum Insurers	保费 premium	赔款及给付 Compensation and claims
总计	**TotalT**	**112 536.43**	**240.82**	**67.94**
财产保险	Property Insurance	65 098.15	84.84	52.48
# 企业财产险	Enterprise Property Insurance	25 251.77	9.78	6.85
家庭财产险	Household Property	764.59	0.04	0.02
机动车辆险	Motor Vehicles Insurance	10 159.00	57.91	35.35
责任险	Liadility Insurance	13 493.47	3.55	1.12
人寿保险	Liadility Insurance	1 862.99	132.90	10.34
健康险	Health Insurance	3 165.34	15.93	2.55
人身意外伤害险	Accidents Insurance	42 409.95	7.15	2.58

12 第十二部分

外经贸和旅游

FOREIGN TRADE AND TOURISM

CHAPTER

深圳市 2008 年外贸运行情况分析

据深圳海关统计，2008 年，全市累计完成外贸进出口总额 2999.55 亿美元，同比增长 4.3%。其中，出口 1797.20 亿美元，增长 6.6%，占全国出口总额的 12.6%，占广东省出口总额 44.5%；进口 1202.35 亿美元，增长 1.0%。全年外贸实现顺差 594.85 亿美元，占全国顺差 2954.60 亿美元的 20.1%。与上年相比，深圳 2008 年进出口、出口和进口三项指标的增速均呈现全面放缓态势，但出口总额继续位居全国大中城市首位，取得了出口“十六连冠”的佳绩。

一、外贸进出口总体运行特点

（一）外贸出口增速进一步回落

2008 年，全市外贸出口 1797.20 亿美元，同比增长 6.6%。自 2 月份起，出口增速不但落后于全国，且呈现出连续下滑趋势。6 月、11 月和 12 月当月出口同比下降，其中 12 月当月出口同比下降 3.5%，自 1998年以来首次出现 12 月当月出口同比下降。

（二）一般贸易出口明显放缓但扭转了下降态势，保税贸易出口快速增长，加工贸易出口增速继续回落

从贸易方式看，2008 年，全市一般贸易出口 479.05 亿美元，占全市出口总值的 26.7%，同比增长 4.5%，比 2007 年增速回落了 38.2 个百分点。2008 年前 9 个月，一般贸易出口累计增速呈逐月回落态势，但自 10 月份出台鼓励一般贸易出口的政策措施后，一般贸易出口逐月回升。12 月当月一般贸易出口 53.42 亿美元，同比增长 23.7%。

保税贸易出口 200.93 亿美元，占全市出口总值的 11.2%，同比增长 30.5%，比 2007 年增速提高 2.7 个百分点，继续保持较快势头。

加工贸易出口 1097.59 亿美元，占全市出口总值的 61.1%，同比增长 2.7%，比前 11 个月累计增速回落 2.2 个百分点。其中，来料加工出口 172.6 亿美元，增长 5. 2%；进料加工出口 924.94 亿美元，增长 2.3%，比 2007 年增速回落 13.9 个百分点。

（三）国有企业出口平稳增长，外商投资企业出口增速明显放缓，民营企业出口增速回升并实现了正增长

从经营主体看，2008 年，全市国有企业出口 288.90 亿美元，占全市出口总值的 16.1%，同比增长 12.7%，比同期全市出口增速高出 6.1 个百分点。

外商投资企业出口 1110.91 亿美元，占全市出口总值的 61.8%，同比增长 7.3%，比 2007 年增速回落 13 个百分点，比全市出口增幅高出 0.7 个百分点。

民营企业出口 386.50 亿美元，占全市出口总值的 21.5%，同比增长 2.0%，较前 11 个月累计增速回升了 3.6 个百分点，实现了全年出口正增长。

（四）机电产品和高新技术产品出口增速明显放缓

从商品结构看，2008 年，全市机电产品出口 1332.62 亿美元，占全市出口总值的 74.2%，同比增长 7.4%，比 2007 年增速回落 20.3 个百分点；高新技术产品出口 793.72 亿美元，占全市出口总值的 44.2%，增长 9.4%，比 2007 年增速回落 8.8 个百分点。

服装纺织品、鞋类、家具及其零件、塑料制品、玩具、旅行用品及箱包等六大类传统大宗商品的出口与 2007 年相比均有所回落。其中，服装纺织品出口下降对全市出口的影响最大，2008 年全市服装纺织品出口 113.1 亿美元，同比下降 44.7%，出口额净减少 91.5 亿美元，拖慢全市出口增长 5.4 个百分点。

（五）对香港、美国、欧盟、东盟、日本等主要市场出口明显放缓

从出口市场上看，2008 年，深圳对香港、美国、欧盟、东盟、日本等前五位市场累计出口 1455.22 亿

美元，占全市出口总值的81.0%。其中，对香港出口705.49亿美元，同比增长1.5%，比2007年增速回落18个百分点；对美国出口308.01亿美元，增长5.3%，比2007年增速回落4.4个百分点；对欧盟出口248.50亿美元，增长19.4%，增速高出14.8个百分点，对东盟、日本分别出口131.7和61.52亿美元，比2007年增速分别回落34.4和0.5个百分点。

（六）一般贸易进口增速放缓，加工贸易进口持续低幅下降，保税贸易进口增速明显放缓

从进口贸易方式看，全市一般贸易进口311.33亿美元，占全市进口总值的25.9%，同比增长17.2%，比2007年增速下降5.6个百分点。

加工贸易累计进口653.98亿美元，占全市进口总值的54.4%，同比下降6.3%，与前11个月累计增速相比继续回落，仍未扭转2008年以来累计增速下降的趋势。其中，进料加工进口572.04亿美元，下降6.3%，占全市进口总值的47.6%；来料加工进口81.94亿美元，占全市进口总值的6.8%，下降6.6%。加工贸易料件进口未扭转下降趋势，显示后几个月全市加工贸易出口形势将更为严峻。

其他贸易进口237.04亿美元，占全市进口总值的19.7%，同比增长4.5%，比2007年增速回落24.8个百分点，其中保税贸易进口206.54亿美元，增长9.8%，增速回落21.4个百分点。

二、全市出口增幅回落的主要原因

2008年，深圳外贸出口增速回落，除了与其他兄弟省市面临的一些共性问题外，如原材料的上涨、劳动成本的上升、宏观紧缩的货币政策、国内贸易政策调整、人民币升值、美国金融风暴引发美欧日等主要经济体需求下降等，深圳出口还面临一些独特的困难和制约，导致了深圳出口增幅低于全国乃至全省平均水平，主要原因如下：

（一）美国经济减速导致的外部需求减少，对以美国为主要市场的深圳出口十分不利

从海关统计数据看，美国是深圳出口的第二大市场，2008年，深圳对美国出口占全市出口总额的17.1%；对第一大市场香港出口的比重为39.3%，但是深圳对香港出口的货物中超过50%最终出口至美国，因此对美国出口实际占全市出口总额的四成左右。据此推断，美国金融危机对深圳出口的影响大于对全国其他省市。

（二）2007年全市服装纺织品出口的异常高速增长，拉高了出口基数

据深圳海关统计，2008年全市服装纺织品出口113.1亿美元，同比下降44.7%，出口额净减少91.5亿美元，拖慢全市出口增长5.4个百分点。造成2007年服装纺织品出口异常高速增长的原因主要有：一是深圳企业在二级市场上积极收购外地配额，二是存在部分企业为争取在配额分配上获益而高报出口价格。

（三）部分加工贸易企业出口大户转移订单

为应对出口退税率下调和台账保证金压力问题，部分企业将加工贸易改为其他贸易方式运作，甚至将订单或工厂转移至别的地区，深圳实际运作加工贸易的企业数量逐年减少。

（四）制造业利用外资下降，近两年来几乎未引进较大规模的制造业项目

受土地资源不足、水电及工资等生产成本上升等因素影响，全市制造业近几年来利用外资比重在逐年下降，其中：合同外资由2005年的47.3%逐年下降到2008年的31.6%；实际利用外资由2005年的61.3%下降到2008年的37.5%。近年来制造业利用外资增速下滑，将不可避免地对深圳外贸出口增长后劲产生一定的制约。

（撰稿：谭燕萍　张德松）

2008年深圳市外商投资情况分析

2008年，深圳积极应对金融危机引起的国内外经济运行中的不稳定因素，实际吸收外资金额继续保持增长，结构不断优化，外资质量进一步提高。

一、基本情况

2008年全市新批外商直接投资项目3046个，同比下降27.5%；合同外资72.83亿美元，下降15.0%，为2004年合同外资统计口径调整以来的首次负增长。全市全年实际使用外资达到40.3亿美元，增长10.1%。12月当月，新批外商直接投资项目173个，减少336个；合同外资3.89亿美元，下降43.6%；实际使用外资1.01亿美元；下降51.2%。截至2008年底，全市历年累计批准外商直接投资项目40029个，累计合同外资金额697.73亿美元，累计实际使用外资金额414.61亿美元。

二、主要特点

（一）服务业实际使用外资大幅增长

第二产业新设项目355个，较去年同期减少509个，吸收合同外资23.48亿美元，下降6.3%，实际使用外资15.3亿美元，下降18.8%；第三产业新设项目2691个，减少643个，吸收合同外资49.36亿美元，下降18.7%，实际使用外资24.98亿美元，增长40.7%。

2008年第二、三产业吸收外资比重与上年对比表

指标名称	比重%	较同期±%
第二产业占全市合同外资金额比重	32.24	+3个百分点
第二产业占全市实际使用外资金额比重	37.97	-13.51个百分点
第三产业占全市合同外资金额比重	67.78	-3.05个百分点
第三产业占全市实际使用外资金额比重	61.98	+13.49个百分点

第二产业中，制造业新批项目349个，较去年同期减少509个，合同外资下降8.0%，实际使用外资下降15.6%。其中，通信设备、计算机及其他电子设备制造业合同外资下降55.2%；实际使用外资合同下降37.1%。

第三产业中，批发零售业新设项目1153个，同比减少633个，吸收合同外资18.97亿美元，微降1.7%，实际使用外资7.46亿美元，增长50.1%；科研、技术服务业新设项目1134个，增加187个，吸收合同外资13.53亿美元，增长17.4%，实际使用外资2.79亿美元，增长21.9%。

（二）大项目增资成为我市吸收外资主力

2008年共批准增资项目1082个，较去年同期减少181个，合同外资增加额增长6.8%，达到51.6亿美元，占全市吸收外资的70.9%，比重较去年同期增加14.5个百分点；平均单个增资项目的合同外资增加额为476.91万美元，较去年同期增加94.41万美元。为应对金融危机带来资金短缺影响，现有大企业纷纷增资扩大企业规模，2008年投资总额增资千万美元以上大项目124个，较去年同期减少31个，合同外资增加40亿美元，增长11.1%，占全市吸收合同外资的54.9%。增资项目主要集中在制造业（549个，合同外资增加24.15亿美元）、批发零售业（269个，增加9.72亿美元）、商务服务业（61个，增加4.08亿美元）和IT业（54个，增加2.24亿美元）。

（三）大项目数量减少但平均规模显著扩大

新批（含增资）投资总额千万美元以上大项目172个，较去年同期减少54个，新增投资总额91.73亿美元，微降0.55个百分点，合同外资增加47.49亿美元，下降2.3%，占全市合同外资的65.2%，平均合同外资2761万美元，较去年同期增加611万美元。其中，投资总额3000万美元以上的大项目73个，较去年同期减少18个，合同外资增加38.04亿美元，增长4.4%；投资总额5000万美元以上的大项目43个，减少10个，合同外资增加31.09亿美元，增长15.0%；投资总额超亿美元大项目8个，较去年同期减少2个，合同外资增加16.27亿美元，增长63.1%。

新批（增资）大项目情况

2008 年

规模	项目个数			合同外资金额		
	本年数	去年同期	同比(个)	本年数	去年同期	同比%
新批(含增资)投资1000万美元以上项目	172	226	-54	47.49	48.59	-2.26%
新批(含增资)投资3000万美元以上项目	73	91	-18	38.04	36.45	4.37%
新批(含增资)投资5000万美元以上项目	43	53	-10	31.09	27.03	15.01%
新批(含增资)投资1亿美元以上项目	8	10	-2	16.27	9.98	63.08%

（四）港台地区投资明显回落，发达国家合同外资大幅增长

全年共有 56 个国家和地区的外商来深圳投资设立企业。来源于香港的新设项目 2537 个，同比减少 862 个，合同外资 61.68 亿美元，下降 7.3%，实际使用外资 25.49 亿美元，增长 14.2%；来源于台湾的新设项目 82 个，减少 83 个，合同外资因现有企业减资 1030 万美元，去年同期为 4837 万美元，实际使用外资 4565 万美元，增长 39.3%。来源于法国、加拿大、德国、瑞士和美国等发达国家的合同外资显著增长，分别同比增长 491.9%、317.0%、121.7%、110.0%和 48.2%。实际使用外资金额前十位的国家和地区依次为：香港、英属维尔京群岛、开曼群岛、萨摩亚、美国、台湾、新加坡、毛里求斯、巴巴多斯和荷兰，合计占全部
实际使用外资金额总额的 95.7%。

（五）世界 500 强企业继续加强对深投资

2008，共 18 家世界 500 强企业在深新设/增资项目 26 项，吸收合同外资 3.6 亿美元。其中，有 5 家世界 500 强企业在深新设项目 5 项，合同外资 4382 万美元，另有 16 家世界 500 强企业在深追加扩股 21 项，合同外资净增资 3.16 亿美元。

二、2009 年面临的形势

（一）不利因素

目前，全球经济面临金融危机和商业周期收缩的双重打压，危机使周期调整难度加大，衰退程度加深，萧条时间延长。2009 年，世界经济形势将更加严峻复杂，不确定不稳定因素可能继续增多。一是世界经济下行已成定局，外部需求将进一步减弱。二是国际市场竞争更加激烈，贸易保护主义威胁增大。三是金融市场仍将持续动荡，国际市场原油等大宗商品价格可能大幅波动。

（二）有利因素

一是扩大内需初见成效。为继续保持我国经济平稳较快增长，中央及国务院实施积极的财政政策和适度宽松的货币政策，出台了一系列扩大内需、促进经济增长措施。包括人民银行连续多次降低存贷款利率和法定准备金率，政府实施的提高农民收入、启动农村消费需求政策，连续多次上调部分纺织品和服装等劳动密集型和高技术含量、高附加值商品出口退税率，支持优势企业和产品出口信贷政策。

二是危机催生新经济增长点，有利于产业结构升级和经济转型。此次金融危机不仅导致了国际大宗商品价格短期内的快速回落，而且为刺激国内经济复苏，引入资金，增加出口，更促使发达国家降低进入壁垒和放宽出口限制，这就为我国购买所需技术、设备、品牌及进入相应市场等创造了很好的时机，从而为我国加快产业升级和经济结构调整提供了一定的条件，伴随着消费拉动作用的提升，消费品产业、特别是服务业的发展和升级趋势明显，第三产业发展具有相当大的上升空间。

(撰搞:谭燕萍 郑淑蕾)

12-1 利用外资签订协议(合同)项目

NUMBER OF THE SIGNED AGREEMENTS AND CONTRACTS FOR UTILIZATION OF FOREIGN CAPITAL(1979-2008)

单位:项 (unit)

年份 Year	总计 Total	一、按投资方式分 Grouped by Investment Mode					
		对外借款 Foreign Loans	外商直接投资 Direct Foreign Investments	# 合资经营 Joint Ventures	# 合作经营 Cooperative Operation	# 外商独资 Solo-Foreign Enterprises	外商其他投资 Other Foreign Investments
1979	169		37	7	30		132
1980	303		33	4	24	5	270
1981	578		70	13	39	18	508
1982	577		66	11	47	8	511
1983	878		253	92	149	12	625
1984	988	5	334	188	134	12	649
1985	1 203	40	282	192	73	17	881
1986	454	31	224	152	64	8	199
1987	334	13	310	231	62	17	11
1988	694	4	591	443	93	55	99
1989	711	5	647	473	94	80	59
1990	796	6	757	434	100	223	33
1991	986	6	951	534	122	295	29
1992	1 561	1	1 553	822	227	504	7
1993	3 257	2	3 255	1 735	358	1 162	
1994	2 223	2	2 221	1 049	208	964	
1995	1 638	5	1 633	764	109	760	
1996	999		999	491	38	470	
1997	1 786		957	454	30	471	829
1998	1 915		1 391	513	31	844	524
1999	1 558		797	321	15	461	761
2000	1 835		1 130	339	24	766	705
2001	1 860		1 501	396	18	1 087	359
2002	2 191		1 917	361	8	1 544	274
2003	2 573		2 254	333	6	1 913	319
2004			2 718	356	9	2 352	2 36
2005			2 797	308	12	2 469	141
2006			3 105	269	7	2 827	62
2007			4 200	215	8	3 975	25
2008			3 046	139	11	2 896	6

注:根据《商务部、国家统计局关于印发〈外商投资统计制度〉的通知》从2004年开始外商投资统计制度发生变化:一是不再包括"对外借款",且外商直接投资的统计口径缩小;二是对外公布的数据为经商务部核准的外商直接投资数据。

There are two changes among the newly statistical system of foreign investment in 2004:1.The index was not include Foreign Loans and statistical scope of Direct Foreign Investments was reduced.2.The open data of Direct Foreign Investments have been verified by State Commercial Department.

年　份 Year	二、按国民经济行业分 Grouped by Sector					
	农、林、牧、渔水利业 Farming,Forestry, Animal Husbandry and Fishery	工　业 Industry	建筑业 Construction	交通运输、仓储和邮政业 Transportation, Storage,Postal and Telecommunications Services	商业、住宿和餐饮业 Commerce,Accommodation and Catering Services	房地产业、 Real Estate Management
1979	6	112		3	5	3
1980	8	243		4	10	14
1981	9	321		5	5	28
1982	3	457		1	25	8
1983	19	714		15	87	21
1984	14	148		15	117	31
1985	10	164		8	84	15
1986	6	172	3	1	20	14
1987	7	303			1	10
1988	5	646	4	5	12	11
1989	5	666		3	12	10
1990	3	766	2	3	6	3
1991	5	908	3	6	22	30
1992	6	1 464	2	8	20	51
1993	10	2 836	18	23	115	205
1994	6	1 815	20	16	168	135
1995	5	1 377	10	15	104	59
1996	10	858	7	8	53	30
1997	8	1 526	4	13	89	138
1998	5	1 401	3	12	65	286
1999	3	1 351	3	7	28	157
2000	4	1 450	1	23	34	307
2001	3	1 397	1	22	43	315
2002	3	1 616	4	33	103	394
2003		1 660	2	48	100	439
2004	2	1 513	6	53	188	57
2005	1	1 344	9	38	357	77
2006	1	896	11	55	1 238	101
2007	2	860	4	127	1 828	49
2008		350	5	83	1 187	4

注：从 2008 年起，此表按“国民经济行业分类”（GB/T4754-2002）分类。

This table is grouped by National Economy Classification (GB/T4754-2002)from2008.

年　　份 Year	二、按国民经济行业分 Grouped by Sector						
	卫生、社保和社会福利业 Health Care, Social Security and Welfare	教育、文化、体育和娱乐业 Education, Culture Sports and Entertainment	科研和综合技术服务业和地质勘查业 Scientific Research and Polytechnical services,Geological exploration	金融、保险业 Banking and Insurance	信息传输、计算机服务和软件业 Information transmission, Compufer services and Software	租赁和服务业 Rental and Services	其他行业 Others
1979							40
1980							24
1981							210
1982							83
1983							22
1984							663
1985							922
1986	1	2	1	1			233
1987				7			6
1988				4			7
1989		4	4				7
1990	1		5				7
1991		2	2	6			2
1992		4	4	1			1
1993	6	1	5	1			33
1994	5	8	33	1			15
1995	19	4	31	1			13
1996	8	3	11	2			9
1997	1		7				
1998	1	1	138				3
1999			9				
2000	1	2	13				
2001		1	77				1
2002	1		26	5			5
2003	1	2	298	6			17
2004		4	178	2			715
2005	1	2	348	6			614
2006		7	373	5			418
2007	1	8	947	2			372
2008		3	1 134	2	62	215	1

12-1 续表 3　continued

年　份 Year	三、按国别(地区)分 Grouped by Country (Territory)							
	香港、澳门 HongKong and Macao	台湾 Taiwan	新加坡 Singapore	韩国 Korea Rep.	日本 Japan	泰国 Thailand	澳大利亚 Australia	马来西亚 Malaysia
1986	387		6		28	1	1	
1987	284		8		25	2	2	
1988	610	8	10		24			3
1989	630	25	2		16	1	2	
1990	699	45	5		12	2	2	1
1991	885	36	8	3	17	3	1	
1992	1 330	88	20	5	16	8	6	3
1993	2 834	154	24	8	27	15	14	5
1994	1 885	124	29	8	25	8	7	3
1995	1 288	100	26	14	36	11	9	6
1996	760	85	15	11	15	4	6	6
1997	1 576	85	14	9	13	3	5	5
1998	1 614	119	19	7	12	1	4	2
1999	1 355	45	14	7	8		2	
2000	1 474	67	19	12	9	1	7	2
2001	1 288	179	28	22	25	3	10	6
2002	1 498	239	34	25	35	3	13	11
2003	1 852	260	25	35	33	3	14	6
2004	1 959	122	44	42	51		14	10
2005	1 974	144	51	43	45	3	9	6
2006	2 233	152	48	42	38	2	28	17
2007	3 427	165	48	50	46	6	19	10
2008	2 582	82	27	34	41	2	10	15

12-1 续表 4　continued

年　份 Year	三、按国别(地区)分 Grouped by Country (Territory)							
	美国 United States	加拿大 Canada	德国 Germany	法国 France	英国 United Kingdom	瑞士 Switzerland	荷兰 Netherlands	其他 Others
1986	12	2	1	5	5	1	2	3
1987	10			1	1			1
1988	31	1	2	1	2			2
1989	16	2	1	9			1	6
1990	16	2		1	2	3		6
1991	18	2	2	3	2	1	1	4
1992	57	8	1	2	5		1	11
1993	104	22	2	4	16	2	3	23
1994	74	10	5	3	19		1	22
1995	71	9	3	1	18	2	4	40
1996	42	7	3	4	14	1	2	24
1997	35	8	2	3	5	3		20
1998	58	4	5	1	4	1	3	61
1999	37	12	3		4		1	70
2000	52	17	4	1	3		2	165
2001	72	14	2	2	2	2	2	203
2002	77	12	4	3	9	1	7	220
2003	72	23	2	3	7		4	234
2004	84	22	12	5	15	1	6	331
2005	100	16	14	4	24	7	9	348
2006	110	19	11	5	21	5	7	367
2007	78	15	12	3	15	2	5	299
2008	62	13	4	3	9	6	3	153

12-2 协议利用外资额

AMOUNT OF FOREIGN CAPITAL TO BE UTILIZED IN THE SIGNED AGREEMENTS AND CONTRACTS(1979-2008)

单位:万美元　　(USD 10 000)

年份 Year	总计 Total	一、按投资方式分 Grouped by Investment Mode					
		1、对外借款 Foreign Loans	2、外商直接投资 Direct Foreign Investments	# 合资经营 Joint Ventures	# 合作经营 Cooperative Operation	# 外商独资 Solo-Foreign Enterprises	3、外商其他投资 Other Foreign Investments
1979	2 984		1 790	851	939		1 194
1980	27 122		23 966	1 021	13 966	8 979	3 156
1981	86 360		86 360	442	72 636	13 282	
1982	18 028		17 546	643	14 498	2 405	482
1983	33 451		29 355	8 052	17 605	3 698	4 096
1984	64 564	1 962	53 342	21 240	31 704	398	9 260
1985	102 647	19 320	79 323	18 544	58 046	2 733	4 004
1986	51 360	22 474	24 396	9 776	13 189	1 431	4 490
1987	64 893	7 812	56 675	10 993	7 370	38 312	406
1988	48 739	4 500	43 021	25 163	9 310	8 548	1 218
1989	48 904	576	46 945	25 120	11 501	10 324	1 383
1990	69 344	1 062	67 899	18 869	16 099	32 931	383
1991	115 158	5 038	108 611	35 419	23 072	50 120	1 509
1992	251 774	1 188	249 496	75 010	65 597	108 889	1 090
1993	497 737	800	496 937	211 828	71 588	213 521	
1994	298 649	15 521	283 128	92 731	47 632	142 765	
1995	359 654	13 347	346 307	125 589	63 561	157 157	
1996	168 000		168 000	99 879	26 192	41 929	
1997	176 896		135 387	63 177	10 224	59 657	41 509
1998	274 571	42 093	203 475	78 016	8 484	115 293	29 003
1999	223 018	64 077	121 017	16 345	7 242	96 585	37 924
2000	263 996	43 671	173 813	28 374	11 926	128 739	46 512
2001	400 393	50 527	272 318	43 530	82 902	145 184	77 548
2002	518 626	38 735	354 400	61 955	5 952	202 075	125 491
2003	582 896	55 570	484 687	124 831	11 157	335 571	42 639
2004			412 131	103 316	13 546	281 272	71 913
2005			525 097	68 065	2 375	437 181	43 755
2006			526 410	93 298	6 117	412 952	107 288
2007			857 155	63 948	-3 985	787 701	15 570
2008			728 283	97 963	2 007	608 434	4 914

年　份 Year	二、按国民经济行业分 Grouped by Sector					
	农、林、牧、渔水利业 Farming,Forestry, Animal Husbandry and Fishery	工　业 Industry	建筑业 Construction	交通运输、仓储和邮政业 Transportation, Storage,Postal and Telecommunications Services	商业、住宿和餐饮业 Commerce, Accommodation and Catering Services	房地产业、 Real Estate Management
1979	119	1 163		537	179	538
1980	1 085	10 577		4 883	1 628	4 883
1981	3 454	33 680		15 545	5 182	15 675
1982	213	6 269		3 245	1 082	3 245
1983	1 345	13 145		5 978	2 085	6 042
1984	214	16 936		1 933	27 152	6 349
1985	439	56 558		3 935	13 510	4 928
1986	187	12 197	3 849	102	3 773	4 075
1987	359	54 644			13	2 065
1988	273	36 686	149	899	2 403	3 568
1989	120	37 885		643	3 499	4 939
1990	99	55 931	138	378	5 197	3 802
1991	888	77 756	3 839	1 665	5 742	17 197
1992	2 878	176 536	1 180	8 321	4 724	51 153
1993	378	292 842	3 646	37 086	48 641	77 660
1994	263	177 967	1 264	1 585	37 774	59 615
1995	438	243 725	4 468	21 376	21 903	51 630
1996	763	123 973	11 905	1 827	12 443	9 200
1997	481	129 826	2 671	4 864	7 977	29 839
1998	1 417	184 011	3 678	16 008	11 323	44 075
1999	89	207 778	225	−2 439	2 359	16 108
2000	94	216 845	−913	2 990	7 795	36 672
2001	−202	343 834	445	6 299	5 936	38 853
2002	98	357 927	650	29 752	15 303	43677
2003	699	362 144	466	40 517	18 346	89 112
2004	1 040	246 824	525	8 923	12 230	29 502
2005	184	227 994	20 041	41 960	42 019	61 235
2006	84	215 287	490	39 107	78 194	80 598
2007	−561	250 677	−24	16 890	197 432	109 325
2008	−95	230 858	3 928	13 374	192 763	70 910

年 份 Year	二、按国民经济行业分 Grouped by Sector						
	卫生、社保和社会福利业 Health Care, Social Security and Welfare	教育、文化、体育和娱乐业 Education,Culture Sports and Entertainment	科研和综合技术服务业和地质勘查业 Scientific Research and Polytechnical services,Geological explorstion	金融、保险业 Banking and Insurance	信息传输、计算机服务和软件业 Information transmission, Compufer services and Software	租赁和服务业 Rental and wervices	其他行业 Others
1979							448
1980							4 066
1981							12 824
1982							3 974
1983							4 856
1984							11 980
1985							23 277
1986	19	16	4	129			27 009
1987				6 000			1 812
1988				4 500			261
1989		300	108				1 410
1990	2 574		123				1 102
1991		669	240	5 038			2 124
1992		3 239	97	1 188			2 458
1993	991	2 900	94	2 100			31 106
1994	628	6 552	1 393	29			11 572
1995	625	1 250	1 103	2 170			2 966
1996	2 664	1 750	487	2 301			687
1997	161		426				651
1998	1 584	36	8 043	4 911			−515
1999	−5 037		579				3 356
2000	−460	158	486	27			302
2001	120	793	5 886	1 000			−2 571
2002	707	38	2 396	60 980			7 098
2003	779	2 071	21 947	13 654			28 054
2004		1 563	13 697	144			97 683
2005	993	1 371	36 825	8 813			83 662
2006	−132	4 288	38 188	3 085			67 221
2007	2 190	371	115 229	1 250			164 376
2008		1 351	135 320	594	32 517	45 135	1 628

12-2 续表 3　continued

年　份 Year	三、按国别(地区)分 Grouped by Country (Territory)							
	香港、澳门 HongKong and Macao	台湾 Taiwan	新加坡 Singapore	韩国 Korea Rep.	日本 Japan	泰国 Thailand	澳大利亚 Australia	马来西亚 Malaysia
1986	23 953		5 014		8 790	59	1 285	
1987	16 431		427		10 336	112	85	
1988	33 363	1 407	1 735		6 762			41
1989	40 214	986	328		1 131	2 585	48	
1990	54 729	4 839	3 134		1 058	1 092	550	17
1991	98 476	2 652	693	264	7 987	67	480	
1992	206 231	10 814	2 151	1 174	5 843	416	3 198	1 679
1993	411 673	21 908	2 132	665	7 491	5 284	7 934	392
1994	260 535	12 075	6 996	384	2 692	1 421	184	114
1995	274 815	7 344	7 940	1 926	20 914	978	227	2 024
1996	80 115	3 376	1 847	50 895	1 120	347	340	210
1997	98 839	4 951	1 874		2 517	59		293
1998	153 002	6 375	10 002	343	15 184	1 030		
1999	111 587	2 965	6 569	7	15 842		32	−154
2000	141 259	3 976	5 359	628	1 677	7	511	300
2001	180 030	19 328	6 371	888	8 379	115	920	56
2002	205 225	26 226	5 879	1 543	1 998	−939	2 381	1 570
2003	340 288	18 290	9 916	2 608	10 027	1 165	340	96
2004	198 695	9 276	6 479	4 506	6 025	400	745	3 838
2005	265 109	1 802	13 508	861	8 802	171	−139	−237
2006	362 411	3 883	8 107	486	8 866	26	1 822	3 568
2007	667 020	4 837	5 989	2 407	4 110	242	−1 190	133
2008	618 340	−1 030	1 618	804	4 138	17	−585	678

12-2 续表 4　continued

年　份 Year	三、按国别(地区)分 Grouped by Country (Territory)							
	美国 United States	加拿大 Canada	德国 Germany	法国 France	英国 United Kingdom	瑞士 Switzerland	荷兰 Netherlands	其他 Others
1986	1 049	1 202	134	3 364	3 649	2 500	11	350
1987	779			300	23			36 400
1988	3 441	100	1 162	22	603			103
1989	2 290	63	48	249			562	400
1990	1 253	115		8	772	809		968
1991	981	34	210	392	1 700	83	819	320
1992	4 764	4 067	31	111	5 373		5	5 917
1993	18 289	7 245	368	534	7 352	500	175	5 795
1994	8 010	921	222	78	2 421		25	2 571
1995	17 020	426	1 995	3 900	3 641	6	6 315	10 183
1996	3 876	368	357	227	2 493	15	2 659	19 755
1997	2 177	553	1 365	182		128	1 061	62 897
1998	10 759	215	3 077	21 270	7 489		4 142	41 683
1999	22 954	144	2 367	23 561	8 543	−17	2 853	25 765
2000	11 611	987	3 214	26 698	11 894		1 388	54 487
2001	5 239	997	1 224	33 920	5 987	683	−1 383	137 639
2002	79 346	−32	492	24 533	65 794	1 565	−199	103 244
2003	17 082	907	399	3 753	10 540	83	7 219	160 183
2004	14 007	434	2 379	2 317	11 263	140	7 154	144 473
2005	5 532	121	1 857	177	3 710	537	3 264	220 022
2006	4 974	196	911	482	1 748	299	7 136	121 495
2007	7 946	572	612	751	2 267	439	3 772	157 248
2008	11 773	2 385	1 357	4 445	636	922	756	82 029

12-3 实际利用外资额

AMOUNT OF FOREIGN CAPITAL ACTUALLY USED

(1979-2008)

单位:万美元 (USD 10 000)

年份 Year	总计 Total	一、按投资方式分 Grouped by Investment Mode					
		对外借款 Foreign Loans	外商直接投资 Direct Foreign Investments	# 合资经营 Joint Ventures	# 合作经营 Cooperative Operation	# 外商独资 Solo-Foreign Enterprises	外商其他投资 Other Foreign Investments
1979	1 537		548	192	356		989
1980	3 264		2 755	252	1 891	612	509
1981	11 282		8 618	1 073	5 427	2 118	2 664
1982	7 379		5 771	1 114	3 823	834	1 608
1983	14 394		11 316	1 906	6 077	3 333	3 078
1984	23 013	1 962	18 640	8 008	5 990	4 642	2 411
1985	32 925	13 585	17 989	6 993	10 316	680	1 351
1986	48 933	10 860	36 450	5 124	30 241	1 085	1 623
1987	40 449	12 436	27 379	8 489	17 826	1 064	634
1988	44 429	14 430	28 716	9 644	10 085	8 987	1 283
1989	45 809	15 563	29 252	16 852	7 182	5 218	994
1990	51 857	12 360	38 994	26 849	4 917	7 228	503
1991	57 988	17 184	39 875	27 330	5 185	7 360	929
1992	71 539	25 808	44 879	20 554	8 716	15 609	852
1993	143 217	43 762	98 900	48 165	15 097	35 638	555
1994	172 959	47 367	125 046	49 312	21 388	54 346	546
1995	173 545	42 556	130 989	33 120	28 003	69 866	
1996	242 242	37 177	205 065	89 228	26 776	89 061	
1997	287 168	57 095	166 112	53 271	20 771	92 070	63 961
1998	255 222	55 717	166 357	73 762	22 354	67 561	33 148
1999	275 422	64 077	177 839	74 848	18 954	82 556	33 506
2000	296 839	43 671	196 145	71 789	19 102	103 061	57 023
2001	360 277	44 527	259 080	59 076	56 621	139 157	56 670
2002	490 220	49 511	319 101	79 480	39 550	149 642	121 608
2003	504 213	57 928	362 344	115 245	20 850	193 915	83 941
2004			234 994	48 868	6 281	169 650	126 232
2005			296 872	50 807	8 299	230 996	104 841
2006			326 852	56 623	2 609	252 313	158 419
2007			366 220	64 843	1 334	295 550	99 277
2008			403 018	43 441	2 038	354 971	75 827

年 份 Year	二、按国民经济行业分 Grouped by Sector					
	农、林、牧、渔水利业 Farming,Forestry, Animal Husbandry and Fishery	工 业 Industry	建筑业 Construction	交通运输、仓储和邮政业 Transportation, Storage,Postal and Telecommunications Services	商业、住宿和餐饮业 Commerce, Accommodation and Catering Services	房地产业、 Real Estate Management
1979	30	645		31	200	553
1980	65	1 371		65	424	1 175
1981	226	4 738		226	1 467	4 061
1982	148	3 099		148	959	2 656
1983	216	6 013		273	1 809	5 124
1984	57	8 235		881	5 251	4 412
1985	73	6 549		1 457	1 221	7 976
1986	138	31 874	13	416	974	2 965
1987	232	25 216	239	432	387	454
1988	383	28 645	45	917	1 069	4 652
1989	200	27 406	53	1 071	1 530	4 744
1990	28	32 306	6	440	858	5 576
1991	143	34 869	12	894	831	10 835
1992	55	44 056	122	300	807	9 503
1993	94	74 851	54	18 514	3 216	31 664
1994	626	113 192		18 900	6 798	14 220
1995	433	121 125		17 195	2 305	15 982
1996		193 141	30	6 944	11 852	16 970
1997	64	222 822	3 195	26 095	3 318	14 372
1998	428	156 925	7 906	35 333	7 715	31 208
1999	1 049	195 450	412	10 182	8 794	48 992
2000	145	222 702	5 384	12 129	5 587	40 473
2001	294	293 765	776	9 476	9 283	44 137
2002	27	336 943	657	18 696	13 115	51 018
2003	824	315 730	1 102	45 608	29 410	64 587
2004	169	145 123	2 223	12 313	11 407	18 694
2005	146	181 804	134	21 139	14 497	19 457
2006	146	189 097	12 690	23 308	15 423	21 097
2007	113	181 439	7 073	19 723	53 884	32 405
2008	207	152 987	27	30 071	80 362	42 717

年 份 Year	二、按国民经济行业分 Grouped by Sector						
	卫生、社保和社会福利业 Health Care, Social Security and Welfare	教育、文化、体育和娱乐业 Education, Culture Sports and Entertainment	科研和综合技术服务业和地质勘查业 Scientific Research and Polytechnical services,Geological explorstion	金融、保险业 Banking and Insurance	信息传输、计算机服务和软件业 Information transmission, Compufer services and Software	租赁和服务业 Rental and wervices	其他行业 Others
1979							78
1980							164
1981							564
1982							369
1983							959
1984							4 177
1985							15 649
1986		6		8 948			3 599
1987	6	39		10 247			3 197
1988	161	30	20	4 168			4 339
1989		33		10 666			106
1990		34		5 913			6 696
1991	35			9 837			532
1992	13	17		14 008			2 658
1993	500			254			14 070
1994	234	1 445	132	5 751			11 661
1995	10 921	625		4 327			632
1996	1 236	68	550	9 339			2 112
1997	1 750	470	17	6 638			8 427
1998	831	548	234	12 021			2 073
1999	4 659	441	3 383				2 060
2000	1 600	377	379	1 579			6 484
2001	758	18	501	1 000			269
2002	1 514	63	2 846	58 734			6 607
2003	220	626	2 809	18 587			19 586
2004	100		6 384	1 285			37 196
2005	120	346	9 366	20			49 843
2006		597	12 841	7 266			44 387
2007	439	334	22 843	1 566			46 401
2008	372	675	27 852		15 161	52 587	

12-3 续表 3　continued

年　份 Year	三、按国别(地区)分 Grouped by Country (Territory)							
	香港、澳门 HongKong and Macao	台湾 Taiwan	新加坡 Singapore	韩国 Korea Rep.	日本 Japan	泰国 Thailand	澳大利亚 Australia	马来西亚 Malaysia
1986	38 587		11		7 009	13	16	
1987	25 632		247		9 291	32	29	
1988	28 198	316	146		14 567		10	
1989	28 729	1 006	1 177		10 004		166	
1990	26 291	371	897		17 257		723	
1991	32 375	216	339	125	14 265		700	
1992	46 134	475	475		15 806	914	323	117
1993	92 455	4 532	1 197	170	20 822	1 577	155	
1994	125 890	10 671	1 270		18 740	102	645	
1995	105 172	6 954	845		32 067		520	
1996	150 126	13 665	7 525	7 094	29 860	3 381	340	2 024
1997	203 035	6 732	2 502	309	17 616	1 133	19	750
1998	182 956	3 479	1 089	352	8 959	257	56	45
1999	144 214	3 842	9 855	11 133	18 666	1 047	145	64
2000	184 531	3 940	6 023	8 136	5 113		219	1 724
2001	194 212	12 518	7 521	162	8 183	6	365	263
2002	216 516	28 876	8 449	541	10 498	1 307	687	245
2003	318 337	28 479	10 471	4 489	12 154	69	172	348
2004	125 379	4 002	4 576	411	3 215	200	345	1 394
2005	157 487	5 328	5 368	1 507	6 590	148	848	888
2006	167 338	3 044	11 352	484	4 660	31	422	587
2007	223 877	3 278	7 348	322	4 319	261	1 643	253
2008	256 893	4 565	4 280	1 339	2 887	35	264	540

12-3 续表 4　continued

年　份 Year	三、按国别(地区)分 Grouped by Country (Territory)							
	美国 United States	加拿大 Canada	德国 Germany	法国 France	英国 United Kingdom	瑞士 Switzerland	荷兰 Netherlands	其他 Others
1986	2 560	200		499	15			23
1987	3 101	899	18	1 194	6			
1988	294	150	201	501	5			41
1989	1 143	16		3 399	112			57
1990	4 011		35	1 112	235	500	337	88
1991	6 963	5		1 668	457		819	56
1992	2 029			3 225	1 109	84	633	155
1993	14 531	450		3 153	64	510	3 511	90
1994	3 371	628	130	2 206	6 662		2 520	124
1995	14 145	194	250	8 963	1 099	2 623		713
1996	10 576	162	911	2 985	1 820	794	125	10 854
1997	24 306	215	1 365	182	3 888	6		25 110
1998	4 326	364	505	24 610	9 002	188	1 601	17 433
1999	688	22 111	650	23 933	9 291	170	5 721	23 892
2000	11 498	739	3 477	26 613	11 498	1 080	3 677	28 571
2001	5 929	668	1 339	27 912	8 238	1 551	497	90 913
2002	63 310	632	1 811	24 814	49 112	1 142	2 783	79 506
2003	10 540	907	289	3 759	9 417	1 006	1 686	102 090
2004	8 189	436	517	23	3 014	200	2 266	80 827
2005	9 066	594	347	1 449	8 517	21	3 251	95 463
2006	7 129	189	2 274	186	1 536	253	2 164	125 203
2007	4 052	181	1 437	931	1 555	137	6 227	110 399
2008	7 613	244	142	870	923	30	3 037	119 356

12-4 实际外商直接投资

DIRECT FOREIGN INVESTMENTS ACTUALLY USED

(1979—2008)

单位：亿美元 (USD 100 million)

年份 Year	实际利用外资金额 Direct Foreign Investments Actually Used	指数(%) Indices(%)	
		以1979年为100 1979=100	以上年为100 Preceding Year=100
1979	0.05	100.0	
1980	0.28	502.7	502.7
1981	0.86	1 572.6	312.8
1982	0.58	1 053.1	67.0
1983	1.13	2 065.0	196.1
1984	1.86	3 401.5	164.7
1985	1.80	3 282.7	96.5
1986	3.65	6 651.5	202.6
1987	2.74	4 996.2	75.1
1988	2.87	5 240.1	104.9
1989	2.93	5 338.0	101.9
1990	3.90	7 115.7	133.3
1991	3.99	7 276.5	102.3
1992	4.49	8 189.6	112.5
1993	9.89	18 047.4	220.4
1994	12.50	22 818.6	126.4
1995	13.10	23 903.1	104.8
1996	20.51	37 420.6	156.6
1997	16.61	30 312.4	81.0
1998	16.64	30 357.1	100.1
1999	17.78	32 452.4	106.9
2000	19.61	35 792.9	110.3
2001	25.91	47 277.4	132.1
2002	31.91	58 230.1	123.2
2003	36.23	66 121.2	113.6
2004	23.50	72 997.8	110.4
2005	29.69	92 196.2	126.3
2006	32.69	101 508.0	110.1
2007	36.62	113 689.0	112.0
2008	40.30	125 171.6	110.1
年平均增长率 **Average Annual Growth Rate**		**27.9**	

注：本表指数按可比口径计算。

Data in value in this table are calculated from comparable.

12-5 进出口总额

TOTAL IMPORTS AND EXPORTS

(1979-2008)

单位:万美元 (USD 10 000)

年 份 Year	进出口总额 Total Imports and Exports	出口总额 Total Exports	进口总额 Total Imports	进出口差额 Balance
1979	1 676	930	746	184
1980	1 751	1 124	627	497
1981	2 807	1 745	1 062	683
1982	2 534	1 597	937	660
1983	78 642	6 230	72 412	-66 182
1984	107 247	26 539	80 708	-54 169
1985	130 632	56 340	74 292	-17 952
1986	184 696	72 552	112 144	-39 592
1987	255 784	141 354	114 430	26 924
1988	344 277	184 949	159 328	25 621
1989	375 259	217 428	157 831	59 597
1990	1 570 136	815 165	754 971	60 194
1991	1 947 635	986 240	961 395	24 845
1992	2 357 562	1 200 019	1 157 543	42 476
1993	2 820 392	1 421 776	1 398 616	23 160
1994	3 498 281	1 830 921	1 667 360	163 561
1995	3 876 960	2 052 736	1 824 224	228 512
1996	3 905 342	2 120 781	1 784 561	336 220
1997	4 500 921	2 561 844	1 939 077	622 767
1998	4 527 417	2 639 611	1 887 806	751 805
1999	5 042 750	2 820 811	2 221 939	598 872
2000	6 393 982	3 456 333	2 937 649	518 684
2001	6 861 055	3 747 955	3 113 100	634 855
2002	8 723 148	4 655 704	4 067 444	588 260
2003	11 739 941	6 296 208	5 443 733	852 475
2004	14 728 302	7 784 632	6 943 670	840 962
2005	18 281 689	10 151 829	8 129 860	2 021 969
2006	23 738 573	13 609 556	10 129 017	3 480 539
2007	28 753 345	16 849 299	11 904 046	4 945 253
2008	29 995 499	17 971 995	12 023 504	5 948 491

注:本表1992年以前为市贸工局口径数;1993年以后为海关口径数,按现行统计方法计算。

The figures adopted from shenzhen bureau of Trade and Industry before 1992 and calculated from shenzhen CIQ after 1993 by active statistical method.

12-6 进出口总额指数

INDICES OF TOTAL IMPORTS AND EXPORTS

(1980—2008)

单位:% (%)

年份 Year	以上年为100 Preceding Year=100			以1979年为100 1979=100		
	进出口总额 Total Imports and Exports	出口总额 Total Exports	进口总额 Total Imports	进出口总额 Total Imports and Exports	出口总额 Total Exports	进口总额 Total Imports
1980	104.5	120.9	84.0	104.5	120.9	84.0
1981	160.3	155.2	169.4	167.5	187.6	142.4
1982	90.3	91.5	88.2	151.2	171.7	125.6
1983	3 103.5	390.1	7 728.1	4 692.2	669.9	9 706.7
1984	136.4	426.0	111.5	6 399.0	2 853.7	10 818.8
1985	121.8	212.3	92.1	7 794.3	6 058.1	9 958.7
1986	141.4	128.8	151.0	11 020.0	7 801.3	15 032.7
1987	138.5	194.8	102.0	15 261.6	15 199.4	15 339.1
1988	134.6	130.8	139.2	20 541.6	19 887.0	21 357.6
1989	109.0	117.6	99.1	22 390.2	23 379.4	21 157.0
1990	145.8	137.8	156.8	32 643.8	32 213.0	33 180.8
1991	124.0	121.0	127.3	40 478.3	38 977.7	42 239.2
1992	121.0	121.7	120.4	48 978.8	47 435.9	50 856.0
1993	119.6	118.5	120.8	58 578.6	56 211.5	61 434.0
1994	124.0	128.8	119.2	72 637.5	72 400.5	73 229.3
1995	110.8	112.1	109.4	80 482.3	81 160.9	80 112.9
1996	100.7	103.3	97.8	81 045.7	83 839.2	78 350.4
1997	115.3	120.8	108.7	93 445.7	101 277.8	85 166.9
1998	100.6	103.0	97.4	94 006.4	104 316.1	82 952.6
1999	111.4	106.9	117.7	104 706.7	111 477.0	97 634.8
2000	126.8	122.5	132.2	132 763.4	136 592.5	129 084.0
2001	107.3	108.4	106.0	142 455.1	148 066.3	136 829.0
2002	127.1	124.2	130.7	181 060.4	183 898.3	178 835.5
2003	134.6	135.2	133.8	243 707.3	248 630.5	239 281.9
2004	125.5	123.6	127.6	305 852.7	307 307.3	305 323.7
2005	124.1	130.4	117.1	379 563.2	400 728.7	357 534.1
2006	129.8	134.1	124.6	493 052.6	537 377.2	445 487.5
2007	121.1	123.8	117.5	597 086.7	665 273.0	523 447.8
2008	104.3	106.6	101.0	622 761.4	709 181.0	528 682.3
年平均增长率 Average Annual Growth Rate	**35.2**	**35.8**	**34.4**			

12-7 进出口总额分类

TOTAL IMPORTS AND EXPORTS

(2004-2008)

单位:万美元 (USD 10 000)

项目	Item	2004	2005	2006	2007	2008
进出口总额	**Total Imports and Exports**	**14 728 302**	**18 281 689**	**23 738 573**	**28 753 345**	**29 995 499**
一、出口总额	**Total Exports**	**7 784 632**	**10 151 829**	**13 609 556**	**16 849 299**	**17 971 995**
按隶属关系分类:	Grouped by Administrative Relationship					
1、国有企业	State-owned Enterprises	1 973 524	2 014 682	2 255 402	2 564 582	2 889 014
2、民营、集体企业	Collective-owned	713 215	1 378 699	2 746 563	3 932 953	3 973 928
3、"三资"企业	Foreign Investment Enterprises	5 097 893	6 758 448	8 607 591	10 351 764	11 109 053
按贸易方式分类:	Grouped by Form of Trade					
1、一般贸易	Original Trade	1 056 505	1 693 831	3 209 393	4 579 580	4 790 504
2、补偿贸易	Compensation Trade					
3、来料加工贸易	Processing and Assembly Trade	1 373 144	1 309 004	1 412 045	1 640 853	1 726 466
4、进料加工贸易	Processing Trade for Imported Material	4 604 964	6 236 182	7 782 449	9 044 459	9 249 403
5、出料加工贸易	Processing Trade for Exported Material					
6、易货贸易	Transaction in Kind					
7、其他	Others	750 019	912 812	1 205 669	1 584 407	2 205 622
二、进口总额	**Total Imports**	**6 943 670**	**8 129 860**	**10 129 017**	**11 904 046**	**12 023 504**
按隶属关系分类:	Grouped by Administrative Relationship					
1、国有企业	State-owned Enterprises	1 614 079	1 553 731	1 587 949	1 696 245	1 628 699
2、民营、集体企业	Collective-owned	785 759	918 907	1 078 334	1 347 936	1 655 654
3、"三资"企业	Foreign Investment Enterprises	4 543 832	5 657 222	7 462 734	8 859 865	8 739 151
按贸易方式分类:	Grouped by Form of Trade					
1、一般贸易	Original Trade	1 766 454	1 861 031	2 162 184	2 654 026	3 113 310
2、补偿贸易	Compensation Trade					
3、来料加工贸易	Processing and Assembly Trade	837 311	797 117	816 795	877 537	819 418
4、进料加工贸易	Processing Trade for Imported Material	3 172 378	4 151 864	5 395 094	6 103 544	5 720 410
5、以工缴费补偿期进口的设备	Imported Equipment Compensated With the Processing and Assembling Costs	101 085	110 467	85 249	121 374	82 500
6、租赁贸易	International Leasing	15 237	2 159	26 584	56 905	48 108
7、外商投资企业作为投资进口的设备	Imported Equipment and Materials as Investment of Foreign Investment Enterprises	163 103	155 891	198 879	206 134	165 307
8、外商投资企业进口供加工内销产品的料、件	Imorted Materials and Parts of Foreign Investment Enterprises for Processing and Sold Inside Country					
9、易货贸易	Transaction in Kind					
10、其　他	Others	888 102	1 051 331	1 444 232	1 884 526	2 074 451

12-8 深圳市与主要国家(地区)进出口总额

SHENZHEN' S FOREIGN TRADE WITH MAIN RELATED COUNTRIES AND TERRITORIES

(2006-2008)

单位:万美元 (USD 10 000)

国家 Country		2006			2007			2008		
		合计 Total Imports and Exports	出口总额 Exports	进口总额 Imports	合计 Total Imports and Exports	出口总额 Exports	进口总额 Imports	合计 Total Imports and Exports	出口总额 Exports	进口总额 Imports
香港	Hongkong	5 997 700	5 813 203	184 497	7 138 744	6 949 104	189 640	7 214 354	7 054 894	159 460
日本	Japan	1 815 235	509 885	1 305 350	1 996 331	561 172	1 435 159	2 115 153	615 210	1 499 943
美国	United States	3 055 749	2 665 843	389 906	3 412 691	2 924 547	488 144	3 598 305	3 080 075	518 230
法国	France	208 430	132 175	76 255	301 903	203 133	98 770	378 909	246 115	132 794
德国	Germany	447 562	278 363	169 199	542 420	365 093	177 326	627 168	435 047	192 121
泰国	Thailand	440 612	122 804	317 808	550 988	149 275	401 713	619 313	186 569	432 744
新加坡	Singapore	624 056	342 631	281 425	835 743	536 924	298 819	887 174	528 409	358 765
韩国	Korea Rep.	1 171 425	108 884	1 062 541	1 334 149	154 542	1 179 607	1 131 258	173 772	957 486
台湾	Taiwan	1 860 955	214 167	1 646 788	2 126 147	217 458	1 908 689	2 011 424	224 004	1787 420
澳大利亚	Australia	189 782	110 097	79 685	270 441	155 476	114 966	266 752	182 886	83 866
印度尼西亚	Indonesia	130 180	64 244	65 936	188 506	111 495	77 010	249 063	162 714	86 349
马来西亚	Malaysia	608 935	99 760	509 175	785 584	158 854	626 730	893 815	238 429	655 386
英国	United Kingdom	328 119	272 094	56 025	401 773	342 246	59 527	471 188	403 470	67 718
意大利	Italy	149 307	94 907	54 400	208 408	152 482	55 926	240 859	185 032	55 827
巴西	Brazil	84 077	68 894	15 183	119 473	92 833	26 640	163 201	144 936	18 265
加拿大	Canada	240 746	188 598	52 148	327 374	271 830	55 544	251 234	188 937	62 297
其它	Others	6 385 703	2 523 007	3 862 696	8 212 670	3 502 835	4 709 836	8 876 329	3 921 496	4 954 833

12-9 主要商品进口数量

MAIN IMPORT COMMODITIES IN VOLUME

(2002-2008)

项目	Item	全市 Total 2002	2003	2004	2005	2006	2007	2008
1.汽车(辆)	Motor Vehicles	9 110	10 087	9 319	13 761	10 611	11 276	11 253
2.复印机(台)	Duplicators	23 624	13 607	333	506 156	400 905	1	
3.自动数据处理及部件(万台)	Deta Processing Equipment and Components(10 000)	3 800.56	6 122.20	7 753.55	9 889.96	13 459.02	15 556.61	15 657.84
4.彩色电视机(万台)	Color TV Sets (10 000)	7.79	81.09	21.92	19.08	17.35	567.72	20.25
5.成品油(万吨)	Oil Products (10 000 tons)	209.33	218.63	300.50	202.10	133.17	117.99	236.38
6.钢材(万吨)	Rolled-Steel(10 000 tons)	252.07	290.32	280.74	248.79	223.02	201.10	151.38
7.谷物(吨)	Rice(ton)	365 739	380 869	494 067	422 692	553 764	369 218	241 425
8.食糖(吨)	Sugar(ton)	11 711	12 327	28 623	17 675	14 888	13 400	13 203
9.肥料(吨)	Fertilizer(ton)	1 394 909	1 116 190	804 977	743 569	1 019 909	476 529	344 640

12-10 主要商品出口数量

MAIN EXPORT COMMODITIES IN VOLUME

(2002-2008)

项目	Item	全市 Total 2002	2003	2004	2005	2006	2007	2008
1、肉用活猪(万头)	Live Hogs(10 000 heads)	5.2	6.1	8.9	7.2	5.2	7.6	7.9
2.活家禽(万只)	Live Poultry (10 000 heads)	1 635.2	1 389.9	650.4	975.5	724.3	571.1	365.6
3.活鲜鱼(吨)	Live Fish (ton)	23 055	32 180	28 744	31 113	19 861	17 964	3 046
4.棉布(万米)	Cotton Cloth (10 000ms)	20 423	23 546	20 944	24 463	26 465	17 821	17 277
5.服装(万套)	Garments (10 000)	229 761	337 906	353 654	516 072	714 474	761 397	406 777
6.彩色电视机(万台)	Color TV Sets(10 000)	387.4	913.9	1 618.1	2 347.4	3 638.9	23.4	630.5
7.收录音机及组合音响(万台)	Radio Cassette Players and Hi-Fi Stereo Component System(10 000)	20 361.2	24 939.9	24 732.8	25 687.3	22 566.9	11 721.2	14 473.6
8.电话机(万部)	Telephone Sets (10 000)	7 854.7	9 177.8	8 733.4	8 506.1	7 593.8	17 644.0	19 781
9.自行车(万辆)	Bicycles(10 000)	843.3	840.9	792.5	701.9	767.7	719.2	605.9
10.沙石(万吨)	Sand and Stone(10 000 tons)	100.4	334.1	415.2	382.0	793.3	850.6	

12-11 旅游业基本情况

BASIC CONDITIONS OF TOURISM

(1990—2008)

年份 Year	过夜国际游客(万人) International Tourists (10 000 persons)	外国人 Foreigners	华侨 Overseas Chinese	港澳同胞 Compatriots from Hongkong and Macao	台胞 Compatriots Form Taiwan
1990	148.24	9.32	0.68	131.94	6.30
1991	182.98	10.84	1.66	163.74	6.74
1992	214.37	16.98	1.29	183.14	12.96
1993	180.87	20.41	2.73	144.42	13.31
1994	186.39	31.07	2.58	139.75	12.99
1995	185.37	35.32	1.10	131.41	17.54
1996	151.47	30.91	1.37	101.48	17.71
1997	140.41	32.00	0.75	89.49	18.17
1998	148.47	30.83	0.72	97.52	19.41
1999	158.08	35.49	1.45	101.03	20.11
2000	397.34	61.09		287.62	48.63
2001	423.87	67.95		307.33	48.59
2002	449.35	80.59		319.87	48.89
2003	435.13	69.89		331.45	33.79
2004	559.79	105.19		406.99	47.61
2005	616.45	120.24		445.31	50.90
2006	712.74	139.16		520.4	53.18
2007	831.30	161.64		615.24	54.42
2008	869.57	151.42		671.98	46.17

注:1990-1999 年过夜国际游客为宾馆、酒店部分,2000 年后为旅游全口径,包括:宾馆、酒店、饭店、招待所、居民家住等各种住宿设施所接待的国际游客。

The figures of international tourists before 1999 have been collected from hotels and guesthouses, and from 2000, it is the whole scope,include hotels,guesthouses, public houses and stay in residential houses.

1 2-11 续表 continued

年份 Year	过夜国内游客(万人) Domestic Tourists (10 000 persons)	旅游外汇收入(万美元) Total Foreign Exchange Earnings from International Tourism (USD 10 000)	商品性收入 Commodities	劳务性收入 Services	宾馆、酒店、度假村开房率(%) Room Occupancy Rate of Hotels and Holiday Countries (%)
1990	314.97	20 933	11 389	9 544	68.1
1991	442.41	20 911	9 410	11 501	72.3
1992	497.77	39 100	14 774	24 326	79.6
1993	435.79	39 128	15 068	24 060	68.0
1994	373.32	48 821	17 483	31 338	63.0
1995	357.27	63 633	20 574	43 059	58.9
1996	360.55	58 384	21 489	36 895	56.3
1997	341.11	53 225	17 176	36 049	57.6
1998	340.33	59 025	18 413	40 612	55.5
1999	346.81	62 186	19 743	42 443	57.9
2000	927.71	141 100			62.5
2001	1 031.70	151 054	95 037	56 017	64.3
2002	1 073.54	172 342	98 904	73 438	64.1
2003	1 013.69	130 097	77 703	52 394	55.2
2004	1 383.14	178 723	111 496	67 227	60.6
2005	1 526.38	200 900	129 334	71 519	61.9
2006	1 604.54	226 515	147 496	79 019	62.5
2007	1 728.98	262 330	172 187	90 143	62.7
2008	1 789.73	270 865	174 835	96 030	61.5

注:1990-1999 年过夜国内游客为宾馆、酒店部分,2000 年后为旅游全口径,包括:宾馆、酒店、饭店、招待所、居民家住等各种住宿设施所接待的国内游客。

The figures of domestic tourists before 1999 have been collected from hotels and guesthouses,and from 2000 it is the whole scope ,include hotels ,guesthouses ,public houses and stay in residential houses.

12-12 按国别分的外国旅游者人数

NUMBER OF FOREIGN TOURISTS BY COUNTRY

(1990-2008)

单位:人 (person)

国别	Country	1990	1991	1992	1993	1994	1995	1996	1997	1998	1999
合计	**Total**	**93 175**	**108 379**	**169 818**	**204 104**	**310 751**	**353 152**	**309 126**	**320 076**	**308 279**	**354 911**
日本	Japan	28 203	32 503	38 747	60 851	80 336	89 555	83 203	78 264	74 275	93 172
菲律宾	Philippines	2 553	1 946	2 116	3 157	3 661	3 167	3 134	3 338	4 266	5 042
新加坡	Singapore	6 443	8 727	18 034	19 115	20 891	17 151	19 024	19 266	24 264	29 337
泰国	Thailand	3 962	6 570	7 179	5 791	5 711	6 901	8 550	6 176	4 536	4 613
印度尼西亚	Indonesia	1 617	2 367	9 175	8 280	9 439	8 467	12 688	14 329	5 779	6 217
英国	United Kingdom	5 209	6 064	8 058	9 931	13 772	13 361	10 820	9 043	10 007	12 242
法国	France	3 277	1 954	4 425	3 253	4 241	3 439	4 265	4 826	6 524	6 765
德国	Germany	1 496	1 360	2 063	1 938	3 504	3 026	5 234	4 720	6 549	7 842
意大利	Italy	1 271	766	1 621	1 804	3 312	2 390	2 163	2 399	3 043	3 636
美国	United States	13 374	14 963	23 075	26 486	46 760	47 217	39 173	32 771	39 490	49 130
加拿大	Canada	3 809	3 753	6 855	5 376	7 000	6 297	6 939	6 208	8 476	9 217
澳大利亚	Australia	1 985	2 326	4 311	3 981	5 906	5 242	6 205	5 441	6 851	10 124
新西兰	New Zealand	430	364	552	812	1 274	750	993	804	1 397	1 642
俄罗斯	Russia	367	795	708	466	814	432	656	2 084	874	893
韩国	Korea Rep.		951	4 277	5 129	7 078	10 899	32 015	30 885	18 696	20 133
马来西亚	Malaysia		3 032	12 220	15 723	11 909	19 081	24 430	23 269	43 931	50 554
其他	Others	19 179	19 938	26 402	32 011	851	115 777	49 634	76 253	49 321	44 352

12-12 续表 continued

国 别 Country		2000	2001	2002	2003	2004	2005	2006	2007	2008
合 计	**Total**	**610 900**	**679 464**	**805 937**	**698 867**	**1 051 896**	**1 202 373**	**1 391 612**	**1 616 415**	**1 514 186**
日 本	Japan	150 479	197 853	245 265	221 780	319 817	315 128	355 401	393 176	352 516
菲律宾	Philippines	9 158	12 461	15 204	7 161	7 913	10 640	12 272	12 783	10 422
新加坡	Singapore	42 264	53 788	59 668	37 391	66 303	76 569	81 658	90 997	79 829
泰 国	Thailand	6 531	18 344	29 367	24 451	66 857	87 239	99 970	93 170	65 665
印度尼西亚	Indonesia	29 010	33 909	40 714	33 322	49 781	53 026	72 637	79 389	68 286
英 国	United Kingdom	17 728	20 916	23 925	23 915	32 959	33 137	40 595	49 637	47 898
法 国	France	10 529	15 722	15 331	13 316	19 333	23 542	27 305	36 301	37 191
德 国	Germany	9 015	11 337	13 848	14 859	21 495	26 092	30 658	35 706	33 822
意大利	Italy	3 627	4 108	6 722	7 133	12 264	16 411	18 359	22 968	21 010
美 国	United States	64 083	75 328	104 130	92 608	131 996	146 959	176 378	226 468	212 532
加拿大	Canada	11 431	14 092	16 356	14 183	21 293	26 325	30 440	36 893	36 391
澳大利亚	Australia	10 985	12 796	15 219	14 413	19 783	25 534	29 249	40 326	41 853
新西兰	New Zealand	1 702	2 292	2 937	2 888	4 342	4 682	4 445	5 743	6 066
俄罗斯	Russia	2 102	4 018	3 514	3 539	4 090	6 911	8 051	10 358	11 048
韩 国	Korea Rep.	27 612	45 172	65 443	69 068	90 640	108 688	116 976	152 234	134 340
马来西亚	Malaysia	50 537	42 186	50 516	32 075	46 536	61 256	68 624	81 513	88 265
其他	Others	164 107	115 142	97 778	86 765	136 494	180 234	218 594	248 753	267 052

12−13 旅游部门主要财务指标

MAIN FINANCIAL INDICATORS OF TOURISM

(2008)

单位:万元 (10 000 yuan)

指 标	Item	合 计 Total	宾馆、酒店 Hotels	旅行社 Travel Services	景点 Beauty Spot	其他旅游企业 Others
营业收入	Business Revenue	1 508 614	723 719	543 814	234 063	7 018
营业成本	Business Cost	740 905	174 490	495 853	64 841	5 721
营业费用	Business Expenses	330 958	266 571	23 697	40 216	474
营业税金及附加	Business Taxes and Extra Charges	57 029	38 984	2 346	15 660	39
经营利润	Operating Profits	379 723	243 674	21 918	113 346	785
管理费用	Management Expenses	292 468	195 118	15 130	73 546	8 675
财务费用	Financial Expenses	40 479	21 425	293	16 276	2 484
营业利润	Business Profits	46 775	27 130	6 495	23 524	−10 374
投资收益	Earnings of Investment	74 338	1 054	991	−182	72 474
营业外收支差	Non−operating Net Revenue or Expenditure	−106	1 871	42	−1 812	−208
利润总额	Total Profits	121 007	30 055	7 529	21 531	61 892
年末固定资产原值	Original Value of Fixed Assets(year−end)	2 508 838	1 439 735	35 158	1 031 717	2 228
年末固定资产净值	Net Value of Fixed Assets (year−end)	1 597 232	902 916	21 175	673 141	
年末职工人数(人)	Number of Staff and Workers (year−end)(person)	74670	53 534	5 717	15 190	229

注:从2006年起,增加"其他旅游企业"统计数据。(资料来源:市旅游局)
Since 2006, the data of other tourism enterprises are added in this list.(Tht data is from shenzhen tourism Bureau)

12-14　深圳市星级酒店基本情况

STATISTICS ON SHENZHEN HOTELS

(2008)

单位:家　　　　(unit)

项　目 Item		合计 Total	星级酒店 Hotels Star-rated Hotels(unit)						出租率(%) Room Occupancy Rate	平均房价 (元/间天) Average Price (yuan/pre room)
			小计 Subtotal	五星 Five-star	四星 Four-star	三星 Three-star	二星 Two-star	一星 One-star		
合计	**Total**	**346**	**143**	**10**	**28**	**67**	**38**		**61.5**	**392**
福田区	Futian	80	34	1	3	18	12		70.2	411
罗湖区	luofu	97	60	5	6	30	19		61.4	346
南山区	Nanshan	31	12	2	6	2	2		63.5	525
盐田区	Yantian	17	5		3	2			52.0	591
宝安区	Baoan	54	23	2	6	12	3		57.8	331
龙岗区	Longgang	66	8		3	3	2		48.5	254
光明新区	Guangming	1	1		1				61.6	361

12-15 深圳市酒店客房基本情况

STATISTICS OF MAIN TOURIST HOTELS IN SHENZHEN

(2008)

单位:间 (Unit)

项 目 Item		合计 Total	星级酒店 Hotels Star-rated Hotels						末评星 Star class Not Appraised
			小计 Subtotal	五星 Five-star	四星 Four-star	三星 Three-star	二星 Two-star	一星 One-star	
合计	**Total**	**48 622**	**24 911**	**3 875**	**7 534**	**10 261**	**3 241**		**23 711**
福田区	Futian		4 257	297	706	2 295	959		
罗湖区	luofu		11 235	2 232	1 633	5 565	1 805		
南山区	Nanshan		3 068	764	1 897	252	155		
盐田区	Yantian		999		770	229			
宝安区	Baoan		3 767	582	1 453	1 545	187		
龙岗区	Longgang		1 435		925	375	135		
光明新区	Guangming		150		150				

12-16 深圳市酒店床位基本情况

FACILITIES OF MAIN TOURIST HOTELS IN SHENZHEN

(2008)

单位:张 (Unit)

项 目 Item		合计 Total	星级酒店 Hotels Star-rated Hotels						末评星 Star class Not Appraised
			小计 Subtotal	五星 Five-star	四星 Four-star	三星 Three-star	二星 Two-star	一星 One-star	
合计	**Total**	**74 994**	**38 336**	**5 424**	**11 037**	**16 311**	**5 564**		**36 658**
福田区	Futian		6 478	363	977	3 512	1 626		
罗湖区	luofu		18 017	3 057	2 529	9 212	3 219		
南山区	Nanshan		4 342	1 040	2 618	434	250		
盐田区	Yantian		1 766		1 330	436			
宝安区	Baoan		5 289	964	1 881	2 180	264		
龙岗区	Longgang		2 164		1 422	537	205		
光明新区	Guangming		280		280				

13 第十三部分

劳动工资

LABOR FORCE AND WAGE

CHAPTER

2008年深圳市就业状况及2009年展望

2008年，深圳市委、市政府高度重视就业工作，在金融危机影响不断扩大的形势下，始终将促进就业放在经济社会发展的突出位置，积极落实新一轮就业再就业政策，使深圳市就业规模不断扩大，就业渠道有所拓宽，就业结构进一步优化，总体就业稳定发展。

一、就业总体状况及特点

（一）就业规模不断扩大

2008年深圳市从业人员达到670.42万人，比上年增加14.84万人，增长2.3%，就业比重达76.5%，就业人员规模不断刷新，总量跃上新的台阶（如图1）。同时，政府实施扩大就业的发展战略，促进以创业带动就业，积极落实新一轮就业再就业政策，进一步完善就业再就业长效工作机制，在扶持自主创业和灵活就业、公益性岗位开发、统筹就业、培训与就业挂钩、创建充分就业社区等多方面取得较好成效。

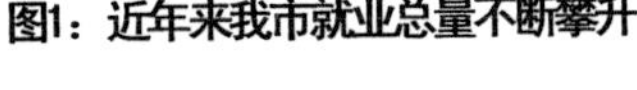

图1：近年来我市就业总量不断攀升

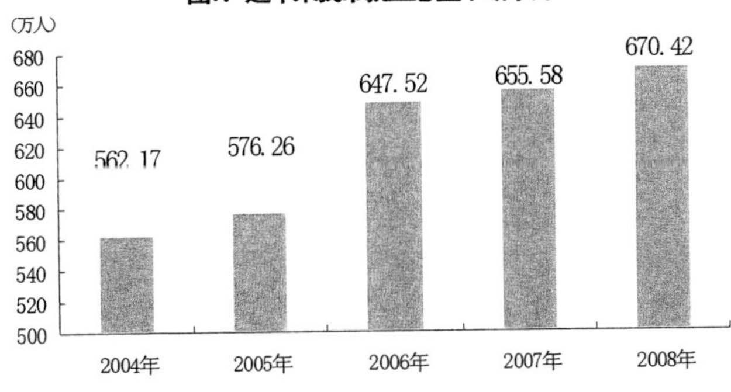

从三次产业看，一、二、三产业从业人员分别为0.75万人、362.42万人和307.25万人，分别比上年增加了0.06万人、7.75万人和7.03万人，三次产业结构为0.1:54.1:45.8（如图2），第一、二、三产业从业人员均有增长，第二产业所占比重略有下降，第三产业所占比重略有增加。三次产业从业人员结构进一步优化。

图2：三次产业就业比重

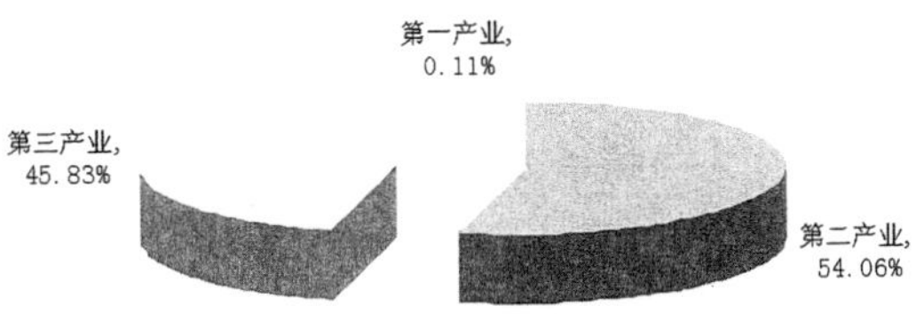

第一产业，0.11%
第三产业，45.83%
第二产业，54.06%

（三）私营企业从业人员增幅明显

包括私营经济、个体经济、外商投资和港澳台投资经济的非公有经济，2008年从业人员已达535.34万人，比上年增长1.8%，增速比上年同期减少了6个百分点。占全部从业人员的比重也由上年的80.2%减少到79.9%，下降了0.4个百分点。但其中私营经济从业人员却增长明显，年末从业人员达196.17万人，增长5.1%；个体经济从业人员100.18万人，增长3.2%；外商投资和港澳台投资经济从业人员238.99万人，减少1.3%。

（四）主要行业从业人员增长

从行业看，制造业从业人员最多达335.62万人，占全部从业人员的51.4%，比重提高了0.2处百分点；其次是批发和零售业，从业人员为107.04万人，占全部从业人员的16.5%；第三是住宿和餐饮

就业前10名的行业

排名	行　业	2008年比重	2007年比重
1	制造业	51.4%	51.2%
2	批发和零售业	16.5%	16.3%
3	住宿和餐饮业	4.9%	5.0%
4	房地产业	4.4%	4.8%
5	租赁和商务服务业	4.2%	4.1%
6	居民服务和其他服务业	3.4%	3.5%
7	交通仓储和邮电业	2.5%	2.5%
8	建筑业	2.4%	2.6%
9	信息传输计算机和软件	2.1%	2.0%
10	教育	1.7%	1.6%

业，从业人员为32.53万人，占4.9%。这三个行业从业人员总数占全部从业人员72.8%（如上表），比重比上年增加了0.3个百分比。

（五）城镇登记失业率保持在较低水平

2008年全市共促进33743名失业人员实现就业再就业，其中指导全市帮扶就业困难人员实现就业2609人，城镇登记失业率为2.30%，完成了控制在3%以内的目标。

（六）全面落实各项优惠政策促进就业

2008年，深圳市各级政府部门认真落实促进就业各项优惠政策。全年就业专项资金大幅提升，同比增长18.4%，促进就业的各项社会保险补贴、就业困难人员岗位补贴、免费职业介绍和职业培训、职业技能鉴定补贴、劳动力市场建设资金等方面的优惠政策都得到较好落实。

（七）大力拓展公共就业服务

提前启动“春风行动”。2008年的春运受到暴雪的严重影响，为鼓励来深建设者留深过年，深圳市提前启动了春风行动，大幅提高现场招聘会场次，全市共举办现场招聘会240场，比去年增加139场，提供了65.44万个就业岗位，入场求职者达43.06万人次，达成意向25.72万人次。举办“民营企业招聘周”。招聘周期间，全市共举办27场民营企业专场招聘会，有4567家民营企业进场招聘，提供岗位信息13.89万个，在求职者中签订了就业意向的人数有3.24万人。在举办招聘会的同时，现场派发政策宣传印刷品8.8万份，进行现场维权和法律援助5982人次。开展大中专技校毕业生就业服务月。深圳市在各区街道开展了以“职业生涯起步，我们共同努力”为主题的大中专技校毕业生就业服务月活动，成功帮扶一批登记失业高校毕业生实现就业。活动月期间，共举办8场专场招聘，登记求职的大中专技校毕业生共5240人，达成就业意向约4100人。积极为地震灾区求职者提供服务。为支援地震灾区人民重建家园，关心在深的地震灾区外来劳动者，在系列招聘会现场和民办职介机构为地震灾区外来劳动者设立了职介窗口，积极为做好就业推荐服务。积极应对金融危机，帮扶失业人员实现再就业。面对全球金融海啸的冲击，劳动部门积极展开调研，摸清企业用工情况，迅速联合职业中介机构组织用工企业深入到倒闭工厂进行免费现场招聘会，帮助失业员工尽快实现再就业，做到企业裁员的农民工集中在那里，职业介绍服务就开到哪里。

（八）加强创业带动就业工作力度

为全面做好全市以创业带动就业工作，市政府及劳动部门起草了《关于促进以创业带动就业工作意见》，下发了《关于下发促进创业带动就业工作方案的通知》。深圳市以市、区、街道和社区四级劳动保障服务网络为依托，结合相关部门协调配合，形成合力，使创业促进就业工作得于顺利开展。加强了全市创业服务工作的统筹和指导，为推动创业服务工作的深入开展，制定了2008年创业服务“三项助推计划”工作方案；开展创业服务进社区活动，整合形成了创业培训、项目推广和专家咨询“三位一体”工作平台；加快推进创业服务“专业化、社会化、市场化”工作，促进政策体系的完善；鼓励社会机构积极参与创业服务工作；启动了深圳市青年创业服务周系列活动，包括第二届深圳青年自主创业项目推介会、启动青年创业者俱乐部、成立青年创业导师团、实施青年创业成长路线图计划等。通过这一系列举措，以创业带动就业工作初见成效。

二、2009年就业形势展望

2009年，深圳市就业再就业工作继续深入贯彻落实科学发展观，紧紧围绕着经济社会发展的大局，以落实积极的就业政策为主线，进一步完善就业再就业长效工作机制，健全面向全体劳动者包括农民工的职业培训制度，确保实现全市城镇登记失业率控制在3%以内等就业工作目标。

2009年1季度末，深圳市从业人员已达673.41万人，比上年末增加2.99万人，其中，第一产业从业人员0.75万人，与上年末基本持平；第二产业从业人员364.03万人，比上年末增加1.61万人；第三产业从业人员308.63万人，比上年末增加1.38万人。一、二、三次产业从业人员结构为0.1:54.1:45.8，三次产业从业人员结构变化不明显。

根据深圳市近年来经济和社会的发展现状，对2009年劳动就业做如下预测：

首先，就业总量增长放缓。根据2009年深圳经济稳步健康发展态势预测，2009年全市就业容量继续扩大，就业形势趋于平稳，但人口规划政策和产业结构升级的发展趋势将使劳动密集型的企业减少，就业增长幅度放缓，总量约达682万人，增长约为1.8%。

其次，第三产业从业人员继续增加。在产业结构进一步优化的推动下，三次产业比例有所调整，相应产业从业人员也随之变动。预计在2009年末，第一产业从业人员相对平稳，保持在一万人以内，比例约0.1%；第二产业就业总量略有增长，增幅在1.8%之内，产业比重保持在54%左右；随着第三产业的地位不断上升，从业人员增长较快，增幅可略超过1.8%，产业比重约占46%左右。

（撰稿：陈利萍）

2008年深圳市职工工资增长情况及2009年预测

2008年，深圳市积极应对国际金融危机的冲击，国民经济保持平稳健康发展，经济实力进一步增强，就业规模不断扩大，在岗职工工资总额继续增长，在岗职工年平均工资有所提高。

一、职工工资总额和平均工资增长的主要特点

（一）职工工资总额持续增长

经济总量的不断扩大，为职工工资增长奠定坚实的基础。2008年本地生产总值(GDP)达7806.54亿元，比上年增长12.1%，经济的发展带来职工就业和职工工资的增长；年末在岗职工人数为198.35万人，增长2.8%；在岗职工工资总额为8674141.9万元，增长幅度为18.2%(见表一)。工资总额的增长因素主要是职工人数的增加和工资水平的提高，其中因职工人数的增加而增长5.6%，因职工工资水平的提高而增长12.6%。

表一： 深圳市GDP、职工工资总额及在岗职工人数增长情况表

（%）

	2004年	2005年	2006年	2007年	2008年
本市生产总值增幅	17.3	15.0	15.0	14.8	12.1
职工工资总额增幅	20.7	23.2	21.9	16.5	18.2
在岗职工人数增幅	16.4	21.7	11.4	4.8	2.8

（二）在岗职工年平均工资增幅回升

职工平均工资是反映职工工资水平的主要指标。2008年全市在岗职工年平均工资为43454元，比上年增长12.0%，增幅稳步回升(表二)。

从各种经济类型看，国有经济单位在岗职工年平均工资65431元，集体经济25291元，其他经济37933元，分别比上年增长12.1%、16.1%和12.3%，扣除物价因素，各种经济类型平均工资实际增长分别为5.9%、9.6%和6.0%。其中，集体经济单位在岗职工平均工资增幅最大，集体经济由于部分效益差的单位已停业或转制，职工人数大幅减少，在岗职工平均工资增长大于国有经济和其他经济在岗职工平均工资增长。

表二： 深圳市在岗职工工资水平增长情况表

	2004年	2005年	2006年	2007年	2008年
在岗职工年平均工资（元）	31928	32476	35107	38798	43454
平均工资增幅（%）	5.6	1.7	8.1	10.5	12.0

（三）离岗职工平均生活费大幅提高

离岗职工也称不在岗职工，是指调查时期不在单位工作，但仍与单位保留劳动关系的职工，包括下岗、内退、长期病休假等。近几年，随着各级政府加大对下岗、内退等低收入职工的关注，各项政策落实到位，离岗职工生活费有较大增长，同时，由于目前大部分单位采用直接与职工解除劳动关系的方法来减少职工，一些仍与离岗职工保留劳动关系的主要也是经济效益相对较好的单位，使离岗职工逐年减少，平均生活费却明显增加，有些年份离岗职工生活费增长还大于在岗职工平均工资增长(见表三)。2008年，离岗职工年平均生活费大幅提高，达28646元，比上年增长28.1%，比在岗职工平均工资增幅高出16.1个百分点。

表三： 深圳市离岗职工生活费增长情况表

	2004年	2005年	2006年	2007年	2008年
离岗职工人数（人）	11217	10958	10298	10120	7743
离岗职工年平均生活费（元）	17955	20689	21408	22358	28646
平均生活费增幅（%）	19.4	15.2	3.5	4.4	28.1

（四）其他从业人员平均劳动报酬有所增长

其他从业人员是指再就业的离退休人员以及在各单位中工作的外方人员和港澳台方人员、兼职人员、借用的外单位人员和第二职业者。2008年全市其他从业人员劳动报酬281747.2万元，比上年增长21.3%；其他从业人员年平均劳动报酬136585元，增长5.2%。这是由于一方面工资较高的外籍和港澳台人员逐年增加，占其他从业人员的比重由上

年的45.1%增大到50.3%，使其他从业人员平均劳动报酬增长；另一方面由于其他从业人员的平均劳动报酬基数已很高，增长幅度呈逐渐趋缓状态(见表四)。

表四： 深圳市其他从业人员及劳动报酬情况表

	劳动报酬总额（万元）	比上年增长（%）	平均劳动报酬（元）	比上年增长（%）
从业人员	8955889.1	18.3	44406	12.0
1、在岗职工	8674141.9	18.2	43454	12.0
2、其他从业人员	281747.2	21.3	136585	5.2

二、不同行业、产业、城市间工资增长的主要差异

（一）国民经济各行业工资水平增长的差异

从国民经济行业分组来看，在岗职工工资水平增长各异，呈如下特点：

1.居民服务和其他服务业在岗职工平均工资增长最快

居民服务和其他服务业是平均工资较低的一个行业，2008年深圳市大幅提高最低工资标准（特区内增长17.6%、特区外增长20%），是低工资的在岗职工年平均工资增长的重要原因，工资水平相对较低的居民服务和其他服务业、住宿餐饮业、建筑业、批发零售业等工资水平明显提高，增幅均超过了两位数。

2.行业间工资水平差距继续拉大

2008年，在国民经济20个行业门类中，工资水平最低的是住宿和餐饮业，在岗职工平均工资为24858元，比上年的22550元增加了2308元，增长10.2%；工资水平最高的仍然是金融业，在岗职工年平均工资132066元，比上年的121826元增加了10240元，增长8.4%。采掘业职工人数很少，个别单位业务补贴减少使采掘业工资水平略有减少。2008年，高工资行业与低工资行业的平均工资差距由2007年的99276元扩大到107208元，工资差距进一步拉大(表五)。

表五： 国民经济各行业在岗职工年平均工资增长情况

按国民经济行业分组	2008年（元）	2007年（元）	增长（%）
合　　计	43454	38798	12.0
1、农、林、牧、渔业	32702	31298	4.5
2、采掘业	65015	67352	-3.5
3、制造业	31071	28164	10.3
4、电力、燃气及水的生产和供应业	73242	64027	14.4
5、建筑业	30946	27770	11.4
6、交通运输、仓储和邮政业	50420	44832	12.5
7、信息传输、计算机服务和软件业	73308	68451	7.1
8、批发和零售业	37683	31759	18.7
9、住宿和餐饮业	24858	22550	10.2
10、金融业	132066	121826	8.4
11、房地产业	36505	32504	12.3
12、租赁和商务服务业	35534	31692	12.1
13、科学研究、技术服务和地质勘查业	69948	67776	3.2
14、水利、环境和公共设施管理业	40507	37035	9.4
15、居民服务和其他服务业	27995	22936	22.1
16、教育	73832	67839	8.8
17、卫生、社会保障和社会福利业	72223	68101	6.1
18、文化、体育和娱乐业	45563	43375	5.0
19、公共管理和社会组织	76151	70810	7.5
20、国际组织			

（二）三次产业职工工资水平增长的差异

2008年，全市三次产业职工工资水平均有所提高，第一产业的在岗职工年平均工资为32702元，比上年增长4.5%；第二产业在岗职工年平均工资为31767元，增长10.4%；第三产业在岗职工年平均工资为56879元，仍居首位，增长12.3%(见表六)。三次产业间职工工资水平差距继续加大，第三产业在岗职工年平均工资比第二产业高25112元，差距比上年拉大了3225元。

表六： 深圳市不同产业在岗职工年平均工资情况表

按三次产业分组	2008年（元）	2007年（元）	增长（%）
总　计	43454	38798	12.0
1、第一产业	32702	31298	4.5
2、第二产业	31767	28776	10.4
3、第三产业	56879	50663	12.3

(三)在全国副省级城市中深圳工资水平居第2位

近几年，国家加快中西部地区建设，不少地区经济发展迅速，职工工资明显增长，全国15个副省

表七： 全国19个副省级以上城市在岗职工年平均工资及增幅

市别	2007年（元）	比上年增长（%）	2008年（元）	比上年增长（%）
全国	24932	18.7	29229	17.2
广州	40562	10.3	45365	12.9
深圳	38798	10.5	43454	12.0
南京	35908	14.1	39876	11.1
杭州	36496	11.3	40193	10.1
武汉	25136	15.1	28431	13.1
沈阳	27371	17.0	33544	22.6
哈尔滨	22104	17.7	25225	14.1
成都	26606	17.9	30809	15.8
西安	25012	22.2	29749	18.9
长春	24190	21.2	26969	11.5
济南	26654	19.5	31599	18.6
大连	28230	16.7	34306	21.5
青岛	27083	15.5	30233	11.6
宁波	32936	14.0	35835	8.8
厦门	28961	13.4	32343	11.7

级城市的在岗职工工资水平除宁波市外均有两位数的增长。深圳市在岗职工年平均工资虽然是2002年以来增幅最大的一年,在岗职工工资水平的增幅仍小于全国平均水平。2008年,深圳市在岗职工工资水平在全国15个副省级城市居第二位,低于广州市的在岗职工工资水平。各城市在岗职工年平均工资及增长速度见表七。

三、2009年预测

2009年,根据市委、市政府以科学发展观统领经济社会发展全局,加快推进综合配套改革,全力以赴抓好保增长保民生保稳定工作的总体思路,深圳市经济保持健康平稳增长,预期目标为10%左右。据此我们预计2009年全市:

(一)城镇在岗职工工资总额增长16%左右

为了实现10%的经济增长目标,2009全市将着力加强自主创新,推进产业升级,重点发展高端产业链,增强综合实力,促进社会和谐,加强区域经济合作,确保经济平稳较快发展等,这些目标的落实,必将带来就业需求的增加和劳动报酬的增长。预计2009城镇在岗职工工资总额将有15%左右的增长。

(二)城镇在岗职工平均工资增长约8%左右

除了经济的增长带来职工工资水平的普遍提高外,就业结构的变化也能使职工工资总体水平发生结构性调整的增长。随着高新技术产业、物流业、金融服务业和文化等支柱产业的发展,从事通信设备业、计算机服务和软件业、金融证券业、交通运输业、文化体育和娱乐业的职工人数增长较快,这些行业的工资水平高于市平均水平,使职工工资的总体水平提高;近几年,全国及各主要城市的工资水平在不断增长,增幅也明显高于深圳,为增强城市竞争力,必须适当提高职工工资待遇。根据经济增长态势来分析,预计2009年城镇在岗职工平均工资增幅约8%左右。

(撰稿:陈利萍)

13-1 职工人数、工资总额及平均工资

NUMBER, TOTAL WAGES AND AVERAGE WAGE OF STAFF AND WORKERS

(1979-2008)

年　份 Year	年末职工人数 (万人) Number of Staff and Workers Year-end (10 000persons)	# 国有单位 State-owned Units	工资总额 (万元) Total Wages (10 000yuan)	# 国有单位 State-owned Units	年平均工资 (元) Average Yearly Wages (yuan)	# 国有单位 State-owned Units
全市　Total						
1979	4.02	3.37	2 952	2 505	769	785
1980	4.86	4.05	4 366	3 691	979	990
1981	5.31	4.51	5 930	5 046	1 132	1 119
1982	8.28	7.00	10 000	8 477	1 366	1 358
1983	12.57	10.10	16 142	12 976	1 545	1 571
1984	18.33	14.14	35 306	28 642	2 179	2 257
1985	22.66	16.84	51 912	38 465	2 418	2 427
1986	25.88	18.97	59 773	44 324	2 452	2 476
1987	32.29	22.04	80 013	54 333	2 677	2 637
1988	41.74	28.04	134 218	87 607	3 388	3 269
1989	48.24	30.34	179 042	114 650	3 858	3 917
1990	55.41	33.85	227 392	140 935	4 304	4 339
1991	64.89	38.77	307 950	175 169	5 016	4 908
1992	71.10	38.85	403 790	226 079	5 931	6 026
1993	78.11	41.45	619 647	356 949	8 145	8 854
1994	82.29	38.71	852 332	445 286	10 572	11 632
1995	88.75	40.17	1 076 083	545 013	12 276	13 709
1996	89.13	41.07	1 284 558	679 349	14 507	16 625
1997	91.18	40.92	1 479 515	744 781	16 531	18 515
1998	91.93	33.75	1 674 771	707 004	18 381	21 161
1999	92.52	32.94	1 890 338	775 020	20 714	23 602
2000	93.36	31.00	2 113 366	805 421	23 039	26 193
2001	94.88	31.31	2 441 713	968 330	25 941	31 187
2002	101.76	29.62	2 832 799	1 035 092	28 218	35 501
2003	108.20	30.10	3 259 896	1 213 966	30 611	40 893
2004	135.88	31.94	4 192 834	1 422 271	31 928	45 212
2005	165.38	35.85	5 167 453	1 640 306	32 476	47 762
2006	184.25	39.85	6 296 568	1 919 979	35 107	49 312
2007	193.04	40.03	7 335 805	2 293 671	38 798	58 347
2008	198.35	41.31	8 674 142	2 663 083	43 454	65 431

13-2 职工工资总额指数和平均工资指数

RELATED INDICES OF TOTAL WAGES AND AVERAGE WAGE OF STAFF AND WORKERS

(1980-2008)

以上年为 100 (preceding year=100)

年份 Year	工资总额指数 Related Indices of Total Wages	# 国有单位 State-owned Units	职工平均货币工资指数 Related Indices of Average Money Wage	# 国有单位 State-owned Units	职工平均实际工资指数 Related Indices of Average Real Wage	# 国有单位 State-owned Units
1980	147.9	147.3	127.3	126.1	121.2	120.1
1981	135.8	136.7	115.6	113.0	104.4	102.1
1982	168.6	168.0	120.8	121.4	112.1	112.6
1983	161.4	153.1	113.1	115.7	110.9	113.4
1984	218.7	220.7	141.0	143.7	132.0	134.6
1985	147.0	134.3	111.0	107.5	90.6	87.8
1986	115.1	115.2	101.4	102.0	95.6	96.1
1987	133.9	122.6	109.2	106.5	95.5	93.1
1988	167.7	161.2	126.6	124.0	98.8	96.8
1989	133.4	130.9	113.9	119.8	90.8	95.5
1990	127.0	122.9	111.6	110.8	109.8	109.1
1991	135.4	124.3	116.5	113.1	113.1	109.8
1992	131.1	129.1	118.2	122.8	110.2	114.4
1993	153.5	157.9	137.3	146.9	114.3	122.3
1994	137.6	124.7	129.8	131.4	109.8	111.2
1995	126.3	122.4	116.1	117.9	103.3	104.9
1996	119.4	124.6	118.2	121.3	109.7	112.6
1997	115.2	109.6	114.0	111.4	110.3	107.8
1998	113.8	95.7	110.2	112.3	111.0	113.1
1999	112.9	109.6	112.7	111.5	113.5	112.3
2000	111.8	103.9	111.2	111.0	108.2	108.0
2001	115.5	120.2	112.6	119.1	115.1	121.8
2002	116.0	106.9	108.8	113.8	107.5	112.5
2003	115.1	117.3	108.5	115.2	107.7	114.4
2004	120.7	114.1	105.6	110.6	104.2	109.1
2005	123.2	115.3	101.7	105.6	100.1	104.0
2006	121.9	117.1	108.1	103.2	105.8	101.0
2007	116.5	119.5	110.5	118.3	106.2	113.6
2008	118.2	116.1	112.0	112.1	105.8	105.9

13-3 职工工资总额指数和平均工资指数

RELATED INDICES OF TOTAL WAGES AND AVERAGE WAGE OF STAFF AND WORKERS

(1980-2008)

以 1979 年为 100 (1979=100)

年 份 Year	工资总额指数 Related Indices of Total Wages	# 国有单位 State-owned Units	职工平均货币工资指数 Related Indices of Average Money Wage	# 国有单位 State-owned Units	职工平均实际工资指数 Related Indices of Average Real Wage	# 国有单位 State-owned Units
1980	147.9	147.3	127.3	126.1	121.2	120.1
1981	200.9	201.4	147.2	142.5	126.5	122.6
1982	338.8	338.4	177.6	173.0	141.8	138.0
1983	546.8	518.0	200.9	200.1	157.3	156.5
1984	1 196.0	1 143.4	283.4	287.5	207.6	210.6
1985	1 758.5	1 535.5	314.4	309.2	188.1	184.9
1986	2 024.8	1 769.4	318.9	315.4	179.8	177.7
1987	2 710.5	2 169.0	348.1	335.9	171.7	165.4
1988	4 546.7	3 497.3	440.6	416.4	169.6	160.1
1989	6 065.1	4 576.8	501.7	499.0	154.0	152.9
1990	7 703.0	5 626.1	559.7	552.7	169.1	166.8
1991	10 431.9	6 992.8	652.3	625.2	191.3	183.1
1992	13 678.5	9 025.1	771.3	767.6	210.8	209.5
1993	20 990.8	14 249.5	1 059.2	1 127.9	240.9	256.2
1994	28 873.0	17 775.9	1 374.8	1 481.8	264.5	284.9
1995	36 452.7	21 757.0	1 596.4	1 746.4	273.2	298.9
1996	43 514.8	27 119.7	1 886.5	2 117.8	299.7	336.6
1997	50 119.1	29 731.8	2 149.7	2 358.6	330.6	362.9
1998	57 035.5	28 453.3	2 369.0	2 648.7	367.0	410.4
1999	64 393.1	31 184.8	2 669.9	2 953.3	416.5	460.9
2000	71 991.5	32 401.0	2 968.9	3 278.2	450.7	497.8
2001	83 150.2	38 946.0	3 343.0	3 904.3	518.8	606.3
2002	96 454.2	41 633.3	3 637.2	4 443.1	557.7	682.1
2003	111 018.8	48 835.9	3 946.4	5 118.5	600.6	780.3
2004	133 999.7	55 721.8	4 167.4	5 661.1	625.8	851.3
2005	165 087.6	64 247.2	4 238.2	5 978.1	626.4	885.4
2006	201 241.8	75 233.5	4 581.5	6 169.4	662.7	894.3
2007	234 446.7	89 904.0	5 062.6	7 298.4	703.8	1 015.9
2008	277 116.0	104 378.5	5 670.1	8 181.5	743.9	1 075.8
年平均增长率(%) **Average Annual Growth Rate(%)**	**31.4**	**27.1**	**14.9**	**16.4**	**7.2**	**8.5**

13-4 城镇单位从业人员和在岗职工人数(2008年末)

NUMBER OF STAFF AND WORKERS (END OF 2008)

项目	Item	单位从业人员年末人数(人) Number of Staff Year-end (Person)	在岗职工年末人数 Number of Staff and Workers Year-end	#女性 Female	#专业技术人员 Professional Technology
总计	**Total**	**2 003 981**	**1 983 459**	**833 030**	**451 713**
一、按登记注册类型分	Grouped by Registration				
1. 内资单位	Domestic Investment Enterprise	1 079 812	1 066 522	366 656	306 886
(1)国有单位	State-owned	418 066	413 141	147 580	129 530
(2)集体单位	Collective-owned	13 673	13 554	5 516	1 372
(3)股份合作单位	Cooperative Shares Enterprise	17 436	17 380	6 694	2 097
(4)联营单位	Joint owned	47 162	46 980	15 028	11 110
(5)有限责任公司	Companies Limited with Liabilities	411 098	409 394	134 008	115 976
(6)股份有限公司	Companies Limited by Shares	166 750	160 547	54 781	44 698
(7)其他内资单位	Others	5 627	5 526	3 049	2 103
2. 港澳台投资单位	Funded by Entrepreneur from Hongkong, Macao and Taiwan	508 957	505 750	268 050	71 996
3. 外商投资单位	Foreign Funded	415 212	411 187	198 324	72 831
二、按企业、事业、机关分	Grouped by Enterprises, Institutions and Agencies				
1. 企业	Enterprises	1 775 918	1 757 153	732 598	364 465
2. 事业	Institutions	126 318	124 692	71 129	87 248
3. 机关	Agencies & Organizations	101 745	101 614	29 303	
三、按国民经济行业分	Grouped by Sector				
1. 农、林、牧、渔业	Farming, Forestry, Animal Husbandry and Fishery	4 575	4 540	1 518	768
①农业	Farming	649	648	256	173
②林业	Forestry	420	413	146	89
③畜牧业	Animal Husbandry	3 082	3 081	984	384
④渔业	Fishery	136	136	48	49
⑤农、林、牧、渔服务业	Services of Farming,Fprestry,Animal Husbandry and Fishery	288	262	84	73
2. 采矿业	Mining and Quarrying	1 243	1 240	188	242
3. 制造业	Manufacturing	910 923	903 127	447 522	154 572
4. 电力、煤气及水的生产和供应业	Electricity,Gas and Water Production and Supply	17 446	17 391	4 961	4 718
5. 建筑业	Construction	115 124	114 506	12 005	26 264
#房屋和土木工程建筑业	Civil Engineering	75 567	75 140	6 608	14 711
6. 交通运输、仓储和邮政业	Transportation, Storage and Post Services	113 245	112 710	32 203	28 845
#铁路运输业	Railway Transportation	4 594	4 555	1 420	500
道路运输业	Road Transportation	35 994	35 936	9 604	7 862
城市公共交通业	Urban Public Traffic	25 223	25 187	5 677	6 778
航空运输业	Air Transportation	14 621	14 584	4 930	6 556
仓储业	Storage	9 286	9 214	3 148	1 904
邮政业	Post Services	3 299	3 298	1 496	127
7. 信息传输、计算机服务和软件业	Information Transfer, Computer and Software Services	42 037	41 751	15 151	21 200

项 目	Item	单位从业人员年末人数(人) Number of Staff Year-end (Person)	在岗职工年末人数 Number of Staff and Workers Year-end	# 女 性 Female	# 专业技术人员 Professional Technology
8. 批发和零售业	Wholesale and Retail Trade & Catering Services	128 007	127 035	58 037	22 226
①批发业	Wholesale	61 192	60 574	24 130	10 472
②零售业	Retail Sales	66 815	66 461	33 907	11 754
9. 住宿和餐饮业	Accommodation and Catering Services	63 858	63 368	32 297	5 779
①住宿业	Accommodation	30 168	29 845	14 956	3 133
②餐饮业	Catering Services	33 690	33 523	17 341	2 646
10. 金融、保险业	Banking and Insurance	82 485	77 344	40 638	36 499
①金融业	Banking	56 685	53 684	28 051	25 672
②保险业	Insurance	25 800	23 660	12 587	10 827
11. 房地产业	Real Estate Trade	109 836	109 378	28 491	18 418
# 房地产开发经营	Real Estate Development and Operation	16 564	16 420	5 741	5 821
物业管理	Real Estate Management	79 753	79 556	17 484	11 352
12. 租赁和商务服务业	Leasing Industry and Commercial Services	103 472	102 560	21 786	11 778
13. 科学研究、技术服务和地质勘查业	Scientific Research, Technical Services and Geological Prospecting	41 652	40 717	12 944	24 703
# 研究与试验发展	Research and Experiment Development	6 580	6 460	2 426	3 084
专业技术服务业	Professional Technology Services	30 819	30 109	8 914	20 041
14. 水利、环境和公共设施管理业	Water Conservancy, Environment Management and Public Amenities	20 770	20 717	8 617	2 599
# 水利管理业	Water Conservancy Administration	780	780	211	338
环境管理业	Environment Management	7 166	7 162	3 280	664
15. 居民服务和其他服务业	Resident Services and Other Services	15 346	15 279	9 292	2 132
# 居民服务业	Resident Services	3 954	3 949	2 554	569
16. 教育	Education	65 630	64 388	38 625	48 828
# 初等教育	Primary Schools	21 677	21 506	14 057	18 648
中等教育	Regular Secondary Schools	27 105	26 823	14 883	21 741
高等教育	Regular Institution of Higher Education	6 439	5 834	2 554	4 487
17. 卫生、社会保障和社会福利业	Healh Care, Social Insurance and Social Welfare	45 156	44 719	30 487	34 960
①卫生	Health Care	42 068	41 632	28 809	34 776
②社会保障业	Social Insurance	1 729	1 728	870	7
③社会福利业	Social Welfare	1 359	1 359	808	177
18. 文化、体育和娱乐业	Culture, Education and Entertainment	16 018	15 807	7 312	5 208
# 文化	Culture	8 554	8 408	3 657	4 162
体育	Sports	2 182	2 171	1 034	275
19. 公共管理和社会组织	Public Services and Social Organizations	107 158	106 882	30 946	1 974
# 国家机构	Government Agencies	104 232	103 988	29 912	1 816

13-5 分经济类型和行业单位从业人员劳动报酬、平均人数和平均劳动报酬

TOTAL WAGES,AVERAGE NUMBER AND AVERAGE WAGE OF STAFF BY OWNERSHIP AND SECTOR (2008)

项 目	Item	单位从业人员劳动报酬(万元) Total Yearly Wages of Staff (10 000 yuan)	单位从业人员年平均人数(人) Average Number of Staff(Person)	年平均劳动报酬(元) Average Yearly Wages (yuan)
总 计	**Total**	**8 955 889**	**2 016 813**	**44 406**
一、按登记注册类型分	Grouped by Registration			
1. 内资单位	Domestic Investment Enterprise	5 674 588	1 068 582	53 104
(1)国有单位	State-owned	2 690 687	411 985	65 310
(2)集体单位	Collective-owned	34 684	13 671	25 370
(3)股份合作单位	Cooperative Shares Enterprise	45 154	17 534	25 752
(4)联营单位	Joint owned	171 982	47 691	36 062
(5)有限责任公司	Companies Limited with Liabilities	1 667 572	406 304	41 042
(6)股份有限公司	Companies Limited by Shares	1 049 034	165 977	63 204
(7)其他内资单位	Others	15 475	5 420	28 552
2. 港澳台投资单位	Funded by Entrepreneur from Hongkong, Macao and Taiwan	1 578 704	521 471	30 274
3. 外商投资单位	Foreign Funded	1 702 597	426 760	39 896
二、按企业、事业、机关分	Grouped by Enterprises, Institutions and Agencies			
1. 企业	Enterprises	7 229 284	1 792 276	40 336
2. 事业	Institutions	966 254	124 399	77 674
3. 机关	Agencies & Organizations	760 351	100 138	75 930
三、按国民经济行业分	Grouped by Sector			
1. 农、林、牧、渔业	Farming, Forestry, Animal Husbandry and Fishery	14 357	4 403	32 608
①农业	Farming	1 511	629	24 024
②林业	Forestry	1 309	397	32 967
③畜牧业	Animal Husbandry	9 582	2 950	32 481
④渔业	Fishery	271	140	19 386
⑤农、林、牧、渔服务业	Services of Farming,Fprestry,Animal Husbandry and Fishery	1 684	287	58 672
2. 采矿业	Mining and Quarrying	7 236	1 090	66 384
3. 制造业	Manufacturing	3 012 718	938 252	32 110
4. 电力、煤气及水的生产和供应业	Electricity,Gas and Water Production and Supply	125 398	17 057	73 517
5. 建筑业	Construction	356 837	114 978	31 035
# 房屋和土木工程建筑业	Civil Engineering	221 887	76 299	29 081
6. 交通运输、仓储和邮政业	Transportation, Storage and Post Services	564 936	109 872	51 418
# 铁路运输业	Railway Transportation	30 767	4 476	68 738
道路运输业	Road Transportation	126 340	34 394	36 733
城市公共交通业	Urban Public Traffic	89 893	24 252	37 066
航空运输业	Air Transportation	116 897	13 901	84 092
仓储业	Storage	43 533	9 390	46 361
邮政业	Post Services	18 595	3 315	56 092
7. 信息传输、计算机服务和软件业	Information Transfer, Computer and Software Services	303 390	40 967	74 057

13-5 续表 continued

项　　目 Item		单位从业人员劳动报酬(万元) Total Yearly Wages of Staff (10 000 yuan)	单位从业人员年平均人数(人) Average Number of Staff(Person)	年平均劳动报酬(元) Average Yearly Wages (yuan)
8. 批发和零售业	Wholesale and Retail Trade & Catering Services	503 074	128 418	39 175
①批发业	Wholesale	289 749	61 035	47 473
②零售业	Retail Sales	213 325	67 383	31 659
9. 住宿和餐饮业	Accommodation and Catering Services	164 674	64 296	25 612
①住宿业	Accommodation	86 384	30 438	28 380
②餐饮业	Catering Services	78 290	33 858	23 123
10. 金融、保险业	Banking and Insurance	1 019 963	79 239	128 720
①金融业	Banking	855 066	55 199	154 906
②保险业	Insurance	164 897	24 040	68 593
11. 房地产业	Real Estate Trade	403 452	109 896	36 712
#房地产开发经营	Real Estate Development and Operation	122 501	16 766	73 065
物业管理	Real Estate Management	223 473	78 687	28 400
12. 租赁和商务服务业	Leasing Industry and Commercial Services	390 260	101 776	38 345
13. 科学研究、技术服务和地质勘查业	Scientific Research, Technical Services and Geological Prospecting	292 313	40 579	72 035
#研究与试验发展	Research and Experiment Development	40 859	6 459	63 258
专业技术服务业	Professional Technology Services	226 765	30 123	75 280
14. 水利、环境和公共设施管理业	Water Conservancy, Environment Management and Public Amenities	83 090	20 515	40 502
#水利管理业	Water Conservancy Administration	6 001	779	77 031
环境管理业	Environment Management	25 505	6 845	37 261
15. 居民服务和其他服务业	Resident Services and Other Services	45 051	15 307	29 432
#居民服务业	Resident Services	11 449	3 953	28 962
16. 教育	Education	475 787	64 661	73 582
#初等教育	Primary Schools	175 348	21 357	82 103
中等教育	Regular Secondary Schools	197 880	26 506	74 655
高等教育	Regular Institution of Higher Education	58 109	6 417	90 554
17. 卫生、社会保障和社会福利业	Healh Care, Social Insurance and Social Welfare	317 263	43 966	72 161
①卫生	Health Care	298 328	41 048	72 678
②社会保障业	Social Insurance	12 393	1 578	78 533
③社会福利业	Social Welfare	6 543	1 340	48 828
18. 文化、体育和娱乐业	Culture, Education and Entertainment	73 307	15 969	45 906
#文化	Culture	50 901	8 421	60 445
体育	Sports	9 309	2 151	43 278
19. 公共管理和社会组织	Public Services and Social Organizations	802 783	105 572	76 041
#国家机构	Government Agencies	774 002	102 670	75 387

13-6 分经济类型和行业职工工资总额、平均人数和平均工资

TOTAL WAGES, AVERAGE NUMBER AND AVERAGE WAGE OF STAFF AND WORKERS BY OWNERSHIP AND SECTOR (2008)

项 目	Item	在岗职工工资总额(万元) Total Wages (10 000 yuan)	在岗职工年平均人数(人) Average Number (person)	年平均工资(元) Average Yearly Wages (yuan)
总 计	**Total**	**8 674 142**	**1 996 185**	**43 454**
一、按登记注册类型分	Grouped by Registration			
1. 内资单位	Domestic Investment Enterprise	5 542 662	1 055 050	52 535
(1)国有单位	State-owned	2 663 083	407 008	65 431
(2)集体单位	Collective-owned	34 279	13 554	25 291
(3)股份合作单位	Cooperative Shares Enterprise	44 047	17 480	25 199
(4)联营单位	Joint owned	169 985	47 514	35 776
(5)有限责任公司	Companies Limited with Liabilities	1 648 465	404 628	40 740
(6)股份有限公司	Companies Limited by Shares	967 974	159 544	60 671
(7)其他内资单位	Others	14 829	5 322	27 864
2. 港澳台投资单位	Funded by Entrepreneur from Hongkong, Macao and Taiwan	1 517 172	518 235	29 276
3. 外商投资单位	Foreign Funded	1 614 308	422 900	38 172
二、按企业、事业、机关分	Grouped by Enterprises, Institutions and Agencies			
1. 企业	Enterprises	6 957 215	1 773 515	39 228
2. 事业	Institutions	956 975	122 661	78 018
3. 机关	Agencies & Organizations	759 952	100 009	75 988
三、按国民经济行业分	Grouped by Sector			
1. 农、林、牧、渔业	Farming, Forestry, Animal Husbandry and Fishery	14 301	4 373	32 702
①农业	Farming	1 510	628	24 048
②林业	Forestry	1 289	395	32 628
③畜牧业	Animal Husbandry	9 580	2 949	32 484
④渔业	Fishery	271	140	19 386
⑤农、林、牧、渔服务业	ServicesServices of Farming,Fprestry,Animal Husbandryand Fishery	1 651	261	63 253
2. 采矿业	Mining and Quarrying	7 067	1 087	65 015
3. 制造业	Manufacturing	2 891 027	930 453	31 071
4. 电力、煤气及水的生产和供应业	Electricity,Gas and Water Production and Supply	124 534	17 003	73 242
5. 建筑业	Construction	354 128	114 435	30 946
# 房屋和土木工程建筑业	Civil Engineering	220 269	75 913	29 016
6. 交通运输、仓储和邮政业	Transportation, Storage and Post Services	551 148	109 312	50 420
# 铁路运输业	Railway Transportation	30 683	4 438	69137
道路运输业	Road Transportation	125 803	34 333	36 642
城市公共交通业	Urban Public Traffic	89 699	24 218	37 038
航空运输业	Air Transportation	110 948	13 828	80 235
仓储业	Storage	41 367	9 301	44 476
邮政业	Post Services	18 593	3 314	56 103
7. 信息传输、计算机服务和软件业	Information Transfer, Computer and Software Services	298 223	40 681	73 308

项 目	Item	在岗职工工资总额(万元) Total Wages (10 000 yuan)	在岗职工年平均人数(人) Average Number (person)	年平均工资(元) Average Yearly Wages (yuan)
8. 批发和零售业	Wholesale and Retail Trade & Catering Services	479 854	127 339	37 683
①批发业	Wholesale	277 114	60 351	45 917
②零售业	Retail Sales	202 740	66 988	30 265
9. 住宿和餐饮业	Accommodation and Catering Services	158 753	63 863	24 858
①住宿业	Accommodation	81 657	30 172	27 064
②餐饮业	Catering Services	77 096	33 691	22 883
10. 金融、保险业	Banking and Insurance	978 835	74 117	132 066
①金融业	Banking	824 592	52 036	158 466
②保险业	Insurance	154 243	22 081	69 853
11. 房地产业	Real Estate Trade	399 548	109 451	36 505
#房地产开发经营	Real Estate Development and Operation	120 494	16 622	72 491
物业管理	Real Estate Management	222 741	78 493	28 377
12. 租赁和商务服务业	Leasing Industry and Commercial Services	358 304	100 834	35 534
13. 科学研究、技术服务和地质勘查业	Scientific Research, Technical Services and Geological Prospecting	277 276	39 640	69 948
#研究与试验发展	Research and Experiment Development	37 676	6 327	59 547
专业技术服务业	Professional Technology Services	217 217	29 421	73 831
14. 水利、环境和公共设施管理业	Water Conservancy, Environment Management and Public Amenities	82 731	20 424	40 507
#水利管理业	Water Conservancy Administration	6 001	779	77 031
环境管理业	Environment Management	25 407	6 840	37 144
15. 居民服务和其他服务业	Resident Services and Other Services	42 656	15 237	27 995
#居民服务业	Resident Services	11 328	3 948	28 692
16. 教育	Education	467 665	63 342	73 832
#初等教育	Primary Schools	174 144	21 211	82 101
中等教育	Regular Secondary Schools	195 302	26 204	74 531
高等教育	Regular Institution of Higher Education	55 034	5 703	96 500
17. 卫生、社会保障和社会福利业	Healh Care, Social Insurance and Social Welfare	314 437	43 537	72 223
①卫生	Health Care	295 506	40 620	72 749
②社会保障业	Social Insurance	12 388	1 577	78 552
③社会福利业	Social Welfare	6 543	1 340	48 828
18. 文化、体育和娱乐业	Culture, Education and Entertainment	71 807	15 760	45 563
#文化	Culture	49 998	8 277	60 406
体育	Sports	8 867	2 140	41 434
19. 公共管理和社会组织	Public Services and Social Organizations	801 848	105 297	76 151
#国家机构	Government Agencies	773 157	102 427	75 484

13-7 工业、建筑业企业在岗职工人数和工资

NUMBER AND WAGE OF STAFF AND WORKERS IN INDUSTRY AND CONSTRUCTION ENTERPRISES (2008)

项 目	Item	年末人数(人) Year-end Figure (person)	工资总额(万元) Total Wages (10 000 yuan)	年平均工资(元) Average Yearly Wages (yuan)
总 计	**Total**	**1 036 264**	**3 376 756**	**31 767**
一、工 业	Industry	921 758	3 022 628	31 866
(一)按登记注册类型分	Grouped by Registration			
1. 国有单位	State-owned Units	8 489	28 273	33 130
2. 城镇集体单位	Urban Collective Owned Units	4 166	9 740	22 572
3. 其他类型单位	Units of Other Types of Ownership	909 103	2 984 614	31 897
(二)按行业分	Grouped by Sector			
1. 采掘业	Mining and Quarrying	1 240	7 067	65 015
煤炭开采洗选业	Coal Mining and Dressing			
石油和天然气开采业	Petroleum and Natural Gas Extraction	1 084	6 681	71 758
黑色金属矿采选业	Ferrous Metals Mining and Dressing			
有色金属矿采选业	Nonferrous Metals Mining and Dressing			
非金属矿采选业	Nonmetal Minerals Mining and Dressing	156	386	24 769
其他采矿业	Other Minerals Mining and Dressing			
2. 制造业	Manufacturing	903 127	2 891 027	31 071
农副食品加工业	Food Processing	7 491	22 886	31 649
食品制造业	Food Manufacturing	5 642	14 280	26 893
饮料制造业	Beverage Manufacturing	7 736	30 119	39 454
烟草加工业	Tobacco Processing	527	5 699	117 998
纺织业	Textile Industry	7 496	20 057	24 171
纺织服装、鞋、帽制造业	Textile Garments, Shoes and Hats Products	60 654	146 763	23 172
皮革、毛皮、羽毛(绒)及其制品业	Leather, Furs,Down and Related Products	25 057	45 042	17 221
木材加工及木、竹、藤、棕、草制品业	Timber Processing, Bamboo, Cane, Palm Fiber and Straw Products	1 055	1 974	18 344
家具制造业	Furniture Manufacturing	9 534	21 942	21 537
造纸及纸制品业	Papermaking and Paper Products	6 630	16 891	23 145
印刷业和记录媒介的复制	Printing and Record Medium Reproduction	15 223	46 953	30 953
文教体育用品制造业	Cultural, Educational and Sports Goods	21 378	40 008	17 778
石油加工、炼焦及核燃料加工业	Petroleum Processing, Coking and Nuclear Fuel Processing	267	1 101	40 051
化学原料及化学制品制造业	Raw Chemical Materials and Chemical Products	9 265	37 716	33 636
医药制造业	Medical and Pharmaceutical Products	6 930	26 164	39 151

13-7 续表 continued

项目	Item	年末人数(人) Year-end Figure (person)	工资总额(万元) Total Wages (10 000 yuan)	年平均工资(元) Average Yearly Wages (yuan)
化学纤维制造业	Chemical Fiber	221	1 087	51 771
橡胶制品业	Rubber Products	3 081	8 737	27 605
塑料制品业	Plastic Products	26 230	61 610	22 683
非金属矿物制品业	Nonmetal Mineral Products	23 302	62 381	29 039
黑色金属冶炼及压延加工业	Smelting and Pressing of Ferrous Metals	1 287	4 406	29 648
有色金属冶炼及压延加工业	Smelting and Pressing of Nonferrous Metals	2 017	10 848	50 337
金属制品业	Metal Products	49 459	111 514	22 209
通用设备制造业	Ordinary Machinery	10 472	31 380	28 146
专用设备制造业	Special Purpose Equipment	56 813	216 208	36 053
交通运输设备制造业	Transport Equipment	11 890	42 696	35 819
电气机械及器材制造业	Electric Equipment and Machinery	95 600	291 889	27 896
通信设备、计算机及其他电子设备制造业	Telecommunications, Computer and Other Electronic Equipment	373 060	1 394 477	36 883
仪器仪表及文化、办公用机械制造业	Instruments,Meters,Cultural and Office Machinery	44 301	129 325	28 973
工艺品及其他制造业	Handicraft Article and Other Manufacturing	20 509	46 874	21 964
废弃资源和废旧材料回收加工业	Waste Resources and Salvage of Waste Material Processing			
3. 电力、煤气及水的生产和供应业	Electricity, Gas and Water Production and Supply	17 391	124 534	73 242
电力、热力的生产和供应业	Electricity and Hot Water Production and Supply	8 845	74 180	85 916
燃气生产和供应业	Gas Production and Supply	3 980	20 748	53 738
水的生产和供应业	Water Production and Supply	4 566	29 606	65 673
二、建筑业	Construction	114 506	354 128	30 946
按登记注册类型分	Grouped by Registration			
1.国有单位	State-owned Units	28 537	103 847	37 092
2.城镇集体单位	Urban Collective Owned Units	967	1 834	20 845
3.其他单位	Units of Other Types of Ownership	85 002	248 447	29 038

13-8 镇、村企业从业人员和工资

NUMBER AND WAGE OF STAFF AND WORKERS IN TOWN AND VILLAGE ENTERPRISES

(2008)

项目	Item	从业人员(人) Employed Persons(person)	工资总额(万元) Total Wages (10 000 yuan)	年平均工资(元) Average Yearly Wages(yuan)
总计	**Total**	**1 736 727**	**3 196 372**	**18 594**
1. 农、林、牧、渔业	Farming, Forestry, Animal Husbandry and Fishery	168	487	29 343
2. 采矿业	Mining and Quarrying			
3. 制造业	Manufacturing	1 560 245	2 838 619	18 380
4. 电力、煤气及水的生产和供应业	Electricity, Gas and Water Production and Supply	1 383	6 911	53 241
5. 建筑业	Construction	4 533	9 128	19 677
6. 交通运输、仓储和邮政业	Transportation,Storage and Post Services	1 081	4 048	35 636
7. 信息传输、计算机服务和软件业	Information Transfer,Computer and Software Services	33	61	18 576
8. 批发和零售业	Wholesale and Retail Sales	13 502	24 314	18 261
9.住宿和餐饮业	Accommodation and Catering Trade	4 633	8 952	18 918
10. 金融业	Banking	32	142	44 250
11. 房地产业	Real Estate Trade	123 091	234 713	19 417
12. 租赁和商务服务业	Leasing Industry and Commercial Services	16 369	40 928	24 672
13. 科学研究、技术服务和地质勘查业	Scientific Research,Technical Services and Geological Prospecting	2 467	7 191	26 225
14. 水利、环境和公共设施管理业	Water Conservancy,Environment Management and Public Amenities	107	331	30 639
15. 居民服务和其他服务业	Resident Services and Other Services	1 396	2 858	20 662
16. 教育	Education	2 107	4 448	22 637
17. 卫生、社会保障和社会福利业	Health Care,Social Insurance and Welfare	583	2 695	46 226
18. 文化、体育和娱乐业	Culture,Sports and Entertainment	4 626	9 936	21 231
19. 公共管理和社会组织	Public Services and Social Organizations	371	610	16 445
20. 国际组织	International Organizations			

13-9 城乡劳动力资源分配平衡表

BALANCE OF LABOUR RESOURCES IN URBAN AND RURAL AREAS

(2008)

单位:万人 (10 000 persons)

项　　目	Item	合　计 Total
年末劳动力资源总数	**Labour Resources(Year-end)**	**768.09**
# 当年新增加的劳动力资源	Newly Increased Labour Resources	13.74
1. 年末 16 岁以上全部人数	Population aged 16 and Over	759.33
# 不计入劳动力资源的人数	Population not Counted in Labour Resources	3.55
2. 机械变动差额跨地区调整数	Adjustment of Machanical Change	12.31
经济活动人口	**Economically Active Population**	**683.90**
一、从业人员	Employed	670.42
(一)按登记注册类型	Grouped by Ownership	
1. 国有经济	State-owned	41.81
2. 集体经济	Collective-owned	4.85
3. 股份合作经济	Cooperative Shares	4.69
4. 联营经济	Joint Owned	8.95
5. 有限责任经济	Limited With Liabilities	54.74
6. 股份制经济	Share Holding	18.19
7. 私营经济	Private	196.17
8. 其他内资经济	Other Domestic Investment	1.85
9. 港、澳、台投资经济	Funded by Entrepreneur from HongKong, Macao & Taiwan	157.93
10.外商投资经济	Foreign Funded	81.06
11.个体经济	Individual	100.18
(二)按国民经济行业分	Grouped by Sector	
1. 农、林、牧、渔业	Farming, Forestry, Animal Husbandry and Fishery	0.75
2. 采矿业	Mining and Quarrying	0.13
3. 制造业	Manufacturing	344.27
4. 电力、煤气及水的生产和供应业	Electricity, Gas and Water Production and Supply	1.96
5. 建筑业	Construction	16.05
6. 交通运输、仓储和邮政业	Transportation,Storage and Post Services	16.61
7. 信息传输、计算机服务和软件业	Information Transfer,Computer and Software Services	14.05
8. 批发和零售业	Wholesale and Retail Sales	110.58
9. 住宿和餐饮业	Accommodation and Catering Trade	32.89
10. 金融业	Banking	8.60
11. 房地产业	Real Estate Trade	29.53
12. 租赁和商务服务业	Leasing Industry and Commercial Services	28.38
13.科学研究、技术服务和地质勘查业	Scientific Research,Technical Services and Geological Prospecting	8.58
14. 水利、环境和公共设施管理业	Water Conservancy,Environment Management and Public Amenities	4.23
15. 居民服务和其他服务业	Resident Services and Other Services	22.70
16. 教育	Education	11.10
17. 卫生、社会保障和社会福利业	Health Care,Social Insurance and Welfare	5.11
18. 文化、体育和娱乐业	Culture,Sports and Entertainment	4.15
19. 公共管理和社会组织	Public Services and Social Organizations	10.75
20. 国际组织	International Organizations	
二、失业人员	Unemployed	13.48
非经济活动人口	**Noneconomically Active Population**	**84.19**
#16 岁以上在校学生	Students aged 16 and over	17.50
家务劳动者	Household Labour	41.54

14 第十四部分 科学技术

SCIENCE AND TECHNOLOGY

CHAPTER

2008年深圳市高新技术产业统计公报

2008年，在全球经济下滑的背景下，我市高新技术产业增速虽然有所放缓，但总体上保持了平稳增长的态势。

全市实现高新技术产品产值为8714.26亿元（现价，下同），比上年增长14.7%，占全市规模以上工业总产值的比重达到54.9%，高新技术产品销售收入8509.01亿元，比上年增长13.3%，产销率达到97.6%；高新技术产品出口值794亿美元，比上年增长9.5%，占全市出口总值的44.2%；高新技术产品增加值2526.18亿元，比上年增长15.0%，占全市本地生产总值的32.4%。高新技术产品净利润479.75亿元，缴税总额301.22亿元。

高新技术研发投入平稳增长。全市从事研发生产高新技术产品的企业有3548家，共研发生产高新技术产品8053种，比上年增长26.7%。高新技术产品研究、开发的经费260.39亿元，比上年增长17.4%，占全市本地生产总值的比率为3.3%。

高新技术产业由引进技术加工制造为主转向自主开发为主。全市具有自主知识产权的高新技术产品产值达到5148.17亿元，比上年增长15.6%，占全市高新技术产品产值的59.1%。

高新技术支柱产业发展稳定。全市电子信息产业中的高新技术产品产值达到7839.15亿元，比上年增长13.4%，占全市高新技术产品产值的比重为90.0%，占全市规模以上工业总产值的比重达到49.4%。新材料新能源产业中的高新技术产品产值为420.45亿元，比上年增长26.5%，占全市高新技术产品产值的4.8%。生物医药业中的高新技术产品产值为66.10亿元，比上年增长35.5%，占全市高新技术产品产值的0.8%。光机电产业中的高新技术产品产值为346.23亿元，比上年增长21.9%，占全市高新技术产品产值的4.0%。

全市高新技术企业继续增加。截至2008年底，全市共有市级高新技术企业3086家，国家级高新技术企业395家。已认定的高新技术企业开发、生产高新技术产品8032种，比上年增长31.2%，实现产品产值8333.64亿元，比上年增长23.9%，占全部高新技术产品产值的95.6%。全市高新技术企业中高新技术产品产值过亿元的企业620家，其中超10亿元的企业有84家，超20亿元的有48家，超50亿元的有20家，超100亿元的有8家，超200亿元的企业有6家，超300亿元的有4家，超1000亿元的有2家。

科技人才队伍继续壮大，人员素质越来越高。全市开发、生产高新技术产品企业的长期职工总数为1268844人，其中留学归国人员3475人。全市从事高新技术产品研究开发的科技人员269594人，占长期职工总数的比重为21.0%。已认定高新技术企业中从事高新技术产品研究开发的科技人员231632人，其中大专以上科技人员248540人，研发人员196638人。从事高新技术研发生产的人员中博士3904人，硕士65848人，学士238253人。

深圳市高新技术产业园区中企业的高新技术产品产值达到2134.07亿元，比上年增长17.5%，占全市高新技术产品产值的比重为24.5%。

★本公报所涉及的本地生产总值及限额以上工业总产值均为年度快报数。

14-1 深圳市具有自主知识产权的高新技术产品产值

OUTPUT VALUE OF HIGH TEHNOLOGY INDUSTRY WITH INTELLECTUAL PROPERTY

(1999—2008)

年 份 Year	具有自主知识产权的高新技术产品产值(亿元) Output Value of High Technology Ingustry With Intectual Property	同比增长(%) Increase	占高新技术产值比重(%) Output Value of High Technology Industry With Intellectual Property as Percentage of Total Value of High Technology Industry
1999	383.36		46.76
2000	534.54	39.37	50.22
2001	745.63	39.49	53.67
2002	954.48	31.00	55.82
2003	1 386.64	45.28	55.85
2004	1 853.09	33.35	56.73
2005	2 824.17	33.35	57.81
2006	3 653.29	29.40	57.90
2007	4 454.39	21.90	58.62
2008	5 148.17	15.60	59.10

14-2 深圳市部分年份高新技术产品进出口情况

TOTAL IMPORTS AND EXPORTS OF SHENZHEN HIGH TECHNOLOGY INDUSTRY

(2001—2008)

单位:万美元 (USD 10 000)

年 份 Year	高新技术产品进出口总额(万美元) Total Imports and Exports of High Technology Industry	进口 Imports	出口 Exports
2001	2 335 757	1 198 796	1 136 961
2002	3 344 119	1 775 195	1 568 924
2003	5 158 146	2 643 846	2 514 300
2004	6 928 262	3 422 565	3 505 697
2005	8 868 653	4 159 435	4 709 218
2006	11 536 580	5 401 421	6 135 159
2007	13 463 800	6 209 300	7 254 500
2008	14 099 495	6 162 273	7 937 222

14-3 深圳市专利申请授权概况

PATENT APPLICATIONS EXAMINED AND GRANTED

(1991—2008)

单位:项 (item)

年份 Year	申请总量 Number of Patent Applications	发明专利 Inventions		实用新型专利 Utitity Models		外观设计专利 Desighs		授权总量 Wumber of Patents Certified
		申请量 Applications Examined	授权量 Applications Granted	申请量 Applications Examined	授权量 Applications Granted	申请量 Applications Examined	授权量 Applications Granted	
1991	261	49	1	141	88	71	71	160
1992	507	73	5	215	113	219	56	174
1993	696	82	10	331	183	283	234	427
1994	1 009	160	9	383	221	466	184	414
1995	1 104	124	7	491	280	489	434	721
1996	1 405	116	18	563	364	726	541	923
1997	1 440	165	13	486	410	789	837	1 260
1998	2 093	233	16	722	311	1 138	1 037	1 364
1999	3 314	490	31	1 169	733	1 655	1 352	2 116
2000	4 431	669	1	1 494	750	2 268	1 650	2 401
2001	6 033	1 033	7	1 904	1 239	3 096	2 260	3 506
2002	7 917	1 846	91	2 522	1 624	3 549	2 781	4 486
2003	12 361	3 526	276	3 797	1 879	5 038	2 782	4 937
2004	14 918	4 751	864	4 410	2 741	5 757	4 132	7 737
2005	20 940	8 327	917	5 687	3 458	6 928	4 608	8 983
2006	29 728	14 576	1 361	6 765	4 860	8 387	5 273	11 494
2007	35 808	19 198	2 257	7 876	6 682	8 734	6 613	15 552
2008	36 249	18 757	5 409	9 008	7 971	8 484	5 425	18 805

15 第十五部分 文化、教育

CULTURE AND EDUCATION

CHAPTER

2008年深圳市文教卫体事业发展概况

2008年，全市文教卫体系统在市委、市政府的正确领导下，坚持以邓小平理论和“三个代表”重要思想为指导，深入贯彻落实科学发展观，为和谐深圳和创新型城市的建设作出了重大贡献。

一、文化事业

（一）文艺精品创作

2008年，深圳文艺精品创作硕果累累，艺术精品生产再创佳绩。全市宣传文化系统共获得省级以上奖项595项，其中国际级79项、国家级412项、省级104项。

大型原创客家舞剧《大围屋》继在第四届文博会首演成功后，在第十届广东省艺术节汇演中，一举夺得“舞蹈音乐类一等奖”、“编导一等奖”、“音乐一等奖”等三项大奖，被认为是传统元素与现代技术巧妙结合的精品佳作；深圳原创杂技剧《梦幻西游》荣获第七届全国杂技比赛暨全国杂技主题晚会优秀剧目展演一等奖，沙井金蚝杂技团的《追梦——蹬人空竹》获杂技节目创作金奖；歌曲《我的爸和妈》获全国第十三届中国人口文化奖一等奖；话剧小品《父老乡亲》、《挂牌》分获文化部首届新农村全国小品展演金奖和首届中国农民文艺汇演丰收奖；歌曲《同一个世界，同一个梦想》、《握住你的手》和舞蹈《走山》、《棕香时节》获广东省第四届音乐舞蹈花会金奖；组织作品参加“纪念改革开放三十周年”广东省第九届美术书法摄影联展评选，获得一银两铜，总成绩全省第一；在中国美协和广东省美协联合举办的“纪念改革开放三十周年——全国美术作品展览”、国际版画双年展中，深圳画院画家的作品获优秀奖；群艺馆数人被省音协评为“广东省优秀音乐家”，一人被评为广东省“新世纪文艺之星”。深圳艺术学校学子分获得第三届东南亚肖邦国际钢琴比赛金奖、第五届俄罗斯李斯特国际钢琴比赛特别奖、乌克兰第九届克莱涅夫国际青少年钢琴比赛少年组第一名、日本第九届亚洲肖邦国际钢琴比赛协奏曲A组金奖。

（二）文化艺术活动

2008年，专业艺术口行政直属各单位全年共举办美术展览97个、接待观众30余万人次；举办各类文艺演出505场（包括公益性演出85场、准公益性演出17场、赈灾义演8场）、观众人数达53万人次。其中，深圳交响乐团演出113场、粤剧团演出69场、大剧院（演出公司）组织、接待演出160场、音乐厅组织演出163场。其他专业演出场馆（保利剧院、市少年宫剧场、龙岗文化中心、市民中心礼堂等）全年共举办演出430场，观众人数达38.8万人次；旅游主题公园（世界之窗、欢乐谷、锦绣中华、东部华侨城等）全年共举办演出1200多场，服务游客100多万人次；其他专业美术展馆（何香凝美术馆、OCT展馆、雅昌美术馆等）全年举办展览26个，观众人数达14.5万人次。高水准的展览和精彩的演出，极大地丰富了市民及海内外游客的文化生活，提升了城市的活力和文化品味。

成功承办由文化部和深圳市政府主办的第七届全国杂技比赛；开展以“我的创意·我的梦想”为主题的第四届“创意十二月”系列活动；成功举办了“2008深圳大剧院新春艺术关爱演出活动”；提升“美丽星期天”公益性音乐演出活动质量；承办“纪念中国改革开放30周年美术作品展览”等活动。

（三）群众文化活动

群艺馆全年举办周末剧场演出50余场，低廉票价吸引了超过3万人次市民和外来工走进剧场；组织举办周末广场音乐会，以“固定时间、固定地点、固定内容”的形式吸引市民和外来工参与，培育高雅艺术观众；继续开展周末讲座，以图书馆、文化馆、文化站为阵地，邀请专家学者讲授文化生活等知识，贴近生活、贴近群众，成为没有围墙的社区学校。围绕中秋、国庆、春节等重要节庆开展流动系列文化和文化进社区活动。总计全年全市共举办演出

1000多场，展览近1000场，电影2000多场，讲座300多场，受益观众300多万人次。精心策划组织了“双爱”暨文化关爱系列活动，通过开展覆盖全市各大工业区和厂区的形式多样的文化关爱活动，营造关心和爱护员工的企业文化氛围。

（四）公共图书馆事业

2008年，“图书馆之城”建设成绩显著，创新了图书馆建设和服务的理念和模式。“城市街区24小时自助图书馆系统” 研制成功，11台自助机在全市6个社区投入运营。全年全市公共图书馆新增图书186.61万册，公共图书馆总藏书量达1395.36万册，常住人口人均藏书量达1.61册；全市公共图书馆数量已达597个，总计进馆达1737.02万人次。基层图书馆网络不断完善，工业区厂区劳务工图书馆建设稳步推进，目前全市已建成劳务工图书馆和流动服务点近100家，打破了原有按行政区划建立图书馆的传统模式，而以实际需要和社会效益为依据进行规划布局，体现了公共文化服务的公平性和对外来建设者的文化关爱。

（五）文博事业

成功举办“深圳改革开放史”展览和“国家宝藏——国家博物馆典藏精品展”、“晋国霸业——山西两周出土文物精华展”等精品展览。将“鹏城春秋展览”、“深圳抗日战争图片展览”引入学校、军营。全年举办各类展览58个，接待观众35万人次。

文物保护工作进展顺利。完成大鹏所城文物保护专项规划和一期二标段施工和白蚁防治工程招标工作。咸头岭遗址规划、龙岗客家围总体保护规划纲要和茂盛世居、鹤湖新居、龙田世居、大万世居、新桥世居和洪围等6个客家围专项保护规划的编制工作稳步推进。元勋旧址、客家围屋、南头古城、中英街界碑等重点文物保护工程进展顺利，配合“大运城”建设项目，做好格坑村老围保护工作。铁仔山古墓群入选第五批广东省文物保护单位。第三次全国文物普查工作全面转入田野调查阶段，共普查、登记不可移动文物778处，复查213处，新发现582处。

文化遗产保护宣传更加深入广泛。举办了以“活的文化·新的传统”为主题的第三个“文化遗产日”系列活动；改革开放历史文物大征集活动成果展、市级非物质文化遗产名录成果展览、第二届民俗风情摄影展、深圳粤剧艺术发展图片展等展览深受欢迎，文物艺术品鉴赏系列讲座、免费文物鉴定服务吸引了大批收藏爱好者；成立收藏家俱乐部，为收藏爱好者交流搭建平台；以非物质文化遗产表演为主题的文艺晚会集中展示了非物质文化遗产保护的成果。

博物馆建设迈出新的步伐。深圳博物馆新馆，宝安区劳务工博物馆，南山区建成钟表、翡翠博物馆等相继建成。全市博物馆总量由原来的19个增至22个，全市公共博物馆举办展览90场次，参观人数84.3万人次。

全年举办8场免费文物鉴定咨询服务活动，接待市民近3000人次，鉴定物品上万件。

（六）对外文化交流

市文化系统共派出129批，共计589人次，前往外国及港澳台进行文化交流。引进25批，共计673人次。派出和引进的规模和影响均稳步健康发展，策划和管理水平明显提高，成绩显著。

（七）文化设施建设

2008年，公共文化设施建设取得新进展。深圳市博物馆、少年儿童图书馆已顺利竣工，并于12月份开馆；艺术学校新校址建设进展顺利，中波台办公大楼已竣工；当代艺术馆已开展前期方案设计、合同谈判、审批事项申报等工作，顺利推进了合建项目；关山月美术馆改造项目顺利动工，深圳大剧院舞台演出设备改造工程项目已取得立项审批。加强街道文化站规划指导，出台了《深圳市“十一五”街道文化站建设方案》，提出了“十一五”期间全市街道文化站建设的目标要求及具体措施，群众艺术馆和六区文化馆全部通过第二次全国文化馆评估定级检查，被文化部命名为一级馆。

（八）新闻出版事业

2008年，高度重视舆论导向管理和出版物鉴定工作。加强期刊社转企改制后的舆论导向管理；积极推进印刷和出版物发行的标准化工作；加强对全市互联网出版单位的服务与管理。2008年全市新闻出版产业继续保持良好的增长态势。全市共有公开发行的报纸14家，期刊38家，全年出版报纸4.27亿份，期刊0.21亿册。全市共有图书出版社2家，全年出版图书627种，其中新版389种，再版238种，总发行码洋4213.04万元；音像出版单位4家，电子出版单位1家，网络出版单位4家。全市共有印刷企业2140家。印刷精品再现深圳企业实力，《黄宾鸿全集》获得首次设立的“中国出版政府奖印刷复制奖”；获得2008年第十九届“香港印制大奖”13项大奖，以及美国印制大奖班尼金奖。全市共有出版物发行单位2434家（其中图书期刊批发单位45家、零售单位792家、报刊亭1642家），深圳出版发行集团共有3家大型书城。

（九）广播电影电视事业

加强广播电视广告播放管理，规范广告播出行为。全年新批准成立影视剧制作经营机构23家，总数达到162家。广播影视精品生产创佳绩，电视连续剧《相思树》、《任弼时》，电视政论片《风帆起珠江》等一批影视剧和专题片在央视黄金时段播出，《深视新闻》、《家有爹娘》、《抗震救灾深圳有爱》等18个影视作品(节目)获国家级奖项。新媒体新业务发展迅速。成功搭建公交、地铁、楼宇户外电视(城市电视)和增值业务运营等四大平台，成为深圳最大户外媒体传播网络。全市电影放映场所45家，商业电影观众人次642万，比2007年增长72.9%。城中村中有线电视网络覆盖工程已启动，为从根本上铲除非法“小前端”创造条件。大力开展公益电影放映活动，组织开展公益电影进社区、进企业、进城中村，全市全年共组织开展公益电影放映活动6404场，观众达到490万人次。

“动漫基地”发展态势良好，怡景国家动漫画产业基地成为深圳市唯一一家集国家级、省级及市级认定资质的文化产业园区(基地)；入驻企业佳作精品纷纷涌现，共有6家公司9部作品获得8个国际级奖项，6个国家级奖项。全市动画企业备案公示动画片21部，1580集。

（十）文化市场管理

2008年，完善文化市场体系。加强文化市场调研，出台扶持政策，促进文化经营企业进一步扩大规模，发展连锁经营。截止2008年底，全市共有网吧单店948家，网吧连锁企业3家，音像经营单位715家，歌舞娱乐经营单位563家，营业性演出场所19家，艺术培训经营单位369家，营业性画廊近1000家。

按照“标本兼治、重在治本”的方针，全力封堵查缴政治性非法出版物，严厉打击侵权盗版行为，大力清除影响未成年人健康成长的淫秽色情等文化垃圾，严肃查处各类非法报刊，积极推进网上“扫黄打非”，为奥运会的成功举办和改革开放30周年纪念活动营造了良好的社会舆论环境，为实现深圳经济、政治、文化和社会建设“四位一体”综合发展和协调发展做出了新的成绩。同时，开展文化市场专项整治工作；组织开展“黑网吧”专项整治行动以及开展安全生产大检查行动。

二、教育事业

（一）教育事业发展基本情况

2008年，全市有各级各类学校1515所，比上年增加44所，增长3.0%，其中，普通中学增加4所，小学减少5所，幼儿园增加46所。实际招生325867人，增加17797人，增长5.8%。毕业生265990人，增加20733人，增长8.5%。在校学生1207639人，增加60910人，增长5.3%。教职工100304人，比上年增加8303人，增长9.0%，其中，专任教师70157人，比上年增加5249人，增长8.1%。

1.高等教育

全市有普通高等学校8所，分别是深圳大学、深圳职业技术学院、深圳信息技术学院、清华大学深圳研究生院、北京大学深圳研究生院、哈工大深圳研究生院、南开大学深圳金融工程学院、广东新安职业技术学院。暨南大学中旅学院为二级学院，不单独计学校数。

全市普通高等学校招生20578人，比上年增加1182人，增长6.1%；毕业生13635人，增加67人，增长0.5%；在校学生64675人，增长9.8%；教职工5796人，增加338人，增长6.2%，其中，专任教师3293人，增加154人，增长4.9%。

全市成人高等教育有成人高等学校1所(深圳电视大学)，另包括不单独计学校数的深圳大学成教学院、深圳职业技术学院函授部、深圳信息职业技术学院函授部、广东新安职业技术学院的函授部。全市成人高等教育招生8972人，增长0.4%；毕业生7039人，比上年增长43.0%；在校学生25160人，增长6.8%；教职工(仅电视大学)621人，比上年减少14人；专任教师292人，增加29人。

2.基础教育

全市基础教育有小学342所，普通中学277所(初中220所，普通高中57所)，学前教育机构865所。

小学招生98525人，比上年增加419人，增长0.4%；毕业生88805人，增加4071人，增长4.8%；在校学生585852人，增加10692人，增长1.9%，小学学龄儿童入学率和小学毕业生升学率继续保持100%；教职工35816人，增加1831人，增长5.4%，其中：专任教师28540人，增加1331人，增长4.9%。

初中招生79057人，比上年增加5139人，增长7.0%；毕业生58137人，增加7681人，增长15.2%，初中毕业生升学率为71.8%；在校学生214116人，增加11723人，增长5.8%；专任教师13486人，增加1276人，增长10.5%。

普通高中招生32397人，比上年增加4222人，增长15.0%；毕业生22479人，增加1773人，增长8.6%；在校学生84823人，增加8036人，增长10.5%；专任教师6605人，增加969人，增长17.2%。

普通中学(包括初中、普通高中)教职工26044人，比上年增加2853人，增长12.3%

全市学前教育入园幼儿（含学前班，下同）71062人，比上年增加7620人，增长12.0%；离园幼儿65231人，增加6097人，增长10.3%；在园幼儿191222人，增加21726人，增长12.8%；教职工28483人，增加2772人，增长10.8%，其中专任教师

15761人，增加1380人，增长9.6%。

3.中等职业教育

全市中等职业学校20所（含技工学校7所），招生14985人，毕业生10321人，在校学生40711人，教职工3062人，其中，专任教师1990人。

4.教师队伍

小学、初中、普通高中专任教师学历合格率分别为100.0%、99.8%、98.7%。小学教师专科以上学历27295人，比上年增加1767人，增长6.9%。初中教师本科以上学历11427人，增加1175人，增长11.5%。高中教师研究生以上学历772人，增加222人，增长40.4%。具有高级专业技术资格的中小幼教师(含中职特教)5939人，比上年同口径增加462人，增长8.4%；具有中级专业技术资格的中小幼教师(含中职特教)19075人，增加668，增长3.6%。

（二）教育事业发展的特点

1.学校德育工作创新发展

以抗震救灾为契机，组织开展“爱祖国、爱人民、爱社会主义”主题教育活动和“心系灾区、关爱他人”，学习抗震救灾英雄人物、先进典型，生命教育，生存教育等活动。“深圳关爱行动”、“深圳市未成年人道德教育活动月”、“弘扬和培育民族精神月”、“法制教育宣传周”等，已成为广东省推广的德育活动品牌。

2.基础教育课程改革实验向纵深发展

深圳市基础教育课程改革实验已实施6年，2008年，完成了《深圳市深化课程改革的指导意见》(初稿)。全市在高中课改中积极探索学段制、选修制、走课制、单元制和导师制，具有鲜明的课改地方特色和校本特色，课改实验区的实验功能不断增强。

3.现代学校制度建设迈出新步伐

2008年初召开了全市现代学校制度建设年度工作会议，3个试验区和8所市直试验校都形成了试验方案，全面开展试验工作。

4.特区外村小改造和寄宿制高中建设继续推进

特区外96所原村办小学改造，在2007年完成设施设备配置的基础上，2008年抓紧推进校舍改造工程。原村办小学校舍改扩建学校已立项94所，动工建设52所，完工21所，改扩建类学校动工27所。

5.高等教育跨越式发展取得新进展

深圳大学践行现代大学制度；深职院围绕国家示范性院校建设开展工作，以12个示范性专业为龙头，带动37个专业群发展；信息学院以“评估整改”为突出重点，新校区建设已完成项目概算申报工作；南方科技大学筹建拆迁工作按计划推进，校园基建完成环评、勘察、可研、招标。深圳大学城确立了新的办学思路和办学目标与定位。

6.职业成人教育发展迈上新台阶

职业教育基础能力不断增强，改革与发展的重点逐步转移到内涵建设和提高质量上。市职业学校在全国职业院校技能大赛中荣获3个一等奖，5个二等奖，9个三等奖，获奖排名列37个代表团第15位。成人教育管理进一步规范和完善，严格实行招生广告备案工作，清理撤销不符合非学历教育机构设置标准的教学点190多个。

7.民办教育发展进一步规范

2008年，颁布《深圳市民办教育机构设置标准(试行)》。开展了全市民办学校首次年检工作，不断完善民办中小学信息公告制度。

8.国际学校建设取得较大进展

2008年，深圳市确定了“适应发展、合理布局，资源整合、多方推进，稳定规划、加快建设，完善制度、加强管理”的国际学校建设指导思想，完成了《外籍人员子女学校教职工及学生名单备案指南》等4项备案程序，正在调研制定《深圳市国际学校管理意见》。

9.国际合作与深港澳合作深入开展

“深港姊妹学校”数量和规模不断扩大。深港两地学校“环境保护科普活动”启动、“暑期工程学院计划”增加深圳参与学校和学生数量。选派教师赴香港中小学校任教、参加澳门“2008年校长论坛”，推动香港全人教育基金心理健康教育课程在深圳4所学校的试点工作。

10.教育督导工作扎实有效

紧紧把握教育均衡、优质发展主题，进一步健全督导制度，拓展督导领域，优化督导队伍，提高督导质量和实效。全面开展义务教育均衡发展督导，促进各区政府部门和学校依法履行教育工作职责；扎实做好评估工作，促进各级各类学校提高教育教学水平；加强队伍建设，进一步提高督学人员的工作水平；做好党政领导教育实绩考核的前期工作，做好教育督导信息化工作，配合做好学校安全工作大抽查等其他工作。

11.各类招生工作平稳有序进行

义务教育阶段学校招生刚性执行市政府“1+5”文件，实行“六公示”、“六承诺”制度。为缓解普通高中尤其是公办普通高中学位压力，2008年比2007年多提供近5000个高中学位，市、区公办普高共新增50个班3000多个学位。高考、中考人数创历年新高，高考26261人(含高职类)，本科录取11800人、录取率达到52%，创历史最好成绩。成人高考考生规模扩大。2008年全市27970人报名参加成人高考，比上年增长36%，共招生21767人，录取率为78%。

三、卫生事业

（一）卫生资源

1.卫生机构继续增加

2008年末全市拥有各类卫生机构1806个，同比增长1.4%，其中医院100个、妇幼保健院7个、专科防治院7个、门诊部305个、私人诊所和企事业内部医务室1333个、其他卫生机构54个。还有634个社区健康服务中心。

2.医疗机构床位稳步增加

2008年全市医疗机构床位总数达19913张，比上年增加1827张，增长10.1%。其中，医院病床18435张，增加1669张；妇幼保健院床位1257张，增加188张；其他机构床位221张。按经济类型分：政府办医疗机构15802张，占总量的79.4%，社会办医疗机构4111张，占总量的20.6%。政府办医疗机构中，市、区、街道医疗机构分别为5547张、4969张和5286张。

3.卫生人力小幅增加

2008年全市卫生人员统计口径是按在岗职工统计，包括已签订劳动合同的聘用人员和返聘人员。全市拥有卫生工作人员63488人，比上年增加7.3%。其中卫技人员50608人，占总人数的79.7%，其他技术人员2072人，占3.3%；管理人员3867人，占6.1%；工勤人员6941人，占10.9%。卫生技术人员中执业医师和执业助理医师20173人，占卫技人员总数的39.9%；注册护士19339人，占38.2%；医护比1:0.96。按经济类型分：政府办机构拥有卫生工作人员43905人，占总量的69.2%，社会办机构拥有卫生工作人员19583人，占总量的30.8%。

表1　全市卫生机构、床位、人员数

机构类别	机构数	床位数	人员数						
				卫生技术人员			其他技术人员	管理人员	工勤人员
					医生	护士			
全市总计	1806	19913	63488	50608	20173	19339	2072	3867	6941
一、医院	100	18435	45267	36560	14436	15511	1399	2699	4609
二、疗养院	1	0	362	130	45	33	41	40	151
三、门诊部	305	31	5757	4335	1996	1184	245	527	650
四、诊所和医务室	1333	0	3948	3338	1835	921	0	0	610
五、急救中心	2	0	225	184	97	69	1	26	14
六、采供血机构	3	0	212	176	22	60	6	4	26
七、妇幼保健院	7	1257	3386	2840	1022	1229	68	156	322
八、专科防治所	7	130	1209	916	408	256	64	67	162
九、疾病控制中心	7	0	859	624	263	36	69	41	125
十、卫生监督所	29	0	1871	1336	0	0	128	181	226
十一、医学科研机构	3	0	33	32	6	4	0	1	0
十二、健康教育所	3	0	39	5	1	0	1	24	9
十三、其他卫生机构	6	60	320	132	42	36	50	101	37

注：本表中卫生机构总数不含634家社区健康服务中心。

4.卫生事业费投入大幅增长

全年全市卫生事业费投入284415万元，比上年增长27.0%。其中医疗服务经费（含社区卫生服务）164835万元，占58.0%；疾病预防控制经费37550万元，占13.2%；卫生监督经费16016万元，占5.6%；妇幼保健经费13366万元，占4.6%；其他（采供血、医学信息、急救、后勤服务、医疗保健等）卫生事业费52842万元，占18.6%。

表2　2008年深圳市卫生事业费投入情况

（单位：万元）

项目	总计	医疗服务	疾病预防控制	卫生监督	妇幼保健	其他医疗卫生支出
全市	284,415	164,835	37,550	15,972	13,215	52,842
市直属	92,866	53,952	13,977	2,817	0	22,120
罗湖区	16,786	8,136	2,661	689	2,063	3,238
福田区	25,719	6,178	3,945	1,365	2,266	11,965
南山区	20,830	13,950	2,093	1,251	1,503	2,033
宝安区	72,616	45,185	9,934	4,462	3,765	9,271
龙岗区	42,599	27,864	4,315	4,775	2,974	2,670
盐田区	8,322	5,481	626	63	644	1,507
光明新区	4,677	4,090	0	549	0	38

注：本表不含固定资产投入。

5.医疗设备持续增长

全市政府办医疗卫生单位共有医疗设备99684台/套，总额43.98亿元，其中万元以上设备27684台/套，金额41.95亿元，百万元以上设备602台/套，金额16.19亿元。医疗设备中进口设备15573台/套，总额30.11亿元，分别占设备总量、总额的15.6%和71.8%。

（二）公共卫生与疾病防治

1.全力以赴抗震救灾和突发公共卫生事件应急

处置

5月12日四川汶川发生特大地震后，深圳先后派出7支医疗救援队，共99人、12辆车和救援物资及装备。紧急调配了32万毫升血浆运到灾区。共救治灾区伤员1275人，手术26例。转运伤员695个。接收四川灾区来深治疗伤员共165名，其中包括病危2名，病重49名，已全部治愈出院。

积极开展婴幼儿奶粉事件医疗救治。三鹿婴幼儿奶粉事件发生后，启动国家重大食品安全事故I级响应，卫生系统全力以赴开展婴幼儿筛查和患儿医疗救治工作。截止2008年12月2日，全市因三鹿牌婴幼儿奶粉事件累计筛查婴幼儿194507人次，累计报告因食用问题奶粉导致泌尿系统出现异常的患儿1267人，其中一类1263例(一般病例)，二类4例(做过有创治疗和检查的病例)，无死亡患儿；累计住院患儿206人，累计出院206人。

2.加强重点疾病防治，传染病报告发病小幅下降

截至2008年底，免费抗病毒治疗工作覆盖全市7个区，全市历年累计报告艾滋病病毒感染者和病人3434例，报告死亡125例。2008年共报告发现艾滋病病毒感染者和病人820例，报告死亡23例。据估计，2007年底全市现存艾滋病病毒感染者和病人约3309人，其中艾滋病病人745人。2008年全市共发现和治疗肺结核患者5862例，其中新涂阳肺结核患者2760例。

2008年全市共发生甲、乙类传染病29991例，比2007年报告发病总数下降3.3%，其中死亡33例。前五位传染病顺位分别是淋病、梅毒、肺结核、病毒性肝炎、痢疾，前五位发病数共计27060例，占报告发病总数的90.2%。其他乙类传染病发病数较2007年上升较多的疾病主要有：百日咳(11例，去年2例)、登革热(14例，去年4例)、疟疾(43例，上升65.4%)、HIV感染者(601例，上升29.2%)、肺结核(5862例，上升27.0%)、梅毒(6295例，上升22.3%)。

手足口病列入丙类传染病管理。截止2008年11月底，全市共报告丙类传染病31350例，其中，手足口病发病7147例；报告死亡2例，其中手足口病死亡1例。

3.妇幼保健工作进一步加强

按常住人口统计，2008年活产总数为49510人，比上年增长22.0%；全市孕产妇死亡率为16.16/10万，比上年上升1.37个十万分点；婴儿死亡率为3.43‰，比上年上升0.15个千分点。围产儿、新生儿和5岁以下儿童死亡率分别为4.75‰、1.9‰和4.40‰。妇保方面，2008年全市产妇总数49103人(不含流动人口)，孕妇建卡率为98.31%，产前检查5次以上的占建卡人数的89.28%，产后访视率为98.25%。

4.加大卫生监督执法力度

据2008年统计，食品生产经营单位经常性卫生监督79889家，共检查110188户次，全市抽检油条、煎炸油、月饼等16类食品、原料111292份，符合国家食品卫生标准的107041份，总合格率为96%。食品卫生行政处罚并结案1498件，罚款金额143.37万元，公共场所经常性卫生监督19312家，集中式供水单位45家，全市抽检了263家游泳场所，共抽检样品744份，合格单位225家，合格份数650份，合格率87.4%，公共场所卫生行政处罚并结案392件，罚款69.50万元。医疗卫生监督方面共调查案件425件，罚没款约202.41万元。传染病监督行政处罚92件，罚款3.35万元。

5.社区卫生服务实现全覆盖

2008年，全市共批准设立30家社区健康服务中心，至此全市社康中心总数达到634家，进一步完善社区、人口、服务全覆盖的社康体系。平均每个中心卫技人员11.6人，全年完成诊疗人次2057.2万人次，较上年增加25.2%，占全市的30.4%，人均诊疗费用48.72元，为全市诊疗次均费用的40.4%。

（三）医疗服务

1.门诊和住院工作量继续增长

2008年全市各级医疗机构共完成诊疗量6842.0万人次，同口径比上年增长14.9%。其中各级医院完成5479.3万人次，妇幼保健院完成415.8万人次，专科防治院完成128.6万人次，三者之和6023.6万人次，比上年增加18.5%；另外，门诊部完成277.5万人次，个体诊所和企事业内部医务室完成477.5万人次。各类医院按功能类别分：综合医院完成5102.9万人次，中医院完成402.7万人次，专科医院完成341.5万人次；按经济类型分：政府办医疗机构完成5211.1万人次，占总诊疗人次的76.2%；社会办医疗机构完成1628.4万人次，占总诊疗人次的23.8%。

2008年全市各级医疗机构出院病人754734人次，同比增长11.3%。其中各级医院完成680024人，妇幼保健院完成73814人，专科防治院完成738人。按经济类型分：政府办医疗机构收治住院病人636306人，占总量的84.3%；社会办医疗机构收治住院病人118270人，占总量的15.7%。

2.病床使用率持续高位上扬

全市医疗机构病床周转次数为37.9次/年，较

上年下降1.7个百分点；出院者平均住院日8.4天，基本与上年持平；病床使用率89.1%，较上年增加5个百分点。其中，医院病床使用率89.3%，较去年增加3.5个百分点。其中，政府办医院病床使用率95.3%；社会办医院病床使用率65.3%。政府办医院中，市、区、街道医院病床使用率分别为114.8%、94.4%和85.0%。妇保院病床使用率105.5%，减少5个百分点。专科防治院病床使用率30.9%，减少4.5个百分点。

3.医生工作强度进一步加大

2008年全市医院（包括妇保院和专科疾病防治院）医生人均日担负诊疗人次为13.51人次，医生人均日担负住院床日为1.62床日。其中市属医院医生人均日担负诊疗人次为12.55人次，医生人均日担负住院床日为2.14床日；区属医院医生人均日担负诊疗人次为14.74人次，医生人均日担负住院床日为1.55床日；街道办医院医生人均日担负诊疗人次为19.27人次，医生人均日担负住院床日为1.39床日；社会办医院医生人均日担负诊疗人次为12.39人次，人均日担负住院床日为1.39床日。

4.医疗费用有所回升，住院费用增幅较大

全市各级各类医院每门诊人次平均费用117.9元，同比增长1.4%；每住院人次费用5230.4元，增长12.1%（当年价格，下同）。其中，政府办医院每门诊人次平均费用112.5元，增长1.9%，每住院人次费用5490.6元，增长8.6%；社会办医院每门诊人次平均费用151.6元，增长3.3%，每住院人次费用3793.3元，增长5.6%；专科医院每诊疗人次平均费用173.5元，增长6.3%，每住院人次费用6860.0元，增长12.0%；妇幼保健院每门诊人次平均费用115.8元，增长7.9%，每住院人次费用3366.5元，增长12.1%。

由于病情严重程度、医疗条件、技术手段、收费水平等存在诸多差异，不同级别的综合医院两费差异依然明显，市、区、街道医院每门诊费用分别为182.5元、120.0元和81.5元；每住院费用分别为10431.0元、5579.3元和3289.3元。

四、体育事业

（一）在2008北京奥运会、残奥会上，实现了深圳籍运动员参赛人数和参赛成绩的历史性突破

2008北京奥运会中，深圳不但有10名运动员、2名教练员入选北京奥运会国家队阵容，而且在北京奥运会上夺得1个第三（花样游泳）、1个第四（田径）、1个第六、2个第八的好成绩。在残奥会上，深圳运动员取得一金、一铜（射箭女子团体反曲弓公开级金牌、女子个人反曲弓（坐姿）铜牌）、1个第七（女子轮椅篮球）的好成绩。深圳荣获广东省参加第13届残奥会“突出贡献奖”、广东省参加第29届奥运会“贡献奖”。

（二）全民健身成果丰硕，群众体育蓬勃发展

1.抓住契机，加大宣传力度，营造全民健身氛围

2008年，北京奥运圣火传递在深圳圆满进行，举世瞩目的北京奥运会成功举办，第26届世界大运会筹备工作有序展开，紧紧抓住这些契机，充分利用各个宣传平台，广泛深入地宣传体育、宣传全民健身，在全市营造了全市人民喜迎奥运、大运的浓郁氛围，唱响了“全民健身与奥运同行，群众体育为大运添彩”的主旋律。

2.突出主题，大力开展全民健身活动

全市的群众体育工作注重发挥各方面力量，充分利用社会资源，积极开展大小结合，形式多样群众体育竞赛和健身活动，建立起富有深圳特色的群众体育活动模式，做到群众竞赛和健身活动不断，满足了各层面市民的健身需求。开展了”登莲花山活动；“全民健身与奥运同行”为主题的广东省第九届“体育节”活动；第29届市民长跑日；“深圳老人纪念中国改革开放30周年暨迎大运贺老运好日子万名老人健步活动”。2008全年各级组织群体竞赛和健身活动达1650多次，经常参加体育锻炼的人口近410万人。

3.树立典型，大力开展创先评优工作，促进体育事业全面发展

全市有福田沙嘴、罗湖绿景、宝安新桥、龙岗六联等24个社区居委会申报了第三批广东省城市体育先进社区；福田梅林、罗湖清水河、南山桃源等3个街道申报了第六批全国体育先进社区。各单位创建工作已经通过了上级部门的检查验收。

4.加大投入，完善公共体育设施建设

全市继续加大基层公共体育设施建设投入，从2008年体育彩票公益金中拨专款用于公共体育设施建设。通过招标采购了健身路径60条、乒乓球台60张，室内健身器材40套、篮球场20个、篮球架30副，并且全部投放到基层街道社区，方便社区居民就近就便参与体育锻炼，满足广大市民的健身需求。

5.以人为本，实施“两项制度”，服务市民科学健身锻炼

一是开展国民体质测定，为市民科学健身服务。按照《深圳市2008年国民体质测定工作方案》，继续在全市范围内开展国民体质测定工作。截至10月31日，受测人数已超过64000人。二是加强社会体育指导员培训和管理，增强基层体育骨干力量。

全市共培训了三级社会体育指导员420名，二级社会体育指导员680名。截止12月底，全市共有各等级社会体育指导员12000多名。

（三）竞技体育工作进一步加强，竞技成果显著

1.第13届省运会各项备战工作扎实推进

明确了省运会备战的目标定位、方式定位、规模定位、任务定位、措施定位和保障定位，并落实安排了省运会三年备战经费；重抓队伍组建和省青少年锦标赛的组队参赛工作。市体工大队、市体育运动学校等训练单位和六区共派出近600名运动员，参加了31个项目的省青少年锦标赛。其中，游泳、足球项目夺得团体第一名；篮球、赛艇、皮划艇、排球、帆板、曲棍球、体操获得团体第二名；田径、射击、跆拳道、乒乓球、射箭等项目获团体第三名。

2.第26届世界大运会的备战工作加速推进，承办工作有条不紊

经过多次召集专题会议研讨，全市计划组成120人队伍参加13个项目的集训，优选出40人左右的参赛阵容，冲击第26届大运会深圳运动员夺取6–8枚的金牌指标。

3.国际、国内赛事的承办和参赛工作顺利完成

承接了361°2008年国际泳联跳水赛、2008年中国杯帆船赛和2008年全国艺术体操冠军赛等三项赛事。在参加世界大赛方面，市体工大队运动员夺取了7金4银1铜的好成绩。跳水运动员在其参加的3站世界杯跳水赛上，获得3个1米板冠军，逐步奠定了深圳运动员在全运会跳板项目的竞争实力。在参加全国比赛方面，市体工大队共有14个项目的运动员参加了全国各类型的比赛，共夺得17金15银22铜的佳绩。

4.青少年业余训练工作力度逐步加大

继续加强全市青少年业余训练工作的领导和赛事组织工作。举办了定向越野、毽球、排球、篮球、游泳等5个项目中小学生比赛，以及跆拳道、游泳、武术等12个项目的市少年儿童锦标赛。此外，加强了国家青少年俱乐部的建设。以学校、业余体校、体育中心为依托单位、覆盖全市六区的青少年俱乐部网络已经建立，成为了全市业余训练网络的重要组成部分。

5.非行政许可审批项目规范开展

全年共办理了429名二级运动员和312名二级裁判员的审批办证手续。

（四）体育产业工作不断深化，场馆建设日新月异

1.加强高危险性体育项目经营活动的监督管理

认真贯彻执行《广东省高危险性体育项目经营管理规定》，加强对救生员的规范化管理，规范救生员的培训、考核及持证上岗工作。

全市继续规范行政许可事项的审批工作。共批准高危险性体育项目经营活动226家，体育类民办非企业5家，体育社会团体1家。

2.体育彩票销售达到8.22亿元

全市的体育彩票管理工作坚持“以销售渠道建设为核心，以提升品牌形象为主线，以提高单机销量和人均购彩额为目标”的发展思路，通过“管理三系统”，扎扎实实地把深圳体彩推上又好又快的发展轨道。全年体育彩票销售达到8.22亿元，占全省销量的21%，累计销量比去年同期增长了38.77%。

3.体育场馆建设持续推进

继续大力推进体育场馆的建设和维修改造工作。年内，完成了大运会重点场馆建设项目——深圳市体育运动学校新校址暨大运会比赛训练场馆、深圳航海运动学校暨大运会海上运动基地、大运会海上运动项目七星湾分赛场的可行性研究报告及可研批复，并于11月15日正式奠基。市体工大队的改扩建工作已完成招标，市属场馆维修改造项目的前期工作以及各区场馆建设、体育工艺咨询等工作也陆续完成。

（撰稿：陈中、陈麒仲、万雪莉、楚振宇、李乡山）

15-1　各级各类学校数

NUMBER OF SCHOOL BY LEVEL AND TYPE

(1979—2008)

单位:所　　(unit)

年　份 Year	普通高等学校 Institutions of Higher Education	中等职业教育 Medium Vocational Education	普通中学 Regular Secondary Schools	小　学 Primary Schools	幼儿园 Kinder-gartens
全市　Total					
1979			24	226	90
1980			24	238	52
1981			26	244	32
1982			28	246	50
1983	1		30	248	69
1984	2		35	260	87
1985	2		38	258	79
1986	2		40	257	273
1987	2		43	255	187
1988	2		47	257	195
1989	2		47	264	207
1990	2		49	263	228
1991	2		51	260	257
1992	2		53	261	282
1993	3		51	267	281
1994	3		56	269	333
1995	2		62	274	349
1996	2		71	274	380
1997	2		73	275	446
1998	2		78	286	488
1999	2		83	325	560
2000	2		94	353	562
2001	3		107	377	587
2002	9		134	395	634
2003	9	25	179	376	656
2004	9	16	216	378	699
2005	9	16	245	358	744
2006	9	13	260	357	758
2007	8	13	273	347	819
2008	8	13	277	342	865

注:根据教育部的统一要求及深圳的实际,将普通中专、成人中专和职业高中合并统称为中等职业教育。该指标由于深圳市布局调整的原因产生了波动。

According to the oneness and fact,the index,medium vocational education was mergered by technical secondary school,secondary adult education and high school.This index was fluctuoted by layout adjusting in shenzhen.

15-2 各级各类学校教职工数

STAFF AND WORKERS BY LEVEL AND TYPE OF SCHOOL

(1986—2008)

单位：人 (person)

年 份 Year	普通高等学校 Institutions of Higher Education	中等职业教育 Medium Vocational Education	普通中学 Regular Secondary Schools	小 学 Primary Schools	幼儿园 Kinder-gartens
全市 Total					
1986	816		2 871	3 632	
1987	972		3 182	3 959	1 616
1988	1 034		3 455	4 302	1 558
1989	1 393		3 758	4 596	1 969
1990	1 348		3 920	5 061	2 267
1991	1 381		4 308	5 388	2 716
1992	1 405		4 650	5 768	3 113
1993	1 536		5 106	6 337	4 154
1994	2 753		5 589	7 129	5 294
1995	1 187		6 063	7 666	5 929
1996	1 331		6 669	8 702	6 817
1997	1 430		7 079	9 148	8 328
1998	1 649		7 369	9 786	9 761
1999	1 819		7 886	11 449	11 605
2000	1 902		8 739	14 697	12 787
2001	2 165		9 763	17 370	14 515
2002	3 369		11 662	20 621	16 483
2003	3 820	2029	13 379	23 382	17 778
2004	4 421	1 758	15 401	25 460	19 345
2005	5 025	1 733	18 713	30 194	21 376
2006	4 995	1 712	20 500	31 748	23 167
2007	5 458	1 711	23 191	33 985	25 711
2008	5 796	1 791	26 044	35 816	28 483

15-3 各级各类学校专任教师数

FULL-TIME TEACHERS BY LEVEL AND TYPE OF SCHOOL

(1979—2008)

单位：人 (person)

年 份 Year	普通高等学校 Institutions of Higher Education	中等职业教育 Medium Vocational Education	普通中学 Regular Secondary Schools	小 学 Primary Schools	幼儿园 Kinder-gartens
全市 Total					
1979			752	1 588	
1980			625	1 763	159
1981			676	1 948	141
1982			860	1 954	259
1983	80		1 044	2 025	365
1984	162		1 372	2 282	575
1985	288		1 902	2 749	483
1986	406		2 138	2 977	573
1987	468		2 376	3 265	1 005
1988	524		2 603	3 571	937
1989	533		2 771	3 810	1 193
1990	484		2 915	4 221	1 317
1991	533		3 255	4 514	1 451
1992	493		3 533	4 832	1 698
1993	535		3 892	5 342	2 288
1994	978		4 290	6 015	2 745
1995	629		4 675	6 429	3 202
1996	747		5 004	7 046	3 665
1997	793		5 276	7 567	4 613
1998	865		5 502	7 940	5 257
1999	1 049		5 935	8 914	6 092
2000	1 114		6 596	11 550	7 234
2001	1 295		7 224	13 254	7 690
2002	2080		8 643	15 763	8 893
2003	2 341	1 392	9 989	17 920	9 539
2004	2 572	1 215	11 625	19 660	10 670
2005	2 796	1 216	14 196	23 866	11 973
2006	2 905	1 234	15 678	25 203	12 815
2007	3 139	1 251	17 846	27 209	14 381
2008	3 293	1 282	20 091	28 540	15 761

15-4 各级各类学校在校学生数

STUDENTS ENROLLMENT BY LEVEL AND TYPE OF SCHOOL

(1979—2008)

单位:人 (person)

年 份 Year	普通高等学校 Institutions of Higher Education	中等职业教育 Medium Vocational Education	普通中学 Regular Secondary Schools	小 学 Primary Schools	幼儿园 Kinder-gartens
全市 Total					
1979			13 686	47 022	4 587
1980			12 296	49 168	3 377
1981			13 088	51 560	5 074
1982			17 080	54 538	7 723
1983	216		20 982	56 319	9 252
1984	1 236		27 636	62 021	12 140
1985	3 206		35 334	70 277	14 338
1986	3 478		40 208	77 884	22 703
1987	4 330		44 910	84 601	26 072
1988	4 710		43 267	96 474	27 106
1989	4 419		45 056	104 041	34 781
1990	3 964		46 473	111 711	36 041
1991	3 779		50 625	118 460	43 877
1992	3 653		55 857	127 978	49 985
1993	3 680		60 337	139 272	56 024
1994	4 227		66 073	147 186	63 316
1995	5 291		71 540	157 210	62 571
1996	6 493		76 949	170 983	68 769
1997	7 601		82 155	190 192	71 378
1998	8 497		86 009	215 652	77 623
1999	10 568		91 260	256 060	88 322
2000	14 123		106 996	313 852	93 164
2001	18 556		126 190	363 657	103 440
2002	26 778		150 654	415 097	110 390
2003	32 106	17 010	179 628	469 684	123 856
2004	41 251	18 833	211 224	526 419	135 019
2005	45 314	21 598	240 508	566 278	147 672
2006	51 220	24 779	256 630	564 891	152 330
2007	58 910	25 978	279 180	575 160	169 496
2008	64 675	27 706	298 939	585 852	191 222

15-5 各级各类学校招生数

NEW STUDENTS ENROLLMENT BY LEVEL AND TYPE OF SCHOOL

(1979—2008)

单位:人 (person)

年份 Year	普通高等学校 Institutions of Higher Education	中等职业教育 Medium Vocational Education	普通中学 Regular Secondary Schools	小学 Primary Schools	幼儿园 Kinder-gartens
全市 Total					
1979			5 612	8 978	
1980			5 344	9 064	
1981			5 046	9 978	
1982			7 401	9 561	
1983	216		8 142	8 936	
1984	473		10 053	9 700	8 734
1985	1 482		12 954	11 876	10 148
1986	1 173		12 826	14 269	10 932
1987	1 573		15 121	15 191	9 344
1988	1 378		12 583	17 235	8 369
1989	1 228		16 654	18 525	15 273
1990	1 041		17 034	19 122	17 494
1991	1 126		17 956	19 634	28 493
1992	1 070		21 242	22 129	32 847
1993	1 309		22 417	26 333	37 035
1994	1 664		24 286	27 860	26 213
1995	2 134		26 463	31 198	35 630
1996	2 470		27 752	33 692	37 869
1997	2 580		29 773	37 306	33 906
1998	3 078		31 286	41 824	32 822
1999	4 211		34 380	55 876	39 019
2000	6 522		41 980	64 265	39 392
2001	7 239		48 533	72 220	50 354
2002	10 210		58 847	81 107	40 523
2003	11 915	6 108	69 711	88 203	51 989
2004	14 455	7 430	79 359	96 554	54 735
2005	15 044	8 913	92 305	101 274	58 658
2006	17 916	9 071	94 866	95 359	57 007
2007	19 396	8 439	102 093	98 106	63 442
2008	20 578	10 198	111 454	98 525	71 062

15-6 各级各类学校毕业生数

GRADUATES BY LEVEL AND TYPE OF SCHOOL

(1984—2008)

单位：人 (person)

年 份 Year	普通高等学校 Institutions of Higher Education	中等职业教育 Medium Vocational Education	普通中学 Regular Secondary Schools	小 学 Primary Schools	幼儿园 Kinder-gartens
全市 Total					
1984			4 677	8 505	6 710
1985			7 468	10 669	7 824
1986			9 169	11 481	9 892
1987	1 028		11 401	14 411	7 529
1988	828		14 305	8 821	7 741
1989	1 491		13 388	12 947	13 090
1990	1 334		13 914	13 363	13 848
1991	1 191		11 885	14 428	23 140
1992	1 187		14 035	16 555	27 126
1993	1 203		14 739	17 685	30 000
1994	1 064		15 345	19 010	17 749
1995	1 143		17 617	20 876	33 187
1996	1 210		18 891	21 030	25 889
1997	1 474		20 215	22 095	32 459
1998	2 126		23 651	23 871	26 560
1999	2 146		23 179	27 040	35 545
2000	2 382		24 874	33 219	39 917
2001	2 779		28 424	38 987	44 157
2002	3 927		32 503	47 025	43 912
2003	4 740	5 141	40 200	55 017	48 797
2004	6 282	5 680	48 061	62 032	49 575
2005	9 007	5 429	58 363	75 517	54 204
2006	12 413	5 325	66 047	81 554	58 421
2007	13 568	6 836	71 162	84 734	59 134
2008	13 635	8 227	80 616	88 805	65 231

15-7 文化事业

CULTURAL INSTITUTIONS

(2000—2008)

项目	Item	2000	2001	2002	2003	2004	2005	2006	2007	2008
电影放映单位(个)	Film Projection Units (unit)	201	201	162	119	79	59	72	73	82
# 电影院、影剧院(间)	Cinemas and Theatres	126	126	82	69	55	45	56	56	45
电影观众人数(万人次)	Spectators (10 000 person-times)	235	185	159	207	137	410	465	542	1 132
群众艺术、文化馆(座)	Art and Cultural Centers(set)	6	6	7	7	7	7	7	7	7
公共图书馆(座)★	Public Libraries (set)	9	9	10	10	8	8	577	597	597
公共图书馆总藏量★	Collection of Public Libraries	231.1	245.2	294.7	345.5	385.2	498.6	1079.5	1 225.2	1 395.36
(万册件)	(10 000 books)									
博物馆、纪念馆(座)	Museums (set)	8	14	16	16	17	19	19	19	20
广播电台(座)	Broadcasting Stations (set)	1	1	1	1	1	1	1	1	1
电视台(座)	Television Stations (set)	1	2	2	2	2	2	2	2	2
广播人口覆盖率(%)	Listener Rating(%)	100	100	100	100	100	100	100	100	100
电视人口覆盖率(%)	Viewer Rating(%)	100	100	100	100	100	100	100	100	100
图书出版数(万册)	Books Published(10 000 copies)	348	448	448	546	538	295	461	461	356
杂志出版数(万册)	Magazines Published(10 000 copies)	2 531	2 563	2 845	2 582	1 885	1 949	1 900	2 167	2 100
报纸出版数(万份)	Newspapers Published(10 000 copies)	56 453	70 808	82 923	82 807	73 933	72 454	67 000	69 104	42 700

注:从 2008 年开始电影观众人数指标从往年的公益电影人数改为公益加商业电影人数。

Starting in 2008, film audiences throughout the year the number of public accounting from the film plus the number of commercial films changed to the number of public interest.

16 第十六部分

卫生、社会保障和社会福利业

HEALTH,SOCIAL SECURITY AND SOCIAL WELFARE

CHAPTER

16-1 卫生事业

PUBLIC HEALTH

(1979—2008)

年份 Year	一、卫生机构数合计 Health Care Institutions (unit)	1. 医院合计 Hospitals	# 综合医院 Comprehensive Hospitals	# 街道医院 Hospitals	2. 疗养院 Sanatoriums	3. 门诊部、卫生室、诊所 Clinics	4. 专科防治所 Specialized Prevention & Treatment Stations	5. 疾病预防控制中心(卫生防疫站) Sanitation and Diseases Control Stations
全市 Total								
1979	62	25	25	24		31	1	1
1980	74	24	24	23		44	1	1
1981	77	24	24	23		47	1	1
1982	121	26	26	23		87	1	2
1983	128	30	28	23		91	1	2
1984	150	29	26	18		109	2	6
1985	215	31	27	17		169	2	6
1986	297	32	28	18	1	234	2	7
1987	311	34	30	19	1	253	2	7
1988	308	35	30	19	1	249	4	6
1989	332	35	29	17	1	271	5	6
1990	354	38	32	18	1	291	4	6
1991	360	41	35	22	1	293	4	6
1992	397	45	37	23	1	326	4	6
1993	400	45	37	23	1	324	3	8
1994	496	48	38	25	1	416	3	8
1995	506	63	53	40	1	407	6	8
1996	1 422	65	54	31	1	1 314	7	8
1997	1 126	72	59	28	1	1 011	7	8
1998	899	72	59	28	1	784	7	8
1999	687	71	58	26	1	574	7	7
2000	683	72	59	28	1	568	4	7
2001	723	75	62	28	1	600	4	7
2002	761	77	62	26	1	638	5	7
2003	893	85	68	24	1	759	5	7
2004	856	87	71	24	1	706	6	7
2005	1 063	97	78	23	1	902	7	7
2006	1 692	99	80	23	1	1 529	7	7
2007	1 781	101	81	24	1	1 615	7	7
2008	1 806	100	79	24	1	1 638	7	7

注：自2002年开始计划生育指导中心、药检所等不记入卫生事业机构中；医生仅统计执业医师与执业助理医师，护士仅统计注册护士，未取得执业证的医师和未注册的护士计入其他卫生技术人员，不得从事医护工作。

The numder of health care institutions in 2002 does not include birth-control centers and medicines and chemical reagent test labs. The numder of doctors just include registered doctors and registered mediatinus, the number of nurses include registered nurses only.

年　份 Year	6. 妇幼保健所、站 Maternity and Child Care Centers	7. 医学科学(研究)机构 Institutions of Medical Science	8. 其他卫生机构 Other Health Care Institutions	二、床位数(张) Beds (unit)	1. 医院病床 Hospital Beds	(1) 综合医院 Compre-hensive Hospitals	# 街道医院 Hospitals
全市 Total							
1979	1		2	597	597	597	428
1980	1		2	643	643	643	474
1981	1		2	790	790	790	529
1982	1		3	717	717	717	367
1983	1		2	1 023	1 023	965	435
1984	1		2	1 634	1 634	1 455	671
1985	1	1	4	1 885	1 885	1 600	482
1986	5	1	5	2 112	2 028	1 749	507
1987	6	2	5	2 309	2 225	1 941	543
1988	5	2	5	2 580	2 496	2 086	528
1989	5	2	6	2 922	2 838	2 305	475
1990	5	2	6	3 192	3 108	2 560	567
1991	6	2	6	3 582	3 498	2 847	643
1992	6	2	6	4 550	4 466	3 483	981
1993	7	4	7	5 252	5 168	4 146	1 374
1994	7	4	8	6 124	6 040	4 844	1 702
1995	7	4	9	6 724	6 640	5 351	2 079
1996	7	4	15	7 455	7 105	5 777	1 936
1997	7	4	15	8 288	7 813	6 224	2 013
1998	7	4	15	8 899	8 353	6 760	2 118
1999	7	4	15	9 332	8 720	7 120	2 343
2000	7	4	19	10 294	9 616	7 983	2 623
2001	7	4	24	11 159	10 542	8 919	2 962
2002	7	3	22	12 404	11 808	10 019	3 238
2003	7	3	25	13 588	12 607	10 818	3 589
2004	7	3	39	15 069	14 186	12 125	3 978
2005	7	3	39	16 824	15 577	13 332	4 344
2006	7	3	39	17 553	16 193	13 946	4 612
2007	7	3	40	18 086	16 766	14 325	4 716
2008	7	3	43	19 913	18 435	15 482	5 286

年 份 Year	(2) 专科医院 Specialized Hospitals	2.其他卫生机构 Other Health Care Institutions	三、卫生工作人员数(人) Medical Personnel (person)	1. 卫生技术人 员 Medical Technical Personnel	(1)执业医师 Registered Doctors
全市 Total					
1979			1 214	988	364
1980			1 335	1 088	438
1981			1 514	1 270	518
1982			1 967	1 609	708
1983	58		2 910	2 343	1 073
1984	179		3 869	3 064	1 484
1985	285		4 861	3 857	1 862
1986	279		5 800	4 657	2 217
1987	284		6 354	5 117	2 408
1988	410		7 115	5 715	2 754
1989	533		7 923	6 451	3 103
1990	548		8 619	6 996	3 426
1991	651		9 405	7 618	3 737
1992	983		10 643	8 571	4 247
1993	1 022		12 261	9 888	4 798
1994	1 196		13 853	11 034	5 347
1995	1 289		15 591	12 449	6 050
1996	1 328	266	17 925	14 652	7 266
1997	1 589	325	18 553	14 932	7 400
1998	1 593	396	18 707	14 975	7 191
1999	1 600	462	18 841	15 143	7 062
2000	1 633	528	19 691	15 720	7 418
2001	1 623	467	21 362	17 135	8 097
2002	1 789	446	23 100	18 615	7 853
2003	1 789	831	26 178	21 234	8 909
2004	2 061	883	28 593	22 895	9 846
2005	2 245	1 247	31 577	25 681	10 961
2006	2 247	1 360	52 380	42 415	15 997
2007	2 441	1 320	59 170	46 877	17 450
2008	2 953	1 478	63 488	50 608	18 807

注：由于卫生工作人员统计口径的变化，而使该类人数指标产生了较大的增幅。

Because of changing of statistics range,the data of medical personnel is increasing

年 份 Year	执业中医师 Registered Traditional Chinese Medic	(2)执业助理医师 Registered Mediatinus	中医执业助理医师 Registered Tradional Chinese Mediatinus	(3)注册护士 Registered Nurses	(4)药剂人员 Pharmacists	(5)检验人员 Assistant Laboratory Technicians	(6)其它 Others	2.其他技术人员 Other Technical Personnel
全市 Total								
1979	96			138	22	32	432	
1980	88			186	31	41	392	13
1981	98			237	46	48	421	15
1982	116			323	76	60	442	5
1983	141			551	121	91	507	21
1984	171			716	173	125	566	41
1985	243			997	222	158	618	29
1986	304			1 246	260	211	723	44
1987	341			1 450	292	257	710	48
1988	374			1 734	409	283	535	86
1989	433			1 971	431	321	625	85
1990	463			2 145	475	355	595	118
1991	503			2 372	539	365	605	156
1992	579			2 705	630	375	614	183
1993	650			3 225	744	464	657	169
1994	739			3 625	823	538	701	318
1995	823			4 034	906	612	847	386
1996	1 292			4 654	1 005	664	1 063	427
1997	1 122			4 828	1 063	708	933	519
1998	928			5 025	1 111	760	888	502
1999	879			5 230	1 108	812	931	614
2000	919			5 425	1 130	847	900	689
2001	958			5 945	1 194	871	1 028	605
2002	865	407	28	6 635	1 292	965	1 463	800
2003	939	530	41	7 321	1 499	1 085	1 890	1 056
2004	1 015	521	42	7 975	1 569	1 219	1 765	1 243
2005	1 134	658	45	8 981	1 710	1 362	2 009	1 191
2006	1 533	1 432	109	15 981	2 766	2 296	3 943	2 105
2007	1 625	1 335	121	17 869	2 876	2 190	5 157	1 974
2008	1 873	1 366	93	19 339	2 979	2 382	5 735	2 061

年 份 Year	3.管理人员 Managerial Personnel	4.工勤人员 Logistics Workers	四、医疗机构总诊疗人次 (万人次) Total Patients Treated	五、入院总人数 (万人) In Patitents (10 000 persons)	六、病床使用率(%) Utilization Rate of Beds (%)	七、病床周转次数 (次) Turnover of Beds(time)
全市 Total						
1979	123	103				
1980	112	122				
1981	120	109		1.41		
1982	168	185		1.97		
1983	193	353		3.44		
1984	221	543		4.11		
1985	354	621		4.88		
1986	394	705		4.68	66.2	24.4
1987	411	778		5.84	73.6	22.2
1988	465	849	960.19	6.97	75.6	28.8
1989	517	870	1 115.71	7.87	78.4	29.0
1990	463	1 042	1 215.21	8.73	81.4	29.0
1991	514	1 117	1 424.05	10.08	85.2	30.3
1992	645	1 244	1 773.17	11.40	81.9	28.0
1993	965	1 239	1 425.79	12.59	83.9	24.1
1994	1 108	1 393	1 458.59	12.81	70.1	23.2
1995	1 195	1 561	1 810.22	13.07	65.0	20.8
1996	1 252	1 594	1 961.12	14.63	64.3	21.5
1997	1 426	1 676	1 821.04	16.15	67.4	21.9
1998	1 381	1 849	1 941.11	19.05	68.6	24.1
1999	1 386	1 698	2 050.97	21.12	69.3	24.5
2000	1 479	1 803	2 175.27	26.61	75.4	28.3
2001	1 729	1 893	2 408.07	30.23	77.3	29.4
2002	1 753	1 932	2 689.23	35.74	80.2	31.3
2003	1 807	2 081	3 052.08	41.57	84.0	33.5
2004	2 100	2 355	3 514.09	49.00	82.4	34.9
2005	2 367	2 338	4 054.9	54.68	79.9	34.6
2006	2 943	4 917	4 826.8	59.24	81.6	35.6
2007	3 450	6 869	5 953.5	68.09	87.5	38.6
2008	3 867	6 941	6 842	75.34	89.1	37.9

注：因统计口径的变化，“医疗机构总诊疗人次”指标数据与上年不可比。

Because of changing of statistics range, the data of Total Patients Treated is non comparable to that in orher years.

16-2 深圳市建立最低生活保障制度以来历年低保情况统计

LIST OF MINIMUM STANDARD OF LIVING SECURITY IN SHENZHEN

(1997—2008)

年　份 Year	户　数(户) Households (Household)	人　数(人) Persons (Person)	金　额(万元) Total Funds (10 000 Yuan)
1997	965	1667	122.02
1998	771	2014	212.28
1999	1 150	3145	374.96
2000	1 372	3783	558.80
2001	1 796	4978	730.40
2002	2 783	8478	1 288.00
2003	3 718	11203	1 972.30
2004	4 467	13364	2 427.40
2005	4 887	14602	3 522.70
2006	5 103	15026	3 700.20
2007	5 105	14 833	4 048.70
2008	4 962	14 214	4 513.40

16-3 深圳市最低生活保障标准调整表

LIST OF URBAN LOWEST COST-OF -LIVING IN SHENZHEN

年　份 Year	特区居民 Residents in Special Zone	宝安、龙岗城镇居民 Residents in Baoan and Longgang	农村居民 Rural Residents Areas
1997年3月	205	170	120
1998年1月	245	210	150
1999年1月	319	273	195
2002年1月	344	290	205
2005年1月	344	344	344
2006年10月	361	361	361
2007年10月	361	361	
2008年10月	415	415	

16-4 深圳社会福利院、救助管理站基本情况

BASIC STATISTICS ON SOCIAL WELFARE INSTITUTIONS AND COLLECTING AND REPATRIATIONS(1997—2008)

年 份 Year	社会福利院 Social Welfare Institutions			救助管理站 Collecting and Repatriations		
	单位(个) Units	床位数(个) Beds	年末收养人数(个) Person Housed	单位(个) Units	床位数(个) Beds	人数(个) Person Housed
1997						
1998						
1999						
2000						
2001						
2002						
2003	26	2 919		3		2 027
2004	26	2 919		3		11 203
2005	26	2 919	2 340	3		16 057
2006	27	3 419	2 457	3		13 525
2007	27	2 288	1 316	3		24 962
2008	29	2 797	1 530	3		28 377

注:救助管理站 2003 年人数为 2003 年 8 月至 2003 年 12 月。

Number of Collecting and Repatriations in 2003 is from Aug 2003 to Dec 2003

17 第十七部分 城市建设和环境保护

URBAN CONSTRUCTION AND ENVIRONMENT

CHAPTER

2008年深圳市环境状况公报

深圳市环境保护局

根据《中华人民共和国环境保护法》、《广东省环境保护条例》和《深圳经济特区环境保护条例》的规定，现公布《2008 年度深圳市环境状况公报》。

一、综述

（一）环境质量概况

2008 年，全市环境质量总体保持良好水平。空气环境质量符合国家二级标准，主要饮用水源水质良好，符合饮用水源水质要求，河流水质有所改善，但污染仍较严重，主要河流中下游水质劣于国家地表水Ⅴ类标准，近岸海域东部海水达到国家海水水质第一类标准，西部海域受到一定程度污染，水质劣于第四类标准，城市声环境处于轻度污染水平，辐射环境处于安全状态。

（二）环境保护与建设

2008 年，我市全面贯彻党的十七大精神，深入落实科学发展观，强化环境统一监督管理，大力开展环境污染治理，全面推进生态文明建设，环保工作取得重大进展。市政府制定并印发《深圳生态文明建设行动纲领(2008—2010)》，我市成为全国生态文明建设试点地区，盐田区荣获“国家生态区”称号，福田区创建工作通过环境保护部组织的技术核查；进一步加大环保投资，以前所未有的投入力度开展水环境治理等项目建设，2008 年全市环境保护投资指数达 2.8%；高质量完成省政府下达我市的年度污染减排任务，在全省污染减排考核中名列前茅；完成《深圳经济特区环境保护条例》修正案，并提请市人大审议；开展城市总体规划(2007-2020)环境影响评价，将环保要求充分纳入城市总体规划修编成果；深入开展全市整治违法排污专项行动，持续保持对环境违法行为的高压打击态势，执法力度保持全国前列，市环保部门获得全国“整治违法排污者专项行动”先进集体称号；发布了电镀、线路板等 10 个重点行业的清洁生产技术指引，按时保质完成第一次全国污染源普查工作。

二、环境空气

（一）环境空气质量

全市环境空气质量达到国家一级标准（优）和二级标准(良)的天数共计 364 天，占全年的 99.5%，比上年增加 3 天；超过二级标准的天数为 2 天，占全年的 0.5%(见图 1)。空气首要污染物为可吸入颗粒物(见图 2)。

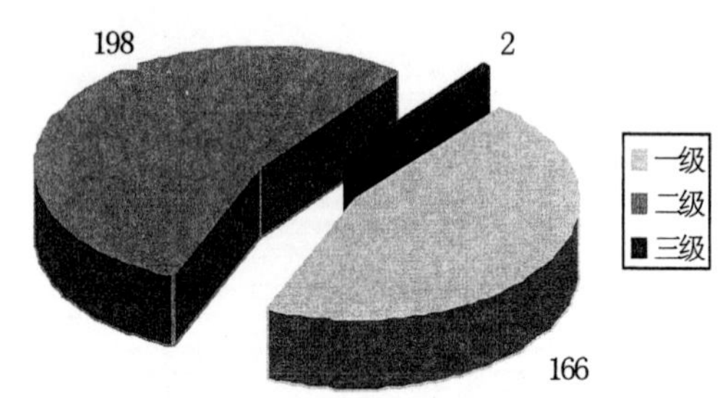

图1 2008年全市空气质量级别天数

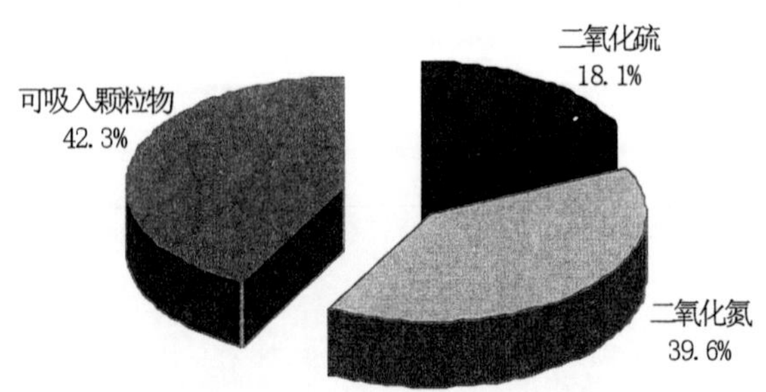

图2 2008年全市三项空气污染物负荷系数

二氧化硫年日平均浓度为 0.016 毫克/立方米，比上年下降 0.007 毫克/立方米；二氧化氮年日平均浓度为 0.047 毫克/立方米，比上年下降 0.007 毫克/

立方米；可吸入颗粒物年日平均浓度为0.063毫克/立方米，比上年下降0.001毫克/立方米。二氧化硫、二氧化氮和可吸入颗粒物3项污染物年日平均浓度均符合环境空气质量二级标准。

降水pH年平均值为4.79，比上年上升0.06，酸性有所减弱；酸雨频率为64.4%，比上年上升7.9个百分点。

年平均降尘量为5.18吨/平方公里·月，比上年下降0.53吨/平方公里·月，达到广东省推荐标准。

（二）措施与行动

深入开展"蓝天行动"，重点对电力企业、机动车尾气和施工扬尘等进行综合整治。

加大电力行业污染减排力度。积极推广清洁燃料，优化调整能源结构，全市关停小火电达76.5万千瓦，新建的前湾电厂、东部电厂均燃用天然气，福华德电厂、月亮湾电厂完成了"油改气"工程。2008年，我市地方机组使用现货天然气发电9.23亿千瓦时，从省网外购电上升12%。拆除宝昌电厂、钰湖电厂污染严重的吹灰工序，有效解决吹灰污染扰民问题。

加强机动车排气污染控制。全市有50家加油站(964条汽油加油枪)完成治理改造，54辆油罐车安装油气回收设备。开辟了3条清洁能源公交线路，50辆清洁能源汽车投入运营。新车上牌登记严格执行国Ⅲ标准，轻型汽油车上牌从1月1日起正式执行加装车载诊断系统(OBD)规定。开发建设黑烟车处罚系统，实现黑烟车信息的实时传输、动态跟踪、信息查询及反馈，建成黑烟车举报、检测、查处的全过程监控体系。全年路检机动车29669辆，查处超标车辆4516辆，超标率为15.22%，机动车环保定期检测率为86.72%。7月1日，市政府正式发布《国家第四阶段机动车污染物排放标准的环保车型推荐性目录》，我市成为国内继北京之后第二个发布国Ⅳ车型目录的城市。

加大扬尘污染治理。全年共检查建筑施工、采石取土场等各类施工工地5472项次，责令268家扬尘污染单位进行整改和治理，扬尘污染得到有效控制。

三、水环境

（一）水环境质量

水库：梅林水库、清林径水库、赤坳水库、松子坑水库、铜锣径水库、枫木浪水库和三洲田水库水质为优，达到国家地表水Ⅱ类标准；其它水库水质良好，达到Ⅲ类标准。与上年相比，所有水库水质变化不大。全市饮用水源水质达标率为99.87%。

河流：部分河流上游河段水质较好，深圳河、龙岗河、坪山河上游水质达到国家地表水Ⅳ类标准，盐田河主要水质指标达到Ⅳ类标准。主要河流中下游水质仍普遍受到污染，水质劣于Ⅴ类标准，主要污染物为氨氮、总磷和生化需氧量。与上年相比，主要河流水质均有不同程度改善，其中龙岗河、新洲河、观澜河、茅洲河、大沙河、西乡河和深圳河水质污染程度有所减轻；布吉河、坪山河和福田河水质基本保持稳定。地表水环境功能区水质达标率为72.22%。

近岸海域：东部海域整体水质良好，达到国家海水水质第一类标准；西部海域水质劣于第四类标准，主要污染物为无机氮、活性磷酸盐和大肠菌群。与上年相比，水质变化不大，基本保持稳定。近岸海域环境功能区水质达标率为78.57%。

（二）措施与行动

大力推进污水处理厂及配套管网建设。完成龙华、固戍、沙井等3座污水处理厂的调试并投入运行，新增污水处理能力54万吨/日，城市生活污水集中处理率达75.03%。南山、西丽、横岭(二期)、光明、布吉等5座污水处理厂主体工程建设按计划推进。葵涌、水头、福永、燕川、公明、埔地吓、鹅公岭、龙田、沙田、平湖(二期)、横岗(二期)、上洋(二期)12座污水处理厂及其配套管网工程均已动工。全年新增污水处理厂配套管网100多公里。加快推进污水处理厂污泥处置工程建设，完成下坪、福永2座污泥处置工程建设，新增污泥处置能力780吨/日。

进一步完善水库污染防御体系。开展了13座主要水库隔离管理工作，完成罗田水库、石岩水库等6座水库隔离工程建设，其他水库隔离工程全部动工建设。动工建设石岩水库环库截污工程，完成深圳水库流域大望村污水输送连通管道工程建设。开展"查违行动"、"雨季行动"和"重民生、保水缸"等专项行动，拆除乱搭建窝棚7.5万平方米，清理违章养殖59处，清理生猪16386头，建立了遏制违法养殖回潮的长效机制。

继续加大河流综合整治力度。深圳河截污二期工程稳步推进，观澜河、西乡河、新洲河、布吉河、福田河、大沙河、深圳水库排洪河、凤塘河、葵涌河等多条河流综合整治工程全面开工。

四、声环境

（一）声环境质量

城市声环境质量基本稳定，区域环境噪声处于轻度污染水平，部分路段道路交通噪声超标。

全市区域环境噪声平均值56.4分贝，比上年下降0.1分贝，达标率为88.0%，比上年上升5.8个百分点。其中特区内区域环境噪声平均值56.5分贝，达标率为 68.3%。

城市交通干线噪声平均值 69.2 分贝，比上年下降 0.2 分贝，达标率为 53.2%，比上年上升 2.9 个百分点。其中特区内交通干线噪声平均值 69.5 分贝，达标率为 50.5%。

（二）措施与行动

积极开展施工噪声专项整治。全年夜间检查施工、娱乐场所 6816 场次，对 512 宗建筑施工噪声扰民行为实施行政处罚。实行夜间施工提前公告制度，严格夜间施工许可，停止了冲孔、钻孔夜间施工审批，依法发放建筑施工噪声许可证 3235 个，开展了建筑施工场界噪声收费工作。加快道路降噪工程建设，提前完成皇岗路道路修缮降噪工程，有效降低交通噪声污染。

五、固体废物

（一）固体废物处置状况

全市工业固体废物产生量为 141.58 万吨，处置利用率为 99.14%。其中收集处置工业危险废物 33 类，共 33.84 万吨，比上年增长 6.65%，工业危险废物处置利用率 100%；收集医疗废物 6367.5 吨，比上年增长 4.39%，医疗废物集中处理率 100%。

城市生活垃圾产生量为 440.69 万吨，生活垃圾无害化处理率 94.17%，其中焚烧垃圾 179.00 万吨，填埋垃圾 235.99 万吨。

（二）措施与行动

完成《深圳市危险废物防治规划(2007-2015)》编制工作。全面推广危险废物重点监控源转移联单电子化管理，严格执行危险废物经营单位年度综合评价制度，依照评价结果对经营单位提出整改要求。建成 143 座垃圾转运站并投入使用。

六、辐射环境状况

（一）辐射环境质量

全市环境地表 γ 辐射空气吸收剂量年有效剂量在 0.50~0.83 毫希沃特/年范围内，环境 γ 辐射累积剂量季度累积均值在 0.189~0.267 毫希沃特/季范围内，各监测点位气溶胶中氡浓度在 3.08~6.51 贝克/立方米范围内，均处于正常天然本底水平；全市各水库水中总 α 在 0~0.046 贝克/升范围内，总 β 值在 0.054~0.293 贝克/升范围内，均未超出标准限值；全市土壤监测点位放射性核素含量处于全国正常水平之内未见异常。全市涉源单位放射性污染源及周围地区的环境 γ 辐射空气吸收剂量率、气溶胶等放射性水平在天然涨落范围内。

（二）措施与行动

加大监督检查力度。全年累计检查核技术利用单位 186 家，重点源检查覆盖率达 100%。加强安全防护意识和专业技术培训，共举办三期辐射工作人员及安防负责人培训班，累计培训学员 1078 人。全市共收贮废旧放射源 6 枚，累计收贮放射性废物 570 公斤。开展可移动放射源在线监控试点工作，实现实时实地监控重点危险源。开展《深圳市变电站电磁环境管理技术指引》研究，为变电站选址设计与建设提供环保技术规范。

七、自然生态保护

（一）生态环境状况

全年完成生态风景林和水源涵养林建设 5739 公顷。全市建成区绿化覆盖率 45%，自然保护区覆盖率 13.66%，辖区内动植物数量和种类保持稳定，生物多样性得到保护。

（二）措施与行动

修订完善生态创建标准体系，出台深圳市生态街道评价标准、绿色社区考核标准、生态工业园区建设标准。大力开展国家生态区、生态工业示范园区、深圳市生态街道、绿色社区和绿色景区五项创建活动。“国家生态区”创建工作全面铺开，盐田区获得“国家生态区”称号，福田区通过环境保护部组织的技术核查，罗湖区生态区建设规划通过省级专家评审并由区人大颁布实施，南山区和宝安区生态区建设规划通过省级专家评审，龙岗区完成了创建自查评估。东部华侨城被命名为“国家生态旅游示范区”，市政府命名“世界之窗”等 10 家景区为首批“深圳市绿色景区”、19 个街道为“深圳市生态街道”。绿色家园指导委员会命名 106 个社区为市“绿色社区”，创建数量创历年之最。福田保税区建成“深圳市生态工业示范园区”，观澜高新技术产业园区创建工作取得显著进展。环境保护部授予我市“全国生态环境监察样板城市”称号，将我市列为全国“生态文明建设试点地区”。

八、环境管理

（一）污染减排

强力推进污染减排工作。进一步完善统计、监测、考核三大体系。市政府与各区人民政府、市直相关部门等 15 个责任单位签订 2008 年度污染减排责任书，出台《深圳市“十一五”期间污染减排工作方案》和《深圳市“十一五”污染减排考核方案》，对责任单位实施年度考核。进一步完善环境统计工作，加强污染物新增量和削减量核算，强化全市污染排放量的统计调度。组织修订了全市主要污染物总量控制目标，将总量指标分配到国控和省控污染源。完成了全市国控和省控污染源在线监控系统安装和联网。积极落实污染减排治理工程、结构调整、监督管理三大措施，全年二氧化硫排放量控制在

3.42万吨，化学需氧量排放量控制在5.48万吨，两项考核指标排放量分别比上年下降9.4%和6.8%，顺利完成我市的年度污染减排任务。

(二)环保考核

继续开展党政领导干部环保实绩考核。对6个区和24个市直部门实行环保实绩考核，对能源集团等3个国有集团实行环保实绩评价。6个区和12个重点考核市直部门进行了现场环保表现陈述和答辩。在全国率先开展生态资源状况考核，运用遥感等高科技手段测算和评价各区生态资源状况，实现生态资源状况从定性描述向定量考核的转变。环保实绩考核成为我市落实科学发展观的有效载体，各单位参与环保工作的积极性日益浓厚。组织完成了2008年度国家“城市环境综合整治定量考核”工作，我市得91.67分，较上年上升1.95分。

(三)环保立法

稳步推进环保立法工作。10月1日，市政府颁布实施《深圳市扬尘污染防治管理办法》，扬尘污染管理开始有法可依。市政府常务会议审议通过《深圳经济特区环境保护条例(修订草案)》，并提请市人大常委会审议。印发实施了《深圳市重污染企业污染防治绩效评估管理办法》和《深圳市环境保护局非行政许可审批和登记实施办法》。

(四)环境规划

完善城市环境规划体系。完成了全市空气和噪声环境功能区划修编，市政府颁布实施了《深圳市环境空气质量功能区划分》和《深圳市环境噪声标准适用区划分》。对城市总体规划修编进行环境影响评价，将环境保护要求和环境规划成果纳入城市总体规划修编的环境保护专题。开展了《深圳港总体规划修编》和《深圳电网“十一五”规划》环境影响评价，完成了《深圳市水务发展“十一五”规划》等多项市政专项规划和《深圳市高新技术产业园区》等工业园区发展规划环境影响报告书的审查，全年共组织开展和审查规划环境影响评价18项。

(五)建设项目环境管理

加强建设项目环境管理。全年共受理建设项目审批申请2.6万项，验收环保重点管理项目198项。积极推动龙岗河、坪山河两河流域及观澜河流域限批，出台了加强两河流域建设项目环境保护管理的政策和观澜河(石马河)流域建设项目环保限批政策，有效缓解了新建项目环境影响。

(六)环境监督执法

加大环境执法力度，创新环境管理手段。全年共出动环境执法人员13万人次，检查企业6.6万厂次，查处环境违法行为3355宗，关停污染企业90宗，吊销排污许可证26宗，媒体曝光违法企业100家，限期治理和整改企业2110家，责令公开忏悔企业18家。积极推行绿色信贷政策，开展企业绿色采购工作，20家环保违法企业被银行停办7.2亿元的贷款业务。探索开展绿色采购供货工作，6家环保违法企业被合作企业暂停采购，涉及金额近7亿元。环保监督执法实现科技化，建立了“一厂一册”的监管措施和污染源达标管理台帐，完成环保移动执法系统二期建设。稳步推进重污染行业优化升级工作，组织推进110家企业实施污染治理设施优化升级，有效提高了重污染企业环保管理水平。

(七)环境监测

继续加强环境质量和污染源监测。全年报出监测数据88.2万个，监测报告4万份。环境监测能力建设成效显著，完成生态安全监测系统一、二期可行性研究报告，完成四个生态安全监测子站用地许可审批；实现304家污染企业，360个监控点在线监测系统联网。市环境保护监测中心站通过亚太实验室认可合作组织(APLAC)和美国国家实验室认可协会(A2LA)组织的能力验证活动和中国国家实验室认可委员会(CNAS)能力验证考核。

(八)治污保洁与珠江整治

有效推进治污保洁工作。市政府印发了《2008年深圳市实施治污保洁工程主要目标及任务分解方案》，下达178项任务，年度任务完成率达96.75%。加强协调服务，全年共有45个项目列入市重大投资项目审批流程和市重大投资项目电子监管系统（直通车服务）。实现现场督查与考核相结合，全年共对95项重点工程进行现场督查，对161项工程和24个责任单位进行考核。深圳市医疗废物处置中心二期工程等12项工程获治污保洁工程优秀项目奖，南山区政府、市城管局、市环保局等3个责任单位获得治污保洁工程领导小组特别奖。

深入开展珠江流域(深圳)整治行动。严厉打击违法排污，全面加强工业污染防治，开展了29项河涌及环境综合整治项目建设、21项污水处理厂及配套管网建设，辖区内珠江流域水环境污染得到控制。

(九)环境应急

环境应急能力得到加强。建成环境应急管理系统并投入使用，提高了应急指挥能力。新增环保应急监测车2部、应急监测设备35台套，应急监测项目102项，建成了以“中控站、指挥系统、应急车”为基础的“三位一体”应急监测体系，增强了快速监测能力。选定危险废物处理站有限公司等5家单位作为环境应急处置依托单位，提升了应急处置能力。

全年共处理各类突发性应急事件14宗。

（十）环境信访

加强环境信访稽查工作，实施二次处理和二次回访制度，强化信访件"二次处理"责任，开展环境信访件处理"后督察"工作，提高了环境信访件办理质量和效率。全年共收到各类环境信访案件8.64万件，立案并到现场处理2.7万件。收到市人大和市政协提案、议案68宗，市信访办、市联席会议办公室等交办的重大信访案件14宗。所有信访件均得到及时处理，提案、议案均按要求全部办结，处理率100%。

九、环保科技与产业

（一）环保科技

环保科研迈上新台阶。市环境科学研究所升格为市环境科学研究院。进一步规范环保科研课题立项工作，出台了《深圳市环境科研计划立项实施细则》，全年共向14个课题资助环保科研经费1822万元。数字环保建设取得阶段性成果，一期工程投入运行，基本建成集信息采集、实时监控、业务集成、数据共享、分析预警和科学决策于一体的环保信息系统，并通过国家、省、市有关专家的评审验收。全市共有8项环保科研成果获奖，其中"生态环境质量评估技术与典型地区研究"获国家科技进步二等奖，"电子电镀废水处理及回用技术"获国家环保科技二等奖，"深圳生态市建设规划"获省环保科技一等奖和国家环保科技三等奖。

（二）环保产业

环保产业继续稳步发展。市环保部门颁布实施《深圳市环保产业行业规范》。2008年，15家环保企业获得国家环境污染治理设施运营资质，全市持有运营资质证书企业达47家，占广东省的1/3。组织开展《环保工程计价办法和消耗量标准》研究，规范环保产业市场和企业工程报价。环保企业科技能力逐步提高，全年共有5项技术获得2009年度国家重点环境保护实用技术推广项目，2项治理工程获得国家重点环境保护实用技术示范工程，4家企业被推荐为全市电镀、线路板行业废水治理优质工程技术服务单位。

十、环境宣传教育与公众参与

环境宣传教育声势浩大。创刊"环保时代"杂志。充分利用"绿色行动日"，倡导市民采取步行、骑车、乘坐公交等方式为环保做贡献。举办"环保读书月"活动，向市民推荐《寂静的春天》等五本环保书籍。开展了"市民环保奖"评奖活动，举办了6期"市民环保大讲堂"，组织开展"2008深圳市青少年环保节"活动。全市开展较大规模的群众性环保活动共107项，派发宣传资料18万份，近100万名市民热情参加活动，市民环保意识得到提升。

17-1 全市城市建设及公用设施

URBAN CONSTRUCTIONS AND PUBLIC UTILITY

(2005-2008)

指 标 名 称	Item	2005	2006	2007	2008
一、城市园林绿化	**Parks,Gardens and Green Areas in Urban Districts**				
绿化覆盖面积(公顷)	Coverage Area of Afforestation (hectare)	97 642	97 625	97 608	97 605
其中:建成区(公顷)	Developed Areas(hectare)	32 086	32 395	34 380	35 471
建成区绿化覆盖率(%)	Green Coverage Rate in Developed Areas(%)	45.0	45.0	45.0	45.0
园林绿地面积(公顷)	Area of Gardens and Green Areas(hectare)	97 101	96 652	96 384	96 381
其中:建成区(公顷)	Developed Areas(hectare)	27 878	28 147	29 872	30 830
建成区绿地率(%)	Rate of Green Areas in Developed Areas(%)	39.1	39.1	39.1	39.1
公园绿地面积(公顷)	Public Green Areas(hectare)	13 327	13 628	13 871	14 205
人均公园绿地面积(按常住人口计算)(平方米)	Per Capita Public Green Areas(sq.m)	16.1	16.1	16.1	16.2
公园数(个)	Number of Parks(unit)	303	442	575	615
公园面积(公顷)	Area of Parks(hectare)	15 766	37 420	15 873	15 986
二、市政及环卫设施	Public Facilities and Environmental Sanitation in urban Distrecs				
道路长度(公里)	Length of Roads(1000 m)	3 597.0	4 547.9	5 702.1	5 848.6
道路面积(万平方米)	Area of Roads(10000 sq.m)	7 277.4	12 598.0	8 322.3	8 630.3
人均道路面积(平方米)	Pera Capita Area of Roads(sq.m)	8.8	14.9	9.7	9.8
城市排水管道总长度(公里)	Total Length of Sewer Pipelines(1000 m)	6 227.0	6358.2	6 808.2	6 858.2
城市污水集中处理能力(万吨/日)	Capacity of Sewage Disposal(10000 tons/day)	260.6	270.1	301.6	337.8
桥梁(人行天桥、立交桥)(座)	Number of Bridges(unit)	1 053	1104	1 350	1 609
路灯(盏)	Number of Street Lights(unit)	195 454	195 879	201 415	221 642
生活垃圾清运量(万吨)	Volume of Living Garbage Disposal(10000 tons)	333	360	407	441
生活垃圾无害处理量(万吨)	Volume of Living Garbage Harmless Disposal(10000 tons)	299.7	337.0	382.8	415.0
垃圾无害化处理率(%)	Rate of Garbage Harmless Disposal(%)	90.0	93.7	94.1	94.2

17-2 城市环境保护

URBAN ENVIRONMENTAL PROTECTION

(1996-2008)

项目	Item	1996	1997	1998
一、环境质量	Environment Quality			
可吸入颗粒物年平均值(mg/m³)	Average yearly Amount of the Inhalable Particles(mg/m³)	*0.135	*0.095	*0.092
二氧化硫年平均值(mg/m³)	The Average Yearly Indicators of Sulfur Dioxde(mg/m³)	0.012	0.008	0.009
二氧化氮年平均值(mg/m³)	The Average Yearly Amount of Nitrogen Dioxide(mg/m³)	*0.064	*0.054	*0.062
集中式饮用水水源地水质达标率(%)	Up-to-Standard Rate of Drinking Water Quality(%)	96.8	96.81	97.20
区域环境噪声平均值 dB(A)	The Average Indicator of Urban Noise dB(A)	58.0	57.2	57.2
二、环境建设	Environment Improvement			
自然保护区覆盖率(%)	Goverage Rate of Nature Preservation Areas(%)	6.16	6.19	6.19
城市生活污水处理率(%)	Rate of Treatment of City Living Waste Water(%)		42.99	50.87
生活垃圾无害化处理率(%)	Rate of Living Garbage Harmless Disposal(%)	100	100	100
三、污染控制	Pollution Control			
工业废水排放达标率(%)	Percentage of Industrial Waste Water up to the Standard For Discharge(%)	89.07	92.81	92.81
工业二氧化硫排放量(吨)	Percentage of Industrial Waste Gas Treated(10000 ton)	19 474	20 510	23 344
工业二氧化硫排放达标率(%)	Percentage of Industrial Sulfur Dioxide up to the Standards For Discharge(%)			
工业烟尘排放量(吨)	Volume of Industrial Soot Emission(ton)	3661	3452	2923
工业烟尘排放达标率(%)	Percentage of Industrial Soot Emission up to the Standards For Discharge(%)			
工业粉尘排放量(吨)	Volume of Industrial Dust Emission(ton)	113	69	68
工业粉尘排放达标率(%)	Percentage of Industrial Dust Emission up to the Standards For Discharge(%)			
工业固体废物产生量(万吨)	Volume of Industrial Solid Wastes Produced(10000 tons)	30.11	35.58	32.56
工业固体废物处置利用率(%)	Percentage of Wastes Utilized in Industrial Solid Wastes Treatment(%)	82.73	84.96	85.47
四、环境管理	Environmental Management			
环境保护投资(亿元)	Environmental Protection Investment(100 million yuan)	17.29	20.82	23.07
环境保护投资占 GDP 比重(%)	Percentage of Investment in Environment to GDP(%)	1.86	1.84	1.79

注:可吸入颗粒物一栏标"*"者为总悬浮颗粒物年平均值;二氧化氮一栏标"*"者为氮氧化物年平均值。
"*"of the Inhalable Particles are the average yearly amount of total suspended particles; "*" of Nitrogen Dioxider are the average yearly amount of nitrogen oxide.

1999	2000	2001	2002	2003	2004	2005	2006	2007	2008
*0.087	0.059	0.063	0.061	0.070	0.076	0.064	0.064	0.064	0.063
0.013	0.027	0.027	0.018	0.020	0.024	0.021	0.030	0.023	0.016
0.048	0.055	0.058	0.050	0.057	0.072	0.039	0.053	0.054	0.047
98.10	98.73	93.45	96.11	97.13	96.71	98.11	98.07	98.86	99.87
57.1	57.0	56.1	56.0	56.0	56.1	56.2	56.5	56.5	56.4
6.19	8.43	8.43	8.74	8.72	11.95	11.95	11.36	11.36	13.1
53.65	53.94	50.31	61.80	62.3	62.85	60.5	65.23	70.45	75.03
100	100	100	100	100	81	90	93.72	94.05	94.17
95.37	97.80	97.85	98.04	95.22	95.97	96.84	96.25	96.3	97.69
28 986	38 427	39 264	40 780	40 872	43 633	43 453 *	42 380	37 955.6	33 849.9
		95	99	99	99.8	99.7	99.6	99.79	99.31
3396	3258	3421	4227	4923	6 120	6 367	* 4 009	3 153	2 987.57
		97.4	99.6	99.2	99.2	99.4	98.6	99.8	99.86
75	94	56	60	129	110	101	19.65	68.96	56.69
		100	100	99.4	99.1	99	99.5	100	100
33.32	43.00	43.80	42.24	58.63	83.37	85.39	107.35	161.82	141.53
87.24	87.30	87.35	99.93	88.84	98.92	98.65	* 97.98	98.99	99.14
26.62	30.68	42.86	47.44	61.87	79.5	115.7	* 156.6	193.5	218.58
1.85	1.84	2.25	2.12	2.16	2.32	2.35	2.75	2.86	2.8

17-3　全市用电量、供水量

ELECTRICITY CONSUMPTION AND TAP WATER SUPPLY

(1990-2008)

年　份 Year	用电总量 (万千瓦小时) Total Electricity Consumption (10 000 kwh)	农、林、牧、渔、水利业 Farming, Forestry Animal Husbandry, Fishery and Water Conservancy	工　业 Industry	建筑业 Construction	地质勘查业 Geological Prospecting	交通运输和邮电通信业 Transportation, Post and Tele-communications
1990	359 694	3 837	219 689	9 544	1 064	2 578
1991	472 169	5 475	296 733	12 367	71	6 523
1992	564 005	6 497	350 955	15 649	51	6 333
1993	746 795	9 650	444 328	23 472	212	11 183
1994	879 100	11 609	503 780	26 502	75	14 229
1995	913 600	11 258	499 757	27 081	147	15 877
1996	1 014 427	13 041	547 085	26 138	246	22 364
1997	1 125 781	14 558	617 016	23 974	176	20 571
1998	1 294 332	16 225	644 973	25 805	155	21 982
1999	1 498 759	22 045	749 834	36 735	216	28 215
2000	1 903 494	34 659	1 018 794	42 482	336	24 329
2001	2 122 871	48 247	1 168 146	50 425	175	28 584
2002	2 599 161	114 324	1 472 361	60 653	169	36 477
2003	3 234 299	172 253	1 793 262	57 644	209	37 904
2004	3 903 060	228 808	2 234 774	62 493	177	41 722
2005	4 402 089	252 793	2 462 690	81 148		
2006	4 872 038	245 405	2 790 275	85 968	228	41 541
2007	5 678 193	241 447	3 331 541	94 212		
2008	5 837 586	225 570	3 462 946	96 540		

17-3 续表　continued

年　份 Year	商业、饮食、物资供销仓储业 Commerce, Catering Trade, Material Supply, Marketing and Storage	其他行业 Other Sectors	城乡居民生活用电 Residential Consumption			自来水生产能力(万吨/日) Tap Water Production Capacity (10 000 tons/day)	自来水供水总量(万吨) Volume of Tap Water Supply (10 000 tons)
				城市 Urban	乡村 Rural		
1990	36 668	39 605	46 709	33 152	13 557		
1991	46 957	60 522	43 521	32 509	11 012		
1992	59 646	75 317	49 557	36 180	13 377		
1993	82 664	110 819	64 467	47 038	17 429		
1994	102 166	125 292	95 447	74 387	21 060	243.7	52 308
1995	105 512	128 134	125 834	92 873	32 961	268.2	57 408
1996	121 650	132 108	151 795	117 442	34 351	328.2	64 743
1997	150 755	124 155	174 576	134 001	40 575	328.2	70 194
1998	168 155	150 517	266 520	192 463	74 057	338.7	79 596
1999	176 589	195 198	289 927	188 566	101 361	363.7	86 560
2000	218 196	231 113	333 585	250 338	83 247	380.2	92 068
2001	226 547	248 025	352 722	272 224	80 498	390.2	97 334
2002	347 290	245 553	322 334	231 516	90 818	412.2	108 070
2003	374 271	389 140	409 616	300 455	109 161	442.2	122 795
2004	428 738	445 363	460 985	333 363	127 622	508.3	135 026
2005	380 550	687 479	537 429	488 845	48 584	534.3	139 487
2006	408 826	716 311	583 485	431 732	431 732	590.5	145 227
2007	430 487	862 985	717 521	524 524	192 997	637.9	154 230
2008	431 764	216 404	702 181	482 026	220 155	670.0	156 956

17-4　全市公共交通

PUBLIC TRANSPORTATION

(1979-2008)

年　份 Year	年末实有公共大巴(辆) Number of Buses (year-end)	年末公共大巴营运线路条数(条) Number of Operating Routes (year-end)	公共大巴客运总人数(万人次) Number of Passengers Carried (10 000 person-times)	的士(辆) Taxi	中小巴(辆) Mini and Medium-Sized Buses
1979	12	2		10	
1980	38	3		160	
1981	44	6		199	
1982	52	7		233	
1983	88	9	1 399	860	
1984	132	19	2 974	1 226	
1985	153	27	5 184	1 700	
1986	171	29	5 827	1 794	
1987	205	32	9 068	1 896	
1988	248	37	16 399	2 305	
1989	305	38	16 747	2 365	
1990	403	42	21 947	2 394	
1991	501	51	19 821	3 152	
1992	507	55	27 248	6 083	
1993	851	61	30 600	6 212	3 600
1994	1 144	68	31 020	7 400	3 850
1995	1 468	80	35 390	8 255	3 823
1996	1 784	89	35 495	8 505	3 327
1997	2 128	125	36 202	8 505	3 306
1998	2 461	137	37 250	8 505	2 752
1999	2 772	145	40 600	8 505	2 825
2000	2 920	131	42 800	8 505	3 100
2001	3 495	138	47 072	8 505	3 057
2002	3 495	138	51 714	9 705	3 049
2003	4 885	185	50 719	10 255	3 299
2004	5 376	208	100 820	10 305	3 310
2005	6 091	227	101 621	10 305	2 312
2006	7 305	277	123 084	10 305	1 883
2007	8 188	316	135 668	11 205	2 546
2008	8 396	340	145 701	12 991	2 670

17-5　深圳市主要年份气象情况

CLIMATE IN SHENZHEN IN MAIN YEARS

年　份 Year	平均气温(摄氏度) Mean Air Temperature (℃)	降雨量(毫米) Precipitation (mm)	日照时数(小时) Sunshine Time (hour)	平均相对湿度(%) Mean Relative Humidity (%)
1990	23.0	1 396.9	1 842.1	76.0
1995	22.5	2 309.8	1 858.2	74.0
2000	23.4	2 533.6	1 939.5	74.9
2001	23.6	2 747.3	1 811.3	73.7
2002	23.9	1 882.8	1 652.3	73.9
2003	23.7	1 608.1	1 975.0	72.3
2004	23.6	1 299.4	1 927.0	70.9
2005	23.2	2 143.6	1 574.3	70.0
2006	23.4	1 936.5	1 624.3	73.0
2007	23.5	1 581.5	1 937.1	70.0
2008	22.8	2 710.0	1 907.6	69.0

18 第十八部分 人民生活

PEOPLE'S LIVELIHOOD

CHAPTER

深圳居民收入平稳增长　消费趋向谨慎理性

2008年，深圳居民收入保持平稳增长态势，但受国际金融危机和经济不景气影响，居民消费趋向谨慎理性，部分低收入家庭仍面临不少困难，需引起足够重视。

一、居民收支基本情况

（一）人均可支配收入同比增长10.0%

据深圳市600户居民家庭抽样调查显示，2008年居民人均可支配收入为26729.31元，同比（按可比口径，下同）增长10.0%，扣除物价因素影响，实际增长3.9%。

1.人均工资性收入

人均工资性收入19954.87元，增长19.1%，对家庭总收入的贡献率为69.5%，比上年提高4个百分点。工资收入增长的主要原因：一是上年金融房地产等行业整体经济效益提高而使上半年发放的年终奖金津贴增加，带动全年工薪收入增长；二是深圳上调2008年度全市最低工资标准，其中特区内最低工资标准比上年增长17.6%，特区外最低工资标准增长20%。

2.人均转移性收入

人均转移性收入2693.88元，增长32.3%，对家庭总收入的贡献率为9.4%，比上年提高1.4个百分点。转移性收入增长的主要原因：一是离退休人员增加以及离退休人员养老金或离退休金的标准提高，离退休人员收入迅速增长，当年人均养老金或离退休金收入1699.05元，增长63.1%；二是深圳居民低保标准由人均361元/月调高至415元/月，调整后全市最低生活保障标准为全国各城市最高，全市低收入居民也因此受惠，当年人均社会救济收入（含最低生活保障收入）37.9元，增长47.1%。

3.人均经营净收入

人均经营净收入4926.75元，下降6.1%，对家庭总收入的贡献率由上年的20.5%降为17.2%。经营性净收入下降的主要原因：一是每百户家庭中从事个体或私营企业主人数为26人，减少8人；二是随着国内外经济增长减速、以及受原材料购进价格上涨等因素影响，中小企业经营难度加大，个体工商户的经营净收入下降。

4.人均财产性收入

居民家庭人均财产性收入1128.47元，下降27.2%，对家庭总收入的贡献率由上年的6.1%降为3.9%。其中，人均出租房屋收入增长9.0%，人均利息收入下降69.9%，人均股息红利收入下降83.1%。利息和股息红利收入大幅减少是导致居民财产性收入显著下降的主要原因。

（二）人均消费支出增长7.1%

2008年居民人均消费支出19779.09元，增长7.1%，扣除物价因素影响，实际增长1.1%。其中，服务性消费支出增长6.0%，低于商品性消费支出1.6个百分点。居民消费呈现以下主要特点：

1.消费结构总体变化不大

从消费支出构成看，除食品类和居住类支出变化较明显外，其余各类支出变化不大。食品价格上升致使居民家庭在食品类消费支出快速增加，全年人均食品支出7119.19元，增长18.5%，扣除食品类价格上涨因素影响，实际增长4.4%，食品支出占消费支出的比重为36.0%（即恩格尔系数），比重提高了3.5个百分点；人均居住类支出2310.20元，下降7.6%，占消费支出的比重由上年13.9%降至11.7%，主要原因：一是调查户购房与建房支出大幅减少，住房装潢支出下降50.5%，二是调查户中租房家庭户减少，房租支出下降31.6%。

2.居民消费呈现先高后低走势

由于节日效应、季节性因素的影响，2008年各季度居民消费水平波动较大(见下图)。

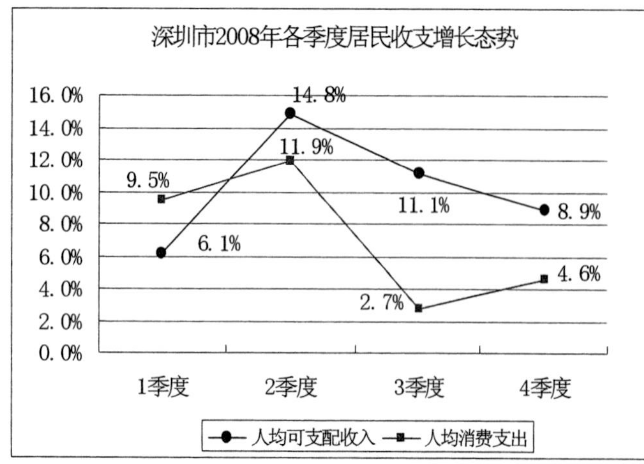

从上图可见,第一、二季度居民消费呈现增长态势,但从第三季度起,受经济前景不明朗影响,居民对收入预增信心不足,消费趋向谨慎理性,主要体现在购买家用汽车、室内装饰品、住房装潢、其他商品和服务等支出大幅减少,相应类别支出下降10.8%—17.3%;人均其他商品和服务类支出逐季下降趋势更加明显,由第一季度增长32.8%至第四季度下降2.3%。

3.居民消费的主要亮点

(1)衣着类支出增长较快。随着居民生活水平的提高,人们穿着更讲究品牌和款式,购买高档名牌服装增多。人均衣着消费支出1557.18元,增长12.6%,其中,人均服装消费支出达1199.14元,占衣着类支出的77.0%,增长17.8%。

(2)家庭设备耐用品不断更新换代。居民的耐用消费品需求已从基本型向享受型转移,一些"老款"逐渐被"新品"取代,家庭设备耐用消费品不断更新换代,进入了更高的消费层次。全年居民人均家庭设备耐用消费品支出261.5元,增长30.5%。至2008年末,每百户居民拥有洗衣机87.8台、微波炉62.3台、空调器199.1台和淋浴热水器106.9台,分别增长12.2%、26.5%、20.5%和5.0%。

(3)教育文化娱乐服务类支出持续上升。人均教育文化娱乐服务类支出2463.92元,增长8.4%。一方面,居民外出参观游览、健身、团体旅游和其它文娱活动增多,人均文化娱乐服务支出718.99元,增长24.1%;另一方面,居民家庭在教育方面的开支保持平稳增长态势,人均教育费用花费984.72元,增长2.8%,其中增长最大的家教费和参加培训费分别增长1.1倍和43.9%,但人均义务和非义务教育学杂费分别下降37.1%和14.3%。

(4)家用汽车购买量下降,车辆使用费及交通费大幅增长。由于在当前国内外经济环境下,居民预期收入信心不足,以及养车成本不断增加、停车难、市内道路拥挤等因素影响,家庭居民购买汽车减少,每百户居民购买家用汽车0.86辆,减少0.48辆,以致直接拉低人均交通和通讯类支出,全年该类支出3543.82元,下降4.8%。但每百户家庭拥有家用汽车达到27.9辆,增加3.5辆,致使车辆使用费及交通费继续保持快速增长态势,该类费用人均支出1621.46元,增长26.3%。

二、居民生活状况进一步改善

(一)居住条件继续改善

从居住条件看,居住在一居室以上单元配套式住房的家庭占95.3%,提高4.5个百分点;人均现住房建筑面积25.99平方米,增加1.4平方米;房屋产权为商品房和租房家庭分别占59.9%和28.6%;除了现住房,还有第二套及以上出租房的家庭占19.0%;有99.9%的家庭独用自来水,使用安全卫生水的普及率为100%,有99.7%的家庭独用厕所浴室卫生设备;使用罐装液化石油气或管道天然气的家庭分别占46.4%和44.2%。表明我市居民居住条件进一步改善。

(二)居民家庭信息化水平不断提高

随着居民生活水平的不断提高和计算机科学与信息技术的迅速发展,居民家庭信息化水平也在不断提高,主要体现在以下几方面:一是家用电脑拥有量和联网计算机数量迅速增加。平均每百户拥有家用电脑90.4台,增加15.0台,其中接入互联网的计算机72.0台,增加20.0台;二是移动电话拥有量和联网移动电话数量不断增加。平均每百户拥有212.2部移动电话,增加1.6台,其中接入互联网移动电话数量24.9部,增加7.3部;三是上网费增加,上网费占居民电信费支出的比重上升。居民人均上网费支出212.81元,增长43.6%,上网费占居民电信费支出的比重为21.9%,提高6.9个百分点;四是家庭有线电视普及率维持较高水平。平均每百户拥有接入有线电视网络的电视机95.7台。

(三)居民的社会保障投入大幅增加

个人交纳的住房公积金、失业基金、医疗基金、养老基金和其它社会保障支出全面增长。人均社会保障支出1296.19元,增长67.7%,增幅比上年提高34.9个百分点,占家庭总支出的比重为5.3%,提高1.9个百分点。

三、存在的主要问题

随着深圳经济社会不断发展,居民生活水平日益提高,但也应该看到,低收入家庭*居民生活中存在一些不可忽视的问题,主要包括:一是家庭人口多、负担重。低收入家庭平均人口比全市平均水平多0.52人,但平均就业人口比平均水平少0.24

人，每一就业者负担人数比平均水平多0.75人；二是家庭收支倒挂现象依然存在，居民平均消费倾向达到105.5%，比全市平均水平高31.5个百分点；三是家庭用于教育的开支比重过高，对其再培训和再就业造成不利影响；四是由于人均收入较低且来源渠道少，食品价格猛涨对其生活影响明显，以致该类家庭生活压力较大。

* 根据国家统计制度，调查户按人均收入水平由低到高排序，前面10%的家庭为低收入家庭。

（撰稿：周碧蓉）

18-1 职工年平均工资及人均储蓄

AVERAGE ANNUAL WAGES AND PER CAPITA SAVING DEPOSITS OF STAFF AND WORKERS (1979-2008)

年 份 Year	职工年平均工资(元) Average Annual Wages of Staff and Workers (yuan)	国有单位 State-owned Units	集体单位 Collective-owned Units	其他单位 Other Ownership Units	人均储蓄存款(元) Per Capita Saving Deposits (yuan)
1979	769	785	688		118
1980	979	990	922	687	160
1981	1 132	1 119	1 211	1 156	281
1982	1 366	1 358	1 410	1 363	337
1983	1 545	1 571	1 470	1 528	403
1984	2 179	2 257	1 805	2 023	731
1985	2 418	2 427	1 932	2 753	907
1986	2 452	2 476	2 048	2 637	1 295
1987	2 677	2 637	3 223	3 021	1 632
1988	3 388	3 267	2 737	3 615	1 959
1989	3 858	3 917	2 855	3 733	2 045
1990	4 304	4 339	3 348	4 203	2 845
1991	5 016	4 908	3 984	5 240	3 714
1992	5 931	6 026	4 435	6 270	5 901
1993	8 145	8 854	5 681	7 633	5 937
1994	10 572	11 632	7 076	10 208	8 655
1995	12 276	13 709	7 229	12 184	13 515
1996	14 507	16 625	8 668	13 685	16 242
1997	16 531	18 515	10 320	15 872	18 641
1998	18 381	21 161	11 260	17 204	21 822
1999	20 714	23 602	13 228	19 530	23 797
2000	23 039	26 193	13 234	21 974	25 007
2001	25 941	31 187	13 427	23 981	29 298
2002	28 218	35 501	16 969	25 544	34 834
2003	30 611	40 893	17 061	26 940	39 458
2004	31 928	45 212	20 256	27 868	43 936
2005	32 476	47 762	17 112	28 521	39 014
2006	35 107	49 312	20 591	31 286	44 241
2007	38 798	58 347	21 793	33 787	44 021
2008	43 454	65 431	25 291	37 933	55 951

18-2 居民家庭生活基本情况

BASIC CONDITIONS OF URBAN HOUSEHOLDS

(1985-2008)

年 份 Year	调查户数 (户) Households Surveyed (household)	平均每户家庭人口 (人) Average Persons per Household (person)	平均每户就业人口 (人) Average Employees per Household (person)	平均每一就业者负担人口 (人) Persons Supported by Each Employee (person)	家庭总收入 (元/平均每人每月) Average Household Total Income (yuan /per capita monthly)
1985	100	4.07	2.28	1.78	161.26
1986	100	4.01	2.20	1.82	153.39
1987	100	3.94	2.16	1.82	176.28
1988	100	3.90	2.17	1.80	216.75
1989	100	3.92	2.16	1.82	307.21
1990	100	3.81	2.16	1.76	346.89
1991	100	3.78	2.21	1.71	382.92
1992	100	3.73	2.23	1.67	484.16
1993	100	3.59	2.14	1.68	646.23
1994	100	3.60	2.10	1.72	876.69
1995	200	3.61	2.06	1.75	1 064.38
1996	200	3.50	2.06	1.70	1 358.85
1997	200	3.46	2.03	1.70	1 555.61
1998	200	3.48	1.96	1.78	1 620.03
1999	200	3.41	1.89	1.80	1 645.37
2000	200	3.42	1.86	1.84	1 756.22
2001	200	3.43	1.82	1.88	1 923.40
2002	200	3.32	1.86	1.79	2 194.78
2003	200	3.38	1.80	1.88	2 308.45
2004	200	3.34	1.68	1.99	2 450.30
2005	600	3.35	1.73	1.94	1 880.25
2006	600	3.33	1.80	1.85	1 973.19
2007	600	3.29	1.83	1.80	2 132.37
2008	600	3.25	1.59	2.04	2 392.00

18-2 续表 continued

年 份 Year	家庭总支出 (元/平均每人每月) Average Household Total Expenditure (yuan/per capita monthly)	平均每人每月可支配收入(元) Per Capita Monthly Disposable Income(yuan)	平均每人每月消费性支出(元) Per Capita Monthly Consumption Expenditures(yuan)	平均每人年末手持现金(元) Per Capita Year- end Holding Cash(yuan)
1985	159.68	159.57	149.20	116.52
1986	144.71	151.45	134.82	126.65
1987	170.66	174.28	159.30	80.01
1988	209.14	214.10	195.45	143.10
1989	326.24	304.71	256.59	263.71
1990	340.85	343.95	305.92	323.63
1991	454.18	380.31	347.98	404.10
1992	459.20	481.94	419.54	505.19
1993	583.38	644.72	515.97	630.15
1994	889.14	875.27	789.43	968.70
1995	1 032.66	1 064.22	919.86	1 232.33
1996	1 234.13	1 357.97	1 087.00	1 478.41
1997	1 399.57	1 548.23	1 217.53	1 186.08
1998	1 506.06	1 601.16	1 230.35	921.36
1999	1 476.09	1 626.70	1 169.48	923.08
2000	1 612.32	1 742.14	1 358.89	970.42
2001	1 769.88	1 896.66	1 418.73	1 040.62
2002	2 078.49	2 078.39	1 577.16	1 084.33
2003	2 287.89	2 161.32	1 663.36	1 252.54
2004	2 134.91	2 299.70	1 630.80	1 294.82
2005	1 801.99	1 791.20	1 325.99	1 152.77
2006	1 859.19	1 880.59	1 385.68	1 565.50
2007	1 913.36	2 025.12	1 539.54	1 592.34
2008	2 025.14	2 227.44	1 648.26	1 731.95

注:1、从2005年开始为600户常住户(户籍+暂住)数据。
The date of 600 Sampled Households are from Resident Population.
2、根据国家统计局住户调查方法制度,2007年深圳市600户住户调查数据按可比口径重新计算,已公布数据如有出入,以此表为准。
According to the measures and systems,the data of 600 Sampled Households are recalculated in 2007,all data released this table,whichever is Published.

18-3 不同收入水平家庭年人均消费情况

PER CAPITA ANNUAL CONSUMPTION OF HOUSEHOLD GROUPED BY LEVEL OF INCOME

(2008)

单位：元 (yuan)

项目	Item	总平均 Average	最低收入户 Lowest Income (First Decile)	低收入户 Low Income (Second Decile)	中等偏下户 Medium-low Income (Second Quintite)
消费性支出合计	**Total Consumption Expenditures**	**19 779.09**	**9 083.61**	**11 636.71**	**16 144.25**
一、食品	Food	7 119.19	4 385.57	5 142.66	5 969.09
# 在外饮食	Oil or Fat	1 766.45	506.29	653.27	1 165.70
二、衣着	Clothing	1 557.18	446.57	698.82	1 103.79
三、居住	Residence	2 310.20	1 554.26	1 794.75	2 350.52
# 房租	Rent	578.25	433.82	475.07	820.47
水、电、燃料及其他	Water, Electricity, Fuels and Others	1 115.65	939.19	950.40	1 007.86
四、家庭设备用品及服务	Household Facilities, Articles and Services	1 155.61	310.22	580.06	761.22
# 耐用消费品	Durable Consumer Goods	367.55	66.89	130.61	263.91
五、医疗保健	Medicine and Medical Services	911.02	254.27	449.55	655.57
六、交通和通讯	Transportation and Communication	3 543.82	778.26	1 402.72	3 144.67
1、交通	Transportation	2 393.30	271.69	667.37	2 278.95
2、通讯	Communication	1 150.52	506.57	735.35	865.72
七、教育文化娱乐服务类	Recreation, Education and Cultural Services	2 463.92	1 210.48	1 307.70	1 735.58
1、文化娱乐用品	Recreational Durable Consumer Goods	580.54	74.62	229.89	450.02
2、文化娱乐服务	Recreation Service	718.99	142.28	198.17	383.94
3、教育	Education	1 164.39	993.58	879.64	901.62
八、其它商品和服务	Other Articles and Services	718.15	143.98	260.45	423.81
# 其它商品	Miscellanecus Commodities	489.37	117.20	204.66	302.34
服务	Services	228.78	26.78	55.79	121.47

项目	Item	中等收入户 Medium Income (Third Quintite)	中等偏上户 Medium-high Income (Fourth Quintite)	高收入户 High Income (Ninth Decile)	最高收入户 Highest Income (Tenth Decile)
消费性支出合计	**Total Consumption Expenditures**	**19 427.66**	**24 618.52**	**26 288.33**	**42 194.81**
一、食品	Food	7 196.84	8 329.91	9 001.58	12 629.97
# 在外饮食	Oil or Fat	1 808.44	2 245.58	2 821.53	4 842.98
二、衣着	Clothing	1 528.43	2 173.77	2 569.13	3 349.39
三、居住	Residence	2 353.30	2 662.23	2 484.37	2 955.88
# 房租	Rent	634.04	468.11	410.18	614.68
水、电、燃料及其他	Water, Electricity, Fuels and Others	1 106.76	1 272.11	1 214.25	1 464.72
四、家庭设备用品及服务	Household Facilities, Articles and Services	1 358.14	1 415.38	1 846.60	2 550.92
# 耐用消费品	Durable Consumer Goods	490.38	362.12	646.27	894.79
五、医疗保健	Medicine and Medical Services	979.53	1 233.16	1 114.52	2 185.83
六、交通和通讯	Transportation and Communication	2 888.18	4 730.48	4 319.87	10 910.67
1、交通	Transportation	1 673.49	3 269.64	2 673.52	8 794.70
2、通讯	Communication	1 214.69	1 460.84	1 646.35	2 115.97
七、教育文化娱乐服务类	Recreation, Education and Cultural Services	2 440.40	3 081.21	3 657.59	5 613.80
1、文化娱乐用品	Recreational Durable Consumer Goods	609.55	725.03	838.18	1 629.33
2、文化娱乐服务	Recreation Service	631.16	958.24	1 356.06	2 443.47
3、教育	Education	1 199.69	1 397.94	1 463.35	1 541.00
八、其它商品和服务	Other Articles and Services	682.84	992.38	1 294.67	1 998.35
# 其它商品	Miscellanecus Commodities	483.63	672.71	721.38	1 386.12
服务	Services	199.21	319.67	573.29	612.23

18-4 不同收入水平家庭年人均现金收支情况

PER CAPITA ANNUAL CASH INCOME AND EXPENDITURE OF HOUSEHOLD GROUPED BY LEVEL OF INCOME (2008)

单位：元 (yuan)

项目	Item	总平均 Average	最低收入户 Lowest Income (First Decile)	低收入户 Low Income (Second Decile)	中等偏下户 Medium-low Income (Second Quintite)
一、调查户数(户)	Households Surveyed (household)	600.00	58.58	58.50	121.42
比重(%)	Proportion (%)	100.00	9.76	9.75	20.24
二、平均每户家庭人口(人)	Average Household Size (person)	3.25	3.77	3.56	3.29
平均每户就业人口(人)	Average Employees per Household (person)	1.59	1.35	1.47	1.50
平均每户就业面(%)	Percentage of Employees per Household(%)	48.9	35.8	41.3	45.6
平均每一就业者负担人口(人)	Persons Supported by Each Employee (person)	2.04	2.79	2.42	2.19
三、期初手存现金	Holding Cash at the Beginning	1 639.90	877.24	2 365.49	1 142.60
(一)家庭总收入	Average Household Total Income	28 703.97	9 607.20	14 931.55	20 284.11
#可支配收入	Disposable Income	26 729.31	8 614.03	13 590.47	19 010.55
1. 工资性收入	Total Income from Work	19 954.87	7 385.56	11 514.89	13 247.21
2. 经营净收入	Net Income from Household Business	4 926.75	1 174.10	1 951.30	4 705.78
3. 财产性收入	Property Income	1 128.47	237.03	416.27	266.45
3. 转移性收入	Transfor Income	2 693.88	810.51	1 049.09	2 064.67
#养老金或离退休金	Pension	1 699.05	395.97	453.59	1 235.54
(二)借贷收入	Credit Income	15 213.65	8 223.33	5 381.66	9 612.08
(三)家庭总支出	Average Household total Expenditure	24 301.66	12 414.10	13 914.24	19 088.94
1. 消费性支出	Consumption Expenditure	19 779.09	9 083.61	11 636.71	16 144.25
其中：服务性消费支出	Consumption Services Expenditure	6 299.96	2 570.24	3 293.71	4 711.53
2.购房与建房支出	Housing	239.79	1 857.24		11.56
3. 转移性支出	Expenditure for transfer	2 260.07	616.14	1 020.00	1 442.99
4. 财产性支出	Expenditure for Property	726.52	108.05	178.40	538.17
5. 社会保障支出	Expenditure for Social Insurance	1 296.19	749.06	1 079.13	951.97
(四)借贷支出	Expenditure for Credit	18 895.22	5 120.70	5 225.74	10 159.96
四、期末手存现金	Holding Cash at the End	1 731.95	857.54	2 259.65	1 215.29

备注：从 2004 年开始，根据国家统计局住户调查方法制度规定，收入分组汇总计算方法有所改变。

From 2004,According to the measures and systems,the calculating method of incomegrouping was changing

18-4 续表 continued

项 目	Item	中等收入户 Medium Income (Third Quintite)	中等偏上户 Medium-high Income (Fourth Quintite)	高收入户 High Income (Ninth Decile)	最高收入户 Highest Income (Tenth Decile)
一、调查户数(户)	Households Surveyed (household)	121.50	120.58	61.25	58.17
比重(%)	Proportion (%)	20.25	20.10	10.21	9.70
二、平均每户家庭人口(人)	Average Household Size (person)	3.39	3.14	2.79	2.60
平均每户就业人口(人)	Average Employees per Household (person)	1.67	1.67	1.69	1.77
平均每户就业面(%)	Percentage of Employees per Household(%)	49.3	53.2	60.6	68.1
平均每一就业者负担人口(人)	Persons Supported by Each Employee (person)	2.03	1.88	1.65	1.47
三、期初手存现金	Holding Cash at the Beginning	1 477.10	1 420.79	3 428.20	2 361.31
(一)家庭总收入	Average Household Total Income	27 483.93	37 062.61	46 657.17	68 747.38
#可支配收入	Disposable Income	25 510.79	34 289.79	43 922.03	65 153.19
1. 工资性收入	Total Income from Work	20 746.24	24 096.57	36 368.80	42 279.98
2. 经营净收入	Net Income from Household Business	3 744.40	6 770.64	5 399.60	14 986.84
3. 财产性收入	Property Income	560.27	2 548.42	1 357.25	3 813.18
3. 转移性收入	Transfor Income	2 433.02	3 646.98	3 531.52	7 667.38
#养老金或离退休金	Pension	1 388.78	2 398.35	2 288.19	5 697.28
(二)借贷收入	Credit Income	13 036.73	20 417.66	20 765.30	45 623.38
(三)家庭总支出	Average Household total Expenditure	23 176.48	30 608.15	32 570.49	53 293.41
1. 消费性支出	Consumption Expenditure	19 427.66	24 618.52	26 288.33	42 194.81
其中:服务性消费支出	Consumption Services Expenditure	6 319.53	7 828.59	9 615.79	14 129.26
2.购房与建房支出	Housing		41.08		
3. 转移性支出	Expenditure for transfer	2 214.13	3 076.69	3 535.14	5 908.19
4. 财产性支出	Expenditure for Property	267.06	1 037.99	1 206.71	3 329.01
5. 社会保障支出	Expenditure for Social Insurance	1 267.63	1 833.87	1 540.31	1 861.40
(四)借贷支出	Expenditure for Credit	16 766.99	26 068.05	34 279.04	59 628.52
四、期末手存现金	Holding Cash at the End	1 597.37	1 603.88	3 476.32	2 720.69

18-5 主要年份居民家庭平均每百户拥有耐用消费品

POSSESSION OF DURABLE CONSUMER GOODS PER 100 URBAN HOUSEHOLDS IN MAIN YEARS

品　名	Item	1985	1990	1995	2000	2001	2002	2003	2004	2005	2006	2007	2008
洗衣机(台)	Washing Machines	69	88	96	98.0	104.5	100.5	101.5	99.0	80.3	79.1	78.3	87.8
电冰箱(台)	Household Refrigerators	69	97	99	101.0	105.5	104.0	103.0	104.0	92.8	87.8	91.0	92.7
彩电(台)	Color TV Sets	80	109	124	160.0	163.5	166.0	162.0	163.5	138.9	136.6	128.1	121.5
照相机(架)	Cameras	25	51	69	93.5	88.0	93.5	95.0	97.5	72.9	67.9	64.5	65.9
组合音响(套)	Stereo Systems		36	41	59.5	63.5	63.5	60.0	68.5	45.0	47.9	44.7	47.4
空调器(台)	Air Conditioners		26	106	207.0	218.5	232.5	229.0	253.5	162.9	169.6	165.2	199.1
微型计算机(台)	Personal Computers				54.0	71.0	75.0	74.5	93.5	70.7	72.7	75.3	90.4
健身器材(台)	Fitness Appliances				16.5	18.5	15.5	12.0	10.5	8.2	7.8	6.1	4.3
移动电话(部)	Mobile Telephone				93.0	152.0	195.0	196.5	211.0	193.4	199.8	210.6	212.2
家用汽车(辆)	Household Cars				7.0	14.5	20.5	21.5	21.5	17.9	20.0	24.4	27.9
摄像机(架)	Videorecorders				12.0	16.0	12.0	12.5	13.0	9.4	10.7	14.7	18.2
钢琴(架)	Pianos			5.0	13.0	14.0	6.0	5.5	9.0	5.0	3.8	3.8	4.5

注:从2005年开始为600户常住户(户籍+暂住)数据。

The Data of 600 Sampled Households are from Resident Population.

18-6 600户居民家庭平均每百户主要耐用消费品拥有量

POSSESSION OF DURABLE CONSUMER GOODS PER 100 URBAN HOUSEHOLDS IN 2006

(2008年底)

品名	Item	总平均 Average	最低收入户 Lowest Inome (First Decile)	低收入户 Low Income (Second Decile)	中等偏下户 Mediumlow Income (Second Quintite)	中等收入户 Medium Income (Third Quintite)	中等偏上户 Mediumhigh Income (Fourth Quintite)	高收入户 High Income (Ninth Decile)	最高收入户 Highest Income (Tenth Decile)
家用汽车(辆)	Private car	27.9	22.0	10.1	13.6	24.7	43.4	44.1	41.2
洗衣机(台)	Washing Machines	87.8	79.3	74.9	81.6	87.1	95.0	96.9	102.2
电冰箱(台)	Household Refrigerators	92.7	80.3	85.9	88.9	94.3	96.9	99.5	103.3
彩色电视机(台)	Color TV Sets	121.5	117.5	112.3	120.7	120.4	125.4	126.6	126.2
家用电脑(台)	Personal Computers	90.4	74.2	68.1	83.9	91.1	102.7	93.6	116.0
组合音响(套)	Stereo Systems	47.4	38.8	41.2	43.3	40.4	54.9	56.8	63.5
摄像机(架)	Videorecorders	18.2	9.4	2.5	17.1	13.4	28.7	29.5	23.8
照相机(架)	Cameras	65.9	32.1	38.2	58.1	66.5	83.5	87.0	90.5
钢琴(架)	Pianos	4.5	1.2	1.4	1.8	4.4	10.3	1.2	8.7
微波炉(台)	Microwave Ovens	62.3	36.8	54.2	54.5	59.7	74.6	70.4	89.7
空调器(台)	Air Conditioners	199.1	131.5	143.4	184.1	176.9	248.9	255.6	255.0
健身器材(套)	Fitness Appliances	4.3		2.5	5.9	1.8	4.7	8.9	8.7
移动电话(部)	Mobile Telephones	212.2	172.3	181.8	205.9	211.4	241.6	236.1	216.6

18-7 主要年份居民物质文化生活提高情况

IMPROVEMENT IN RESIDENTS′ MATRIAL AND CULTURAL LIFE

项目	Item	1990	1995	2000	2005	2006	2007	2008
就业	**Employment**							
城镇登记失业率(%)	Urban Unemployment Rate(%)		2.40	2.45	2.37	2.31	2.29	2.30
收入	**Income**							
家庭总收入(元/人)	Average Household total Income (yuan/ Person)	4 162.68	13 060.56	21 794.64	22 563.00	23 678.28	25 588.47	28 703.97
可支配收入(元/人)	Per Capita Disposable Income (yuan)	4 127.40	12 770.64	20 905.68	21 494.40	22 567.08	24 301.38	26 729.31
支出	**Expenditure**							
家庭总支出(元/人)	Average Household total Expenditure (yuan/ Person)	4 090.20	12 679.92	20 067.84	21 623.88	22 310.28	22 960.31	2 4301.66
消费性支出(元/人)	Per Capita Consumption Expenditure (yuan)	3 671.04	11 038.32	16 306.68	15 911.88	16 628.16	18 474.49	19 779.09
恩格尔系数(%)	Engel Coefficient (%)	47.2	39.9	29.4	33.4	33.3	32.5	36.0
储蓄	**Savings**							
人均储蓄存款额(元)	Per Capita Balance of Saving Deposit (yuan)	2 845	13 515	25 007	39 014	44 241	44 021	55 951
居住	**Residence**							
人均现住房总建筑面积(平方米)	Per Capita Building Space (sq.m)				23.97	25.42	24.61	25.99
通讯	**Telecommunication**							
每百人拥有电话(部)	Number of Telephone Sets per 100 Persons	6	24	93	212	221	259	268
城市公用业	**Public Utilities in Urban Areas**							
人均生活用电量(度)	Per Capita Residential Electicity Consumption(kwh)	237	370	796	660	697	840	808
自来水普及率(%)	Rate of Access to Tap Water(%)			97.0	99.8	99.8	100.0	100.0
全市生活用水量(万吨)	Tap Water for Residential Consumption of Total Areas(10000ton)		20 178	32 835	54 626	55 823	69 790	71 351
教育娱乐	**Education and Recreation**							
教育文化娱乐服务(元)	Education, Recreation and Cultural Service (yuan)	263.52	1 400.32	2 508.24	1 953.72	2 263.80	2 272.91	2 463.92
#文化娱乐用品	Cultural Recreational Articles and	140.84	665.21	746.16	460.32	504.72	569.93	580.54
教育费	Education	83.28	472.32	1 111.56	1 000.20	1 186.80	1 123.52	1 164.39
书报杂志费	Books, Newspaper and Magazines	8.40	53.52	88.68	57.72	72.96	85.70	95.69
卫生	**Public Health**							
每万人拥有医生数(人)	Number of Doctors per 10 000 Persons (person)	17	18	17	14	21	22	23
每万人拥有医院病床(张)	Number of Hospital Beds per 10 000 Persons	15	19	23	19	19	20	21

注:从 2005 年开始为 600 户常住户(户籍+暂住)数据。

The Data of 600 Sampled Households are from Resident Population.

19 第十九部分

企业景气调查

ENTERPRISES PROSPERITIES

CHAPTER

2008年深圳市企业景气走势回顾和2009年展望

2008年国内外经济形势复杂多变，深圳实体经济经历了种种困难和挑战。企业家对经济前景判断趋于谨慎，企业景气指数高位回落，但仍保持在景气区间。

一、企业家信心指数受宏观经济形势影响连续下滑

2008年国内外经济形势发生了巨大变化。为应对输入型通胀和防止经济过热趋势，上半年国家采取了“双防”的调控措施，央行实行从紧的货币政策，六次上调存款准备金利率，人民币对美元升值明显加速，物价居高不下，劳动力成本上升，股市暴跌，企业投资收益下降，雪灾、地震等自然灾害也给经济造成一定程度的影响。下半年美国次贷危机引发了多米诺骨牌效应，危机向实体经济扩散，尤其是第四季度，汽车等消费行业受到严重冲击，市场需求大幅下降，外贸出口和外贸加工业受到严重影响，经济减速明显。在宏观经济每况愈下的影响下，深圳市企业家信心指数逐季走低，四个季度的指数分别为141.2、139.7、123.1、91.1，分别比上年同期(下同)下降了8.1、13.9、32.5、56.2点，下降幅度逐季加大。第四季度企业家信心指数首次下降到不景气区间，对经济运行持“乐观”、“一般”、“不乐观”看法的企业比例分别为24.3%、42.4%、33.3%，其中“乐观”的比例下降了29.2个百分点。

分行业看，批发和零售业、信息传输计算机服务和软件业两大行业较为乐观，四个季度企业家信心指数均运行在景气区间；而房地产业悲观情绪最重，其企业家信心指数一季度位于景气临界点，二、三、四季度均下行到不景气区间。

分注册类型看，国有企业对经济发展信心最强，四个季度的企业家信心指数均在150以上的“较强景气区间”；外商及港澳台投资企业信心波动较大，一季度企业家信心指数为148.1，四季度则下降到61.3。

分企业规模看，大型企业前三个季度信心十足，信心指数分别为162.0、167.0、150.4，第四季度则底气不足，降至98.3；中小型企业在内外因素叠加影响下，信心度持续降低，一至四季度分别为128.3、122.5、109.6、84.2。

二、企业景气指数高位回落

2008年一至四季度深圳市企业景气指数分别为144.7、152.0、137.8、114.9(见表1)，依次下降了7.7、4.8、19.0、39.3点。从历年企业景气指数运行的轨迹来看，除了2000年第四季度受国际IT产业急剧下滑，2003年第二季度受国内非典影响下降到130以下外，2008年以前各季度的企业景气指数均在130-160的区间运行，总体呈底部不断抬高，顶部不断上升的形态，2008年一、二、三季度在经济高速增长的惯性作用下，企业产销仍保持较好的增长态势，但景气度已出现明显回落，显示经济增长的企业开始减少，第四季度受外围市场急剧变化影响，企业景气指数快速下滑，创下了114.9的新低。调查显示，第四季度反映综合生产经营状况“良好”、“一般”、“不佳”的企业比例分别为30.6%、53.7%、15.7%，其中“良好”的比例下降了27.3个百分点，“不佳”的比例增加了12个百分点。

表1： 2008年深圳市企业景气状况表

	第一季度	第二季度	第三季度	第四季度
企业景气指数	144.7	152	137.8	114.9
生产总量	99.9	128.1	126.9	74.4
盈利（亏损）变化	95.6	116.3	103.7	82.5
流动资金	128.5	127.1	125.8	118.8
货款拖欠	115.7	102	103.3	96.7
劳动力需求	123.3	135.4	114.1	70.8
固定资产投资	111.5	120.3	104.9	82.6
产品订货	115.4	135.8	124.8	92.3
企业融资	114.7	113.6	113	101.2

全年企业景气状况有如下特点：

（一）各行业企业景气受政策效应和消费需求影响大

在国家产业政策引导下，受益于政府鼓励扶持发展及消费需求高的行业企业景气状况较好，如医药制造业、烟草制造业、通讯设备计算机及其他电子设备制造业、电力热力及水的生产和供应业、建筑装饰业、邮政业、零售业、信息传输业、计算机服务和软件业等行业四个季度的平均企业景气指数均超过150以上。受宏观调控影响的房地产业、有色金属冶炼及压延加工业、金属制品业，受股市深幅调整、地震等因素影响而使消费需求减弱的商务服务业、住宿业、餐饮业的企业景气水平明显低于上年同期。

（二）国际金融危机对外向型企业产生不利影响

随着美国金融危机向实体经济扩散，欧美日等世界主要市场需求大幅下降，从事出口加工、港口运输和外贸的企业受到较大冲击，表现在企业订单急剧减少。第四季度工业产品订货景气指数为88.0，下降57.5点，其中家具制造业、塑料制品业、金属制品业及各种机械制造业表现明显，企业产品订货景气指数均降到不景气区间。交通运输仓储邮政业中仅航空运输业的业务预订景气指数高于100，全行业为60.3，下降30.8点。

（三）竞争优势明显的企业受金融危机和经济调整影响较小

尽管大环境严峻，一些自主创新能力强，科技含量高、产品附加值高的企业受宏观环境影响较小，逆势中保持快速成长。如医药、电子、通信、装饰、软件等行业中拥有不少技术力量强、产品质量高的企业，这些优质企业是推动行业经济增长的主导力量。

（四）受银根紧缩影响，流动资金景气水平低于上年同期

四个季度的平均流动资金景气指数为125.1，下降11.9点。中小型企业资金短缺现象较为突出，其平均流动资金景气指数仅为99.3，远远低于大型企业的158.9。

（五）固定资产投资增速下降

在宏观调控背景下，企业固定资产投资增长放缓，一至三季度的景气指数分别下降了8.7、8.3、18.7点，第四季度在金融危机愈演愈烈的形势下，企业对经济前景信心不足，收缩投资，景气指数降至82.6，大幅下降42.2点。

（六）生产经营成本高企，产品价格略有回升

原材料和能源价格上升、贷款利率提高、人民币升值、劳动用工成本上升等是影响企业生产经营成本上升的主要因素。工业主要原材料和能源购进价格、建筑材料购进价格景气指数除了第四季度受国际原油和初级产品价格回落影响而上升到景气区间外，前三个季度均在70以下的不景气区间。在成本上升推动下，工业、交通运输仓储邮政业、批发和零售业的销售价格景气指数有所上升，而社会服务业、信息传输业计算机服务和软件业、住宿和餐饮业收费价格仍呈下降走势。

三、2009年企业景气走势展望及建议

从国内外市场环境变化趋势和企业自身因素来分析预测2009年深圳市企业景气走势：

（一）国际市场

受金融危机的影响，欧美日主要市场消费者信心下降，实体经济受到严重冲击，由于实体经济恢复景气和金融市场恢复信心都需要一段时间，新的经济增长点尚未形成，加之全球经济和金融市场的深层次问题短期内无法得到改善，预计2009年世界经济增速将继续下降，国际市场需求进一步减弱，同时贸易保护主义、贸易风险、国际投资资本对石油等大宗商品的炒作也将增加国际市场的不确定性。但是尽管世界经济将进一步向下调整，由于经济自身波动的规律，加上各国规模庞大的救市计划，全球经济有可能出现阶段性反弹，市场需求出现局部回暖。

（二）国内市场

政策方面，为应对国内外经济形势的变化，保持经济平稳较快发展，2009年国家把“保增长”作为经济工作的首要任务，实施积极的财政政策和适度宽松的货币政策，出台了扩大需求、增加投资的十项措施和调整结构、振兴产业的十个规划。各地也相应出台了一系列促进经济发展的措施，如今年深圳市本级政府投资总规模计划达到596.6亿元，比上年的300亿元约增100%，在产业服务方面，共安排90.8亿元资金用于支持经济和产业发展，增幅超过60%。同时出台了一系列促进产业发展的措施，从资金、土地、人才、税费等多方面，加大产业扶持力度，推动现代产业体系建设。各项政策措施的实施，对拉动国内需求，推动经济增长将起到积极的作用，同时，国内仍处于工业化、城市化加快发展的阶段，投资和需求持续增长的潜力很大，这为企业发展提供了广阔的市场空间。但是，由于政策的实施效果有一定的时滞期，国内经济连续多年的高增长，面临着周期性的调整压力，房地产市场和股市低迷不振将影响相关行业的消费需求；世界经济下滑带来的经济增长率和贸易增长率下降，也将引发

部分外向型企业生产和盈利减少，进而影响部分劳务工的工资收入水平和就业预期，影响消费需求增长和消费升级。从以上几个方面来看，2009 年国内经济仍将保持平稳较快增长，但增速将有所降低，国内市场消费需求呈现结构性增长。

（三）企业自身因素

在市场竞争和政府自主创新政策的推动下，深圳市企业的竞争力和活力不断增强，抗风险能力也不断提高。从 2008 年企业景气调查情况来看，由于外向型特征较强，深圳企业对经济环境变化的观察比较敏锐，对金融风暴影响的认识比较早，采取的措施也比较及时，在受金融危机影响严重的第四季度，深圳市企业家信心指数分别比全国、全省低 3.5 和 3.2 点，而企业景气指数则高 7.9 和 3.9 点，说明深圳企业经历的冲击和困难较大，而抗风险的能力较强。但是由于深圳外向型企业较多，国际市场需求萎缩必然导致企业产能过剩，市场竞争和贸易风险也随之加大。而企业调整产品结构和开辟新市场（包括国内市场）需要相当时间，不仅需要外部的压力、内在的动力，还需要有各种条件的支持，内需市场的扩大也非一朝一夕可以实现。因此，结合国内外市场情况，2009 年深圳市企业生产经营仍将面临很多困难，在政策、市场、关联产业的综合影响下，企业景气指数将呈前低后高走势，受益于国家扩大内需、振兴产业政策及受外围市场影响较小的行业将保持平稳较快发展。

为促进深圳实体经济持续健康发展，建议：

1. 各级政府要高度关注国际经济局势变化，督促有关部门和行业协会做好经济预警和企业服务工作，对国内外经济数据和国外大企业的倒闭情况及时跟踪并发布预警信息，促使企业尤其是国有大型企业防范经营风险。

2.鼓励企业提振信心，勇于创新和开拓市场。稳定大企业，扶持中小企业，切实解决企业在应对危机和经营转型中的各种困难，减轻企业税赋。

3.努力提高居民消费水平，鼓励和引导消费升级；加强招商引资和地区经贸合作，加快现代产业体系建设，为企业开拓市场、寻找商机搭建平台。

4.进一步推动自主创新，促进企业提高经营水平和产品（服务）质量，加快产品结构升级，提高企业竞争力。

[解读企业景气指数]

景气指数的数值介于 0 至 200 之间，100 为景气指数的临界值。当景气指数大于 100 时，表明经济状况趋于上升或改善，处于景气状态；当景气指数小于 100 时，表明经济状况趋于下降或恶化，处于不景气状态。景气度的划分通常为：

非常景气区间：180 以上；较强景气区间：[180 150]；较景气区间：[150 120]；相对景气区间：[120 110]；微景气区间：[110 100]。

微弱不景气区间：[100 90]；相对不景气区间：[90 80]；较不景气区间：[80 50]；较重不景气区间：[50 20]；严重不景气区间：20 以下。

（撰稿：曾彩虹）

19-1 企业家信心指数及企业家对宏观经济运行状况的看法

INDEX OF CONFIDENCE ON MACRO ECONOMY OF ENTERPRISERS

(2000-2008)

年 度	Year	企业家信心指数 Entrepreneurs' Confidence Index	乐观(%) Optimistic	一般(%) Neither Optimistic Nor Pessimistic	不乐观(%) Pessimistic
2000年					
一季度	1st Quarter	126.4	34.9	56.6	8.5
二季度	2nt Quarter	136.8	43.7	49.4	6.9
三季度	3rd Quarter	145.7	51.7	42.3	6.0
四季度	4th Quarter	140.9	47.8	45.3	6.9
2001年					
一季度	1st Quarter	133.5	41.5	50.5	8.0
二季度	2nt Quarter	128.4	42.2	44.0	13.8
三季度	3rd Quarter	129.4	40.0	49.4	10.6
四季度	4th Quarter	126.0	38.2	49.6	12.2
2002年					
一季度	1st Quarter	137.2	46.4	44.4	9.2
二离度	2nt Quarter	136.3	44.0	48.3	7.7
三季度	3rd Quarter	134.9	44.9	45.0	10.1
四季度	4th Quarter	141.0	47.5	46.0	6.5
2003年					
一季度	1st Quarter	140.2	47.1	46.0	6.9
二季度	2nt Quarter	127.8	40.6	46.6	12.8
三季度	3rd Quarter	144.3	49.8	44.7	5.5
四季度	4th Quarter	145.0	49.9	45.2	4.9
2004年					
一季度	1st Quarter	144.2	49.3	45.6	5.1
二季度	2nt Quarter	145.0	49.8	45.4	4.8
三季度	3rd Quarter	139.0	45.3	48.4	6.3
四季度	4th Quarter	145.2	52.1	41.0	6.9
2005年					
一季度	1st Quarter	149.6	54.7	40.2	5.1
二季度	2nt Quarter	138.1	47.9	42.3	9.8
三季度	3rd Quarter	139.4	49.5	40.4	10.1
四季度	4th Quarter	135.1	42.9	49.3	7.8
2006年					
一季度	1st Quarter	143.5	50.5	42.5	7.0
二季度	2nt Quarter	146.4	53.0	40.4	6.6
三季度	3rd Quarter	149.5	54.6	40.3	5.1
四季度	4th Quarter	149.7	54.7	40.3	5.0
2007年					
一季度	1st Quarter	149.3	54.2	40.9	4.9
二季度	2nt Quarter	153.6	58.1	37.4	4.5
三季度	3rd Quarter	155.6	60.9	33.8	5.3
四季度	4th Quarter	147.3	53.5	40.3	6.2
2008年					
一季度	1st Quarter	141.2	48.6	44.0	7.4
二季度	2nt Quarter	139.7	49.8	40.1	10.1
三季度	3rd Quarter	123.1	40.1	42.9	17.0
四季度	4th Quarter	91.1	24.3	42.5	33.2

19-2 企业景气指数及企业综合生产经营状况

PROSPERITY INDEX,COMPREHENSIVE PRODUCTION AND MANAGEMENT SITUATIONS OF ENTERPRISES (2000-2008)

年 度	Year	企业景气指数 Business Climate Index	良好(%) Good	一般(%) Satisfactory	不佳(%) bad
2000年					
一季度	1st Quarter	128.0	43.2	41.6	15.2
二季度	2nt Quarter	138.4	49.5	39.4	11.1
三季度	3rd Quarter	138.5	47.2	44.1	8.7
四季度	4th Quarter	146.4	54.4	37.6	8.0
2001年					
一季度	1st Quarter	121.3	38.8	43.7	17.5
二季度	2nt Quarter	132.4	43.4	45.6	11.0
三季度	3rd Quarter	137.9	47.7	42.5	9.8
四季度	4th Quarter	136.5	46.5	43.5	10.0
2002年					
一季度	1st Quarter	138.1	46.3	45.5	8.2
二季度	2nt Quarter	142.5	49.3	43.9	6.8
三季度	3rd Quarter	140.8	47.21	46.4	6.4
四季度	4th Quarter	142.4	48.8	44.8	6.4
2003年					
一季度	1st Quarter	140.6	49.5	41.6	8.9
二离度	2nt Quarter	127.2	41.4	44.4	14.2
三季度	3rd Quarter	141.7	49.8	42.1	8.1
四季度	4th Quarter	151.8	56.5	38.8	4.7
2004年					
一季度	1st Quarter	140.7	47.1	46.5	6.4
二季度	2nt Quarter	150.1	56.3	37.5	6.2
三季度	3rd Quarter	143.8	50.6	42.6	6.8
四季度	4th Quarter	149.1	55.1	38.9	6.0
2005年					
一季度	1st Quarter	152.8	59.1	34.6	6.3
二季度	2nt Quarter	142.2	50.3	41.6	8.1
三季度	3rd Quarter	146.6	51.6	43.4	5.0
四季度	4th Quarter	150.5	57.1	36.3	6.6
2006年					
一季度	1st Quarter	147.5	54.4	38.7	6.9
二季度	2nt Quarter	154.2	60.6	33.0	6.4
三季度	3rd Quarter	155.6	61.7	32.2	6.1
四季度	4th Quarter	156.6	61.5	33.6	4.9
2007年					
一季度	1st Quarter	152.4	56.8	38.8	4.4
二季度	2nt Quarter	156.8	60.9	35.0	4.1
三季度	3rd Quarter	156.8	61.2	34.4	4.4
四季度	4th Quarter	154.2	57.9	38.4	3.7
2008年					
一季度	1st Quarter	144.7	50.0	44.7	5.3
二季度	2nt Quarter	152.0	56.2	39.6	4.2
三季度	3rd Quarter	137.8	46.0	45.8	8.2
四季度	4th Quarter	114.9	30.6	53.7	15.7

指标解释

主 要 统 计 指 标 解 释

Explanatory Notes to Major Statistical Indicators

【国内生产总值】 是按市场价格计算的国内生产总值的简称。它是一个国家(地区)所有常住单位在一定时期内生产活动的最终成果。国内生产总值有三种表现形态,即价值形态、收入形态和产品形态。从价值形态看,它是所有常住单位在一定时期内所生产的全部货物和服务价值超过同期投入的全部非固定资产货物和服务价值的差额,即所有常住单位的增加值之和;从收入形态看,它是所有常住单位在一定时期内所创造并分配给常住单位和非常住单位的初次分配收入之和;从产品形态看,它是最终使用的货物和服务减去进口货物和服务。在实际核算中,国内生产总值的三种表现形态表现为三种计算方法,即生产法、收入法和支出法。三种方法分别从不同的方面反映国内生产总值及其构成。

Gross Domestic Product refers to gross domestic product calculated at market prices, which is the final products of all resident units in a country(or region)during a certain period of time. Gross domestic product is expressed in three different forms, i. e. value added, income, and products respectively. The form of value added refers to the total value of all products and services produced by all resident units during a certain period of time minus total value of input of materials and sevices of the nature of non-fixed assets or the summation of the value added of all resident units; the form of income includes all the income created by all resident units and distributed primarily to all resident and non-resident units; the form of products refers to all final goods and services minus imports of goods and services. In the practice of national accounting, gross domestic product is calculated with three approaches, i. e. product approach, income approach, and expenditure approach respectively to reflect gross domestic product and its composition from different aspects.

【可比价格】 指在进行不同时期的价值指标对比时,扣除了价格变动的因素,以确切反映物量的变化。按可比价格计算有两种方法:一种是直接用产品产量乘某一年的不变价格计算;另一种是用价格指数换算。

Comparable Prices are applied when comparing indicators of value over time to reflect accurately the changes in real term. Two methods are used for calculating comparable prices: 1. Multiplying the output of products by their constant prices of certain year; 2. Conversion of the data in current prices by relevant price index.

【不变价格】 指用同类产品某一基期年份的年平均价格作为固定价格来计算各年产品价值。按不变价格计算的产品价值消除了价格变动因素,不同时期对比可以反映生产的发展速度。新中国成立后,随着工农业产品价格水平的变化,国家统计局先后五次制定了全国统一的工业产品不变价格和农业产品不变价格,从1949年到1957年使用1952年工(农)业产品不变价格,从1957年到1971年使用1957年不变价格,从1971年到1981年使用1970年不变价格,从1981年到1990年使用1980年不变价格,从1990年开始使用1990年不变价格。

Constant Price refers to the average price of a given product in certain year, which is used for comparison of output value over time. As the output value at constant prices removes the factor of price changes, it reflects the trend of production development over time. Since 1949, with the changes in general price level, the State Statistical Bureau has issued nationally unified constant prices five times: the 1952 constant prices for 1949–1957; the 1957 constant prices for 1958–1970; the 1970 constant prices for 1971–1981; the 1980 constant prices for 1981–1990; and the 1990 constant prices have been used since 1991.

【平均每年增长速度】 在我国计算平均增长速度有两种方法,一种是习惯上经常使用的"水平法",又称几何平均法,是以间隔期最后一年的水平同基期水平对比来计算平均每年增长(或下降)速度。另一种是"累计法",又称代数平均法或方程法,是以间隔期内各年水平的总和同基期水平对比来计算平均每年增长(或下降)速度。

在一般正常情况下,两种方法计算的平均每年增长速度比较接近,但在经济发展不平衡,出现大起大落时,两种方法计算的结果差别较大。

本年鉴内所列的平均每年增长速度,均用"水平法"计算。从某年到某年平均增长速度的年份,均不包括基期年在内。如1980—1997年的平均增长速度,是以1979年为基期计算的。

Average Annual Growth Rate Two methods for calculating average annual growth rate are applied in China, one is often called"level approach"or the method of calculating geometric average, which is derived by comparing the level of the last year of the interval with that of the beginning year; the other is called "accumulative approach" or algebraic average or equation method, which is derived by the summation of the actual figure of each year in the interval divided by the figure in the base year.

Usually the results calculated by the two methods are fairly close, but they differed sharply when uneven economic development occurred with striking fluctuations in growth.

The average annual growth rates listed in this statistical yearbook are all calculated by "level approach". The base years are not listed when the years are listed for average annual growth rates. For instance, the average annual growth rates since 1980–1997 are calculated with the year 1979 as the base year.

【各个计划时期】 本年鉴内所用各个"时期"代表的年份如下:第六个五年计划时期(简称六五时期)为1981年到1985年;第七个五年计划时期(简称七五时期)为1986年到1990年;第八个五年计划时期(简称八五时期)为1991年到1995年。

Various Planning Periods The conventional division of time period in this statistical yearbook is as follows: The sixth five–year plan period, 1981–1985; The seventh five–year plan period, 1986–1990; The eighth five–year plan period, 1991–1995.

【国有经济单位】 指生产资料归国家所有的各种企业、事业单位,以及各级国家机关、人民团体等单位。

State–owned Economic Units refer to various enterprises, institutions, and government administrative organizations at various levels, social organizations and etc., with state ownership of production means.

【集体经济单位】 指生产资料归公民集体所有的各种企业、事业单位。包括农村各种经济组织经营的农、林、牧、副、渔业,乡、村经营的企业、事业单位;城市、县、镇以及街道举办的集体经济性质的企业、事业单位。

Collective –owned Economic Units refer to various enterprises and institutions with collective ownership of production means, including various rural economic organizations engaged in farming, forestry, animal husbandry, sideline production, and fishery, enterprises and institutions run by townships and villages; collective enterprises and institutions run by cities, counties, towns and subdistrict offices.

【私营经济单位】 指生产资料归公民私人所有的单位。包括私营独资企业、私营合伙企业和私营有限责任公司。

Private-owned Economic Units refer to economic units owned by private individuals, including individual owned private enterprises, jointly owned private enterprises, and private owned companies, Ltd.

【联营经济单位】 指不同所有制性质的企业之间或者企业、事业单位之间共同投资组成新的经济实体。包括紧密型联营企业,半紧密型联营企业和松散型联营企业。

Joint Owned Units refer to economic entities jointly invested by enterprises of different types of ownership or by enterprises and institutions, and the partnerships among the joint owned units can be close ,half close, or loose.

【外商投资经济单位】 指外国投资者根据中华人民共和国有关涉外经济的法律、法规,以合资、合作或独资的形式在中国大陆境内开办企业。包括中外合资经营企业、中外合作经营企业和外商独资企业。

Foreign Owned Economic Units refer to enterprises established by foreigners in the territory of mainland China according to related economic laws and regulations of the People´ s Republic of China as joint ventures, cooperative corporations, or ventures exclusively with sole investment, including joint ventures, cooperative enterprises, and foreign enterprises.

【港、澳、台投资经济单位】 指港、澳、台地区投资者参照中华人民共和国有关涉外经济的法律、法规,以合资、合作或独资的形式在大陆举办企业,包括合资经营企业、合作经营企业和独资企业。

Economic Units Funded by Entrepreneurs from Hong Kong, Macao, and Taiwan refer to enterprises established by entrepreneurs from Hong Kong, Macao, and Taiwan in the territory of mainland China according to related economic laws and regulations of the People´ s Republic of China as joint ventures, cooperative corporations and ventures exclusively with sole investment, including joint ventures, cooperative enterprises, and exclusively invested enterprises.

【三次产业】 根据社会生产活动历史发展的顺序对产业结构的划分,产品直接取自自然界的部门称为第一产业,对初级产品进行再加工的部门称为第二产业,为生产和消费提供各种服务的部门称为第三产业。它是世界上通用的产业结构分类,但各国的划分不尽一致。我国的三次产业划分是:

第一产业:农业(包括种植业、林业、牧业和渔业)。

第二产业:工业(包括采掘业,制造业,电力、煤气及水的生产和供应业)和建筑业。

第三产业:除第一、第二产业以外的其他各业。由于第三产业包括的行业多、范围广,根据我国的实际情况,第三产业可分为两大部门:一是流通部门,二是服务部门。具体又可分为四个层次。

第一层次:流通部门,包括交通运输、仓储及邮电通信业,批发和零售贸易、餐饮业。

第二层次:为生产和生活服务的部门,包括金融、保险业,房地产业,地质勘查业,水利管理业,社会服务业,综合技术服务业。

第三层次:为提高科学文化水平和居民素质服务的部门,包括教育、文化艺术及广播电影电视业,科学研究,卫生、体育和社会福利业等。

第四层次:为社会公共需要服务的部门,包括国家机关、政党机关、社会团体以及军队和警察等。

Three Industries Industry structure has been classified according to the historical sequence of development. Primary industry refers to extraction of natural resources; secondary industry involves processing of primary products; and tertiary industry provides services of various kinds for production and consumption. The above classification is universal although it varies to some extent from country to country. Industry in China comprises:

Primary industry: agriculture (including farming, forestry, animal husbandry and fishery).

Secondary industry: industry (including mining and quarrying, manufacturing, production and supply of electricity, gas and water) and construction.

Tertiary industry: all other industries not included in primary or secondary industry.

Due to the fact that tertiary industry involves in a large variety of industries in China, it is divided into two sectors: circulation sector and service sector and further into four levels:

The first level: circulation sector, including transportation storage, postal and telecommunications services, wholesale and retail sale trades, catering trade.

The second level: service sector providing services for production and consumption, including banking, insurance, real estates, geological prospecting and survey, water conservancy, social services and polytechnical services.

The third level: service sector for upgrading scientific, educational and cultural level of the people, including education, culture, arts, radio,film and television, scientific research, public health, sports, and social welfare, etc.

The fourth level: sector providing services for public needs, including government agencies, party agencies and social organizations, armies, and policemen.

【人口数】 指一定时点、一定地区范围内的有生命的个人总和。

年度统计的年末人口数是指每年12月31日24时的人口数。

Total Population refers to the total number of people alive at a certain point of time within a given area.

The annual statistics on total population is taken at midnight, the 3lst of December.

【出生率(又称粗出生率)】 指在一定时期内(通常为一年)平均每千人所出生的人数的比率,一般用千分率表示。计算公式:

$$出生率=\frac{年出生人数}{年平均人数}\times1000‰$$

出生人数是指活产婴儿,即胎儿脱离母体时(不管怀孕月数),有过呼吸或其他生命现象。

年平均人数是年初、年底人口数的平均数,也可用年中人口数代替。

Birth Rate (or Crude Birth Rate) refers to the ratio of the number of births to the average population during a certain period of time (usually a year), which is often expressed in ‰. The following formula is used:

$$\text{Birth Rate}=\frac{\text{Number of Births}}{\text{Average Number of Population}}\times1000‰$$

Number of Births refers to live births, i. e. the births when babies had showed any vital phenomena regardless of the length of pregnancy.

Annual Average Number of Population is the average of the number of population at beginning of the year and that at the end of the year. Sometimes it is substituted for with the mid-year population.

【死亡率(又称粗死亡率)】 指在一定时期内(通常为一年)一定地区的死亡人数与同期平均人数(或期中人数)之比,一般用千分率表示。计算公式:

$$死亡率=\frac{年死亡人数}{年平均人数}\times1000‰$$

Death Rate (or Crude Death Rate) refers to the ratio of the number of deaths to the average population (or mid-year population) during a certain period of time (usually a year), which is often expressed in ‰. The following formula is used:

$$\text{Death Rate}=\frac{\text{Number of Deaths}}{\text{Annual Average Number of Population}}\times1000‰$$

【人口自然增长率】 指在一定时期内(通常为一年)人口自然增加数(出生人数减死亡人数)与该时期内

平均人数(或期中人数)之比,一般用千分率表示。计算公式:

$$人口自然增长率=\frac{本年出生人数-本年死亡人数}{年平均人数}\times 1000‰$$

$$人口自然增长率=人口出生率-人口死亡率$$

Natural Growth Rate of Population refers to the ratio of natural increase in population (number of births minus number of deaths) in a certain period of time (usually a year) to the average population (or mid-year population) of the same period, which is often expressed in ‰. The following formulas are applied:

$$\text{Natural Growth Rate of Population}=\frac{\text{Number of Births}-\text{Number of Deaths}}{\text{Average Number of Population}}\times 1000‰$$

$$\text{Natural Growth Rate of Population}=\text{Birth Rate}-\text{Death Rate}$$

【从业人员】 指从事一定社会劳动并取得劳动报酬或经营收入的人员。包括:

(1)全部职工

(2)再就业的离退休人员

(3)私营业主

(4)个体户主

(5)私营和个体从业人员

(6)乡镇企业从业人员

(7)农村从业人员

(8)其他从业人员(包括民办教师、宗教职业者、现役军人等)

这一指标反映了一定时期内全部劳动力资源的实际利用情况,是研究我国基本国情国力的重要指标。

各单位的从业人员是指在各级国家机关、政党机关、社会团体及企业、事业单位中工作,并取得劳动报酬的全部人员。包括职工、再就业的离退休人员、民办教师以及在各单位中工作的外方人员和港、澳、台方人员。

各单位的从业人员反映了各单位实际参加生产或工作的全部劳动力。

Employed Persons refers to the persons who are engaged in social labour and receive remuneration payment or earn business income, including:

(1) total staff and workers,

(2) re-employed retirees,

(3) employers of private enterprises,

(4) employers of individual economy,

(5) employed persons in private enterprises and individual economy,

(6) employed persons in the enterprises in the urban areas,

(7) employed persons in the rural areas,

(8) other employed persons (including teachers in the schools run by the local people, people engaged in religious profession and the servicemen, etc.).

This indicator reflects the actual utilization of total labour force during a certain period of time and is often used for the research on China´ s economic affairs and national power.

Persons employed in various units refer to all the persons working in government agencies of various levels, political and party organizations, social organizations, and enterprises and institutions and receiving payment, including staff and workers, re-employed retirees, teachers in schools run by the local people, foreigners, and Chinese compatriots from Hong Kong, Macao, and Taiwan working in various units. This indicator reflects the total number of laborers actually engaged in production or other operations in various units.

【经济活动人口】 指在16岁以上,有劳动能力,参加或要求参加社会经济活动的人口。包括:从业人员和失业人员。

Economically Active Population refers to the population, the members of which are aged 16 and over, capable to labour, participating in or desirous to participate in the social and economic activities, including employed persons and unemployed persons.

【职工】 指在国有经济、城镇集体经济、联营经济、股份制经济、外商和港澳台投资经济、其他经济单位及其附属机构工作，并由其支付工资的各类人员。

Staff and Workers refers to the persons who work in (and receive payment therefrom) enterprises and institutions of state ownership, collective ownership, joint ownership, share holding, foreign ownership, and ownership by entrepreneurs from Hong Kong, Macao, and Taiwan, and other types of ownership and their affiliated units.

【职工工资总额】 指各单位在一定时期内直接支付给本单位全部职工的劳动报酬总额。

工资总额的计算原则应以直接支付给职工的全部劳动报酬为根据。各单位支付给职工的劳动报酬以及其他根据有关规定支付的工资，不论是计入成本的还是不计入成本的，不论是按国家规定列入计征奖金税项目的，还是未列入计征奖金税项目的，不论是以货币形式支付的还是以实物形式支付的，均包括在工资总额内。

Total Wages of Staff and Workers refers to the total remuneration payment to staff and workers in various units during a certain period of time.

The calculation of total wages is based on the total remuneration payment to the staff and workers. Therefore, all the wages and salaries and other payments to staff and workers are included in the total wages regardless of their sources, category, and forms(in kind or cash).

【职工平均工资】 指企业、事业、机关单位的职工在一定时期内平均每人所得的货币工资额。它表明一定时期职工工资收入的高低程度，是反映职工工资水平的主要指标。计算公式为：

$$\text{职工平均工资}=\frac{\text{报告期实际支付的全部职工工资总额}}{\text{报告期全部职工平均人数}}$$

Average Wage of Staff and Workers refers to the average wage in money term per person during a certain period of time for staff and workers in enterprises, institutions, and government agencies, which reflects the general level of wage income during a certain period of time and is calculated as follows:

$$\text{Average Wage of Staff and Workers}=\frac{\text{Total Wages of Staff and Workers in Reference Period}}{\text{Average Number of Staff and Workers in Reference Period}}$$

【职工平均实际工资】 指扣除物价变动因素后的职工平均工资。计算公式为：

$$\text{职工平均实际工资}=\frac{\text{报告期职工平均工资}}{\text{报告期居民消费价格指数}}$$

Average Real Wage of Staff and Workers refers to average wage of staff and workers after removing the effects of price changes, which is calculated as follows:

$$\text{Average Real Wage of Staff and Workers}=\frac{\text{Average Wage of Staff and Workers in Reference Period}}{\text{Consumer Price Index of Urban Residents in Reference Period}}$$

【农林牧渔业总产值】 是以货币表现的农、林、牧、渔业全部产品的总量，它反映一定时期内农业生产的总规模和总成果。

农业总产值的计算方法通常是按农林牧渔业产品及副产品的产量分别乘以各自单位产品价格求得，少数生产周期较长，当年没有产品或产品产量不易统计的，则采用间接方法匡算其产值，然后将四业产品产值相加即为农业总产值。

Gross Output Value of Farming, Forestry, Animal Husbandry and Fishery refers to the total volume of products of farming, forestry, animal husbandry and fishery in value terms, which reflects the total scale and total result of agricultural production during a given period of time.

Gross output value of agriculture is obtained by first multiplying the output of each product or by-product by its price, resulting in the output value of each single item. For a small number of products, annual output of which is not available or difficult to get due to the long production/growing process involved, the output value is estimated through an indirect approach. The sum of output value of all products of farming, forestry, animal husbandry, and fishery is then equal to the gross output value of agriculture.

【粮食产量】 包括国有经济经营的、集体统一经营的和农民家庭经营的粮食产量,还包括工矿企业办的农场和其他生产单位的产量。粮食除包括稻谷、小麦、玉米、高粱、谷子及其他杂粮外,还包括薯类和豆类。

Grain Yield refers to the yield in the whole country including grains produced by state farms, collective units, rural households, industrial enterprises and mines. Grain includes rice, wheat, corn, sorghum, millet and other miscellaneous grains as well as tubers and beans.

【水产品产量】 指人工养殖的水产品和天然生长的水产品的捕捞量。包括海水的鱼类、虾蟹类、贝类和藻类以及内陆水域的鱼类、虾蟹类和贝类,不包括淡水生植物。

Output of Aquatic Products refers to catches of both artificially cultured and naturally grown aquatic products, including fish, shrimps, crabs and shellfish in sea and inland water as well as seaweed. Freshwater plants are not included.

【耕地面积】 指年初可以用来种植农作物、经常进行耕锄的田地,除包括熟地、当年新开荒地、连续撂荒未满三年的耕地和当年的休闲地(轮歇地)外,还包括以种植农作物为主并附带种植桑树、茶树、果树和其他林木的土地,以及沿海、沿湖地区已围垦利用的"海涂"、"湖田"等面积。但不包括属于专业性的桑园、茶园、果园、果木苗圃、林地、芦苇地、天然或人工草地面积。

Cultivated Area(Area under cultivation) refers to farmland which is plowed constantly for growing crops, including cultivated land, newly cultivated land in the current year, farmland left without cultivation for less than three years and fallow land in the current year, rotation land, farmland with some mulberry trees,tea trees,fruit trees, and other trees and cultivated seashore land, lake land, and etc. The land of mulberry plantation, tea plantations, orchards, nurseries of young plants, forest land, reed land, natural and man-made grassland are not included in cultivated land.

【农作物播种面积】 指实际播种或移植有农作物的面积。凡是实际种植有农作物的面积,不论种植在耕地上还是种植在非耕地上,均包括在农作物播种面积中。在播种季节基本结束后,因遭灾而重新改种和补种的农作物面积,也包括在内。

Sown Area of Crops refers to area of land sown or trans planted with crops regardless of being in cultivated area or non-cultivated area. Area of land resown due to natural disasters is also included.

【工业】 指从事自然资源的开发,对采掘品和农产品进行加工和再加工的物质生产部门。具体包括:(1)对自然资源的开采,如采矿、晒盐、森林采伐等(但不包括禽兽捕猎和水产捕捞);(2)对农副产品的加工、再加工,如粮油加工、食品加工、轧花、缫丝、纺织、制革等;(3)对采掘品的加工、再加工,如炼铁、炼钢、化工生产、石油加工、机器制造、木材加工等,以及电力、自来水、煤气的生产和供应等;(4)对工业品的修理、翻新,如机器设备的修理、交通运输工具(包括小卧车)的修理等。

Industry refers to the material production sector which is engaged in extraction of natural resources and processing and reprocessing of minerals and agricultural products, including (1)extraction of natural resources, such as mining, salt production, logging(but not including hunting and fishing); (2)processing and reprocessing of farm and sideline products, such as rice husking, flour milling, wine making, oil pressing, cotton ginning, silk reeling, spinning and weaving, and leather making;(3)manufacture of industrial products, such as steel making, iron smelting, chemicals manufacturing, petroleum processing, machine building, timber processing; water and gas production and electricity generation and supply;(4)repairing of industrial products such as the repairing of machinery and means of transport (including cars).

【轻工业】 指主要提供生活消费品和制作手工工具的工业。按其所使用的原料不同,可分为两类:(1)以农产品为原料的轻工业,是指直接或间接以农产品为基本原料的轻工业。主要包括食品制造、饮料制造、烟草加工、纺织、缝纫、皮革和毛皮制作、造纸以及印刷等工业;(2)以非农产品为原料的轻工业,是指以工业品为原料的轻工业。主要包括文教体育用品、化学药品制造、合成纤维制造、日用化学制品、日用玻璃制品、日用金属制品、手工工具制造、医疗器械制造、文化和办公用机械制造等工业。

Light Industry refers to the industry which produces consumer goods and hand tools. It consists of two categories, depending on the materials used:

(1) Industries using farm products as raw materials. These are branches of light industry which directly or indirectly use farm products as basic raw materials, including the manufacture of food and beverages, tobacco processing, textile, clothing, fur and leather manufacturing, paper making, printing, etc.

(2) Industries using non-farm products as raw materials. These are branches of light industry which use manufactured goods as raw materials, including the manufacture of cultural, educational articles and sports goods, chemicals, synthetic fiber, chemical products for daily use, glass products for daily use, metal products for daily use, hand tools, medical apparatus, and the manufacture of cultural and clerical machinery.

【重工业】 是指为国民经济各部门提供物质技术基础的主要生产资料的工业。按其生产性质和产品用途,可以分为下列三类:(1) 采掘(伐)工业,是指对自然资源的开采,包括石油开采、煤炭开采、金属矿开采、非金属矿开采和木材采伐等工业;(2)原材料工业,指向国民经济各部门提供基本材料、动力和燃料的工业。包括金属冶炼及加工、炼焦及焦炭化学、化工原料、水泥、人造板以及电力、石油和煤炭加工等工业;(3)加工工业,是指对工业原材料进行再加工制造的工业。包括装备国民经济各部门的机械设备制造工业、金属结构、水泥制品等工业,以及为农业提供的生产资料如化肥、农药等工业。

根据上述划分原则,修理业中以重工业产品为修理作业对象的划为重工业,反之划为轻工业。

Heavy Industry refers to the industry which produces capital goods, and provides various sectors of the national economy with necessary material and technical basis. It consists of the following three branches according to the purpose of production or the use of products:

(1)Mining, quarrying and logging industry refers to the industry that extracts natural resources, including extraction of petroleum, coal, metal and non-metal ores and logging.

(2)Raw materials industry refers to the industry that provides various sectors of the national economy with raw materials, fuels and power. It includes smelting and processing of metals, coking and coke chemistry, chemical materials and building materials such as cement, plywood, and electric power, petroleum refining and coal processing.

(3)Manufacturing industry refers to the industry that processes raw materials. It includes machine-building industry which equips sectors of the national economy, industries of metal structure and cement products, industries producing means of agricultural production, such as chemical fertilizers and pesticides.

According to the above principle of classification, the repairing trades which are engaged in repairing products of heavy industry are classified into heavy industry while these engaged in repairing products of light industry are classified into light industry.

【工业总产值】 是以货币表现的工业企业在一定时期内生产的已出售或可供出售的工业产品总量,

它反映一定时间内工业生产的总规模和总水平。它包括:在本企业内不再进行加工,经检验、包装入库(规定了不需包装的产品除外)的成品价值,工业性作业价值,自制半成品、在产品期初期末差额价值(生产周期较长的企业计算)。工业总产值采用"工厂法"计算,即以工业企业作为一个整体,按企业工业生产活动的最终成果来计算,企业内部不允许重复计算,不能把企业内部各个车间(分厂)生产的成果相加。但在企业之间、行业之间、地区之间存在着重复计算。

轻重工业总产值的划分也是按"工厂法"计算的,即一个工业企业在正常情况下生产的主要产品的性质属于轻工业,则该企业的全部总产值作为轻工业总产值;一个工业企业生产的主要产品的性质属于重工业,则该企业的全部总产值作为重工业总产值。

Gross Industrial Output Value is the total Volume of industrial products sold or available for sale in value terms which reflects the total achievements and overall scale of industrial production during a given period. It includes the value of the finished products, which are not to be further processed in the enterprises and have been inspected, packed and put in storage, the value of industrial services rendered to other units and the changes in the value of the semi–finished products and products in process between the beginning and closing of the period (only the enterprises with long production cycle are required to calculate the changes). The gross industrial output value is calculated with "factory method". No double calculations are to be made within the same enterprise. However, double counting does occur among different enterprises.

Output value of light and heavy industries is also classified with the "factory" method. Under normal conditions, if the major products of an industrial enterprise belong to light industry products, the gross output value of that enterprise is classified wholly into light industry; the same principle applies to heavy industry.

【工业增加值】 指工业企业在报告期内以货币表现的工业生产活动的最终成果。

Value Added of Industry refers to the final results of industrial production of the industrial trade in money terms during the reference period.

【固定资产原价】 固定资产原价指企业在建造、购置、安装、改建、扩建、技术改造某项固定资产时所支出的全部货币总额。它一般包括买价、包装费、运杂费和安装费等。

Original Value of Fixed Assets refers to the original value of all fixed assets owned by industrial en–terprises, calculated at the cost paid at the time of construction, purchase, installation, reconstruction, expan–sion, and technical innovation and transformation of the said assets, which includes expenses on purchase, package,transportation, and installation, etc.

【固定资产净值】 是指固定资产原价减去历年所提折旧后的净额。

Net Value of Fixed Assets is obtained by deducting depreciation over years from the original value of fixed assets.

【流动资产】 流动资产是指可以在一年内或者超过一年的一个营业周期内变现或者耗用的资产,包括现金及各种存款、短期投资、应收及预付货款、存货等。

Working Capital (Circulating Assets) refers to assets which can be cashed in or spent or consumed in an operating cycle of one year or over one year, which includes cash, various deposits, short term invest–ment, and receivable payments, and advance payments, stock, etc.

【利税总额】 指企业利润总额、产品销售税金及附加和应交增值税之和。

Total Value of Profit and Tax (Pre–tax Profits) refers to the sum of the total profits, products sales tax and surcharges and the value added tax payable of industrial enterprises. It is also called pre–tax profits.

【工业成本费用利润率】 指在一定时期内实现的利润与成本费用之比,是反映工业生产成本及费用

投入的经济效益指标， 同时也是反映企业降低成本的经济效益指标。计算公式为:

$$工业成本费用利润率(\%)=\frac{利润总额}{成本费用总额}\times100\%$$

Ratio of Profits to Total Industrial Costs refers to the ratio of profits realized in a given period to the total costs in the same period, which reflects the economic efficiency of input cost and is calculated as follows:

$$\text{Ratio of Profits to Total Industrial Cost (\%)}=\frac{\text{Total Profits}}{\text{Total Costs}}=\times100\%$$

【工业增加值率】 指报告期工业增加值占工业总产值的比重,是反映工业生产降低中间消耗的经济效益指标。计算公式为:

$$工业增加值率(\%)=\frac{工业增加值(现价)}{工业总产值(现价)}\times100\%$$

Value Added Rate of Industry refers to the ratio of value added of industry in a given period to the gross output value in the same period, which reflects the economic efficiency of cutting down the intermediate input and is calculated as follows:

$$\text{Value Added Rate of Industry (\%)}=\frac{\text{Value Added of Industry (at Current Prices)}}{\text{Gross Output Value (at Current Prices)}}\times100\%$$

【流动资产周转次数】 指一定时期内流动资产完成的周转次数,是反映流动资产的周转速度。计算公式为:

$$流动资产周转次数=\frac{产品销售收入}{全部流动资产平均余额}$$

Number of Times of the Turnover of Working Capital refers to the number of times of turnover of working capital in a given period of time, which reflects the speed of the turnover of working capital and is calculated as follows:

$$\text{Turnover of Working Capital}=\frac{\text{Sales Revenue of Products}}{\text{Average Balance of Total Working Capital}}$$

【产品销售率】 指一定时期内销售产值与同期全部工业总产值之比,反映工业产品生产已实现销售的程度。计算公式为:

$$工业产品销售率(\%)=\frac{报告期现价工业销售产值}{报告期现价工业总产值}\times100\%$$

Sales Rate of Industrial Products refers to the ratio of total sales in a given period to the gross output value in the same period, which reflects the extent of industrial output sold and is calculated as follows:

$$\text{Sales Rate of Industrial Products(\%)}=\frac{\text{Total Sales (at Current Prices)}}{\text{Gross Output Value(at Current Prices)}}\times100\%$$

【产品销售收入】 指企业销售产品的销售收入和提供劳务等主要经营业务取得的业务总额。

Sales Revenue of Industrial Products refers to the revenue from the sales of products by industrial enterprises and the revenue from services provided and etc.

【产品销售成本】 指企业销售产品和提供劳务等主要经营业务的实际成本。

Sales Cost of Industrial Products refers to the actual cost of products sales of industrial enterprises and industrial servies provided, etc.

【产品销售税金及附加】 指企业销售产品和提供工业性劳务等主要经营业务应负担的城市维护建设

税、消费税、资源税和教育费附加。

Tax and Extra Charges on Sales of Products refer to the tax on city maintenance and construction, consumption tax, resources tax and extra charges for education, which should be borne by the enterprises in selling products and providing industrial services.

【产品销售利润】 指企业销售产品和提供工业性劳务等主要经营业务收入扣除其成本、费用、税金后的利润。

Sales Profits of Products refers to the profits gained by the enterprises by deducting cost, charges and taxes from the business income of the enterprises obtained in selling products and providing industrial services.

【利润总额】 指企业实现的利润。

Total Profits refer to the profits gained by the enterprises.

【应交增值税】 指企业在报告期内应交纳的增值税额。

Value Added Tax Payable refers to the amount of the value added tax which should be paid by the enterprises in the reporting period.

【产值利税率】 指报告期已实现的利润、税金总额(包括利润总额、产品销售税金及附加和应交增值税)占同期全部工业总产值的百分比,计算公式为:

$$\text{产值利税率}(\%)=\frac{\text{利税总额}}{\text{工业总产值}}\times 100\%$$

Ratio of Pre-tax Profits to Gross Output Value refers to the ratio of the total amount of pre-tax profits gained (including total profits, sales tax and extra charges of products as well as the value added tax payable) in the reporting period to the gross output value in the same period (the ratio is expressed in percentage). The formula is as follows:

$$\text{Ratio of Pre-tax Profits to Gross Output Value}(\%)=\frac{\text{Total Amount of Pre-tax Profits}}{\text{Gross Output Value}}\times 100\%$$

【全员劳动生产率】 指根据产品的价值量指标计算的平均每一个职工在单位时间内的产品生产量。是考核企业经济活动的重要指标,是企业生产技术水平、经营管理水平、职工技术熟练程度和劳动积极性的综合表现。目前我国的全员劳动生产率是将工业企业的工业增加值除以同一时期全部职工的平均人数来计算的。计算公式为:

$$\text{全员劳动生产率}=\frac{\text{工业增加值}}{\text{全部职工平均人数}}\times 100\%$$

Overall Labour Productivity of Industrial Enterprises refers to the average output per staff and workers in industrial enterprises in value terms. At present, the value added and the average number of staff and workers of an industrial enterprises in a given period are used to calculate the overall labour productivity. The formula used is:

$$\text{Overall Labour Productivity}=\frac{\text{Value Added of Industry}}{\text{Average Number of Staff and Workers}}\times 100\%$$

【资本金】 指企业在工商行政管理部门登记的注册资金合计。企业资本金按投资主体分为国家资本金、法人资本金、个人资本金以及外商资本金等。资本金合计包括企业各种投资主体注册的全部资本金。

Capital refers to the corporation′ s capital registered in the departments of administration for industry and commerce. According to the different nature of investors, corporations′ capital can be divided into state capital, legal person′ s capital, personal capital, foreign capital, etc. Total capital includes total registered capital of all investors in the corporation.

【总资产】 指企业拥有或控制的全部资产。包括流动资产、长期投资、固定资产、无形及递延资产、其他长期资产、递延税项等,即为企业资产负债表的资产总计项。

(1)流动资产 指企业可以在一年内或者超过一年的一个生产周期内变现或耗用的资产合计。包括现金及各种存款、短期投资、应收及预付款项、存货等。

(2)固定资产 指企业固定资产净值、固定资产清理、在建工程、待处理固定资产损失所占用的资金合计。

(3)无形资产 指企业长期使用而没有实物形态的资产。包括专利权、非专利技术、商标权、著作权、土地使用权、商誉等。

Total Assets refer to all assets which are owned or controlled by enterprises, including circulating assets, long-term investment, fixed assets, intangible assets and deferred assets, other long-term assets, and deferred taxes, etc. The summation of above items is equal to total assets shown in the balance sheets of the enterprises.

(1) Circulating assets (working capital) refer to assets which can be cashed in or spent or consumed in an operating cycle of one year or over one year, including cash, all kinds of deposits, short term investment, receivables, advance payment, stock, etc.

(2) Fixed assets refer to the net value of fixed assets, clearance of fixed assets,project under construction, fixed assets losses in suspense. These are corporations´ fund holdings.

(3) Intangible assets refer to the assets without material form used by enterprises over a long time, such as patents, non-patent technologies, trade marks, copyright, land use right, business reputation, etc.

【总负债】 指企业承担并需要偿还的全部债务。包括流动负债和长期负债、递延税项等,即为企业资产负债表的负债合计项。

(1) 流动负债 指企业在一年内或者超过一年的一个营业周期内需要偿还的债务合计,其中包括短期借款、应付及预收款项、应付工资、应交税金和应交利润等。

(2)长期负债 指企业在一年以上或者超过一年的一个生产周期以上需要偿还的债务合计,其中包括长期借款、应付债务、长期应付款项等。

Total Liabilities refer to the debts that enterprises are responsible for repayment, including liquid liabilities, long-term liabilities and deferred taxes, etc. Total liabilities correspond to the summation item of liabilities shown in the balance sheets of the enterprises.

(1) Liquid liabilities (also called quick liabilities or immediate liabilities) refer to enterprises total debt payable within an operating cycle of one year or over one year, including short term loans, payables and advance receipt, wages payable, taxes payable and profit payable, etc.

(2) Long-term liabilities refers to total debt payable within an operationg cycle of one year or over one year, including long-term loans, payable liabilities, long-term payables, etc.

【所有者权益】 指企业投资人对企业净资产的所有权。企业净资产等于企业全部资产减去全部负债后的余额,其中包括投资者对企业的最初投入,以及资本公积金、盈余公积金和未分配利润,对股份制企业即为股东权益。

Creditors´ Equity refers to investors´ ownership of net assets of the enterprise. It is equal to the total assets of the enterprise minus its total liabilities, including the primary input from investors, capital accumulation fund, surplus accumulation fund and undistributed profit. It is the stock holders´ equity in stock companies.

【货(客)运量】 指在一定时期内,各运输部门实际运送的货物(旅客)数量。是反映运输业为国民经济和人民生活服务的数量指标,也是制定和检查运输生产计划,研究运输发展规模和速度的重要指标。货运按吨计算,客运按人计算。货物不论运输距离长短,货物类别,均按实际重量统计;旅客不论行程远近或票价多少,均按一人一次作为客运量统计。半价票、小孩票也按一人统计。

Freight (Passenger) Traffic refers to the volume of freight (passenger) transported with various means. Freight transport is calculated in tons and passenger traffic is calculated in the number of persons. Despite the type of freight and travelling distance, the freight transport is calculated in the actual weight of the goods: and despite the travelling distance and ticket price, the passenger traffic is calculated by the principle that one person can be counted noly once in one travel. The passenger who travel with a half-price ticket or a child ticket is also calculated as one person. The freight (passenger) traffic provides a quantitative measure to show how the transport industry serves the national economy and people, and is also an important indicator for planning the transport industry and for studying the development scale and speed of the transport industry.

【货物(旅客)周转量】 指在一定时期内,由各种运输工具运送的货物(旅客)数量与其相应运输距离的乘积之总和,是反映运输业生产总成果的重要指标,也是编制和检查运输生产计划,计算运输效率、劳动生产率以及核算运输单位成本的主要基础资料。通常以吨公里和人公里为计算单位。计算货物周转量通常按发出站与到达站之间的最短距离,也就是计费距离计算。

Freight Ton-kilometers (Passenger-kilometers) refers to the sum of the product of the volume of transported cargo (passengers) multiplying by the transport distance, usually using ton-kilometer and passenger-kilometer as units for measurement. Normally, the shortest distance between the departure station and the destination station(i. e., the payable distance)is the basis to calculate the freight ton-kilometers. This is an important indicator to show the total results of the transport industry, to prepare and examine the transport plan and to measure the efficiency, the labour productivity and the unit cost of transport.

【沿海主要港口货物吞吐量】 指由水运进出沿海主要港区范围,并经过装卸的货物数量,包括邮件及办理托运手续的行李、包裹以及补给运输船舶的燃、物料和淡水。其计量单位为吨。货物吞吐量的货种分类及其主要流向流量,反映了港口在国内外物资交流和对外贸易运输中的地位和作用。吞吐量可以分为进口、出口,又可以分为国内贸易、对外贸易。

Volume of Freight Handled in Major Coastal Ports refers to the volume of cargo passing in and out the harbor area of the major coastal ports and having been loaded and unloaded. The volume includes that of the postal matters, registered luggages and fuels, materials and fresh water as supplies of the ships. The volume of freight handled may be classified as import, export, or as domestic trade and foreign trade. The volume of freight handled by type of cargo and by main flow direction and volume reflects the position and function of the ports in the flow of Chinese and foreign goods and in the transportation for foreign trade.

【邮电业务总量】 指以货币表现的邮电部门用于传递信息和提供其他邮电服务的总数量。它综合反映了一定时期邮电工作的总成果,是研究邮电业务量构成和发展趋势的重要指标。根据邮电管理体制不同,分为中央国营业务总量和地方国营业务总量。它用各种邮电分类业务量,如函件件数、电报份数、长话张数、市内电话和农村电话的年均户数、订销报刊累计份数等,分别乘以相应的平均单价(不变价),加总后再加上出租电路和设备的收入、代用户维护电话交换机和线路等设备的收入、其他业务收入求得。

Business Volume of Post and Telecommunications refers to the total amount (in money terms) of the information delivered and other post and telecommunications services provided by the post and telecommunications departments for the customers. It is derived by first multiplying the business volume of different types, such as number of letters, telegrams, long distance calls, city and rural telephone subscribers and accumulated number of newspapers and journals subscribed and sold, etc. by their respective average unit price (fixed price) and then adding these products together:plus the income from maintenance of telephone exchanges and lines, and the income from other business operations. The business volume of post and telecommunications indicates the total achievements made by the post and telecommunications department during a given period of time in a comprehensive way, and is an important indicator to study the composition and development of the post and telecommunications business.

【全社会固定资产投资】 固定资产投资是社会固定资产再生产的主要手段。通过建设和购置固定资产的活动,国民经济不断采用先进技术装备,建立新兴部门,进一步调整经济结构和生产力的地区分布,增强经济实力,为改善人民物质文化生活创造物质条件。这对我国的社会主义现代化建设具有重要意义。

固定资产投资额是以货币表现的建造和购置固定资产活动的工作量，它是反映固定资产投资规模、速度、比例关系和使用方向的综合性指标。全社会固定资产投资包括国有经济单位投资、城乡集体经济单位投资、各种经济类型的单位投资和城乡居民个人投资。按照我国现行计划管理体制,国有经济单位固定资产投资总额分为基本建设、更新改造、房地产开发投资和其他固定资产投资四个部分;城乡集体经济单位投资包括城镇集体所有制单位投资和农村集体投资;各种经济类型的单位投资包括联营经济、股份制经济、中外合资经营、中外合作经营、外商独资、与大陆合资经营、与大陆合作经营、港澳台独资及其他经济类型的单位投资。城镇居民个人投资包括城市、县城、镇、工矿区所辖范围内的个人建房和农村个人建房及购买生产性固定资产的投资。

Total Investment in Fixed Assets in the Whole Country: Investment in fixed assets is the main means for social reproduction of fixed assets. By means of construction and purchase of fixed assets, more advanced technologies and equipment are adopted in the national economy, and new sectors are established, which promote the adjustment of economic structure and regional distribution of productive forces and enhance the economic strengths so as to provide the material conditions for improving people´ s livelihood. This is significant for speeding up the drive of socialist modernization in China.

Amount of investment in fixed assets refers to the volume of activities in construction and purchases of fixed assets in monetary terms. It is a comprehensive indicator which shows the size, pace, proportional relations and use orientation of the investment in fixed assets. Total investment in fixed assets in the whole country includes the investment by the state-owned units, the investment by the urban and rural collective units, the investment by the units of other types of ownership and the investment by the individuals in the urban and rural areas. According to China´ s current planning management system, the investment is fixed assets in the whole country is classified into the following four parts:investment in capital construction, investment in innovation, investment in real estates development and other investment in fixed assets. The investment by the urban and rural collective units includes the investment by the urban collective units and the investment by the rural collective units. The investment by the units of other types of ownership includes the investment by the units of joint-owned economy, share-holding economy, Sino-foreign joint economy, Sino-foreign cooperative economy, economy exclusively with foreign investment, Mainland-Hong Kong or Mainland-Macao or Mainland-Taiwan joint economy, Mainland-Hong Kong or Mainland-Macao or Mainland-Taiwan cooperative economy, and economy exclusively with investment of Hong Kong or Macao or Taiwan. The investment by the individuals in the urban and rural areas includes the investment in personal house building in the areas under the jurisdiction of city, county, town and special industrial and mining areas as well as the investment in personal house building and purchase of productive fixed assets in the rural areas.

【基本建设投资】 基本建设是企业、事业、行政单位以扩大生产能力或工程效益为主要目的的新建、扩建工程及有关工作。包括(1)列入中央和各级地方本年基本建设计划的建设项目,以及虽未列入本年基本建设计划,但使用以前年度基建计划内结转投资(包括利用基建设备材料)在本年继续施工的建设项目;(2)本年基本建设计划内投资与更新改造计划内投资结合安排的新建项目和新增生产能力(或工程效益)达到大中型项目标准的扩建项目,以及为改变生产力布局而进行的全厂性迁建项目;(3)国有单位既未列入基建计划,也未列入更新改造计划的总投资在5万元以上的新建、扩建、恢复项目和为改变生产力布局而进行的全厂性迁建项目,以及行政、事业单位增建业务用房和行政单位增建生活福利设施的项目。

Investment in Capital Construction Capital construction refers to the new construction projects or extension projects and the related work of the enterprises, institutions or administrative units mainly for the purpose of expanding production capacity or improving project efficiency. It includes:(1) projects listed in the capital construction plan of the current year of the central government and the local governments at various levels as well as the projects, though not listed in the capital construction plan of the current year,but continued to be constructed in this year, using the investment listed in the plan of capital construction of previous years and carried forward to this year (also using the equipment and materials kept in stock of the capital construction); (2) new construction projects arranged both in the plan of capital construction and the plan of innovation; extension projects with the newly increased production capacity (or project efficiency) up to the standard of a large and medium-sized project; and the projects of moving the whole factory to a new site so as to improve the distribution of productive forces; (3) new construction projects, extension projects or restoration projects with the total investment more than 50 thousand RMB yuan by the state-owned units, though listed neither in the plan of capital construction nor in the plan of innovation; the projects in the state-owend units of moving the whole factory to a new site so as to improve the distribution of productive forces; and the projects of building additional business houses by the administrative units and institutions and builing welfare facilities by the administrative units.

【更新改造投资】 更新改造是指企业、事业单位对原有设施进行固定资产更新和技术改造，以及相应配套的工程和有关工作(不包括大修理和维护工程)。包括:(1)列入中央和各级地方本年更新改造计划的项目和虽未列入本年更新改造计划,但使用上年更新改造计划内结转和投资在本年继续施工的项目;(2)本年更新改造计划内投资与基本建设计划内投资结合安排的对企、事业单位原有设施进行技术改造或更新的项目,和增建主要生产车间、分厂等其新增生产能力(或工程效益)未达到大中型项目标准的项目,以及由于城市环境保护和安全生产的需要而进行的迁建工作;(3)国有企、事业单位既未列入基建计划也未列入更新改造计划,总投资在5万元以上的属于改建或更新改造性质的项目,以及由于城市环境保护和安全生产的需要而进行的迁建工程。

Investment in Innovation: Innovation refers to the renewal of fixed assets and technological innovation of the original facilities by the enterprises and institutions as well as the corresponding supplementary projects and the related work (excluding major overhaul and maintenance projects). It includes:(1)projects listed in the innovation plan of the current year of the central government and the local governments at various levels as well as the projects, though not listed in the innovation plan of the current year, but continued to be constructed in this year, using the investment listed in the plan of innovation of previous years and carried forward to this year;(2)projects of technological innovation or renewal of the original facilities, arranged both in the plan of innovation and in the plan of capital construction; extension projects (main workshops or a branch of the factory) with the newly increased production capacity (or project efficiency) not up to the standard of a large and medium-sized project; and the projects of moving the whole factory to a new site so as to meet the requirements of urban environmental protection or safe production;(3)projects of reconstruction or technological innovation with the total investment more than 50 thousand RMB yuan by the state-owned units, though listed neither in the plan of capital construction nor in the plan of innovation; the projects in the state-owned units of moving the whole factory to a new site so as to meet the requirements of urban environmental protection or safe production.

【房地产开发投资】 包括各种经济类型的房地产开发公司、商品房建设公司及其他房地产开发单位统一开发的包括代建、拆迁还建的住宅、厂房、仓库、饭店、宾馆、度假村、写字楼、办公楼等房屋建筑物和配套的服务设施、土地开发工程,如道路、给水、排水、供电、供热、通讯、平整场地等基础设施工程的投资。包括非房地产企业实际从事房地产开发或经营活动,不包括单纯的土地交易活动。

Investment in Real Estate Development: It includes the investment by the real estate development companies, commercial buildings construction companies and other real estate development units of various types of ownership in the construction of house buildings, such as residential buildings, factory buildings, warehouses, hotels, guesthouses, holiday villages, office buildings, and the complementary service facilities and land development projects, such as roads, water supply, water drainage, power supply, heating, telecommunica–tions, land levelling and other projects of infrastructure. It covers the activities of the non–real estate compa–nies in real estate development or management, but excludes the activities in simple land transactions.

【其他固定资产投资】 全社会固定资产投资中未列入基本建设、更新改造和房地产开发投资的建造和购置固定资产的活动。包括：

(1)国有单位按规定不纳入基本建设计划和更新改造计划管理，总投资在5万元以上的以下工程：①用油田维护费和石油开发基金进行的油田维护和开发工程；②煤炭、铁矿、森工等采掘采伐业用维简费进行的开拓延伸工程；③交通部门用公路养路费对原有公路、桥梁进行改建的工程；④商业部门用简易建筑费建造的仓库工程。

(2)集体经济单位固定资产投资：包括城镇集体经济单位和农村集体经济单位建造和购置固定资产计划总投资在5万元以上的项目。

(3)联营经济、股份制经济、外商投资经济、港澳台投资经济及其它经济类型的企、事业单位建造和购置固定资产其计划总投资在5万元以上的、未列入基本建设计划和更新改造计划的项目。

(4)城镇和工矿区私人建房投资和农村个人投资。城镇和工矿区私人建房包括市、县城、镇、工矿区所辖范围内的全部私人建房，不论其房主是否系本地的常住户口均应包括；农村个人投资包括农村个人建房及购置生产性固定资产的投资。

Other Investment in Fixed Assets refers to the construction and purchases of fixed assets not listed in the investment in capital construction, investment in innovation and investment in real estate development. It includes:

(1) The following projects of the state–owned units with the total investment more than 50 thousand yuan, which are not included in the plan of capital construction and the plan of innovation: ① projects of oil fields maintenance and exploitation with the oil fields maintenance funds and petroleum development funds; ② opening and extending projects with the maintenance funds in coal, ore and other mining enterprises and log–ging enterprises; ③ project of reconstruction of the original highways and bridges with the highway mainte–nance funds in the department of transportation; ④ projects of construction of warehouses with the funds of simple construction in the commercial department.

(2) The investment in fixed assets by the collective units: including the projects of construction and pur–chases of fixed assets by the urban and rural collective units with the planned total investment more than 50 thousand yuan.

(3) The projects of construction and purchases of fixed assets by the enterprises or institutions of joint–owned economy, share–holding economy, foregn–funded economy, economy funded by the entrepreneurs form Hong Kong, Macao and Taiwan and other economy with the planned total investment more than 50 thousand yuan, which are not included in the plan of capital construction and the plan of innovation.

(4) The private investment in house construction in the urban areas and industrial and mining areas as well as the individual investment in the rural areas; The private house construction in the urban areas and industrial and mining areas includes all the private house construction under the jurisdiction of cities, countries, towns and industrial and mining areas, no matter whether the owner of the house is registered as the permanent resi–dent in the locality or not. The individual investment in the rural areas includes the investment in house con–struction and purchase of producitive fixed assets by the individuals in the rural areas .

【新增生产能力】 指通过固定资产投资活动而增加的设计能力或工程效益，它是用实物形态表示的固定资产投资的成果。新增生产能力的计划，是以能独立发挥生产能力或效益的单项工程(或项目)为对象。当单项工程(或项目)建成，经有关部门鉴定合格，正式移交投入生产，即可计算新增生产能力。

新增生产能力或工程效益有以下几种表现形式：

(1)以建设项目或单位工程建成后的年产能力表示。如煤炭开采、石油开采等。

(2)以建设项目或单项工程建成后处理原料的能力表示。如选矿工程的年处理矿石能力,洗煤厂年洗原煤能力等。

(3)以新增的主要设备数量或容量表示。如棉纺锭枚数,发电机组容量等。

(4)以建筑物容积、容量、面积或长度表示。如水库容量、铁路公路里程等。

新增生产能力的数量一般按设计能力计算。设计能力是指设计文件中规定的正常情况下能够达到的生产能力,而不论投产后的实际产量如何。以设备数量、建筑物容积、面积、长度等表示的新增生产能力(或效益),则按建成的实际数量计算。

Newly Increased Production Capacity refers to the increase of designed capacity and project efficiency through investment in fixed assets, which reflects the accomplishment of investment in fixed assets in kind. The calculation of newly increased production capacity is based on individual projects wich operate independently. When an individual project is completed and checked and accepted and put into production, it is counted as newly increased production capacity.

The newly increased production capacity and project efficiency are usually expressed in one of the following forms:

(1)annual production capacity, such as extraction of coal and petroleum;

(2)raw material processing capacity, such as ore dressing capacity of ore dressing projects, the dressing capacity of a coal washery;

(3)number or capacity of major equipment increased, such as the number of cotton spindles increased and the capacity of generating sets increased;

(4)physical measures of construction, such as volume, capacity, area, and length, for instance, the capacity of reservoirs, the length of railways or highways.

Newly increased production capacity in terms of quantity is calculated in designed capacity in general, which refers to the production capacity of a project under normal conditions designed in construction documents regardless of the actual output.

【施工和竣工房屋建筑面积】 房屋建筑面积是从房屋外墙线算起的各层平面面积的总和,包括房屋结构(如柱、墙)占用的面积和地下室面积。多层建筑按各自然层面积总和计算,包括房屋内的楼隔层,突出墙面的眺望间、门斗、有柱雨罩的面积。不包括突出墙面结构的构件、艺术装饰等所占的面积,如台阶等。凹阳台、挑阳台按其水平投影面积一半计算建筑面积。

Floor Space of Buildings Under Construction and Completed refers to total floor space in each story of buildings calculated from the outside line of building walls, including the space occupied by constructions like pillars or walls and basements. The floor space of multi-story building includes the total floor space of each story, including area occupied by separating walls, watching rooms, doorways, and pillars, but excluding protruding wall structures, artistic decoration, etc. (for example, flight of steps). The space of balcony is counted by half of the projection area.

【住宅建筑面积】 指施工和竣工房屋建筑面积中供居住用的施工和竣工房屋建筑面积。

Floor Space of Residential Buildings refers to the floor space of the residential buildings under construction and completed among the total space of buildings under construction and completed.

【竣工面积】 指在报告期内房屋建筑按照设计要求已全部完工,达到住人和使用条件,经验收鉴定合格,正式移交使用单位的建筑面积。

Floor Space of Buildings Completed refers to the floor space of buildings completed in the reference period, which have come up to the designed standards and have been put into use.

【房屋建筑面积竣工率】 指一定时期内房屋竣工面积占同期房屋施工面积的比率。这是从房屋建筑施工速度的角度反映投资效果和建筑业经济效益的指标。

Completion Rate of Floor Space of Buildings refers to the ratio of the floor space of buildings completed in certain period of time to the floor space of buildings under constrution in the same period, which reflects the investment result and economic efficiency of the construction industry from the angle of the speed of project construction.

【新增固定资产】 指通过投资活动所形成的新的固定资产价值。包括已经建成投入生产或交付使用的工程价值和达到固定资产标准的设备、工具、器具的价值及有关应摊入的费用。它是以价值形式表示的固定资产投资成果的综合性指标,可以综合反映不同时期、不同部门、不同地区的固定资产投资成果。

Newly Increased Fixed Assets refer to the newly increased value of fixed assets through investment, including the value of projects completed and put into production, the value of equipment, tools, and vessels considered as fixed assets, as well as the relevant expenses as investment in fixed assets. This is a comprehensive indicator of investment in fixed assets, reflecting the achievements of investment in fixed assets in different periods, different sectors, and different regions.

【建设项目投产率】 指一定时期内全部建成投入生产项目个数占同期正式施工项目个数的比率。它是从项目建设速度的角度反映投资效果的指标。

Rate of Construction Projects Completed and Put into Use refers to the ratio of the number of construction projects completed and put into use in certain period of time to the number of projects under construction in the same period. This reflects the investment efficiency from the angle of the speed of projects construction.

【固定资产交付使用率】 指一定时期新增固定资产与同期完成投资额的比率。它是反映各个时期固定资产动用速度,衡量建设过程中投资效果的一个综合性指标。

Rate of Projects of Fixed Assets Completed and put into Operation refers to the ratio of the newly increased fixed assets to the total investment made in the same period. This is a comprehensive indicator, reflecting the speed of the employment of fixed assets and the investment efficiency.

【社会消费品零售额】 指各种经济类型的批发零售贸易业、餐饮业、制造业和其他行业对城乡居民和社会集团的消费品零售额。这个指标反映通过各种商品流通渠道向居民和社会集团供应的生活消费品,是研究人民生活、社会消费品购买力、货币流通等问题的重要指标。社会消费品零售额包括:(1) 售给城乡居民作为生活用的商品;(2)售给机关、团体、学校、部队、企业、事业单位的职工食堂和旅店(招持所)附设专门供本店旅客食用,不对外营业的食堂的各种食品、燃料;企业、事业单位和国营农场直接售给本单位职工和职工食堂的自己生产的产品;(3)售给部队干部、战士生活用的粮食、副食品、衣着品、日用品、燃料;(4)售给来华的外国人、华侨、港澳台同胞的消费品;(5)居民自费购买的中、西药品、中药材及医疗用品;(6)报社、出版社直接售给居民和社会集团的报纸、图书、杂志,集邮公司出售的新、旧纪念邮票、首日封、集邮册、集邮工具等;(7)旧货寄售商店自购、自销部分的商品零售额;(8)煤气公司、液化石油气站售给居民和社会集团的煤气灶具和罐装液化石油气;(9)农民售给非农业居民和社会集团的商品。不包括售给国民经济各部门企业、事业单位(包括国有经济的农场)生产经营用的各种原材料、燃料、设备、工具等和售给批发零售贸易业、餐饮业作为转卖用的商品,旧货寄售店受托寄售卖出的商品,服务业的营业收入,邮局出售邮票的收入,自来水、电力、煤气生产(供应)单位的产品供应收入,也不包括农民之间的商品销售。

Total Retail Sales of Consumer Goods refer to the sum of retail sales of consumer goods by the establishments in wholesale trade, retail sale trade, catering trade, manufacturing industry and other industries of different types of ownership, to urban and rural residents and social groups. This indicator is used to show the supply of consumers goods through various channels to households and institutions to meet their demands, and is therefore very important for the study of the issues on people´ s livelihood, on the purchasing power of consumer goods and on the circulation of money. The retail sales of consumer goods include:(1) commodities sold to urban and rural residents for residential use and building materials sold to them for the construction or repair of houses;(2) food and fuels sold to canteens of institutions, enterprises, schools, military units and to canteens of hotels and hostels that only serve their guests, and commodities produced by enterprises, institutions or state farms and sold directly to their employees or their canteens; (3) grain and non-staple food, clothing, daily articles and fuels sold to military personnel; (4) consumer goods sold to foreigners, overseas Chinese, and Chinese compatriots from Taiwan, Hong Kong and Macao during their stay in the mainland of China; (5) Chinese and western medicines, herbs and medical facilities purchased by residents;(6) newspapers, books and magazines directly sold to residents and social groups by publishers, new and old commemorative stamps, special stamps, first-day covers, stamp albums and other stamp-collection articles sold by stamp companies; (7) consumer goods purchased and then sold by second-hand shops; (8) stoves and other heating facilities and liquified gas sold by gas companies to households and institutions; (9) commodities sold by farmers to non-agricultural residents and social groups. Excluded under this heading are: raw materials, fuels, equipment, tools sold to enterprises, institutions and state farms for production purpose; commodities sold to trade establishments for re-selling; commissioned sales at second-hand shops; operational income of urban public utilities; stamps sold at post offices; income of water, power, gas production and supply establishments from the supply of their products; and sales of commodities among farmers.

【批发零售贸易业商品购、销、存总额】 指以各种经济类型的批发、零售贸易业(不包括个体)为总体的商品购、销、存。

Purchase, Sales and Stock of Commodities by Wholesale and Retail Trade refer to the purchase, sales and stock of commodities by wholesale and retail establishments of different ownership (excluding individual sellers).

【商品购进总额】 指从本企业(单位)以外的单位和个人购进(包括从国外直接进口)作为转卖或加工后转卖的商品。这个指标反映批发零售贸易业从国内、国外市场上购进商品的总量。商品购进总额包括:(1)从工农业生产者购进的商品;(2)从出版社、报社的出版发行部门购进的图书、杂志和报纸;(3)从各种经济类型的批发零售贸易企业(单位)购进的商品;(4)从其他单位购进的商品,如从机关、团体、企业、单位购进的剩余物资,从餐饮业、服务业购进的商品,从海关、市场管理部门购进的缉私和没收的商品,从居民收购的废旧商品等;(5)从国(境)外直接进口的商品。不包括企业(单位)为自身经营用,和未通过买卖行为而收入的商品以及销售退回、商品升溢等。

Total Purchases of Commodities refer to the purchases of commodities by the establishments from other establishments or individuals (including direct import from abroad) for the purpose of re-selling, either with or without further processing of the commodities purchased. This indicator is used to show the total value of purchases of commodities by wholesale and retail establishments from domestic and overseas markets. The total purchases include:(1) agricultural and industrial products purchased from producers; (2) books, magazines and newspapers purchased from distribution departments of the publishers;(3) commodities purchased from wholesale and retail establishments;(4) commodities purchased from other units, such as surplus materials purchased from government agencies, enterprises or institutions, commodities purchased from catering and service establishments, confiscated goods purchased from customs authorities or market management agencies, second-hand goods and wastes purchased from residents; (5) commodities directly imported from abroad. Excluded are commodities purchased by establishments (units) for use in their-own business operation, commodities obtained without buying or selling procedures, rejected commodities, etc.

【商品销售总额】 指对本企业(单位)以外的单位和个人出售(包括对国(境)外直接出口)的商品。这个指标反映批发零售贸易业在国内市场上销售商品以及出口商品的总量。商品销售总额包括:(1)售给城乡居民和社会集团消费用的商品;(2)售给工业、农业、建筑业、运输邮电业、批发零售贸易业、餐饮业、服务业等作为生产、经营使用的商品;(3)售给批发零售贸易业作为转卖或加工后转卖的商品;(4)对国(境)外直接出口的商品。不包括:出售本企业(单位)自用的废旧包装用品,未通过买卖行为付出的商品,经本单位介绍,由买卖双方直接结算,本单位只收取手续费的业务,购货退出的商品以及商品损耗和损失等。

Total Sales of Commodities refer to selling of commodities by the establishments to other establishments and individuals (including direct export). This indicator is used to show the total value of sales of commodities at domestic markets and export. The total sales include:(1) commodities sold to urban and rural residents and social groups for their consumption; (2)commodities sold to establishments in industry, agriculture, construction, transportation, post and telecommunications, wholesale and retail trades, catering trade and public utility for their production and operation;(3) commodities sold to wholesale and retail establishments for reselling, with or without further processing; (4) commodities for direct export to other countries. Excluded are selling of waste packaging materials used by the establishments (units) themselves, commodities transferred without buying or selling procedures, commission income from brokerage in transactions whose settlement is directly handled by buyers and sellers, rejected commodities in the purchase, loss in commodities, etc.

【批发零售贸易业年末库存】 指年末各种经济类型的批发零售贸易企业(单位)已取得所有权的商品。它反映各地区、各批发零售贸易企业(单位)的商品库存情况,和对市场商品供应的保证程度。期末库存包括:(1)存放在批发零售贸易业经营单位(如门市部、批发站、经营处)仓库、货场、货柜和货架中的商品;(2)挑选、整理、包装中的商品;(3)已记入购进而尚未运到本单位的商品,即发货单或银行承兑凭证已到而货未到部分;(4)寄放他处的商品,如因购货方拒绝承付而暂时存放在购货方的商品和已办完加工成品收回手续而未提回的商品;(5)委托其他单位代销(未作销售或调出)尚未售出的商品;(6)代其他单位购进尚未交付的商品。不包括所有权不属于本单位的商品、拨付除批发零售贸易业以外的其他行业所属独立核算加工厂等加工生产尚未收回成品的商品、代国家物资储备部门保管的商品等。期末库存总额计算方法是:农副产品采购单位按购进价计算,批发单位按进货价计算,零售单位按什么价格核算就按什么价格计算。

Commodity Stock of Wholesale and Retail Enterprises at Year-end refers to total commodities possessed by wholesale and retail enterprises (units) of various types of ownership, which reflects the commodity stock level of various wholesale and retail enterprises and the potential for market supply. It includes:(1) commodities deposited in storage, counters, and shelves of operating units (such as sale stores, wholesale centers, and operating offices) of wholesale and retail enterprises;(2) commodities in the process of selecting, sorting, and packing;(3) commodities not arrived but recorded as purchase in the account, i. e. commodities not arrived but payment receipts for the commodities from the sellers or the banks arrived;(4) commodities deposited in other places rather than places mentioned above, for instance:commodities in the hold of purchasers temporarily due to the refusal of payment and commodities not taken back after going through the formalities;(5) commodities entrusted to other units to sell but not sold yet;(6) commodities purchased for other units but not delivered yet. Commodities not included as stock are those not owned by the enterprises (units), those allocated to financially independent factories rather than wholesale and retail enterprises for processing but not taken back yet, and finally those put in stock by wholesale and retail enterprises on behalf of the state material reserves units. In the calculation of the value of commodities stock at the end of period, the value is calculated at purchasing prices in agricultural goods purchasing units and wholesale units, and at the accounting prices in retail units.

【零售价格指数】 是反映城乡商品零售价格变动趋势的一种经济指数。零售物价的调整变动直接影响到城乡居民的生活支出和国家的财政收入,影响居民购买力和市场供需平衡,影响消费与积累的比例。因此,计算零售价格指数,可以从一个侧面对上述经济活动进行观察和分析。

Retail Price Index reflects the general change in retail prices of commodities. The change and adjustment in retail prices directly affect the living expenditure of urban and rural residents, government revenue, purchasing power of residents and the equilibrium of market supply and demand, and the ratio of consumption to accumulation. Therefore, the calculation of retail price index is useful to analyse the changes of the above economic activities.

【居民消费价格总指数】 是反映一定时期内城乡居民所购买的生活消费品价格和服务项目价格变动趋势和程度的相对数。是综合了城市居民消费价格指数和农民消费价格指数计算取得。利用居民消费价格指数,可以观察和分析消费品的零售价格和服务价格变动对城乡居民实际生活费支出的影响程度。

Consumer Price Index reflects the relative change in prices of consumer goods and services purchased by urban and rural residents, and is a composite index derived from the urban consumer price index and the rural consumer price index. Consumer price index can be used to analyse the impact of consumer price change on actual expenditure for living cost of urban and rural residents.

【利用外资】 指我国各级政府部门、企业和其他经济组织通过对外借款、吸收外商直接投资以及用其他方式筹措的境外现汇、设备、技术等。

Utilization of Foreign Capital refers to remittance, equipment and technology financed from abroad, by loans, foreign direct investment and other forms undertaken by the Chinese governments at all levels, by various departments, enterprises and other economic units.

【对外借款】 是我国利用外资的主要部分。包括我国通过外国政府贷款,国际金融组织贷款,外国银行商业贷款,出口信贷以及对外发行债券,股票等方式,从境外筹措的资金。

Foreign Loans a major part of China´ s utilization of foreign capital, refer to funds borrowed from abroad, including loans of foreign governments, loans of international financial institutions, commercial loans of foreign banks, export credit, and funds raised by Chinese bonds and shares issued abroad.

【外商直接投资】 是指外国企业和经济组织或个人(包括华侨、港澳台胞以及我国在境外注册的企业)按我国有关政策、法规,用现汇、实物、技术等在我国境内开办外商独资企业、与我国境内的企业或经济组织共同举办中外合资经营企业、合作经营企业或合作开发资源的投资(包括外商投资收益的再投资)以及经政府有关部门批准的项目投资总额内,企业从境外借入的资金。

Direct Investment by Foreign Entrepreneurs refers to the investments inside China by foreign enterprises and economic organizations or individuals (including overseas Chinese, compatriots from Hong Kong, Macao and Taiwan, and Chinese enterprises registered abroad), following the relevant policies and laws of China, for the establishment of ventures exclusively with foreign own investment, Sino-foreign joint ventures and cooperative enterprises or for co-operative exploration of resources with enterprises or economic organizations in China. It includes the re-investment of the foreign entrepreneurs with the profits gained from the investment and the funds that enterprises borrow from abroad in the total investment of projects which are approved by the relevant department of the government.

【对外承包工程】 包括各对外承包公司以招标议标承包方式承揽的下列业务(1)承包国外工程建设项目;(2)承包我国对外经援项目;(3)承包我国驻外机构的工程建设项目;(4)承包我国境内利用外资进行建设的工程项目;(5)与外国承包公司合营或联合承包工程项目时我国公司分包部分;(6)以服务成果向业主收费的技术服务项目(包括承担地形地貌测绘;地质资源勘探与普查;建设区域规划;提供设计文件、图纸、生产工艺技术资料和工程技术经济咨询;工程项目的可行性考察、研究和评估;进行技术指导和培训人员等);(7)对外承包兼营的房屋开发业务。对外承包工程的营业额是以货币表现的本期内完成的对外承包工程的工作量,包括以前年度签订的合同和本年度新签订的合同在报告期完成的工作量。

Contracted Projects with Foreign Countries refer to projects undertaken by Chinese contractors (project contracting companies) through bidding process. They include:(1)overseas civil engineering construction projects financed by foreign investors;(2) overseas projects financed by the Chinese government through its foreign-aid programs; (3) construction projects of Chinese diplomatic missions, trade offices and other institutions stationed abroad; (4) construction projects in China financed by foreign investment;(5) sub-contracted projects to be taken by Chinese contractors through a joint umbrella project with foreign contractor (s); (6) technical assistance projects in the form of service results and chargeable to the owners (such as topographic surveying, geological prospecting, development zone programming, provision of designing documents, blueprint, materials on production process, technical consultation, project feasibility studies and evaluation, personnel training, etc.); (7)housing development projects. The Business income from international contracted projects is the work volume of contracted projects completed during the reference period, expressed in monetary terms, including completed work on projects signed in previous years.

【对外劳务合作】 指以收取工资的形式向业主或承包商提供技术和劳动服务的活动。我国对外承包公司在境外开办的合营企业,中国公司同时又提供劳务的,其劳务部分也纳入劳务合作统计。劳务合作营业额按报告期内向雇主提交的结算数(包括工资、加班费和奖金等)统计。

Service Co-operation with Foreign Countries refers to the activities of providing technology and labour services to employers or contractors in the forms of receiving salaries and wages. Labour services providing by contractual joint ventures of Chinese international contraction corporations should be included in the statistics of service co-operation with foreign countries. The business income of labour service co-operation is the income in the form of wages and salaries, overtime pay ,bonuses and other remuneration received from the employers during the reference period.

【旅游人数】 指来我国参观、访问、旅行、探亲、访友、休养、考察、参加会议和从事经济、科技、文化、教育、体育、宗教等活动的外国人、华侨、港澳台胞的人数。不包括外国在我国的常驻机构,如使领馆、通讯社、企业办事处的工作人员;来我国常驻的外国专家、留学生以及在岸逗留不过夜人员。

Number of Tourists refers to the number of foreigners, overseas Chinese, and compatriots from Hong Kong, Macao and Taiwan coming to China for sightseeing, visits, tours, family reunions, vacations, study tours and other activities of an economic, scientific and technological, cultural, physical culture and religious nature. This does not include the number of employees of foreign organizations stationed in China such as embassies, consulates, news agencies, the offices of corporations and enterprises and foreign experts and students residing in China and the persons staying briefly in China but not for passing the night.

【国际旅游(外汇)收入】 指入境旅游的外国人、华侨、港澳台同胞在中国大陆旅游过程中发生的一切旅游支出,对于国家来说就是国际旅游(外汇)收入。

Foreign Exchange Earnings from International Tourism refer to the total expenditures of the foreigners, overseas Chinese, compatriots from Hong Kong, Macao and Taiwan in the process of their tourism in the mainland of China. Their expenditures mentioned above are foreign exchange earnings to China.

【进出口总额】 海关进出口总额指实际进出我国国境的货物总金额。包括对外贸易实际进出口货物,来料加工装配进出口货物,国家间、联合国及国际组织无偿援助物资和赠送品,华侨港澳台同胞和外籍华人捐赠品,租赁期满归承租人所有的租赁货物,进料加工进出口货物,边境地方贸易及边境地区小额贸易进出口货物(边民互市贸易除外),中外合资经营企业、中外合作经营企业、外商独资经营企业进出口货物和公用物品,到、离岸价格在规定限额以上的进出口货样和广告品(无商业价值、无使用价值和免费提供出口的除外),从保税仓库提取在中国境内销售的进口货物,以及其他进出口货物。进出口总额用以观察一个国家在对外贸易方面的总规模。我国规定出口货物按离岸价格统计,进口货物按到岸价格统计。

Total Imports and Exports at Customs refer to the value of commodities imported into and exported from the boundary of China. They include the actual imports and exports through foreign trade, imported and exported goods under the processing and assembling trades and materials, supplies and gifts as aid given gratis between governments and by the United Nations and other international organizations, and contributions donated by overseas Chinese, compatriots from Hong Kong Macao and Taiwan and Chinese with foreign citizenship, leasing commodities owned by tenant at the expiration of leasing period, the imported and exported commodities processed with imported materials, commodities trading in border areas (excluding mutual exchange goods), the imported and exported commodities and articles for public use of the Sino-foreign joint ventures, cooperative enterprises and ventures exclusively with foreign own investment. Also included are import or export of samples and advertising goods for whose CIF or FOB value are beyond the permitted ceiling (excluding goods of no trading or use value and free commodities for export), imported goods sold in China from bonded warehouse and other imported or exported goods.The indicator of the total imports and exports at customs can be used to observe the total size of external trade in a country. In accordance with the stipulation of the Chinese government, imports are calculated at CIF, while exports are calculated at FOB.

【存款】 企业、机关、团体或居民根据可以收回的原则,把货币资金存入银行或其他信用机构保管并取得一定利息的一种信用活动形式。根据存款对象的不同可划分为企业存款、财政存款、机关团体存款、基本建设存款、城镇储蓄存款、农村存款等科目。它是银行信贷资金的主要来源。

Deposit is a form of credit by which enterprises, institutions, organizations or residents can put money into banks and other credit institutions for safekeeping and interest earning under the principle of free withdrawal. According to different depositors, deposits are divided into enterprise deposits, treasury deposits, deposits of government agencies and organizations, capital construction deposits, urban saving deposits, rural deposits and other deposits. Deposits are major sources of the credit funds of banks.

【贷款】 银行或其他信用机构根据必须归还的原则,按一定利率,为企业、个人等提供资金的一种信用活动形式。我国银行贷款分为流动资金贷款、固定资产贷款、城乡个体工商户贷款以及农业贷款等科目。

Loan is a form of credit by which banks and other credit institutions provide funds at certain interest rate to enterprises and individuals in the light of the principle of unconditional repayment. Loans from Chinese banks include circulating capital loans, fixed assets loans, loans to urban and rural individuals engaged in industrial and commercial business and agricultural loans.

【普通高等学校】 指按照国家规定的设置标准和审批程序批准举办,通过国家统一招生考试,招收高中毕业生为主要培养对象,实施高等教育的全日制大学、独立设置的学院和高等专科学校、短期职业大学。

Regular Institutions of Higher Learning refer to educational establishments set up according to the government evaluation and approval procedures, enrolling graduates from senior secondary schools and providing higher education courses and training for senior professionals. They include full-time universities, colleges, high professional schools and short-term professional universities.

【研究与发展经费支出】 指报告期内用于研究与实验发展课题活动(基础研究、应用研究、实验发展)的全部实际支出。包括用于研究与发展课题活动的直接支出,还包括间接用于研究与发展活动的一切支出(院、所管理费、维持院、所正常运转的必需费用和与研究发展有关的基本建设支出)。

Total Expenditure on Research and Development refers to all actual expenditure made for R & D (bassic research, applied research and experimental development) in reference period. It includes direct expenditure on R & D and indirect expenditure on R & D (including management expenses, administrative and investment in capital construction ralating to R & D).

【艺术表演团体】 指从事戏曲、音乐、舞蹈、杂技等专业艺术表演,有独立帐户,实行单独核算的团体。不包括半工半艺、半农半艺和民间职业剧团。

Art Troupe refers to the troupe which engaged in drama, opera, music, dance, acrobatics or other art performance, opens independent accounts with banks and has self-supporting accounting system; excluding the troupes which are engaged partly in industrial or agricultural activities, partly in art performance and the professional troupes organized by the people.

【电影放映单位】 指具有放映机器设备、固定或不固定的放映场所与专职或兼职的放映技术人员，经有关部门登记批准，经常为一定的观众对象放映电影的机构。包括经批准对外开放进行营业，并与电影发行放映管理机构分帐的专用放映单位和军委系统租片单位。

Film Projection Units refer to units with film projection equipment, full or part–time projectionists, permanent or non–permanent places, approved by related administrative departments to show films regularly for certain groups of audience, including those film projection units which have been approved to give commercial shows and run business with independent accounting system as well as those film–renting units of the military system.

【医院】 指名称为医院，设有固定床位能收容病人住院并能为病人提供医疗、护理服务的医疗机构。包括县及县以上医院、农村乡卫生院、其他医院三部分。按所属性质分为卫生部门、工业及其他部门，集体经济单位三类。其中县及县以上医院按业务性质分为综合医院和专科医院。

Hospitals refer to medical institutions named as "hospital" with permanent hospital beds, which are able to take in patients and provide them with medical and nursing services. Hospitals are classified into three categories: hospital at or above the county level, hospitals of rural townships, and other hospitals. According to their ownership, hospitals can be classified into three categories:hospitals under the public health departments, hospitals under industrial and other departments and collective–owned hospitals. Hospitals at or above county level are divided into comprehensive and specialized hospitals.

【卫生技术人员】 指卫生事业机构支付工资的全部固定职工和合同制职工中现任职务为卫生技术工作的专业人员。包括中医师、西医师、中西医结合高级医师、护师、中药师、检验师、其他技师、中医士、西医士、护士、助产士、中药剂士、西药剂士、检验士、其他技士、其他中医、护理员、中药剂员、西药剂员、检验员，其他初级卫生技术人员。

Medical Technical Personnel refers to all permanent medical staff and workers employed by medical institutions, including doctors of Chinese and Western medicine, senior doctors who integrate traditional Chinese therapeutics with Western thrapeutics in practice, senior nurses, pharmacists of Chinese and Western medicine, laboratory specialists, other specialists, paramedics of Chinese and Western medicine, nurses, midwives, druggists in Chinese and Western medicine, laboratory technicians, other technicians, other practitioners of Chinese medicine,nursing attendants, pharmacological workers of Chinese and Western medicine, laboratory workers, and other primary medical personnel.

【医生】 指经卫生部门审查合格，从事医疗工作的专业人员。分为中医医生和西医医生。包括卫生技术人员中的中医师、西医师、中西结合高级医师、中医士、西医士和其他中医。

Doctors refer to qualified professional medical workers approved to practice by public health departments. They are classified into doctors of Chinese medicine, doctors of Western medicine, senior doctors who integrate traditional Chinese therapeutics with Western therapeutics in practice, paramedics of Chinese medicine and Western medicine, and other specialists of Chinese medicine.

【工业废水排放量】 指经过企业厂区所有排放口排到企业外部的工业废水量。包括生产废水、外排的直接冷却水、超标排放的矿井地下水和与工业废水混排的厂区生活污水，不包括外排的间接冷却水(清污不分流的间接冷却水应计算在内)。

Volume of Industrial Waste Water Discharged refers to the volume of industrial waste water discharged, through all outlets, to the outside of industrial enterprises, including waste water produced, direct-cooling water, underground water from mines that does not meet the standard of discharge, and the domestic sewage mixed up with industrial waste water when discharged, but excluding discharged indirect-cooling water.

【工业废水处理量】 指报告期内各种水治理设施实际处理的工业废水量,包括处理后外排的和处理后回用的工业废水量。虽经处理但未达到国家或地方排放标准的废水量也应计算在内。计算时,如遇有车间和厂排放口均有治理设施,并对同一废水分级处理时,不应重复计算工业废水处理量。

Volume of Treated Industrial Waste Water refers to the volume of industrial waste water after being treated and purified through various water treatment facilities in the reference period, including the volume discharged or recovered after being treated. The volume of waste water that fails to meet the national or local standards after treatment is also included. If there are treatment facilities both at the outlets of workshops and at the outlets of the factory, and the same volume of waste wate has been treated twice, duplication should be avoided in the calculation of the volume of treated industrial waste water.

【工业废气排放量】 指企业厂区内燃烧和生产工艺过程中产生的各种排入空气的含有污染物的气体的总量,以标准状态[273K,101325Pa]计。

Volume of Waste Gas Emission refers to waste gas emitted from burning of fuels and from production process in the area of the factory,and is measured by 10 000 standard cubic metres each year under normal condition.

【二氧化硫排放量】 指企业在燃料燃烧和生产工艺过程中排入大气的二氧化硫量。

Volume of Sulphur Dioxide Discharged refers to the volume of sulphur dioxide discharged to the air in the process of fuel burning or in the production process.

【工业粉尘排放量】 指企业在生产工艺过程中排放的颗粒物重量。如钢铁企业的耐火材料粉尘、焦化企业的筛焦系统粉尘、烧结机的粉尘、石炭窑的粉尘、建材企业的水泥粉尘等。不包括电厂排入大气的烟尘。

Industrial Dust Discharged refers to the total weight of solid dust discharged by industrial enterprises in the production process, such as dust of refractory materials from iron plants, dust from coke-screening system or from sintering machines of coking plants, dust from lime kilns, cement dust from building material enterprises, etc., but excluding smoke and dust discharged by power plants.

【工业固体废物产量】 指企业在生产过程中产生的固体状、半固体状和高浓度液体状废弃物的总量,包括危险废物、冶炼废渣、粉煤灰、炉渣、煤矸石、尾矿、放射性废物和其他废物等;不包括矿山开采的剥离废石和掘进废石(煤矸石和呈酸性或碱性废石除外)。酸性或碱性废石是指采掘的废石其流经水、雨淋水的pH值小于4或pH值大于10.5者。

Volume of Industrial Solid Wastes Produced refers to the total volume of solid, semi-solid or high concentration liquid residue produced by industrial enterprises in their production process,including dangerous wastes, residues from melting, slag, powdered coal ash, gangue, chemical residues, tailings, radioactive residues and other residues, but excluding stripped or dug stones in mining (except gangue and acid or alkali stones which are stones washed or soaked by water with a pH value smaller than 4 or larger than 10.5.)

【工业固体废物处置量】 指将固体废物焚烧或者最终置于符合环境保护规定要求的场所并不再回取的工业固体废物量(包括当年处置往年的工业固体废物累计贮存量)。处置方法如:填埋(其中危险废物应安全填理)、焚烧、专业贮存场(库)封场处理、深层灌注、回填矿井等。

Volume of Industrial Solid Wastes Treated refers to solid wastes disposed of in a non-recoverable place that meet the requirement of environmental protection, such as burying (The dangerous wastes should be buried safely), burning, piling in designated sites, pouring water into the deep strata, filling of old mines, etc. (including treatment of solid wastes piled up in the previous years).

【城镇居民家庭就业人口】 指城镇居民从事社会劳动并取得劳动报酬或经营收入的人口。就业人口包括通过国家统筹规划和指导由劳动部门介绍就业,自愿组织起来的就业和自谋职业等方式,在国有制、集体所有制、中外合资、中外合作 、外资在华独资的企事业单位和私营企业单位工作或从事个体劳动的有固定性职业或临时性职业的人口。被聘用和留用的离退休人员也计入就业人口。本指标可以反映城镇居民的就业情况,是计算就业面、负担系统的重要资料。

Employed Population in Urban Households refers to urban residents engagd in certain work and receiving payment for their labour of income from their business operation, including those who work in state-owned or collective units, joint ventures, foreign-owned units and private units with permanent or temporary jobs. The self-employed individuals and re-employed retirees are also included. This indicator reflects the situation of urban employment and is the basic data for calculating employment rate and dependency ratio.

【城镇居民家庭全部收入】 指被调查城镇居民家庭全部的实际现金收入,包括经常或固定得到的收入和一次性收入。不包括周转性收入,如提取银行存款、向亲友借入款、收回借出款以及其他各种暂收款。

Total Income of Urban Households refers to the total actual cash income of the sample households, including regular or fixed income and occasional income. The income of a circulating nature such as withdrawal from bank deposits, loans borrowed from relatives or friends, repayment of loans received and various temporary collection of money is excluded.

【城镇居民家庭可支配收入】 指被调查城镇居民家庭在支付个人所得税之后,所余下的实际收入。

Disposable Income refers to the income of the sample households which can be used for daily expenses, i. e. total income minus income tax.

【城镇居民家庭消费性支出】 指被调查的城镇居民家庭用于日常生活的全部支出,包括购买商品支出和文化生活、服务等非商品性支出。不包括罚没、丢失款和缴纳的各种税款(如个人所得税、牌照税、房产税等),也不包括个体劳动者生产经营过程中发生的各项费用。

Expenditure for Consumption refers to total expenditure of the sample households for consumption in daily life, including expenditure for various commodities and expenses for non-commodity items such as culture and service, etc., but excluding fines and confiscation, loss, tax payments (such as income tax, license tax, real estates tax, etc.) and various expenses by individual laborers for business purposes.

【农村居民家庭纯收入】 指农村常住居民家庭总收入中,扣除从事生产和非生产经营费用支出、缴纳税款和上交承包集体任务金额以后剩余的,可直接用于进行生产性、非生产性建设投资、生活消费和积蓄的那一部分收入。它是反映农民家庭实际收入水平的综合性的主要指标。农民家庭纯收入,既包括从事生产性和非生产性的经营收入,又包括取自在外人口寄回带回和国家财政救济、各种补贴等非经营性收入;既包括货币收入,又包括自产自用的实物收入。但不包括向银行、信用社和向亲友借款等属于借贷性的收入。

Net Income of Rural Households refers to the total income of the permanent residents of the rural households during a year after the deduction of the expenses for productive and non-productive business operation, the payment for taxes and the payment for collective units for their contracted tasks. The net income can be spent for investments in productive and non-productive construction, for consumption in daily life and for savings deposit. It is a comprehensive indicator to show the actual level of the income of the peasants′

household. The net income of the rural households includes not only the income from the productive and non-productive business operation, but also the income from the non-business operation, such as the money remitted or brought back by the members of the household who are in other places, the government relief payment and various subsidies. It includes not only the money income, but also the income in kind. But the income from borrowing from banks, friends and relatives is excluded.

中国统计出版社最新资料书简目

（仅供参考，以最后出书为准）

（京）新登字 041 号

图书在版编目（CIP）数据
深圳统计年鉴. 2009/深圳市统计局，国家统计局深圳调查队编.
—北京：中国统计出版社，2009.7
ISBN 978-7-5037-5729-7
Ⅰ. 深...
Ⅱ. 深...
Ⅲ. 统计资料—深圳市—2009—年鉴
Ⅳ. C832.653-54
中国版本图书馆 CIP 数据核字（2009）第 120478 号

深圳统计年鉴—2009

作　　者 / 深圳市统计局
责任编辑 / 郑淼淼
E-mail: yearbook@stats.gov.cn
责任校对 / 吴　冰　李立红
封面设计 / 深圳市江山印刷有限公司
出版发行 / 中国统计出版社
通信地址 / 北京市西城区三里河月坛南街 57 号　中国统计出版社
邮　　编 / 100826
电　　话 / （010）63376907
印　　刷 / 深圳市江山印刷有限公司
经　　销 / 新华书店
开　　本 / 890×1240 毫米　1/16
字　　数 / 75 万字
印　　张 / 25 印张
印　　数 / 1-1700
版　　别 / 2009 年 8 月第 1 版
版　　次 / 2009 年 8 月第 1 次印刷
书　　号 / ISBN 978-7-5037-5729-7/C·2233
定　　价 / 260.00 元